Helmuth Moltke

Gesammelte Schriften und Denkwürdigkeiten des General-Feldmarschalls Grafen Helmuth von Moltke

Helmuth Moltke

Gesammelte Schriften und Denkwürdigkeiten des General-Feldmarschalls Grafen Helmuth von Moltke

ISBN/EAN: 9783743630345

Hergestellt in Europa, USA, Kanada, Australien, Japan

Cover: Foto ©ninafisch / pixelio.de

Weitere Bücher finden Sie auf **www.hansebooks.com**

Gesammelte Schriften
und
Denkwürdigkeiten
des
General-Feldmarschalls
Grafen Helmuth von Moltke.

HMC

Erster Band.
Zur Lebensgeschichte.

Berlin 1892.
Ernst Siegfried Mittler und Sohn
Königliche Hofbuchhandlung
Kochstraße 68—70.

Zur

Lebensgeschichte

des

General-Feldmarschalls

Grafen Helmuth von Moltke.

Mit Nachbildungen vieler Handzeichnungen in Bleistift und Aquarell
(Bildnisse, Ansichten, Genre-Bilder)
und drei Facsimiles Kaiserlicher Handschreiben.

Berlin 1892.
Ernst Siegfried Mittler und Sohn
Königliche Hofbuchhandlung
Kochstraße 68—70.

Alle Rechte aus dem Gesetz vom 11. Juni 1870 sowie das Uebersetzungsrecht sind vorbehalten.

Vorrede zum ersten Bande.

Dem im August 1891 als dem ersterschienenen Bande der gesammelten Schriften und Denkwürdigkeiten, welcher als der dritte der Gesammtpublikation bezeichnet ist, hat Graf Wilhelm Moltke, das Haupt und der Vertreter der Familie, eine Vorrede zum ganzen Werke vorausgeschickt, die dessen Zweck und Ziel schon damals klarlegte. Danach wurde und wird erstrebt, eine volle Würdigung des Charakterbildes des Dahingeschiedenen und die Vorsorge dafür zu schaffen, daß er von der Nachwelt nicht nach seinen Thaten allein beurtheilt, sondern auch in seiner großen Seele erkannt und in segnendem Andenken erhalten werde.

Seine Thaten und die Werkstatt zu zeigen, in der die Gedanken zu Thaten zusammengeschmiedet wurden, damit hat nunmehr der große Generalstab begonnen; bereits liegt die Korrespondenz über den Krieg 1864 vor, und der Arbeitsplan für weitere Mittheilungen ist bekannt gemacht.

Der Vielseitigkeit von Moltkes umfassendem Geiste entsprechend, fand die unserem Werke obliegende Aufgabe in den vorausgegangenen drei Bänden wie in dem jetzt vorliegenden ersten nach verschiedenen Richtungen hin ihre Lösung. In der

Geschichte des Krieges 1870/71 lernen die Leser den Feldmarschall als den Meister der Darstellung des großen Krieges kennen; die Briefe zeigen ihn nicht nur in den Beziehungen zu den Seinigen, sondern sie sind zugleich von maßgebender Wichtigkeit für die Kenntniß seiner Persönlichkeit von Jugend an bis ins ehrwürdige Greisenalter; die vermischten Schriften geben Zeugniß von der Höhe der Kunst, mit der er Menschen und Begebenheiten der Vergangenheit und der Gegenwart aufzufassen und zu schildern verstand.

Der Inhalt dieses Bandes nun bietet in seinen Beiträgen zur Lebensgeschichte weitere wichtige Bausteine für das Lebens- und Charakterbild des großen Mannes. Vielleicht hätte ein längeres Zuwarten noch einige, freilich wohl nur unbedeutende Einzelheiten für diese Aufgabe zu liefern vermocht, aber es erschien nicht angezeigt, auf eine geringe Wahrscheinlichkeit hin den Abschluß weiter hinauszuschieben, denn das Gesammtbild, wie es sich jetzt schon darstellt, hätte dadurch keine Aenderung erfahren. Dagegen hat die verhältnißmäßig rasche Folge des Erscheinens dieses Bandes einer Gefahr vorgebeugt, die, je längeres Zögern stattfand, mehr und mehr zu wachsen drohte. Die kleinen und doch so bedeutungsvollen Züge im Wesen des Heimgegangenen, die namentlich in die Darstellung der Creisauer Tage und des neunzigsten Geburtstages einspielen, wären, wenn auch nicht vergessen, so doch sicherlich stark verblaßt und hätten an derjenigen Frische und Ursprünglichkeit ihrer Schilderung Einbuße erlitten, die sie jetzt kennzeichnet.

So wie der Band nunmehr vorliegt, enthält er das Wichtigste, was der Familie an schriftlichem Material zur Verfügung stand; Liebe und dankbare Verehrung haben es in den einzelnen Aufsätzen verwerthet. Es lag in der Art des Stoffes, daß der Inhalt keineswegs wie aus einem Gusse erscheint. Dies könnte als Mangel aufgefaßt werden, es findet aber seine Begründung einerseits in der Vielseitigkeit eines so langen, ereignißreichen, nach so vielen Richtungen hin ausgereiften und zum Höhepunkte menschlicher Vollendung gelangten Lebens, andererseits darin, daß aus äußerlichen Gründen für manche Abschnitte dieses Lebens Quellenzeugnisse nicht vorhanden waren. So will und muß denn der Band wesentlich durch seinen Gesammtinhalt wirken. Und die Hoffnung erscheint nicht unberechtigt, daß diese Absicht erreicht werden wird. Erweitern wir doch unsere Kenntniß von dem Feldmarschall aus Aufzeichnungen über seine Familie und sein eigenes Leben, aus Reisetagebüchern und vielen durch die Reisen empfangenen wissenschaftlichen und künstlerischen Anregungen, ferner aus einem Versuch in der schönen Literatur: der Novelle „die beiden Freunde", in der er sich selbst, den Achtundzwanzigjährigen, treu nach dem Leben schildert, endlich aus den ergreifenden nach dem Lichte der höchsten Wahrheiten ringenden Niederschriften des hohen Alters, die als „Trostgedanken" den Band abschließen. Diesen eigenen Aufzeichnungen gliedert sich Dasjenige wirkungsvoll an, was über Moltkes Streben und Arbeiten von denen, die darüber zu urtheilen oder zu berichten hatten, gesagt worden ist, von dem Abgangszeugnisse des dänischen Cadetten und den Erinnerungen an, die der Vater in berechtigtem Stolze und dem Vorgefühl der großen Zukunft des Sohnes diesem widmete, bis hinauf zu den herrlichen Bethätigungen Königlicher Anerkennung und Königlichen Dankes, von denen der Abschnitt: „der Feldmarschall und seine Kriegsherren" Zeugniß giebt.

Wo das vorhandene schriftliche Material versagte, tritt das Wissen der Nahegestandenen ergänzend ein. Ihnen verdanken wir die Schilderung des „Stilllebens in Creisau", des ruhig heitern Lebensabends des Greises, ihnen das Charakterbild „Marie Moltke", das Bild der Gemahlin. Die Feier des neunzigsten

Geburtstages hat Hauptmann von Bremen vom großen Generalstabe geschildert. Er war im Auftrage des Chefs des Generalstabes der Armee, des Grafen von Waldersee, bei den Vorkehrungen zum Feste mit thätig gewesen und hat die Erinnerungsschrift verfaßt, die später zur Vertheilung gelangte.

So möchte die Hoffnung berechtigt sein, daß der Band einen bedeutenden Schritt zu dem Ziele hin bildet, welches zu erreichen die Vorrede des ganzen Werkes versprochen hat.

Friedenau bei Berlin, den 22. März 1892.

v. Lesrzynski,
Oberstlieutenant.

Inhalts-Verzeichniß.

	Seite
Kurze Familiengeschichte.	1

Die deutschen und die dänischen Moltke (S. 3).

Aufzeichnungen des Vaters. ... 4

Voreltern des Vaters (S. 5). — Moltkes Großvater (S. 7).

Erinnerungen aus dem Leben des Vaters. ... 8

Jugend; Vermählung mit Henriette Paschen (S. 9). — In Augustenhof (S. 11). — In dänischen Militärdiensten (S. 13). — Die letzten Lebensjahre (S. 15). — Moltkes Jugend (S. 17). — Moltke im Orient (S. 19).

Selbstbiographie. ... 21

Die ersten Jahre im Generalstabe. Im Orient (S. 23). — Aufenthalt in Rom (S. 25). — Chef des Generalstabs. Der Krieg 1864 (S. 27). — Der Krieg 1866 (S. 29).

Urkunden zur Jugendgeschichte. ... 30

Abgangszeugniß der dänischen Kadetten-Akademie (S. 31). — Dimissions-Patent aus königlich dänischen Diensten (S. 33). Abschiedsschreiben des dänischen Regiments-Kommandeurs (S. 35). — Schriftwechsel bei Uebertritt in den preußischen Dienst (S. 37). — Schlußzeugniß nach Besuch der allgemeinen Kriegsschule (S. 39).

Die beiden Freunde. Eine Erzählung von Helmuth ... 40

Tagebuch der Reise nach Konstantinopel. ... 103

In Wien 1835 (S. 105). — Mit dem Dampfschiff nach Pest (S. 107). — Lage von Pest und Ofen (S. 109). — Der ungarische Adel (S. 111). — Ungarn und Oesterreich 1835 (S. 113). — Weltstellung Ungarns (S. 115). — Auf dem Dampfschiff donauabwärts bis Belgrad (S. 117). — Von Semlin bis Gladova (S. 119). — Der Donaudurchbruch zwischen Moldava und Orsova (S. 121). — Im Segelboot durch den Donaudurchbruch (S. 123). — In Orsova (S. 125). — Mehadia und das Herkulesbad (S. 127). — Besuch bei

Osman Pascha, dem Kommandanten von Neu-Orsova
(S. 129). — Die Trümmer der Trajansbrücke (S. 131). —
In äußerster Noth auf der Reise nach Bukarest (S. 133). —
Durch die große Walachei (S. 135). — Walachische Post
(S. 137). — Die Gesellschaft in Bukarest (S. 139).
Urkunden zum Aufenthalt in der Türkei. 139
Anerkennung seiner Dienste durch den Chef des Generalstabs
der Armee (S. 141). — Anerkennung seiner Dienste durch
Hafiös Pascha (S. 143).

Marie Moltke. 145
Die Kindheit (S. 147). — Die Braut (S. 149). — Erste
Ehejahre (S. 151). — In Rom, Coblenz, Magdeburg, Berlin
(S. 153). — Ihr Frohsinn (S. 155). — Ihr Patriotismus
(S. 157).

Aufenthalt in Rom 1845 bis 1846. 159
Foligno, Spoleto, Terni (S. 161). — Nepi (S. 163). —
Rom und Konstantinopel, ein Vergleich (S. 165). — Die
sieben Hügel Roms (S. 167). — Die Campagna im Alter-
thum (S. 169). — Die Campagna in neuerer Zeit (S. 171).

Fidenä. 172
Lage von Fidenä (S. 173). — Belagerung von Fidenä
durch die Römer (S. 175). — Unterwerfung von Fidenä
durch die Römer (S. 177).

Fossa Cluilia. 178
Lage und vermuthlicher Zweck der Fossa (S. 179). — Die
Horatier und Curiatier (S. 181). — Coriolan (S. 183).

Briefwechsel mit Alexander von Humboldt 183
Verfahren bei der Aufnahme der Campagna (S. 185). —
Lob der Karte durch Friedrich Wilhelm IV. und Humboldt
(S. 187). — Beurtheilung der Befestigung Roms 1849
(S. 189). — Die Lage des französischen Angriffspunktes
(S. 191). — Das Eindringen der Franzosen in Rom (S. 193).

Spanischer Reisebrief. 196
Trennung von der Gemahlin (S. 197). — Gibraltar (S. 199).
Mit dem Dampfer nach Cadix. Sevilla (S. 201). — Der
sarazenische Baustil (S. 203). — Sevilla: Der Alcazar
(S. 205). — Die Wohnhäuser, die Giralba (S. 207).
— Fahrt durch Andalusien (S. 209). — Cordova: Die
Mezquita (S. 211). — Aranjuez. Madrid (S. 213). — Ein
Stiergefecht: Der Picador (S. 215). — Der Matador
(S. 217). — Charakteristik der Spanier (S. 219). —
Durch Frankreich. Köln (S. 221).

Stillleben in Creisau. 223
Ankauf von Creisau (S. 225). — Fürsorge für die Gutsleute
(S. 227). — Der Gutsherr als Bauherr (S. 229). — Bau
der Gruftkapelle (S. 231). — Bei Ausbruch des französischen
Krieges (S. 233). — Der Gutsherr als Landwirth (S. 235).
— Nach dem französischen Kriege (S. 237). — Kleidung und
gesellschaftlicher Verkehr (S. 239). — Seine Ansprüche an
sich selbst und an Andere (S. 241). — Forellenzucht (S. 243).
— Parkanlagen (S. 245). — Im Park und im Hause
(S. 247). — Unter Gästen und unter Büchern (S. 249). —
Dichterische Uebersetzungen (S. 250 bis 254). — Liebe zur
Zeichenkunst und zur Tonkunst (S. 255). — Whistspiel (S. 257).
— Sein Charakterbild (S. 259).

Der Feldmarschall und seine Kriegsherren. 260
Unter den Königen Friedrich Wilhelm III. und Friedrich
Wilhelm IV. (S. 261). — Ernennung zum Chef des General-
stabs der Armee (S. 263). — König und Kaiser Wilhelm I.
und Moltke (S. 265). — Ernennung zum Regimentschef 1866
(S. 267). — Großkreuz des Eisernen Kreuzes und Feldmar-
schall 1871 (S. 269). — Gnadenbeweise 1873 (S. 271). —
Enthüllung des Stein-Denkmals (S. 273). — Gnadenbeweise
1879 (S. 275). — Gnadenbeweise 1881 bis 1883 (S. 277).
— Im Dienste beim Kronprinzen Friedrich Wilhelm (S. 279).
— Mit dem Kronprinzen im Ausland und in den Kriegen
(S. 281). — Gnadenbeweise des Kronprinzen nach dem
Kriege (S. 283). — Kaiser Friedrichs III. letzte Zeilen. —
Abschiedsgesuch 1888 (S. 285 bis 287). — Kaiser Wilhelm II.
ehrt Moltkes Verdienste (S. 289). — Schreiben der Kaiser-
lichen Familie (S. 291). — Verleihung der Krone zum Orden
pour le mérite (S. 293). — Letzte Gnadenbeweise des
Kaisers Wilhelm II. (S. 295).

Der neunzigste Geburtstag. 26. Oktober 1890 297
Der Vorabend des Festes (S. 299). — Der Fackelzug;
Huldigung der Studenten und der Bürgerschaft (S. 301). —
Huldigung der Künste (S. 303). — Der Festmorgen (S. 305). —
Ansprache des Kaisers (S. 307). — Glückwünsche (S. 309). —
Moltkestiftung der Stadt Berlin (S. 311). — Festtafel (S. 313). —
Huldigung der Presse (S. 315). — Glückwunschschreiben (S. 317).

Gedenktage der militärischen Laufbahn. 319
1823 bis 1862 (S. 321). — 1863 bis 1874 (S. 323). —
1875 bis 1883 (S. 325). — Abschiedsschreiben an den Generalstab (S. 327).

XII Inhalts-Verzeichniß.

                                                    Seite

Der letzte Lebenstag. 329
    Der Abend (S. 331). — Herannahen des Todes (S. 333).
    — Das Hinscheiden (S. 335).
Seine Lieblingssprüche aus der heiligen Schrift. . . 336
Trostgedanken über das irdische und Zuversicht auf das ewige Leben. 337
    Funktionen der Seele (S. 339). — Leibliches Leben (S. 341).
    — Die Vernunft (S. 343). — Vernunft und Weltgesetz
    (S. 345). — Versöhnlicher Glaube (S. 347). — Gewissen
    (S. 349). — Irdische Unvollkommenheit (S. 351). — Ewige
    Gottesliebe (S. 353).

            —⁂— **Verzeichniß der Abbildungen.** —⁂—

* 1) Selbstbildniß: von Moltke als Lieutenant im Leib-Regiment, Titelbild.
   2) Bildniß des Vaters. . . . . S. 4
   3) von Moltke als dänischer Kadett . . . . " 80
* 4) Das Rathhaus in Görlitz. . . . . zu S. 104
* 5) Pfarrkirche in Schweidnitz. . . . . " " 104
* 6) Gräfin Julie von Rospoth, geb. von Poser und Näblitz . " " 104
* 7) Dinkova: Nachtlager auf der Donau . . . . " " 122
* 8) Csardak (Wachthaus der Militärgrenze) bei Dinkova . " " 122
* 9) Ein römischer Priester. . . . . " " 122
*10) Schwitzloch, Räuberhöhle zu Mehadia . . . . . . " " 126
*11) Neu-Orsova . . . . " " 130
*12) Selbstbildniß: Im Regen zwischen Tschernetz und Krajova " " 131
  13) Marie Burt, von Moltkes Braut . . . . " " 145
  14) Ausschnitt aus von Moltkes Aufnahme der Umgebungen von Rom S. 192
*15) Skizzen sarazenischer Bogenwölbungen . . . . S. 204
*16) Rumkaleh . . . . zu " 254
*17) Sayd-Bey-Kalessi . . . . " " 254
*18) Aquarell: Drei türkische Gebetstellungen . . . . . " " 254
*19) Aquarell: Tanzender Derwisch . . . . " " 254
*20) Monaco . . . . " " 254
  21) Facsimile eines Handschreibens Kaiser Wilhelms I. . . " " 270
  22) Facsimile einer Unterschrift Kaiser Wilhelms I. . . . . S. 273
  23) Facsimile einer Unterschrift Kaiser Wilhelms I. . . . . " 278
  24) Facsimile einer Handschrift Kaiser Friedrichs III. . . zu " 284
  25) Facsimile eines Handschreibens Kaiser Wilhelms II. . " " 286
  26) Facsimile einer Unterschrift Kaiser Wilhelms II. . . . . S. 292

    Die mit einem * versehenen Abbildungen sind getreue Nachbildungen von
              Moltkes Handzeichnungen.

Kurze Familiengeschichte
verfaßt von Helmuth v. Moltke.

Im Jahre 1164 eroberte Heinrich der Löwe das Land der Obotriten, das jetzige Mecklenburg. Er gründete dort das Bisthum Schwerin und setzte überall Richter und Ritter ein — selbstverständlich wählte er diese nicht aus den überwundenen Heiden, sondern aus seinen siegreichen Mannen.

Schon 1246 wird in noch erhaltenen Urkunden Matheus Moltke als „Ritter" aufgeführt.

Sein Geschlecht ist daher weder wendischen noch dänischen, sondern deutschen Ursprungs.

Nur wenig später treten schon die Moltkes in Schweden und namentlich in Dänemark auf, wo sie — wie die wichtigen, von ihnen mitunterzeichneten Urkunden und Staatsverträge darthun — zu hohen und einflußreichen Aemtern in Staat und Kirche gelangten. Vier solcher Linien sind nachzuweisen, die in dem kurzen Zeitraume von 1290 bis 1330 sich nach auswärts verzweigten. Dreimal sind es gerade die älteren Söhne des Stammhauses, welche die Heimath verlassen, ohne daß ihre Nachkommen dorthin zurückkehren.

Hejnet, Helsinge, Bavelse und Lyngby*) sind Grundbesitze,

---
*) Von den hier und weiter unten genannten Gütern liegen: Helsinge, Bavelse, Lyngby und Bregentved in Dänemark, Hejnet in Schweden, Rabebas und Alt-Kaland in Pommern, Stribfeld, Samow, Moltow, Walkendorf, Wolde und Schorsow in Mecklenburg. Hoibfeldt ist kein Gutsname, sondern derjenige einer Erbtochter, aus deren Vermählung mit einem Moltke die Linie Moltke-Hoibfeldt entsproß. Ebenso verhält es sich mit der Linie Moltke-Rosenkrands.

welche durch mehrere Generationen vererbten. Aber der Mannesstamm aller dieser wirklich schwedischen und dänischen Linien ist zwischen 1440 und 1550 vollständig erloschen.

Immer aber finden wir wenigstens einen, wenn auch nicht den ältesten, der Söhne des Stammhauses auf der väterlichen Scholle wieder.

Urkundlich gehörten schon 1266 die Güter Rabebas, Alt-Kaland und Stribfeld dem Ritter Eberhard Moltke; das letztere bei Teffin in Mecklenburg liegende Gut ist das Stammhaus des ganzen Geschlechts. Stribfeld ist bis 1781 in ununterbrochenem Besitz der Familie geblieben, also durch mehr als 500 Jahre und durch 16 Generationen. Bis 1730 ist es stets vom Vater auf den Sohn vererbt oder vielmehr auf die Söhne, welche sich dann auseinandersetzten, wie vorhandene Theilungs-Urkunden nachweisen. Es ist dieser langdauernde Besitz eben deshalb sehr merkwürdig und spricht für die treue Anhänglichkeit an die an sich durchaus unschöne nächste Heimath. Wäre Stribfeld Lehn gewesen, so wäre es heute im Besitz von Otto Moltke in Kopenhagen, welcher der älteste lebende Sohn des älteren Zweiges der älteren, nämlich der deutschen Linie ist. Der neunte in der Reihe der Besitzer, Gebhard, hinterließ Stribfeld seinem jüngeren Sohne Claus, der ältere Otto war vielleicht durch seine Heirath mit einer v. Lützow in den Besitz der benachbarten Güter Samow und Woltow gelangt.

Der Enkel von Claus, welcher eine Tochter aus dem Hause Samow heirathete, erwarb den Besitz des nahegelegenen Wallendorf.

Wie Stribfeld das Stammhaus aller Moltke, die je existirt haben, so ist der obengenannte Gebhard der Stammvater aller noch lebenden Moltke. Von dem älteren Sohne sind die deutschen, von dem jüngeren die dänischen Linien entsprossen. Sowohl Stribfeld wie Wallendorf gingen aber von dem Enkel des Claus, wahrscheinlich durch Kauf, wieder an die ältere Linie zurück, welche auch noch Schorsow erwarb.

Stribfeld gelangte bis auf Eberhard Friedrich 1781, Samow auf Friedrich Siegfried, meinen Großvater, 1780, Waltendorf auf Graf Friedrich Detlef auf Wolde, 1824; und mit diesem verschwinden sämmtliche alten Familiengüter aus dem Besitz der deutschen Moltke, während die dänischen ausgedehntes Grundeigenthum in Dänemark erwarben.

Aus dem Hause Samow sind alle noch lebenden deutschen Moltke hervorgegangen, auch die Reichsgrafen, überhaupt noch 30 Söhne und Töchter, nicht minder die dänischen Lehnsgrafen, die im Mannesstamme bereits ausgestorbenen Nachkommen Werner Moltkes, des Ober-Präsidenten von Kopenhagen, welche übrigens, soweit ersichtlich, in Dänemark nicht zu Grundbesitz gelangten. Das spezielle Stammhaus dieser beiden gräflichen Linien war Schorsow.

Aus dem Hause Waltendorf stammen alle dänischen Moltkes, auch die beiden gräflichen Linien Moltke-Bregentved und Moltke-Hvidfeldt, sowie die freiherrliche Moltke-Rosenkrands, zusammen über 100 lebende Nachkommen.

Bis Gebhard, welcher um das Jahr 1500 lebte, also durch fast vier Jahrhunderte und durch zehn oder elf Generationen müssen die lebenden dänischen Moltke zurückgehen, um ihre Verwandtschaft mit den deutschen und ihre gemeinschaftliche Abstammung aus dem Stribfelder Hause nachzuweisen.

Ohne Zweifel entscheidet Landeigenthum über die Hingehörigkeit einer Familie. In diesem Sinne ist gerade der älteste Stamm des Geschlechts seit nun fast 100 Jahren heimathlos. Möge derselbe durch befestigten Grundbesitz irgend wo auf der väterlichen deutschen Erde wieder Wurzel fassen.

Diesen Wunsch hat der Feldmarschall selbst durch den 1867 erfolgten Ankauf von Creisau und die damit verbundene Stiftung eines Fideikommisses zur Erfüllung gebracht.

Aufzeichnungen des Vaters.

Der Vater des Feldmarschalls*) hat unter dem Titel „Baron von Moltke'sche Familien-Nachrichten nebst einer Stammtafel während der letzten 500 Jahre" Aufzeichnungen hinterlassen, die mit der sagenhaften Vorgeschichte des Geschlechts beginnen und dann auf dessen geschichtliche Bestätigung und Ausbreitung in Mecklenburg, Dänemark und Schweden während des 12. und 13. Jahrhunderts übergehen. Besonders erwähnt wird ferner Margareta († 1414), die Tochter Johanns Moltke auf Revetslab in Schweden, die sich mit Christian Nielsen Wasa, Reichsrath und Drosten auf Rybbyholm und Biörnoe, vermählte und so die Stammmutter des Königshauses der Wasa wurde.

Aus den in den Nachrichten weiter folgenden kurzen Lebensbeschreibungen sämmtlicher Vorfahren seit 1309 ist zu ersehen, daß Gebhard Moltke der Stammvater aller lebenden Moltkes und sein ältester Sohn

---

*) Seine Selbstbiographie folgt weiter unten. H.

Otto († 1600) der Stifter der Samowschen Linie ist, der der Feldmarschall angehört und deren Mitglieder sich vorzugsweise dem Kriegsdienst gewidmet haben.

Nachstehend geben wir die kurzen Lebensbeschreibungen der unmittelbaren Vorfahren des Verfassers nach dessen eigenen Worten.

Claus, ein Sohn Ottos, geboren den 17. April 1566, Erb- und Gerichtsherr auf Samow und Woltow, heirathete Elise v. Oldenburg und starb am 5. August 1641. Er hatte zehn Kinder, von denen sein Sohn Joachim Christof, von welchem wir in gerader Linie abstammen, sich besonders rühmlich ausgezeichnet hat.

Joachim Christof, geboren den 12. Oktober 1602, Erb- und Gerichtsherr auf Samow. Er war zuerst mit einem Fräulein v. d. Lühe, dann mit einem Fräulein v. Strahlendorff verheirathet, mit benen er zwanzig Kinder zeugte. 1619 ging er in lüneburgsche, später in kaiserlich österreichische Kriegsdienste. Danach war er unter König Christian IV. von Dänemark Kornet. Im deutschen Kriege und vorzüglich bei der unglücklichen Schlacht bei Lutter verhielt er sich so tapfer, daß er die Aufmerksamkeit dieses großen Königs auf sich zog. Moltke, der nichts mehr wünschte, als der Welt Proben seiner Tapferkeit zu geben, begab sich nach dem Frieden von Lübeck zu der Armee des Königs Gustav Adolf nach Polen, wurde aber von den Polen gefangen genommen. Nach der Auswechselung gab ihm der schwedische König eine Kompagnie zu Pferde, mit der er in den deutschen Krieg zog, wo er immer, vorzüglich bei kleinen Scharmützeln, sehr glücklich war. Er machte sich beim König dadurch sehr beliebt, der ihn auch als seinen Vetter anerkannte und beständig so nannte. Mit sechzig Pferden bemächtigte er sich der Stadt Malchin und nahm dort mehrere Kompagnien Kaiserliche gefangen. In der berühmten Bataille bei Lützen zeigte er die größte Tapferkeit und war so glücklich, 30 Kompagnien Kroaten zu verjagen, wobei er sich einer Standarte bemächtigte. Nach dieser Schlacht rückte er unter dem Herzog von Weimar vor Chemnitz. Später wurde er Oberstlieutenant bei dem Regiment des Generallieutenants Nebewin und bald darauf Generaladjutant. Er warb ein Reuter- und ein Dragoner-Regiment an, welche er anführte. 1646 wurde er der Beschwerden des Krieges müde, und ungeachtet er Generalmajor hätte werden können, nahm er als Oberst seinen Abschied. Er begab sich darauf nach seinem Vaterlande Mecklenburg und wohnte zuerst in Rostock, dann 10 Jahre in Holstein und endlich kaufte er das Gut Schorsow in Mecklenburg vom Bischof von Eutin. Er starb 60 Jahre alt den 12. Mai 1665.

Wolfgang (Wulf) Casper, der Großvater meines Vaters, geboren 1637, Erbherr auf Samow und Biecheln in Mecklenburg. Er war zweimal, zuerst mit **Anna Margarete v. Moltke**, einer Tochter von **Hans Albrecht** auf Stribfeld, dann mit **Anna Maria v. Lützow** verheirathet. Auch das Gut Niköhr gehörte ihm. Er hatte 16 Kinder, von denen das letzte 1713 geboren wurde, als der Vater schon ein Alter von 76 Jahren erreicht hatte. Er starb 1731 und ist daher 94 Jahre alt geworden. Es wäre zu wünschen, daß von diesem Wolfgang, der ein so hohes Alter erreicht hatte, mehr zu erfahren wäre, denn er ist wohl einer von unseren Ahnen, der es verdient, daß sein Andenken lange aufbewahrt bleibe.

Otto Friedrich, mein Großvater, geboren 1684, Erbherr auf Samow und Biecheln. Er war zuerst sächsischer Kammerjunker und Reisemarschall, am 18. Februar 1718 aber wurde er zum wirklichen sächsischen Stallmeister ernannt. Er hatte sechs Kinder mit seiner Gattin **Sophie v. Pritzbuer** und starb

1731, also mit seinem Vater in einem Jahre. Nach seinem Tode wurde Samow für Rechnung der sämmtlich noch minorennen Kinder, wovon der Aelteste erst sieben Jahr alt war, verpachtet. Von Otto Friedrich sind keine anderen männlichen Nachkommen fortgepflanzt worden, als die durch seinen dritten Sohn:

Friedrich Casimir Siegfried, meinen Vater, der 1730 geboren ist und also ein Jahr alt war, als sein Vater starb. Er hatte drei Brüder und zwei Schwestern. Die beiden Aeltesten müssen früh verstorben sein, da er als der dritte Sohn, wahrscheinlich im Jahre 1751, in den Besitz von Samow und Biecheln kam. Friedrich Casimir Siegfried kam als Page in württembergsche Dienste, doch mußte er von dort flüchten, weil er, nachdem der Pagen-Hofmeister ihn unschuldig geschlagen, diesen mit einem Stuhl zu Boden schlug. Er ging in kaiserlich österreichische Dienste, unter dem Befehl des Feldmarschalls v. Moltke, der ihn so protegirte, daß er, erst einige zwanzig Jahre alt, schon Hauptmann in Wien war. Der Feldmarschall, der die Absicht hatte, seine Tochter ihm zur Gemahlin zu geben, verlangte, daß er katholisch werden sollte, wozu er sich aber nicht entschließen konnte. Da er inzwischen großjährig geworden und durch den Tod seiner beiden älteren Brüder in den Besitz der väterlichen Güter Samow und Biecheln gelangt war, nahm er seinen Abschied aus kaiserlichen Diensten und ging auf seine Güter. Bald darauf heirathete er meine Mutter Sophie Charlotte b'Olivet aus einer französischen Familie, die der protestantischen Religion wegen hatte auswandern müssen. Sie war geboren den 6. Oktober 1733, sehr schön, von sanftem, liebevollem Charakter und besaß das Gut Wilhelmhof bei Tessin. Sie starb 1787. Auch mein Vater war ein schöner Mann, der auch seiner Stärke wegen bekannt war; so erzählt man, daß er zwölf aufeinander gesetzte zinnerne Teller zusammenrollen konnte. Er war aber auch von heftigem Charakter. Er starb 1785 zu Ribnitz als Provisor des dortigen Fräulein-Klosters. Beide Gatten liegen dort begraben. Sie hatten zehn Söhne und drei Töchter. Das Gut Samow, seit 1540 im Besitz der Familie, mußte nun nach dem Tode meines Vaters verkauft werden, da so viele Kinder Antheil daran hatten.

Von den zehn Söhnen von Friedrich Casimir Siegfried waren zwei früh gestorben. Otto, geboren 1711, war Hauptmann im Regiment Prinz Leopold von Braunschweig und starb 1804. Ludwig starb als Lieutenant im damals v. Lengefeldschen Infanterie-Regiment in Königsberg, Jakob als Lieutenant im Prinz Leopoldschen Regiment zu Frankfurt a. O. (Denkmal in der Garnisonkirche.) August war Hauptmann in mecklenburgischen Diensten. Adolf war mecklenburgischer General und Helmuth, der Pathenstelle bei dem Feldmarschall vertreten hat, starb als Major und Befehlshaber des mecklenburgischen Kontingents im Jahre 1812 verwundet und aus Mangel an Nahrungsmitteln bei dem Rückzuge aus Rußland. Wilhelm war preußischer Hauptmann bei dem Winningschen Infanterie-Regiment zu Berlin, wo er 1824 verstorben ist. Friedrich Philipp Victor, der Vater des Feldmarschalls, berichtet selbst über seine Lebensschicksale in dem folgenden Abschnitte.

Erinnerungen aus meinem Leben

allein für meine lieben Kinder nach meinem Tode bestimmt.

Geschrieben im Jahre 1840 in Wandsbeck.

— ·•· —

Friedrich Philipp Victor v. Moltke. Wenngleich schon an dem Abend meines Lebens, bin ich dennoch ungeschwächt, sowohl geistig als körperlich, welches sehr selten bei einem Greis von 72 Jahren ist, wofür ich Gott nicht genug danken kann; ich will daher die Geschichte meines Lebens, soweit sie mir noch erinnerlich ist, hier aufzeichnen.

In Samow war es, wo ich als das neunte Kind meiner Eltern den 12. Juli 1768 das Licht der Welt erblickte. Anfang 1785 starb mein Vater; ich erhielt einen Herrn v. Raben zum Vormund. Dieser und meine älteren Geschwister bestimmten, daß ich in preußische Militärdienste treten sollte. Beim Feldmarschall von Möllendorffschen Regiment wurde ich als dreizehnter Fahnenjunker angesetzt.

1786 zum Fähnrich, 1789 zum Sekondlieutenant avancirt, hatte ich das kleine, von den Eltern ererbte Vermögen bald verzehrt. Meine ökonomische Lage ward mit jedem Jahre schlechter, denn ich hatte nicht die Kraft, mich nach meiner Decke zu strecken.

Da ich aber fortwährend sittlich und ordentlich lebte, so hatte dies die Folge, daß ich einer blühenden Gesundheit mich erfreute und wohl mit Recht unter die schönen jungen Männer zu rechnen war. Ich hatte ein frohes Gemüth, und so konnte es nicht fehlen, daß ich als junger preußischer Lieutenant an allen Orten gern gesehen wurde. So reiste ich auch mit einem meiner Brüder zu seinem Schwager, dem Geheimen Finanzrath Paschen, nach dessen Landgut Rackow. Nach Verlauf von einigen Tagen, in welchen ich die Bekanntschaft der Tochter Henriette gemacht hatte, waren wir unter vier Augen schon versprochen; als ich aber bei dem Vater um die Tochter anhielt, erhielt ich eine abschlägige Antwort. Ich verließ Rackow augenblicklich und reiste zu meinem Bruder, der Kommandant in Parchim war. Hierher kam ein reitender Bote mit einem Briefe an meinen Bruder, worin Frau Paschen ihm schrieb, daß gleich nach unserer Abreise die Tochter ernsthaft krank geworden sei und erklärt habe, sie würde nun nie heirathen. Der zärtliche Vater sei darüber in großer Angst und wolle seine Einwilligung zu unserer Verheirathung geben, wenn ich wieder zurückkehren möchte. Ich reiste am andern Tage nach Rackow, die Verlobung geschah noch den selbigen Abend. Die Bedingung, welche der Geheime Finanzrath machte, war, daß ich meinen Abschied nehmen und

Landmann werden sollte. Mit diesem Versprechen reiste ich nach einigen Tagen von Rackow ab und zu meinem Regiment nach Berlin zurück. Ich bat um meinen Abschied und erhielt ihn unter dem 28. September 1796. Ich hatte beinahe 13 Jahre in preußischen Diensten gestanden und meine schönsten Jahre darin verlebt.

Im Mai 1797 war meine Hochzeit mit Sophie Henriette Paschen zu Horst im Lauenburgischen, einem Gut, welches einer weitläufigen Verwandten meiner Frau gehörte. Ich hatte das Erbzinsgut Liebenthal in der Priegnitz bei Wittstock gekauft, wohin wir einige Tage nach der Hochzeit zogen. Nachdem mir am 23. März 1798 mein erster (Wilhelm) und am 22. Mai 1799 mein zweiter Sohn (Friedrich) geboren war, verkaufte ich Liebenthal. Wir zogen 1800 nach Parchim, einer Stadt in Mecklenburg-Schwerin, wo mein Bruder Helmuth lebte, der dort Kommandant war. In demselben Jahre, den 26. Oktober, ward mir der dritte Sohn geboren, der den Namen Helmuth nach meinem Bruder erhielt.

Damals ahnte ich nicht, daß ich es noch nach 40 Jahren erleben würde, daß dieser Sohn meine Freude, mein Stolz und mein Wohlthäter werden würde, und daß diesem Kinde ein so seltener Lebenslauf bestimmt war, in welchem ihm so viele Gefahren gedroht haben.

Nachdem ich 1801 das Gut Gnewitz in Mecklenburg-Schwerin gekauft und 1803 wieder verkauft hatte, beschlossen wir, nach Lübeck zu ziehen. Hier ward mir 1804, den 8. April, mein vierter Sohn geboren, welcher den Namen Adolf erhielt, sowie auch den 28. Dezember 1805 Ludwig, mein fünfter Sohn.

Noch in demselben Jahre kaufte ich das adelige Gut Augustenhof im Herzogthum Holstein. Dadurch ward ich dänischer Unterthan. Ich mußte daselbst ein Wohnhaus erbauen, während meine Frau mit den Kindern in Lübeck wohnte und nur dann und wann nach Augustenhof kam. Dies war auch der Fall im

In Augustenhof.

Oktober 1806, als die Franzosen und Preußen sich in den Straßen von Lübeck schlugen, welche Stadt Erstere mit Sturm eingenommen hatten; die Folge war, daß die Stadt drei Tage lang geplündert wurde. Dasselbe Schicksal hatte auch mein Haus, wobei ich viel verlor. Noch unglücklicher ging es aber auf Augustenhof; nicht allein, daß die Pferdeseuche mir 14 Pferde wegraffte, den 1. November desselben Jahres brach in der Holländerei Feuer aus, und bei einem heftigen Sturm stand in einer halben Stunde der ganze Hof in Brand, welcher zwei Tage dauerte. Außer den schlechten Gebäuden war nichts versichert. Augustenhof war für mich und meine Nachkommen verloren, wenngleich es noch zehn Jahre länger mein Eigenthum blieb. Zu meinen Unglücksfällen muß auch noch gerechnet werden, daß, als ich Augustenhof gekauft hatte, die Leibeigenschaft aufgehoben wurde. Ich hatte keine Arbeiter, die Tagelöhner gingen spazieren. Dieser Zustand konnte nicht lange dauern, Alles blieb zu meinem Schaden liegen. Die Saaten konnten nicht bestellt werden, und wir mußten noch obendrein befürchten, daß die Gemeinde, die Noth litt, da sie nicht arbeiten wollte, Gewalt gebrauchen würde. An einem Morgen, als ich mit meinem Wilhelm ausging, fand ich die ganze Gemeinde am Wege liegen. Einer der Rädelsführer kam auf mich zu und sagte, den Hut auf dem Kopf: „Na, Herr, wi wart bat nu mit uns?" Eine Ohrfeige und „Schlingel! nimm Deinen Hut ab, wenn Du mit Deinem Herrn sprichst," war meine Antwort. Diese Ohrfeige nützte. Zwei Stunden später war ich mit der Gemeinde einig, die den Nachmittag schon wieder arbeitete.

Am 13. Juni 1806 erhielt ich mein dänisches Naturalisationspatent für mich und meine Nachkommen vom König Christian VII. und ward am selben Tage Major bei der Landwehr. Ich mußte nun mein Glück wieder im Militärstande suchen, da ich als Landmann nichts mehr zu hoffen hatte. Mein neues Vaterland war damals im Kriege mit England. Aus der

II. Aufzeichnungen des Vaters.

Landwehr wurden die 3. und 4. Bataillone der Linienregimenter formirt, die man annektirte Bataillone nannte. Das 3. Bataillon Holstein, dessen Kommandeur ich im Jahre 1807 ward, habe ich fast ganz organisirt.

Im Jahre 1809 marschirte ein kombinirtes dänisches und holländisches Korps gegen das Schillsche und verfolgte es durch Mecklenburg und Pommern bis nach Stralsund. Auch mein Bataillon sollte zu diesem Korps stoßen. An der Grenze weigerten sich meine Leute weiterzumarschiren, weil der Landwehr versprochen sei, nur das Vaterland zu vertheidigen, nicht aber über die Grenze zu gehen. Diese Augenblicke waren die wichtigsten und gefährlichsten meines Lebens. Ehre und Leben hingen davon ab. Ich ließ die Kompagnien mit 20 Schritt Intervalle antreten, meine eigene Kompagnie, bei der ich am meisten beliebt war, stand auf dem rechten Flügel. Ich ließ das Gewehr aufnehmen und redete diese, nachdem ich die mir beigegebene Batterie mit Kartätschen hatte laden lassen, ungefähr so an: „Soldaten, ich höre, daß Einige auch von Euch geneigt sind, nicht über die Grenze zu marschiren. Ihr gehört aber jetzt nicht mehr zur Landwehr, sondern zu den Linientruppen, und wenn das auch nicht der Fall wäre, der König kann befehlen, was er will. Der Ungehorsam des Soldaten gegen seinen König wird mit dem Tode bestraft, wer aber aus Feigherzigkeit ungehorsam ist, verliert noch mehr — die Ehre! Nur über meine Leiche geht der Rückweg, denn ich mag meine Ehre nicht verlieren! Also treu und gehorsam unserem allergnädigsten König! Eins, zwei, drei Hurrah!" — Alle stimmten mit ein. — So ging es mit der 2., 3., 4. und 5. Kompagnie, aber in immer härterem Tone. — Zuweilen wollte Einer oder der Andere vortreten, mir gegenreden; ich drohte, ihn augenblicklich füsiliren, Mehrere aber mit Kartätschen zerschmettern zu lassen. Noch nach 30 Jahren dankte ich Gott, daß ich nicht in die unglückliche Lage kam, Blut vergießen zu lassen. Der Angriff auf Stralsund geschah den

31. Mai, die Festung wurde im Sturm genommen, Schill getötet und sein Korps gefangen und zersprengt. Den dritten Tag nach der Einnahme von Stralsund trennten wir uns von den Holländern und marschirten zurück nach Holstein.

Der König, mit mir und meinem Bataillon zufrieden, überhäufte uns mit Gnadenbezeugungen.

Als eine besondere Auszeichnung erhielt mein Bataillon anstatt der Landwehrfahnen die Fahnen des Regiments. Der König sagte zu mir in Kiel: „Sie haben durch Ihr gutes Betragen mir und meinem ganzen Königlichen Hause Freude gemacht. Ich werde es Ihnen nicht vergessen." Friedrich VI. hat Wort gehalten bis an das Ende seiner Tage.

Ich kam nun mit meinem Bataillon nach Glückstadt und Krempe in Garnison; im nämlichen Sommer aber noch wurde ich beordert, mit dem Bataillon zu einem dänischen Korps zu stoßen, welches auf dem Marsch nach Bremen war, um das Korps des Herzogs von Braunschweig-Oels zu verjagen. Bei Bremerlehe, wo der Herzog mit seinem Korps sich einschiffte, kam es noch zu einem Scharmützel, wobei des Herzogs Dienerschaft gefangen wurde. Das dänische Korps hat auf diesem Marsch keine gute Disziplin beobachtet, nur mein Bataillon hat eine Ausnahme gemacht, weshalb unter dem 16. August 1809 ein ehrenvoller Parolebefehl erschien.

Im Jahre 1811 kam ich mit meinem Bataillon nach Kiel in Garnison und war dort Kommandant. In demselben Jahre brachte ich Fritz und Helmuth ins Kadettenhaus nach Kopenhagen, Wilhelm aber ins Kadettenhaus nach Christiania, woselbst ich einige Monate bei dem Statthalter von Norwegen, dem Prinzen Friedrich zu Hessen, verblieb und dann nach Kiel zurückkehrte. Nachdem die annektirten Bataillone entlassen waren, konnte ich nach Augustenhof zurückgehen, wo es aber traurig und verwirrt aussah. 1812 wurde mir ein sechster Sohn (Victor) geboren.

1813 marschirte ich mit meinem Bataillon bei einem französischen Korps unter dem Befehl des französischen Marschalls Prinzen von Eckmühl gegen die Preußen und deren Alliirte, zuerst nach Mecklenburg, danach zurück nach Ratzeburg, wo wir ein Lager bezogen. Drei Wochen lang kommandirte ich die Avantgarde des 10 000 Mann starken dänischen Korps zur Zufriedenheit des Marschalls und des Prinzen Friedrich zu Hessen unter täglichen Gefechten mit den Russen. Am 25. Juli ernannte mich der König zum Oberstlieutenant, welches eine große Auszeichnung war, da ich 50 Stabsoffiziere in der Armee übersprang. Von den Fatiguen aber, die ich drei Wochen lang Tag und Nacht auszuhalten hatte, erkrankte ich endlich und mußte das Bett hüten. Da wir von der Uebermacht des Feindes gedrängt wurden, mußten wir das Lager und Ratzeburg verlassen. Ich wurde als Kranker zu Wagen transportirt. Die Franzosen zogen nach Hamburg, die Dänen aber nach Holstein zurück. Ich wurde krank nach Schleswig gebracht, konnte aber an der Vertheidigung von Rendsburg wieder theilnehmen. 1814 befreite ein allgemeiner Friede das Vaterland von feindlichen Truppen. 1815 wurde ich als Bataillonskommandeur zum Schleswigschen Infanterie-Regiment nach Schleswig versetzt. Ich ging nun zum Regiment und habe Augustenhof nicht wieder gesehen. Adolf und Louis nahm ich mit mir, mit den anderen zwei Kindern zog die Mutter nach Eutin. Nach Unterhandlungen mit meinen Gläubigern verkaufte ich Augustenhof mit dem Verlust meines ganzen und eines großen Theils des Vermögens meiner Frau. Nun war ich allein wieder auf den königlichen Militärdienst beschränkt. 1823 wurde ich Oberst im Schleswigschen Infanterie-Regiment. Da sich die Sehnen an meinen Händen von Jahr zu Jahr mehr zusammenzogen, mußte ich um meinen Abschied bitten und erhielt ihn am 5. Februar 1828 mit dem Charakter als Generalmajor, zog 1831 nach Neumühlen bei Kiel und wurde zwei Jahre darauf Kommandant von Kiel.

Am 13. Dezember 1834 verlor ich meinen ältesten Sohn, und am 19. Mai 1837 starb meine Frau nach einer vierzigjährigen Ehe.

1839 den 3. Februar erhielt ich in Gnaden meinen Abschied als Generallieutenant und zog nach Wandsbeck, wo ich den Rest meines Lebens zu verbringen gedenke.

Im Frühjahr 1845 besuchte ich meinen Sohn Helmuth in Berlin.

Generallieutenant v. Moltke ist dann am 19. Oktober 1845 zu Wandsbeck gestorben. In den Aufzeichnungen giebt er hierauf folgende Nachrichten über seinen Sohn:

Helmuth Carl Bernhard. 1800 den 26. Oktober geboren zu Parchim in Mecklenburg-Schwerin und den 2. November daselbst getauft. Seine Pathen waren: 1. sein Vatersbruder, der Hauptmann v. Moltke,*) 2. der Mann der Schwester seines Vaters, Geheimrath Ballhorn in Berlin, und 3. der Bruder seiner Mutter, Herr Paschen in Lübeck. Dreiviertel Jahre wurde er von seiner Mutter gestillt. 1809 kam er mit seinen beiden ältesten Brüdern Wilhelm und Fritz in Pension zum Pastor Knickebein nach Hohenfelde in Holstein, wo er sehr eifrig daran arbeitete, sich eine kleine Festung zu bauen, wozu ihm der Vater zwei kleine Kanonen schenkte. Ende 1811 brachte ihn sein Vater mit seinem Bruder Fritz in das Land-Kadettenhaus nach Kopenhagen, wo sie beide in Pension zum General Lorenz kamen. Dort hatte er fast jedes Jahr das Fieber, auch die Masern überstand er dort. 1813 kam sein Vater nach Kopenhagen und nahm ihn und seinen Bruder Fritz auf einige Wochen mit zurück nach Holstein. Auf dem großen Belt kreuzten damals die Engländer, die sich mit Dänemark im Kriege befanden. So liefen die Reisenden Gefahr, gefangen genommen zu werden, indem sie dicht unter einer feindlichen Brigg vorbeikamen; da aber der Morgen noch nicht

---

*) Helmuth, nach welchem er benannt wurde. H.

gekommen war, entschlüpfte das kleine Fahrzeug glücklich, und Helmuth kam wohlbehalten zu seiner Mutter nach Augustenhof.*) 1817 wurde er Page bei Sr. Majestät dem Könige von Dänemark. 1818 machte er sein Offiziereramen, wobei er den ersten Charakter erhielt; den 20. Januar desselben Jahres erhielt er daher die Sekondlieutenants-Anciennetät. 1819 verließ er Kopenhagen und ging nach Rendsburg zum Oldenburgischen Infanterie-Regiment, bei dem er 1820 zur Jäger-Kompagnie versetzt wurde, welches immer eine Auszeichnung ist. 1821 reiste er mit seinem Vater auf Urlaub nach Berlin, wo er zum ersten Mal einen Theil der preußischen Armee sah; er wurde davon so durchdrungen, daß er keinen eifrigeren Wunsch hatte, als zu dieser Armee überzutreten; es ward deshalb an seinen Regimentschef, den Herzog von Holstein-Beck, nachherigen Herzog von Holstein-Glücksburg, geschrieben. Dieser unterstützte den Plan. 1821 bat er also um seinen Abschied und um die Erlaubniß, in preußische Dienste gehen zu dürfen; beides wurde ihm in Gnaden bewilligt, und indem er sich einem neuen Examen in Berlin unterworfen hatte, in welchem er nach nur vierzehntägiger Vorbereitung sehr ehrenvoll bestand, trat er 1822 in preußische Dienste. Er wurde als jüngster und 29. Sekondlieutenant im Leib-Regiment Infanterie angestellt und kam nach Frankfurt a. O. in Garnison. Als er 1823 bei seinem Vater in Schleswig war,

---

*) Gelegentlich dieses Wiedersehens wird es gewesen sein, daß sich der hübsche Scherz ereignete, den Frau Pröpstin Bröker aus ihren Jugenderinnerungen wie folgt erzählt: „Der Vater, von einer Reise zurückkehrend, kam mit den Kadetten Fritz und Helmuth nach Augustenhof. Als die Mutter zur Begrüßung hinaus trat, hatten die Brüder sich unter dem Spritzleder des Wagens versteckt, und Vater und Mutter gingen ins Haus. Der Wagen fuhr in die Remise, und die Brüder schlichen nun von hinten ins Haus und standen stramm militärisch im Eßzimmer, als die Eltern eintraten. Ich war damals ein ganz kleines Mädchen und doch habe ich den Eindruck freudiger Ueberraschung, den das Wiedersehen auf unsere gute Mutter machte, nicht vergessen." H.

erhielt er schon die königliche Erlaubniß, die Kriegsschule in Berlin besuchen zu dürfen. 1826 machte er in dieser höheren Kriegsschule sein Examen und erhielt auch dort den besten Charakter. Er verließ nun die Schule und ging wieder zum Leib-Regiment, wo er als Lehrer bei der Divisionsschule in Frankfurt thätig war. Im Winter von 1826 bis 1827 litt er an Herzklopfen und kränkelte oft. 1827 erhielt er einen königlichen Urlaub auf drei Monate, welchen er dazu verwandte, seine Eltern zu besuchen und die Seebäder auf Föhr zu gebrauchen. Im Frühjahr 1828 wurde er zum topographischen Bureau in Berlin kommandirt und im nämlichen Jahre nach Schlesien gesandt, um dort aufzunehmen, wozu er fünf Monate gebrauchte. Einen ähnlichen Auftrag bekam er das Jahr darauf, wo er nach dem Großherzogthum Posen ging. 1831 wurde er mit einem Theile des Generalstabes nach Thüringen gesandt. Den 30. Mai 1833 wurde er Premierlieutenant und in den großen Generalstab einrangirt, machte auch eine bedeutende Reise nach dem Süden bis Genua. 1834 kam er zu seinen Eltern auf Urlaub und machte bei dieser Gelegenheit auch eine Reise nach Kopenhagen, wo er seinen Vetter Carl Moltke zur Erde bestattete und seinen kranken Bruder Wilhelm bis Kiel zurückbrachte. Er sah ihn nicht mehr. Den 18. Januar 1835 ernannte ihn sein König zum Johanniter-Ritter und den 30. Mai desselben Jahres zum Hauptmann im großen Generalstabe. Im Herbst mußte er mit nach Schlesien, wo zwei Armeekorps zu einem großen Manöver zusammengezogen waren. Der Kaiser Nikolaus und sein Bruder, der Großfürst Michael, waren dabei zugegen, auch die beiden dänischen Prinzen von Glücksburg erschienen, welche er bis an die russische Grenze begleitete. Von Schlesien ging er nach Kalisch, wo sich ein großes russisches Armeekorps mit preußischen Truppen zum gemeinschaftlichen Manövriren vereinigt hatte. Nach Beendigung dieser Truppenversammlung erhielt er die königliche Erlaubniß, während eines

II. Aufzeichnungen des Vaters.

Urlaubs von einem halben Jahre eine Reise nach Konstantinopel zu machen. Er ging über Wien, Ofen und Bukarest zu Lande nach Konstantinopel, wo er im Hause des preußischen Gesandten, Grafen v. Königsmark, freundlich aufgenommen wurde. Der Zufall wollte, daß sich sein Aufenthalt daselbst um mehrere Jahre verlängerte. Er machte bedeutende Reisen zu Wasser und zu Lande im türkischen Reiche, sowohl in Europa als in Asien, wodurch er seine Kenntnisse sehr bereicherte. So bestieg er auch den Olymp. 1836 wurde er von seinem Monarchen beordert, auf Verlangen des Sultans noch vorläufig in Konstantinopel zu bleiben. 1837 war für ihn ein sehr wichtiges Jahr. Im Januar ertheilte ihm der Großherr die erste Audienz. Sultan Mahmud II., der ihm mehrere militärische Geschäfte aufgetragen hatte, sagte ihm viel Ehrenvolles über seine guten Arbeiten und Zeichnungen und verlieh ihm seinen Orden, genannt Nischan-Iftechar, in großen Brillanten. In demselben Jahre, Monats Mai, als der Sultan beschloß, eine Reise in seinen europäischen Staaten zu machen, erhielt Helmuth den Befehl, den Sultan zu begleiten. Die Reise dauerte sechs Wochen, worüber er wahrscheinlich etwas drucken lassen wird, wie er denn schon im Jahre 1830 ein Werk über Holland und Belgien und später eins über die polnische Revolution herausgegeben und sich daher auch als Schriftsteller bekannt gemacht hat. Bald nach der Rückkehr erhielt er von dem Kaiser eine kostbare Tabatiöre geschenkt, er mußte aber auch bald auf Befehl des Sultans wieder eine neue Reise in die Provinzen machen, dieses Mal aber in Begleitung von zwei oder drei anderen Offizieren vom preußischen Generalstabe, die nach langem Harren endlich aus Berlin angekommen waren. Diese Reise war gefährlich und beschwerlich, weil an allen Orten, wo sie hinkamen, die Pest wüthete. Gott aber schützte ihn auch diesmal gnädig. Er kam den 7. November wieder glücklich in Konstantinopel an und gottlob gesund.

Den 29. Februar 1838 erhielt er den Befehl, gleich nach Asien an die syrische Grenze zu dem dort kommandirenden Hafisz Pascha abzureisen, der mit einem türkischen Observationskorps gegen die ägyptischen Truppen stand. Diese Reise unternahm er mit einer starken Begleitung von Tataren am 2. März. Von dem Pascha erhielt er zwei arabische Hengste zum Geschenk. Im Frühjahr 1839 fingen die Feindseligkeiten der Türken und Aegypter an. Erstere hatten den Euphrat überschritten und waren in Syrien eingedrungen, welchen Zug er auf Befehl des Sultans als Rathgeber des Feldherrn Hafisz-Pascha begleitete. Am 24. Juni 1839 war die unglückliche Schlacht bei Nisib, welche, gegen seinen Rath von den Türken begonnen, für sie verloren ging, wobei er seine ganze Bagage, Zeichnungen und Geschenke verlor, sich aber glücklich aus der ägyptischen Gefangenschaft rettete. Er kehrte nach Konstantinopel zurück, hatte noch eine Abschiedsaudienz bei dem jungen Sultan, dem der Vater gestorben war, und verließ die Türkei, wo er vier Jahre zugebracht hatte. Er hatte während dieser Zeit die türkische Sprache erlernt, so daß er keines Dolmetschers mehr bedurfte. In Orsova mußte er auf der Rückreise nach Berlin, wohin er von seinem König zurückgerufen worden war, im Oktober die Quarantäne abhalten. Auf der weiteren Rückreise erkrankte er in Pest und war drei Wochen bettlägerig. Nur mit Mühe konnte er danach noch bis Wien kommen, wo ihn ein gastrisches Wechselfieber befiel. Den 27. Dezember traf er in Berlin ein und erhielt sogleich als einen Beweis der Allerhöchsten Zufriedenheit von seinem König den Orden pour le mérite. Noch im Herbst 1840 litt er am Moldauschen Fieber und mußte nach Ilmenau reisen, um dort die Wasserkur zu gebrauchen, die ihm so gut bekam, daß er noch denselben Winter eine Reise nach Rom und Neapel machen konnte. Den 23. Januar 1841 traf er gesund wieder in Berlin ein. Zu eben der Zeit kam auch sein Werk, betitelt

„Briefe über Zustände und Begebenheiten in der Türkei aus den Jahren 1835 bis 1839" im Druck heraus, welches eine sehr gute Aufnahme fand. In demselben Sommer versprach er sich mit seiner Nichte Marie Burt, die er im Herbst in Helgoland mit ihrer Familie traf. An seinem Hochzeitstage, dem 20. April 1842, erhielt er in Itzehoe die Nachricht, daß Se. Majestät ihn zum Major im Generalstabe befördert habe. Acht Tage darauf reiste er mit seiner jungen Frau nach Berlin. Im Herbste desselben Jahres besuchte ihn sein Vater in Berlin. Die Hoffnung, bald Vater zu werden, ward vereitelt. 1845 erhielt er durch eine Kabinets-Ordre die Erlaubniß, den türkischen Ehrensäbel tragen zu dürfen.

Selbstbiographie.

Die nachfolgende Selbstbiographie hat der Feldmarschall im Jahre 1866, kurz nach Beendigung des Feldzuges, für das rühmlich bekannte Familienblatt „Daheim" niedergeschrieben. Sie wurde nach seinem Tode als Autograph in Nr. 32 des 27. Jahrgangs des „Daheim" veröffentlicht; hier folgt sie, nachdem die Leitung des Blattes es in bereitwilligster und dankenswerthester Weise gestattet hat, sie unserem Werke einverleiben zu dürfen.

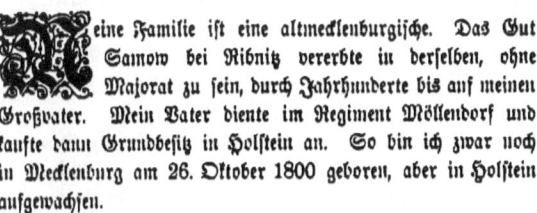eine Familie ist eine altmecklenburgische. Das Gut Samow bei Ribnitz vererbte in derselben, ohne Majorat zu sein, durch Jahrhunderte bis auf meinen Großvater. Mein Vater diente im Regiment Möllendorf und kaufte dann Grundbesitz in Holstein an. So bin ich zwar noch in Mecklenburg am 26. Oktober 1800 geboren, aber in Holstein aufgewachsen.

Schon im 12. Lebensjahre wurde ich mit einem älteren Bruder nach Kopenhagen in die Landkadetten=Akademie gebracht. Ohne Verwandte und Bekannte brachten wir dort eine recht freudlose Kindheit zu. Die Behandlung war streng, selbst hart, und wir gewöhnten uns früh an Entbehrungen aller Art.

Dankbar erinnere ich mich der einzigen Familie, die uns liebreich aufnahm. Der General Hegermann=Lindencrone besaß

einen hübschen Landsitz nahe der Stadt, welcher der Tummel-
platz unserer Knabenspiele an Sonntagen wurde mit drei Söhnen
des Hauses, welche sich später in der dänischen Armee hervor-
gethan haben. Der Verkehr mit den edeln, fein gebildeten Mitgliedern dieser Familie hat wohlthätig auf meine ganze Entwicklung
gewirkt.

Als Offizier und mit guten Zeugnissen und Empfehlungen
versehen, kam ich 1822 nach Berlin und trat nach bestandener
Prüfung als jüngster Seconblieutenant zu Frankfurt a. O. in
das 8. (Leib-) Infanterie-Regiment ein.

Damals kommandirte General v. d. Marwitz die
4. Kavallerie-Brigade, dessen Gemahlin eine geborene Gräfin
Moltke war. Ich fand in diesem Hause wohlwollende Aufnahme.
Wenn man zum General ins Zimmer trat, fand man ihn
gewöhnlich schreibend, er stand dann auf und deckte das sammtne
Käppchen auf das Geschriebene. Der strenge Herr gab dem
jungen Lieutenant eines Tages eine Höflichkeitslehre, die er nie
wieder vergessen hat. Aufgefordert abzulegen, wollte ich den
Degen ohne Weiteres in die Ecke stellen, als ein „im Vorzimmer,
wenn ich bitten darf" mich rektifizirte.

Ausnahmsweise früh gelangte ich zum Besuch der Kriegsschule in Berlin, wo die Vorträge des damaligen Majors
v. Canitz über Kriegsgeschichte, Professor Ritters Geographie
und Professor Ermans Physik mich hauptsächlich beschäftigten. Das
Vermögen meiner Eltern war durch die Kriege und eine Reihe
von Unglücksfällen verloren gegangen, ich war ohne alle Zulage
und mußte mich sehr einschränken. Doch gelang es mir, einigen
Sprachunterricht zu nehmen.

Zum Regiment zurückgekehrt, wurde mir die Direktion der
etwas verwilderten Divisionsschule übertragen, und da ich meine
Aufgabe zur Zufriedenheit löste, gelangte ich im Jahre 1828
zu der topographischen Vermessung in Schlesien und dem Großherzogthum Posen.

Der General v. Müffling*) pflegte die Aufnahmen selbst sehr sorgfältig durchzumustern. Als er eines Tages einen unmöglichen Berg entdeckte, der Offizier aber behauptete, daß er in der Wirklichkeit doch so sei, strafte er diesen Widerspruch, indem er, ruhig und höflich wie immer, nur bemerkte: „Bereicherung für die Wissenschaft".

In lebhafte Spannung versetzten uns die taktischen Aufgaben als Schlußprüfungen. Wir wußten, daß es dabei nicht nur auf eine richtige, sondern auch kurze und präcise Lösung ankam. Die gedrungene und logische Schreibweise des Chefs selbst wurde gefordert. Ich hatte das Glück, zur Dienstleistung beim Generalstab kommandirt zu werden, und wurde nach zwei Jahren durch den General v. Krausenecк einrangirt.

Das Avancement beim Generalstabe war damals nicht so schnell wie jetzt. Ich blieb sieben Jahre lang Hauptmann zweiter Klasse. In diese Zeit fiel mein vierjähriger Aufenthalt, 1836 bis 1839, in der Türkei. Meine Briefe über „Zustände und Begebenheiten ꝛc." dort sind nachmals veröffentlicht worden, ebenso ist meine Aufnahme der Dardanellen und von Konstantinopel und dem Bosporus im Stich erschienen. Ich hatte den damaligen Großherrn Sultan Mahmud auf seiner Rundreise durch Rumelien zu begleiten und war beauftragt, Pläne von Varna, Schumla, Silistria und den Donauplätzen abwärts aufzunehmen. Die dadurch gewonnene Ortskenntniß und die beim Generalstabe vorhandenen Nachrichten veranlaßten mich später, eine Geschichte des russisch-türkischen Feldzuges von 1828 bis 1829 herauszugeben.

Die beiden letzten Jahre meines Aufenthaltes brachte ich bei der Armee in Kleinasien zu, wo die ebenfalls nach der Türkei kommandirten damaligen Hauptleute Laue, v. Mühlbach, v. Vincke und Fischer zur Ordnung der türkischen Militärverhältnisse in allen Richtungen mitwirkten. Die Schlacht von

---

*) Damals Chef des Generalstabs der Armee; sein Nachfolger war (1829) General v. Krauseneck. H.

Nisib, wo eine zur Hälfte aus gewaltsam eingestellten Kurden bestehende Armee sich nach schwachem Widerstande auflöste, der fast gleichzeitige Abfall der türkischen Flotte und der bald darauf erfolgende Tod Sultan Mahmuds zerstörten so ziemlich alles bis dahin Geschaffene.

Es ist merkwürdig, wie unbekannt das Europa so nahe liegende und für die Kulturgeschichte so wichtige Kleinasien in seinem Innern bis in neueste Zeit geblieben ist. Die beste Karte, welche wir besaßen, war damals die Reichardtsche, welche weite Flächen ganz offen läßt, andere aus der Phantasie ergänzt und wichtige Flüsse in unrichtige Stromgebiete verlegt. Bei unseren vielfachen Reisen sammelten wir eine sehr große Zahl von Wege-Jtineraires, welche, nach einigen vorhandenen astronomischen Ortsbestimmungen zusammengestellt, der Kartendarstellung des Landes eine neue Gestalt gegeben haben. Die von mir in dieser Art zurückgelegten Ritte haben eine Ausdehnung von nahezu 1000 Meilen und führten hauptsächlich in Gegenden, welche der Reisende damals und auch jetzt wieder nur im Gefolge einer bewaffneten Macht betreten kann, in das Gebiet der Kurden, der Awscharen und die mesopotamische Wüste.

Manche Aufzeichnung aus jener Zeit ist erst dadurch werthvoll geworden, daß Professor Ritter in seiner Erdkunde sie mit den Nachrichten aus ältester Zeit vergleicht, Nachrichten, welche seine umfassende Gelehrsamkeit aus den Zügen von Alexander dem Großen bis auf die Kreuzzüge, die Reisen Marco Polos und der neueren Beobachter zu vergleichen im Stande war. In der Beobachtung des Durchbruchs des Euphrat durch das kurdische Gebirge ist freilich Xenophon mein nächster Vorgänger. Europäische Reisende, welche seitdem in dieser Richtung vorzudringen suchten, waren in Dschulamerk, Wan und anderen Orten stets erschlagen worden. Auf aufgeblasenen Hammelhäuten, wie Xenophon den Fluß überschritten, fuhren wir seine Stromschnellen hinab und wie die Xenophontischen Griechen brachen wir am

Ende eines mühseligen und anstrengenden Rittes in den Freuden-
ruf „Thalassa! Thalassa!" aus, als wir den blauen Spiegel des
Meeres bei Samsun erblickten, wo ein Dampfer mit allem lange
entbehrten europäischen Komfort uns in die Heimath zurückführte.

Nach dieser vielfach bewegten Zeit war ich beim General=
Kommando des 4. Armeekorps, Prinz Carl von Preußen, ange=
stellt, wurde bald darauf zum Major befördert und verheirathete
mich mit Fräulein v. Burt aus Holstein.

1845 wurde ich zum persönlichen Adjutanten S. K. H. des
Prinzen Heinrich von Preußen in Rom ernannt. Es gewährte
mir ein besonderes Interesse, nun auch die Hauptstadt des west=
römischen Reiches und ihre Umgebung zu erforschen und mit
dem Meßtisch die vielgenannten Oertlichkeiten aufzunehmen, deren
Namen uns Allen aus der ersten Schulzeit so erinnerlich sind.
Die Contorni di Roma sind im Stich erschienen.

Der Prinz hatte bekanntlich seit Jahren das Bett nicht
verlassen, dennoch war er von Allem unterrichtet, was vorging.
So erfuhr ich von ihm zuerst den mehrere Tage geheim gehal=
tenen Tod Gregors XI. Lebhaft erinnerlich sind mir die schönen
Züge des Kardinals Ferretti Mastai, als er nach seiner Er=
wählung im Conclave in der alterthümlichen Glaskarosse durch
die Straßen der ewigen Stadt fuhr. Sein edles Gemüth glaubte,
die Revolution durch Konzessionen versöhnen zu können. Ein
liberaler Papst war noch nicht dagewesen. Der Enthusiasmus
war allgemein. Auf einer Courierreise nach Berlin, wo ich
den plötzlichen Tod des Prinzen zu melden hatte, wehten in dem
kleinsten Städtchen die gelb=weißen Farben und vor der ärmsten
Hütte stand Viva Pio nono mit Kreide angeschrieben. Als
aber der heilige Vater bald inne geworden war, daß auf diesem
Wege nicht fortzuschreiten sei, da hieß es:
    Sei bello, sei buono
    Sei pio — ma stai
und als er dann wirklich auch stehen blieb, verwandelte sich schnell die
anfängliche Begeisterung in Haß und Hohn über Pio nono secundo.

III. Selbstbiographie.

Nachdem ich die Leiche des Prinzen nach Berlin gebracht, wurde ich zum General-Kommando des 8. Armeekorps nach Koblenz versetzt und im Unglücksjahre 1848 Chef des Generalstabs 4. Armeekorps in Magdeburg, wo ich sieben Jahre verblieb. Sodann wurde ich zum persönlichen Adjutanten des Kronprinzen ernannt. Ich traf S. K. Hoheit in Balmoral in Schottland, wo die Verlobung mit der Prinzeß Royal von England stattfand, und brachte mit demselben ein Jahr in Breslau zu, wo er das 11. Infanterie-Regiment kommandirte. Noch dreimal begleitete ich ihn nach England, zum Besuch, zur Vermählung und später zur Beerdigung des Prinzen Albert, des Gemahls der Königin Victoria.

Inzwischen war ich im Herbst 1857 zum Chef des Generalstabs der Armee ernannt worden. Von manchen interessanten Aufträgen, die mir in dieser Stellung zufielen, kann ich eine Bereisung der ganzen norddeutschen Küste hervorheben, welche den Zweck hatte, ein gemeinsames Vertheidigungssystem für alle deutschen Küsten zu ermitteln. Die durch Marine- und Ingenieur-Offiziere bis ins Detail ausgearbeiteten Entwürfe und Pläne wurden dem Bundestage und, wegen Dringlichkeit der Sache, zu einer schleunigen Erledigung überwiesen. Nach drei Jahren trat dann auch in Hamburg eine Bundeskommission zusammen, mit welcher ich nochmals die außerpreußische Küste bereiste, die aber, wie vorauszusehen, in ihrer Majorität gegen fast alle preußischen Vorschläge stimmte, insbesondere gegen die beabsichtigte gemeinsame Flotte unter Preußens Führung. So blieb Alles beim Alten, und welcher Art speziell die hannoverschen Befestigungsanlagen waren, hat die Wegnahme von Stade und Geestemünde in diesem Jahre gezeigt.

Im Herbst 1863 präsidirte ich einer anderen Bundeskommission in Frankfurt a. M., welche die Mittel für Durchführung der Bundesexekution gegen Dänemark zu berathen hatte. Es gelang hier in wenigen Tagen, eine Einigung herbei=

zuzuführen, welche aber bei der Verschiedenheit der Ziele sehr bald wieder verloren ging.

Als nach der Erstürmung von Düppel verschiedene Personalveränderungen bei der Operations-Armee in Schleswig und Jütland eintraten, wurde ich zum Chef des Generalstabes derselben bestimmt.*) Ich fand den Feldmarschall (v. Wrangel) ganz bereit zu einer Landung auf Fünen, welche damals sehr wohl ausführbar war, aber nur mit Hülfe der Oesterreicher bewerkstelligt werden konnte, da gerade die preußischen Streitkräfte im Sundewitt und in Jütland, die österreichischen aber um Kolding standen. Dem Feldmarschall-Lieutenant v. Gablenz wurde der Oberbefehl über ein aus beiden gemischtes Korps angeboten, aber wie sehr dies und überhaupt das Wagniß der Expedition auch dem unternehmenden Sinn jenes Generals zusagten, so lag diese Landung doch zu wenig im speziellen Interesse des Wiener Kabinets, als daß sie zur Ausführung gelangt wäre. — Es blieben daher nur der Angriff auf Alsen und die vollständige Besetzung Jütlands als letzte Zwangsmittel gegen die in Kopenhagen uns unerreichbare dänische Regierung. Beide Operationen wurden, nachdem Prinz Friedrich Karl das Ober-Kommando der Armee übernommen, gleich nach Ablauf des Waffenstillstandes ausgeführt und beendeten in kurzer Frist diesen Krieg, bei welchem eben das Landen die Hauptschwierigkeit war.

Erst in meinem 66. Lebensjahre ist mir das Glück geboten worden, thätigen Antheil an einem Feldzuge zu nehmen, welcher für die Zukunft Preußens wie Deutschlands von entschiedenem Erfolge geworden ist.

Nächst Gottes Willen und der Tapferkeit der Truppen und ihrer Führer sind für den Ausgang der Sache zwei Rücksichten entscheidend geworden, die ursprüngliche Vertheilung der diesseitigen Streitkräfte auf den verschiedenen Kriegstheatern und ihre Versammlung auf dem Schlachtfelde.

---

*) Er traf am 2. Mai 1864 zur Uebernahme dieser Stellung in Veile ein.

H.

Offenbar war Oesterreich der mächtigste und der bereiteste Gegner; mit seiner Niederwerfung mußte das Bündniß aller übrigen Feinde auseinanderfallen, die zwar gegen Preußen einig, unter sich aber uneinig und ohnehin noch nicht versammelt waren. Es war eine kühne, aber entscheidende Maßregel, daß gleich anfangs alle neun Armeekorps nach dem Centrum der Monarchie in Bewegung gesetzt wurden, der Schutz der Rheinprovinz einem gleichsam improvisirten Heer, — bestehend aus der 13. Division und den in den Bundesfestungen und in den Elbherzogthümern abkömmlich gewordenen Truppen — anvertraut blieb.

Der Transport von 285 000 Mann war in der gegebenen kurzen Frist nur durch gleichzeitige Benutzung aller Eisenbahnlinien zu ermöglichen; diese enden aber bei Zeitz, Halle, Herzberg, Görlitz und Freyburg an der Landesgrenze. Dort mußten die zuerst anlangenden Echelons nothwendig das Eintreffen der letzten abwarten, um die Korps in sich zu formiren. Mancher richtig urtheilende Militär mag erschrocken gewesen sein über die Zersplitterung der Streitkräfte auf einer Linie von 50 Meilen, wenn er für den strategischen Aufmarsch ansah, was nur die unvermeidliche Vorbereitung für denselben war. Durch Fußmärsche wurden indeß sofort die einzelnen Korps in drei große Heerkörper versammelt.

Eine andere geographisch gebotene Nothwendigkeit, welche durch keinerlei Anordnungen zu umgehen, war, daß die Oesterreicher in Böhmen auf der inneren Operationslinie zwischen der Mark Brandenburg und Schlesien standen, daß Berlin und Breslau durch selbstständige Armeen geschützt werden mußten. Die Vereinigung beider konnte nur nach vorwärts zweckmäßig bewirkt werden; diese Richtung führte aber auf feindliches Gebiet, sie führte unmittelbar zum Kriege.

Sehr achtungswerthe Stimmen waren laut geworden, welche aussprachen, daß bei einem Kampfe von Deutschen gegen Deutsche Preußen nicht den ersten Schuß thun dürfe. Allein der König und seine Räthe erkannten, daß jedes weitere Zuwarten den Staat in Gefahr brachte. Oesterreich hatte die Initiative der Rüstung ergriffen. Preußen erfaßte die des Handelns und schrieb dadurch für die ganze Folge dem Gegner das Gesetz vor. Hätte man das Ueberschreiten der sächsischen Grenze um vierzehn Tage verschoben, so würden wir heute aller Wahrscheinlichkeit nach die Schlachtfelder des Krieges auf der Landkarte von Schlesien zu suchen haben.

Wenige Märsche genügten, um die beiden Hauptheere auf der Linie Bautzen—Glatz an der böhmischen Grenze zu versammeln, aber die schließliche Vereinigung konnte nun nur durch Verdrängung des Feindes, durch Gefechte, erreicht werden. Mit welcher Tapferkeit und welch gutem Erfolge diese geschlagen wurden, ist bekannt. Zehn Tage genügten, um die Oesterreicher zur Entscheidungsschlacht zu nöthigen. Am Morgen dieses Tages standen die diesseitigen Streitkräfte auf einer Front von vier Meilen; sie durften sich in dieser Ausdehnung nicht angreifen lassen. Das offensive Vorgehen hingegen vereinigte alle Korps auf dem Schlachtfelde selbst und verwandelte so den strategischen Nachtheil der Trennung in den taktischen Vortheil einer völligen Umfassung des Feindes.

Es steht zu hoffen, daß das Ergebniß dieses beispiellos schnell verlaufenen Feldzuges eine segensreiche Zukunft für Deutschland und die heranwachsende Generation herbeiführen wird. In der ernsten Prüfung sind die jüngeren Männer gewogen, auf welche das preußische Heer in den Kämpfen sein Vertrauen setzen darf, welche wahrscheinlich noch bevorstehen. Ich darf mich glücklich schätzen, meine Laufbahn zu schließen, reich belohnt durch die Gnade des Königs und das Vertrauen meiner Kameraden.

Berlin, 18. September 1866.

v. Moltke.

Helmuth v. Moltke als königlich dänischer Kadett.

Urkunden zur Jugendgeschichte.

Abgangszeugniß der königl. dänischen Landkadetten-Akademie
und
Zeugniß der Reife zum Offizier.

Seiner Königlichen Majestät zu Dänemark ꝛc. ꝛc. bestallter Oberst und Kommandeur des Königlichen Landkadetten-Korps Friedrich Globe du Plat, Kammerherr, Ritter des Danebrog und Danebrogsmann, thut hiermit zu wissen, daß Helmuth Carl Bernhard v. Moltke, geboren in Mecklenburg, jetzt 18 Jahre alt, beim Königlichen Landkadetten-Korps 7 Jahre 11 Monate als Kadett und Page bei dessen 2. Kompagnie gestanden hat. In dieser Zeit hat genannter Helmuth Carl Bernhard v. Moltke

Abgangszeugniß der dänischen Kadetten-Akademie.

sich so betragen, wie es einem jungen Militär eignet und gebührt, welcher als Offizier in die Armee einzutreten wünscht, wozu er die nothwendigen Eigenschaften besitzt. In dem mit ihm abgehaltenen Offizier-Examen hat er erhalten: 103 gute, 22 ziemlich gute, 6 schlechte Charaktere und sich damit den „besten" Charakter zur Entlassung zu den militärischen Subaltern-Chargen erworben. Seine Majestät der König hat infolge dessen ihm die Offiziers-Anciennetät vom 22. Januar 1818 verliehen; er hat gleichzeitig das Pagen-Examen gemacht und dasselbe mit dem besten Charakter bestanden.

Die Königl. Landkadetten-Akademie
den 1. Januar 1819. gez. Glode du Plat.

Erhaltene Charaktere beim Entlassungs-Examen.

Als Charakter für aufgegebene Fragen und Prüfungsarbeiten erhalten:	Gute	Ziemlich Gute	Schlechte
Verhalten im Dienst und Konduite	6		
Fortifikation	8		
Artillerie	5	1	
Kriegsgeschichte	6		
Waffen	2	2	
Felddienst	4	1	1
Garnisondienst	4		
Taktik	3	3	
Mathematik	14	3	1
Landmessen und Nivellieren	3	1	
Geschichte	5		1
Geographie	5		
Militärisches Zeichnen	3	3	
Physik	4		
Militär-Gesetzkunde	3		1
Dänisch	6		
Deutsch	4		
Französisch	6		
Schreiben	1	1	
Freihandzeichnen			1
Gymnastik	3	2	1
Reiten	2	1	
Tanzen	3	1	
Militärgeographie	2	2	
Summa	103	22	6

Bestanden mit dem besten Charakter als der Vierte.

gez. du Plat.

IV. Urkunden zur Jugendgeschichte.

Anlage:

Erhaltene Charaktere beim Entlassungs-Examen als Kadett in der Pagenclasse im Jahre 1818.

Als Charakter für aufgegebene Fragen und Prüfungsarbeiten erhalten:	Gute	Ziemlich Gute	Schlechte
Für Verhalten im Dienst und Conduite	8		
Höhere Mathematik	8		
Angewandte Mathematik	8		
Fortifikation	7	1	
Chemie	4		
Kriegskunst	4		
Militärgeographie und Statistik	8		
Französisch	8		
Deutsch	8		
Philosophie	8		
Fortifikations-, Militär- und Freihandzeichnen nebst Croquiren	6	2	
Summa	77	3	

Infolge der erhaltenen Charaktere hat der Pagenkadett Helmuth v. Moltke erfüllt, was im Kadetten-Reglement § 45 vorgeschrieben ist, und im Examen als Erster bestanden.

gez. du Plat.

Dimissions-Patent aus königlich dänischen Diensten.

Wir Frederik der Sechste, von Gottes Gnaden, König zu Dänemark, der Wenden und Gothen, Herzog zu Schleswig, Holstein, Stormarn, Dithmarschen, Lauenburg, Oldenburg 2c. Thun kund und zu wissen: Daß gegenwärtiger Uns Lieber Edle Helmuth Carl Bernhard von Moltke während einiger Zeit als Sekondlieutenant bei Unserem Oldenburgischen Infanterie-Regiment in Unserem Kriegsdienste gestanden hat, sich auch inzwischen nach Eid und Pflicht wohl und rühmlich verhalten und bei allen Gelegenheiten, und wo er kommandirt worden ist, solchermaßen seine Schuldigkeit gethan, wie es einem ehrliebenden tapferen Offizier und treuen Diener wohl geziemt und ansteht. Aber da er nun nach alleruntertänigstem Ansuchen in Gnaden aus Unserem Kriegsdienste verabschiedet ist, so haben Wir ihn mit diesem Unserem allergnädigsten Abschiede für seine Uns erwiesenen alleruntertänigsten treuen Dienste versehen wollen.

Es ergeht daher an alle vorkommenden hohen und niederen Obrigkeiten, sammt deren Civil- und Militär-Beamten, je nach ihrem Stande, Unser freundliches günstiges und gnädiges Ersuchen, an Unsere Eigenen Beamten jedoch Unser allergnädigster Befehl, den gedachten Seconblieutenant von Moltke nebst dem Diener und den Sachen, die er bei sich hat, nicht nur frei und ungehindert passiren sondern ihm auch jede gute Förderung und Assistence wiederfahren zu lassen.

Solches erbieten wir uns Jedem gegenüber, nach der Dignität des Standes, mit Freundschaft, Gunst und Gnade anzuerkennen und thun Unseren Eigenen Beamten hierdurch die ernste Meinung Unseres allergnädigsten Befehls kund.

Gegeben in Unserer Königlichen Residenzstadt Kopenhagen, den 5. Januari 1822.

Unter Unserer Königlichen Hand und Unserem Königlichen Siegel.

Frederik R.

Abschied
für
Seconblieutenant von Moltke.

Abschiedsschreiben seines Regiments-Kommandeurs, des Herzogs zu Holstein-Beck.

1. an Helmuth v. Moltke.

Der Königlich Dänische Seconde-Lieutenant Helmuth Carl Bernhard von Moltke, geboren in Mecklenburg, 20 Jahre alt, dient Sr. Königlichen Majestät seit 1818, wo er mit den besten Zeugnissen das Kadettenhaus verließ, und steht seit 1819 als Seconde-Lieutenant bei dem mir Allergnädigst anvertrauten Oldenburgischen Infanterie-Regiment. — Ich habe während seiner Dienstzeit nur Gelegenheit gehabt, ihn von der vortheilhaftesten Seite kennen zu lernen. Seine Aufführung war untadelhaft, seine Lust und Applikation zum Dienst ganz einem jungen Offizier von Ehrgeiz angemessen. Im militärischen Zeichnen hat er vorzügliche Fortschritte gemacht, und durch Erlernung des Jägerdienstes bei der Regiments-Jägerkompagnie hat er sich für seine Carriöre noch tauglicher gemacht. — So ungern ich diesen jungen Mann beim Regiment verliere, so bereitwillig bin ich, ihm dies verdiente und gerechte Zeugniß zu geben, wenn es sein anderweitiges Fortkommen befördern kann.

Gottorp, den 20. Decbr. 1821.

Herzog zu Holstein-Beck,
Generalmajor.

Indem ich Ihnen, mein lieber Moltke, die Abschrift der auf Ihr gegebenes Ansuchen eingegangenen Allerhöchsten Resolution Sr. Majestät, Ihres bisherigen Landesherrn, zustelle, bedauere ich zugleich, in Sie einen jungen Offizier zu verlieren, von dem ich mir viel versprach. An Ihrem ferneren Schicksal werde ich stets warmen Antheil nehmen, und herzlich wird es mich freuen, wenn die soeben geschehene Veränderung von den glücklichsten Folgen für Ihre ganze Laufbahn sein sollte. Mit diesem aufrichtigen Wunsch vereinige ich zugleich die Versicherung meiner herzlichen und freundschaftlichen Ergebenheit.

Gottorp, den 17. Januar 1822.

Herzog zu Holstein-Beck.

2. an Helmuths Vater.

Gottorp, 20. Dezember 1821.

Lieber Herr Oberstlieutenant!

Mit vielem Vergnügen und wahrer Dankbarkeit habe ich Ihren gütigen Brief vom 4. d. M., sowie gestern den vom 13. erhalten. Ich eile Ihnen heute einen Beweis über die gute Aufführung Ihres Sohnes Helmuth und die Zufriedenheit, die er sich in seiner kurzen Dienstzeit bei seinen Vorgesetzten und Kameraden erworben hat, zuzustellen, und wünsche, daß die beabsichtigte Veränderung in seiner Lage zu seinem Vortheil ausfallen möge. Hieran ist bei den geringen Aussichten, die der hiesige Dienst darbietet, nicht zu zweifeln. — Nur wundert mich, daß der Eintritt in preußischen Dienst nicht mehreren Schwierigkeiten unterworfen ist, da alle Landeskinder dienen und das avancement zum Offizier nur in Folge eines Examens und einer besonderen Anempfehlung stattfindet. — Alle Details, die Sie mir in Ihrem ersten Briefe zu geben die Güte haben, interessirten mich unendlich, und mit Vergnügen sehe ich Ihrer mündlichen Unterhaltung entgegen, um Alles noch ausführlicher zu erfahren.

Die Zeit erlaubt mir heute nicht, diese flüchtigen Zeilen zu verlängern. Ich empfehle mich nur Ihrem freundschaftlichen Andenken mit der Versicherung der herzlichsten Ergebenheit und Hochachtung, womit ich unwandelbar bin

Ihr ergebenster Freund

Herzog zu Holstein-Beck.

IV. Urkunden zur Jugendgeschichte.

**Vorläufige Benachrichtigung
des vortragenden General-Adjutanten wegen seiner Anstellung
in königlich preußischen Diensten.**

Ew. Hochwohlgeboren bin ich beauftragt, auf Ihre an des Königs Majestät gerichtete Vorstellung zu erwidern, daß es zur Begründung Ihres Antrags, in diesseitige Dienste zu treten, vor allen Dingen nothwendig ist, daß Dieselben die Dokumente Ihrer Anstellung in Königl. Dänischen Diensten, sowie die Zeugnisse über Ihre bisherige Dienstführung beschaffen und mir übergeben. Sollten sich demnächst Se. Majestät bewogen finden, Ihr Gesuch zu berücksichtigen, so würde dies nur unter folgenden Bedingungen geschehen können, auf welche ich Ew. Hochwohlgeboren aufmerksam zu machen nicht unterlassen will. Dero Entlassung aus Ihren jetzigen Verhältnissen muß erfolgt seyn; Dieselben würden sich der vorschriftsmäßigen Prüfung zum Offizier zu unterziehen und nach erhaltenem Zeugniß der Reife mit einem Patent vom Tage Ihrer Anstellung zu begnügen haben. Wenn Ew. Hochwohlgeboren hiernach bei dem geäußerten Entschluß beharren, so ersuche ich Sie, mir bei Einreichung der oben erwähnten Dokumente zugleich Ihr Einverständniß mit den hier aufgeführten Bedingungen anzuzeigen.

Berlin, den 7. Dezember 1821.

v. Witzleben.

An
  den Königl. Dänischen Seconde-Lieutenant
    Herrn v. Moltke
      Hochwohlgeboren
        Hier.

Benachrichtigung.
der Ober-Militär-Examinations-Kommission wegen Ertheilung des Zeugnisses der Reife zum preußischen Offizier.

Euer Hochwohlgeboren benachrichtigen wir hierdurch, daß des Königs Majestät mittelst Kabinetsordre vom 12. d. auf unsern Bericht über die mit Ihnen abgehaltene Prüfung zum Offizier zu bestimmen geruhet haben, daß Ihnen infolge dieser Prüfung das völlig unbedingte Zeugniß der Reife zum Offizier ertheilt werden soll.

Gemäß dieser Allerhöchsten Bestimmung haben wir das Zeugniß der Reife in vorgedachter Art ausgefertigt, und übersenden wir dasselbe Ihnen beikommend.

Berlin, den 14. März 1822.
Ober-Militär-Examinations-Kommission.
Gr. N. v. Gneisenau.   **v. Steinwehr.**

An
den aus Königlich Dänischen Diensten verabschiedeten Seconde-Lieutenant Herrn von Moltke.
Hochwohlgeboren.

Zeugniß der Reife zum Offizier für den Sekondlieutenant Helmuth Carl Bernhard v. Moltke aus dänischen Diensten.

Se. Majestät der König haben auf den Bericht der Ober-Militär-Examinations-Kommission mittelst allerhöchster Kabinets-Ordre vom 12. März 1822 zu befehlen geruhet, daß dem Seconde-Lieutenant Helmuth, Carl, Bernhard v. Moltke aus Dänischen Diensten

da er in dem am 9. Februar 1822 und den folgenden Tagen mit ihm abgehaltenen Examen in den vorgeschriebenen Wissenschaften recht gute Kenntnisse bewiesen hat, das Zeugniß der Reife zum Offizier ertheilet werden soll.

IV. Urkunden zur Jugendgeschichte.

In Gemäßheit dieses allergnädigsten Befehls ist demnach gegenwärtiges Zeugniß für denselben zu mehrerer Beglaubigung unter dem Kommissions-Siegel und unserer eigenhändigen Unterschrift ausgefertigt worden.

Berlin den 12. März 1822.

Ober-Militär-Examinations-Kommission.

Gr. N. v. Gneisenau.   v. Steinwehr.

Erstes Zeugniß der Allgemeinen Kriegsschule.
[Jetzige Kriegsakademie.]

Lieutenant v. Moltke, 8. Infanterie-Regiment,

Cursus 1823/24.

Analysis des Endlichen	vorzüglich gut.	Herbart.
Terrainlehre	recht gut.	Oesel.
Allgemeine Geschichte	sehr gut.	Plümicke.
Statistik	recht sehr gut.	Ritter.
Taktik	recht gut.	v. Decker.
Theorie des Aufnehmens	ganz vorzüglich.	Netto.
Aufnahmen	vorzüglich.	Netto.
Französische Sprache	gut.	Bouvier.
Pferdekenntniß	recht gut.	Naumann.
Aufführung	tadellos.	v. Clausewitz.

Für wörtlich gleichlautende Ueberschrift

Berlin, den 3. Februar 1825.

Der Oberst
v. Herrmann.

Schlußzeugniß nach Besuch der Allgemeinen Kriegsschule zu Berlin.

Der Second-Lieutenant v. Moltke im 8. Infanterie-Regiment hat in der Königlichen Allgemeinen Kriegsschule vom October 1823 bis zum July 1826 folgende Vorträge gehört:

Im 1. Coetus.	Im 2. Coetus.	Im 3. Coetus.
	Sphärische Trigonometrie und das Unentbehrlichste aus den mechanischen Wissenschaften.	
Analysis des Endlichen.	Analysis des Unendlichen.	
Terrainlehre.	Militair-Geographie.	
Allg. Geschichte.		Geschichte einiger Feldzüge.
Statistik.		
Artillerie.	Befestigungs-Wissenschaft.	Festungskrieg.
Taktik.	Deutsche Litteratur	Allg. Litteratur.
Theorie des Aufnehmens.	Taktisch-strategische Entwickelung	Gen. Stabs-Geschäfte.
Aufnehmen.	Aufnehmen.	Aufnehmen.
Franz. Sprache.	Franz. Sprache.	
Pferdekenntniß.	Naturlehre.	

Die am Ende des Kursus gewöhnliche praktisch militairische Aufgabe hat derselbe gut gelöset.

Das Resultat seiner wissenschaftlichen Bestrebungen war sehr gut.

Seine Führung war tadellos.

Die Uebereinstimmung dieses Zeugnisses mit den in dem Censurbuche ausgedrückten Urtheilen der Lehrer und der Vorgesetzten der Anstalt wird hierdurch bezeuget.

Berlin den 1. July 1827.

Militair- und Studien-Direktion der Königl. Allgemeinen Kriegsschule.

Clausewitz.   Rühle v. Lilienstern.

E. G. Fischer.   Poselger.

Die beiden Freunde.

Eine Erzählung von Helmuth.

Vorbemerkung.

Moltke als Dichter! Die Vorstellung mag zunächst befremden. Allein alsbald wird der Kenner der Schriften des Feldmarschalls sich erinnern, wie dieser in Schilderung von Landschaften, von Oertlichkeiten überhaupt, in der Zeichnung von Personen, wie er in der Erzählung von Schlachten nicht nur, — auch von Verhandlungen, dann von leidenschaftlichen Erregungen, von den oft unbewußten Beweggründen der Handelnden die Begabung des echten Dichters bewährt hat: das sehende Auge, die gestaltende Hand, die überzeugende Darstellung, den bezeichnenden Ausdruck. All' diese Vorzüge schmücken die kleine Erzählung des Achtundzwanzigjährigen.

Der Zweifel, ob sie hier veröffentlicht werden sollte, war aber nicht vor Allem nach deren Werth als Kunstwerk, sondern in der Prüfung zu lösen, ob sie von Bedeutung sei für das geistige Bild, das unser Volk von seinem Helden sich schaffen soll.

Diese Frage ist zweifellos zu bejahen. Wie reizvoll ist es, in dem Jüngling bereits die Züge angedeutet zu finden, die sich später so scharf ausprägen sollten! Es ist überflüssig, sie anzuführen; und es wäre geschmacklos, denn es wären ebenso viele Lobsprüche.

Aber noch ein anderer Reiz tritt hinzu. Augenscheinlich enthält die Erzählung Anklänge an eigene Erlebnisse und Eindrücke. Aus einem Briefe (IV, 7) spricht eine tiefe Neigung zu einer Gräfin Reichenbach: offenbar in Erinnerung an sie ist die Schloßfamilie „Eichenbach" genannt. Auch sind Lage und Bau des Schlosses Loben gelegentlich der Erstürmung mit so greifbarer Deutlichkeit gezeichnet, der Zusammenhang der Zimmer, der Gänge, die Höhe, Dicke und der Zug der Mauern — all' das ist so greifbar anschaulich, daß hier unverkennbar dem Verfasser ein von ihm bevorzugtes Schloß vorschwebte; ähnlich verhält es sich mit der Schilderung der Felslandschaft an den Ufern der Elbe und der Beschreibung des Schlosses Eichenbach.

Und endlich hat der Dichter in der Eigenart des spröd-herben, schweigsamen, tief verhaltenen Holm deutlich sich selbst gezeichnet, während in Holms Kameraden, dem Grafen Warten, wohl ein in den Briefen (IV, 8 und 9) mehrfach erwähnter Jugendfreund, Graf Wartensleben, zu suchen sein dürfte.

Die Untersuchung, welchen in den zwanziger Jahren in Deutschland besonders viel gelesenen Vorbildern etwa sich der Jüngling angeschlossen habe, ward von mir meinem sachkundigen Freund und Amtsgenossen, dem Professor der Deutschen Literaturgeschichte an unserer Hochschule, Dr. Max Koch, überwiesen. Gern schließe ich mich seiner nachstehenden Meinung an; nur glaube ich auch die Einwirkung der späteren Schriften Goethe's herauszufühlen: einmal in der Neigung, die landschaftliche Naturstimmung zu der Seelenstimmung der Handelnden in Beziehung zu setzen, dann in der — freilich den damaligen Schriftstellern insgemein eignenden — Unterbrechung der Erzählung durch eingestreute Betrachtungen, aufgestellte Grundsätze des persönlich aus dem Rahmen hervortretenden Verfassers.

Die Novelle ist 1827 in der damals zu Berlin erscheinenden Zeitschrift „Der Freimüthige, Unterhaltungsblatt für gebildete, unbefangene Leser" (Nr. 48, vom 8. März), herausgegeben von Dr. August Kuhn, zum Abdruck gelangt.

Breslau, Februar 1892.

Felix Dahn.

Die Frage, an welche Vorbilder die Erzählung anklingt, kommt nicht als eine fachmännische Frage der Literaturgeschichte hier in Betracht, sondern weil sie uns Aufschluß darüber geben soll, welche Dichtungen auf den jungen Offizier etwa so starken Eindruck machten, daß er sie zum Muster wählte. Der eigentlich herrschende Novellendichter war damals L. Tieck, und an ihn mahnt gleich die im Gespräch sich vollziehende Exposition, im Folgenden die Ballgesellschaft und das Bestreben nach humoristischen Zügen. Die Bekanntschaft mit Körners „Woldemar" tritt an ein paar Stellen deutlich hervor, so grundverschieden die heitere Lösung auch von jener tragischen Schwermuth bleibt, die Körners Briefserzählung aus den französisch-österreichischen Kämpfen durchzieht. Novellenstoffe aus dem siebenjährigen Kriege hat die einstens so viel gelesene Friederike Lohmann mit Vorliebe behandelt; ihre „Entscheidung bei Hochlirch" hat sogar noch im deutschen Novellenschatz von Heyse-Kurz Aufnahme gefunden, und einen Einfluß ihrer Darstellungsart glaube ich in den „Zwei Freunden" deutlich zu erkennen. Daß der militärische Dichter die allgemeine Vorliebe für die wirklich lobenswerthen Novellen getheilt habe und gerade der aus der preußischen Kriegsgeschichte entnommene Hintergrund der Loßmann schen Dichtungen ihn zur Nachahmung gereizt habe, ist sehr natürlich. Aber auch selbsterlebte, von der Phantasie weitergesponnene Empfindungen erkennt der Leser der Briefe aus Schön-Briefe in der Erzählung wieder.

Vor Allem aber leiht es der Dichtung Werth, daß die liebenswürdige Persönlichkeit des Verfassers überall durch die Darstellung hindurch erkennbar wird; und in einzelnen Grundsätzen, welche der Dichter, in Tiecks Art reflektirend, aus der Handlung heraus ausspricht, werden wir über den dichterischen Versuch hinausgehoben, da taucht der einzige Held und Denker selbst vor uns auf.

Breslau.

Max Koch.

Es war im Jahre 1762 an einem heitern Sommerabende, dessen Ruhe so oft im schneidenden Gegensatz mit den Stürmen der Zeit steht, als zwei junge Krieger in lebhaftem Gespräch längs den schönen Ufern der Elbe hinschritten. Die Sonne vollendete ihre unumwölkte Bahn, und ihre letzten Strahlen vergoldeten eine Landschaft, welche, unlängst der Schauplatz von Krieg und Schlachten, jetzt ein Bild stillen Friedens war. Tausende der Ehrgeizigen, welche dort gekämpft, waren nicht mehr; ihre Pläne, ihre kühnen Entwürfe und ihre Leiden barg das grüne Grabtuch, welches ein neuer Frühling über sie ausgebreitet. Dieselben Berge, welche von dem Donner der Geschütze erbebt, wiederholten nun das Geläute friedlicher Heerden, zertretene Saaten keimten fröhlich wieder empor, und derselbe Strom, den einst so viel Blut geröthet, trug jetzt den Widerschein einer lachenden Gegend.

So verwischt die freundliche Natur mit wohlwollender Hand die Spuren, welche Haß und Feindschaft der Menschen ihr ver=

gebens aufzudrücken streben. Die Stürme ziehen über sie hin und sind vergessen. Nur das Gemüth des Menschen gleicht dem vom Strome geknickten und zu Boden geworfenen Rohre, das sich nicht wieder zu erheben vermag.

Die blaue, eng anschließende Tracht der beiden Wanderer, ihre silbernen Schärpen und jene militärische Haltung, welche ein altes Erbtheil des preußischen Heeres zu sein scheint, zeigten, daß sie unter König Friedrichs Fahnen fochten, obgleich ihr jugendliches Alter vermuthen ließ, daß sie nur die letzten Feldzüge dieses langen Kampfes mitgemacht hätten, den erst die gänzliche Erschöpfung endigen sollte.

Der eine der beiden jungen Männer war von großem kernhaften Wuchs. Eine Adlernase und schwarze Locken gaben seinem regelmäßig schönen Gesicht einen kräftigen Ausdruck. In seinem ganzen Wesen sprach sich die fröhliche, auf Selbstvertrauen gebaute Sorglosigkeit aus, mit welcher die Natur offene Gemüther beschenkt, deren Mangel an Tiefe sie durch Geradheit und muthige Laune ersetzt.

Sein Gefährte war ein sehr schlanker Jüngling, das Bild eines Nordländers. Blonde Locken umgaben ein ziemlich blasses, aber höchst ausdrucksvolles Gesicht, welches, ohne Ansprüche auf Schönheit machen zu können, von überaus ernsten und edlen Zügen belebt war. Seine Haltung war elegant, und er schien so sehr zu Hause in der militärischen Tracht, als ob er an dem Degen emporgewachsen wäre, welcher an seiner Hüfte hing.

Beide Jünglinge bildeten einen interessanten Gegensatz in ihrem Aeußern. Die Mienen des Ersteren gaben, wie ein Spiegel, treu und augenblicklich alle Eindrücke zurück, welche sie von außen empfingen, während die Züge des Letzteren nur durch das bewegt wurden, was in ihm selbst vorging. Jener glich dem Spiegel eines Sees, welcher das Bild seiner Umgebung ist, aber von jedem Lüftchen gekräuselt, von jedem Sturm erregt wird; dieser war wie ein tiefer Strom, der mit glatter Oberfläche unauf=

haltsam hinzieht und nur da, wo Felsen auf seinem Grunde sich ihm entgegensetzen, sie schäumend überwältigt.

Aber die Verschiedenheit der Charaktere, welche sich schon beim ersten Anblick der Personen ausspricht, hindert keineswegs eine innige Freundschaft, man möchte sagen, sie begründet sie vielmehr. Ernste, verschlossene Gemüther geben sich der rücksichtslos fröhlichen Offenheit Anderer gern hin, und diese ahnen wiederum nichts Böses in dem Schweigen Jener. Je weniger sie geneigt sind, sich anzuschließen, je fester halten sie die Verbindungen, welche sie einmal als geprüft anerkennen. Einer ersetzt, was dem Anderen fehlt, und giebt da nach, wo er die Ueberlegenheit dieses fühlt, ja, gemeiniglich überschätzt. Als die beiden Freunde (denn das waren sie) eine hervorspringende Höhe erreicht, von wo man den Strom weit aufwärts überblickte, hielten sie inne.

„Siehe dort, Ernst!" hub der muntere Gefährte mit großer Lebhaftigkeit an, „dort hinter jenem Berge, wo das Kreuz auf der kleinen Kapelle blitzt, da liegt Schloß Eichenbach. Ich erkannte den Punkt schon vom Gebirge aus und erwartete gewiß nicht, daß wir noch heute hier stehen und ihn ansehen würden, und den unerreichbaren Mond, bloß weil das bischen Wasser dazwischen liegt."

„Und weil das bischen Wasser", fügte der Andere hinzu, „vom Serbellonischen Korps besetzt ist."

„Beim Himmel!" rief der Erste, „hätte Prinz Heinrich das Mädchen gesehen, welches in jenem Schlosse wohnt, der Fluß wäre schon überschritten und das Serbellonische Korps geschlagen."

„Du vergißt, Gustav", sagte sein Freund, „daß der Prinz noch einige andere Rücksichten zu nehmen hat, und daß ein hübsches Mädchen wohl Operationsobjekt für einen Mann, nicht füglich für ein Heer sein kann".

„Höre, Ernst", fing nach einem kurzen Stillschweigen der

lebhafte Gefährte an, „Du weißt, daß ich vorläufig zu der hohen Ehre eines Kommandanten jenes verwünschten Städtchens verdammt bin, um es gegen etwaige Patrouillen zu sichern. Obgleich ich nun glaube, daß die Patrouillen Besseres zu thun haben werden, als ein Nest wegzunehmen, in welchem der heilige Nepomuk auf dem Markt unstreitig das hübscheste Gesicht ist, und wo man kaum einen Trunk sauren Landweins bekommt, einen Platz, der ohnehin mit Mauern versehen ist, als ob er das Serail des Großherrn oder die Schätze eines französischen Lagers enthielte; dennoch darf ich meinen Posten jetzt nicht verlassen. Ernst! laß mich ernsthaft mit Dir sprechen. Nein, lache nicht; auch ich kann ebenso verwünscht feierlich sein, wie Du, wenn es nämlich der Mühe werth ist. Aus eben dem Grunde, weshalb ich jetzt nicht fort kann, aus eben dem Grunde kann ich Dir Urlaub ertheilen. Eichenbach liegt seitwärts der österreichischen Linie und ist noch unbesetzt. Auf, Ernst, nach dem Schloß, in zwei Stunden bist Du da und hältst für mich um Ibas Hand an!"

„Um — Gustav, bist Du toll geworden? um die Hand der Gräfin Iba, der jungen Gräfin Eichenbach?"

„Nun ja!" fuhr jener fort, „meintest Du, ich würde um die Alte anhalten? Vernünftig bin ich geworden, und daß ich wirklich heirathen will, müßte Dir das sattsam beweisen. Siehe, als ich, vier Wochen später als Du dort warst, in Eichenbach stand, da erblickte ich sie zuerst, und bei all dem Leichtsinn, welchen Du mir so freigebig zuzuerkennen beliebst, ich habe sie nicht vergessen!"

„Also wirklich?" sagte Ernst mit ziemlich feierlicher Stimme, „also trotz der Wechsel eines Feldzuges, und doch warst Du nur kurze Zeit in Eichenbach."

„Drei glückliche Wochen schwanden in diesem Zauberschlosse. Ich sah sie täglich, hörte sie singen, und beim Himmel, Ernst, als die Trommeln zum Abmarsch wirbelten, da weinte ich wie ein Schuljunge! Mir fiel es ein, so gut wie der König sagt: „Schlesien ist mein!" und besetzt es und vertheidigt sich gegen ganz Europa, so gut kann ich sagen: Ida ist mein, ich habe das Schloß besetzt, und der Teufel soll mich nicht herausbringen! Kurz, ich war zu allen Tollheiten fähig, und siehe, Brüderchen, ich machte einen klügeren Streich, als Du in vier Wochen aushecktest, während Du in Eichenbach warst: ich verlobte mich!"

„Nein, das ist nicht möglich, das ist unmöglich, Gustav!" rief Ernst sehr bewegt. „Ida ist fröhlich, ernst, lebhaft und leichten Sinnes; aber —"

„Höre, Ernst", fuhr der Andere fort, „Du weißt, ich schwanke nicht lange zwischen zwei Entscheidungen. Eine ergreife ich, und mag es auch die falsche sein, so ergreife ich sie mit ganzer Macht. Zwar war ich ein armer Teufel, bis mein seliger Onkel, dem der Himmel den vernünftigen Gedanken segne, mich kürzlich mit seinen zeitlichen Gütern bedachte. Damals konnte ich das nicht wissen und hätte daher wohl eigentlich nicht ans Heirathen denken sollen. Aber gerade weil ich arm war, konnte ich hoffen, reich zu werden, was dem, der reich ist, nie begegnen kann. Ida selbst nun, obschon sie so, wie Du sie schilderst, mir eigentlich nicht erschienen ist, Ida wußte selbst gar nicht, wie ihr geschah. Höre zu; denn bis jetzt bist Du mir allemal mit anderen Dingen in die Quere gekommen, so oft ich über diesen Gegenstand mit Dir sprechen wollte, der mir doch wahrhaftig immer auf der Seele lag."

„Bei der gewöhnlichen Ordnung der Dinge legt die Konvenienz dem Menschen tausend Fesseln an, die er in den sturmvollen Zeiten eines Krieges abstreift. Wer dem Tode stündlich ins Auge blickt, dem ist das Leben der Verstellung nicht werth. Der Soldat hat nicht Ursache, sich anders zu zeigen, als er ist; er fühlt seinen Werth und seine Kraft und trägt nichts Erborgtes zur Schau. Aber gerade das ist es, was ein Mädchen gewinnt. Kämpft doch Jede von ihnen einen Kampf gegen unser ganzes

Geschlecht, gegen die fürchterlichen Waffen der Lügen, der Verstellung und Schmeichelei, einen Kampf, in welchem ihre Leidenschaften, ihre Herzensgüte zu Feinden, ihr Gefühl zum Verräther und ihre Schönheit zur Gefahr werden! Und doch kämpft sie um nichts Geringeres, als um das Glück ihres ganzen Lebens. Wie sollte da ein Mädchen nicht Wahrheit lieben? Ohne sie fühlt man, daß man sich bei dem raschen Zusammentreffen innig vereinen oder ewig trennen muß. Ernst ist das Gefühl, welches die Seele des Mannes durchdringt und ihn bereit macht, sein Leben für den Gegenstand seiner Liebe zu opfern; dies Gefühl spricht sich auch ohne Worte in jeder Handlung, in jedem Blick aus und ist der beste Freiwerber. So kam es, daß Jda für mich bald ebenso viel fühlte, als ich für sie, obgleich sie es nicht ahnte. Die Liebe eines Mädchens will erworben sein; aber einmal erlangt, ist sie eine Lawine, die unaufhaltsam forteilt und durch sich selbst wächst, während die unsere so oft der Flamme gleicht, die ohne Nahrung erlischt."

"Nichts ist rührender, als der Kampf eines edlen Mädchens gegen das aufkeimende, sie rasch unterjochende Gefühl. Es war eine kleine Gesellschaft auf Eichenbach, als die Marschordre auf den nächsten Morgen ankam. Als der Oberst die Neuigkeit bei der Abendtafel erzählte, da begegneten sich unsere Blicke unwillkürlich, aber große Thränen standen in Jdas seelenvollem Auge, und obgleich ihr Mund lächelte, als sie uns eine glückliche Reise wünschte, so zitterte doch ihre Stimme. Ernst, da dachte ich nicht mehr an die Abreise, sondern an das Glück, geliebt zu sein; gewiß, mein Blick mußte ihr das sagen, denn sie wendete sich ab und erröthete vor Scham und Zorn über ihr eigenes Gefühl."

"In solchen Fällen sind die Mütter und Tanten die natürlichen Alliirten der Töchter und Nichten. Die alte Gräfin, welcher der ganze Handel keineswegs entgangen war, rückte sogleich gegen mich ins Feld und verhinderte eine Erklärung, welche mir auf der Junge schwebte, indem sie mit unendlich vielem Interesse mein Gutachten über einen Fasan einforderte, von welchem ich wirklich, glaub' ich, den für die Gesellschaft bestimmten Teller in der Zerstreuung vor mich genommen hatte."

„Lieber Gott, wie konnte ich auch an so etwas denken! Nie ist mir ein Fasan so ungelegen gekommen; selbst Ida lachte über meine Verlegenheit."

„Die Gesellschaft ging auseinander, und ein Zartgefühl, das ich ehren mußte, obgleich ich im ersten Augenblick darüber mißgestimmt war, ließ Ida jedes fernere Zwiegespräch vermeiden. Vergebens suchte ich die alte Gräfin in eine Unterhaltung zu verwickeln, als ihre Gäste fort waren, vergebens fragte ich nach den schrecklich gepußten Damen, die, eine Musterkarte der Thorheiten aus fünf Jahrhunderten, um uns hergingen. Die sonst über diesen Punkt so geschwäßige alte Gräfin wußte durch ihre Antworten jedesmal das Gespräch so abzuschneiden, als ob die Materie bis auf den lezten Buchstaben erschöpft wäre. Als ich sah, daß Alles umsonst war, machte ich die Einleitung zu einer Art von vorläufigem Abschiede. Aber die Gräfin unterbrach mich mit der Versicherung, daß der Kaffee gewiß fertig sein würde, wie früh wir auch aufbrächen. Die Dame hatte mich während unseres Aufenthalts immer mit großer Güte behandelt, weshalb mich ihre jeßige Kälte empörte. Selbst Ida schien um meinetwillen zu leiden und glaubte, so viel Härte vergüten zu müssen. Mit einer Stimme, die ich nie vergesse, und die zwischen lebhaftem Gefühl und mädchenhafter Schüchternheit wankte, bot sie mir Lebewohl mit den Worten: „Reisen Sie glücklich, Graf Warten, denken Sie mit Güte an uns, und Gott beschüße Sie!" Darauf wendete sie sich zu ihrer Begleiterin, welche schnell mit ihr abging, um ihre Bewegung und, ich glaube, ihre Thränen zu verbergen. Aber ich — lache nicht, Ernst! ich hätte aufs Knie sinken mögen; denn es war mir, als ob ein Engel des Lichts mich gesegnet hätte."

Ernst hatte mit einer Spannung zugehört, welche zeigte, wie viel Theil er an der Erzählung seines Freundes nahm. Er lächelte; aber sein Lächeln erzählte die Geschichte inneren Kampfes und des Entsagens schöner Hoffnungen.

„Unruhig und unter tausend Entwürfen", fuhr Gustav fort, „brachte ich die Nacht zu. Früh Morgens um fünf Uhr wirbelten die Trommeln im alten Schloßhofe, Pferde wieherten, Waffen klirrten, kurz, Alles wurde wach; nur die beiden Damen schienen fest zu schlafen. Zwar kam es mir vor, als ob die Gardine an ihrem Fenster sich ein wenig bewege, aber vergebens blickte ich nach ihr selbst empor. Da schwenkten die Züge ab, und mit gepreßtem Herzen folgte ich nach. Als ich über die Zugbrücke den Berg hinabritt, war mir, als ob die Welt hinter mir läge, und wie wir unten im Dorfe angekommen waren, drehte ich, fast ohne zu wissen, mein Pferd links herum und ritt durch die kleine Schlucht, welche nach dem Pförtchen in der Mauer des Parks führt. Ich wollte sie noch einmal sehen, das war Alles, wovon ich mir Rechenschaft geben konnte. Ein unbestimmtes Gefühl leitete mich. Ich band mein Pferd an und trat in den Garten."

„Du kennst", erzählte Gustav weiter, „das schöne Plätzchen auf dem vorspringenden Felsen über der Elbe, von wo man die Dresdener Straße übersieht, wenn sie eine Viertelstunde unterhalb den Wald verläßt, welcher Eichenbach umgiebt. O Ernst, sie war da! Am Ende der hohen Lindenallee stand sie im Golde der Morgensonne wie ein Wesen des Elementes, welches sie umfloß — Ernst, so ein Anblick ist mehr, als alle Schwüre der Liebe! Sie war also doch aufgewesen, und jetzt war sie da, um mich zu sehen, obschon in einer Entfernung, gegen die kein Grandison etwas, ja ihr eigenes Zartgefühl nichts einwenden konnte. Leise schlich ich heran, ganz nahe. Lange stand sie unbeweglich, nur Seufzer hoben ihren Busen, während der meinige vor Freude pochte. Endlich machte sie eine Bewegung

mit der Hand, wie zum Lebewohl. Da hielt ich mich nicht
länger. Ich sprang hervor und drückte sie in meine Arme.
„Nein", schrie ich, „wir trennen uns nicht auf ewig! Die
Ehre ruft mich jetzt von hier; aber ich will sterben oder Dich
erkämpfen! Iba, nur einen Trost gieb mir mit in das Getümmel der Schlachten, und eine Welt will ich bezwingen;
die Hoffnung, daß Du mich liebst." Ihr Auge war verweint,
sie schwieg vor Schrecken; aber ich drückte tausend Küsse auf ihre
Lippen, ehe sie es hindern konnte. Da hörten wir Leute. Ich
schwang mich auf die Mauer. „Iba!" rief ich, „wir sind
verlobt; Du sollst von mir hören!" Ich winkte ihr ein Lebewohl zu, sprang hinab, und in zehn Minuten war ich zurück
bei den Truppen."

„Und Iba, und die Gräfin Eichenbach", fiel Ernst ein, „was
antwortete sie Dir?"

„Nichts"! entgegnete Gustav; „sie sagte nichts, weil ich
Alles sah."

„Nun, Gott erhalte Dir Deine gute Meinung von Dir
selbst! In der ganzen Erzählung hast Du ganz allein gehandelt,
ganz allein gesprochen, und doch bist Du Deiner Sache ganz
gewiß. Möchtest Du nur nicht auch ganz allein gesehen haben."

„Beim Himmel", entgegnete Gustav, „was verlangst Du
mehr von Beweisen? Aber freilich, Leute Deines Schlages,
Leute, die nie tolle Streiche, aber auch nie kluge machen, Leute,
deren Gläser stets noch voll sind, wenn wieder eingeschenkt wird,
deren Freude wie das Auffliegen einer Pulvertonne ist, die nur
desto dunklere Nacht zurückläßt, solche Leute glauben stets einem
Worte mehr als einem Blick. Mag es sein, daß Ihr Euch
nie täuscht; aber Ihr kennt auch nicht die Wonne, die Seligkeit,
sich vertrauensvoll hinzugeben. Nein zum Teufel! Du sollst mich
nicht irre machen. Gesteh es nur, Du bist selbst ein bischen
verliebt und eifersüchtig; aber sie liebt Dich nicht, denn sonst
konnte sie so nicht gegen mich sein. Darum vermiedest Du stets,

mit mir über Deinen Aufenthalt in Eichenbach zu sprechen. Geh, Brüderchen, da bist Du einmal zu spät gekommen. — Gottlob denn, Ernst", fuhr der junge Mann mit feierlicher Stimme fort, „es wäre schrecklich gewesen, zwischen Freundschaft und Liebe zu wählen, wo ein Gefühl das andere vernichten müßte wie bei zweien Schiffbrüchigen, die nach einem Brett haschen. Jedes wäre um den Preis des Andern zu theuer erkauft. Nein, Beides, oder die erste Kugel in dem nächsten Gefecht!"

II.

Das Gespräch der beiden Freunde wurde hier durch einen Umstand unterbrochen, welcher plötzlich ihren Gedanken eine andere Richtung gab. Die Unterhaltung hatte ihre Aufmerksamkeit so sehr gefesselt, daß sie nicht bemerkten, wie sie sich ziemlich weit von dem Städtchen entfernt hatten. Es war dunkel geworden, und indem sie, tief in ihre Mäntel gehüllt, laut und eifrig redend fortschritten, trat ihnen aus einem Busch ein baumstarker Mann entgegen, vollständig bewaffnet mit einem breiten krummen Säbel, Pistolen und Karabiner, übrigens in der wohlbekannten Tracht eines österreichischen Husaren.

Die erste Bewegung der beiden überraschten Männer war, die Hand an den Degen zu legen, um diese unerwartete Erscheinung ebenso schnell verschwinden zu machen, als sie gekommen. Allein beide gewahrten jetzt in einer Entfernung von höchstens fünfzig Schritten einen Haufen von etwa zweihundert Mann derselben Waffe, welche auf einer Wiese abgesessen waren. Nirgends entdeckte man ein Wachtfeuer, nicht einmal das Glimmen einer Pfeife, keinen Ruf, kein Kommando; allein man bemerkte die gespannte Erwartung, welche die Begleiterin gefahrvoller und zweifelhafter Unternehmungen ist. Selbst der Posten schritt schweigend auf sie zu.

Ernst gab seinem Freunde, welcher einen Augenblick gestutzt, einen verstohlenen Wink, vorwärts zu gehen. Mit dem richtigen

Scharfblick, welchen ruhige Gemüther oft in der Gefahr entwickeln, bemerkte er, daß der österreichische Soldat in zwei Männern, welche so laut redend gerade auf ihn zukamen, kaum einen Feind argwohnen konnte. Ihre grauen Mäntel, welche die preußische Uniform gänzlich bedeckten, waren vom Wetter fast so weiß, wie die der Oesterreicher, gebleicht. Auch forderte die feindliche Schildwacht die Losung in einem Tone, der mehr von der Erfüllung des ihr gelehrten Dienstverhaltens, als von Argwohn zeugte. Jede Zögerung aber mußte Verdacht erregen und verderblich werden. „Schon gut!" sprach Ernst mit einer Stimme, die eben so vollkommen ruhig als fest und gebietend war, und indem er dem Posten winkte, zurückzugehen, setzte er hinzu: „Alles in Ordnung?"

„Alles!" entgegnete die Schildwacht; „eben jetzt sind die beiden Geschütze übergesetzt, sie kommen den Weg längs des Ufers hinauf. Aber der Herr General sind von der Rekognoszirung nicht zurück."

„Ich weiß es!" entgegnete Ernst kalt.

„Sollte es nicht bald Zeit sein, anzugreifen?" fragte ein alter graubärtiger Wachtmeister, welcher mit ein paar Husaren jetzt ebenfalls aus dem Gebüsch hervorgetreten war. „Um acht Uhr geht der Mond auf, und schon ist es sieben vorbei."

„Freilich!" antwortete Ernst, „der General wartet nur auf die Geschütze; ich werde ihm anzeigen, daß sie da sind; mittlerweile haltet Euch bereit zum Aufsitzen."

So sprechend, kehrte er den feindlichen Soldaten den Rücken und ging festen Schrittes obschon mit klopfendem Herzen zwischen ihnen durch, gefolgt von Gustav, der kaum noch an sich halten konnte. Unwillkürlich verlängerte dieser seine Schritte so sehr, daß Ernst ihm leise bemerkbar machen mußte, wie ihre Freiheit und ihr Leben von der vollkommensten äußeren Ruhe abhänge, so lange sie beobachtet wären. Auch waren Beide kaum so weit fort, daß die Subordination den Soldaten ein lautes Gespräch erlaubte, als sie ganz deutlich fragen hörten, wer denn eigentlich die beiden Offiziere wären, die man doch beim Uebersetzen des Korps gar nicht gesehen habe?

„Vincent!" fragte die Stimme des Korporals, „habt Ihr sie nicht nach der Losung gefragt?"

„Zum Teufel!" antwortete die Schildwache betreten, „er befahl mir, still zu sein, und winkte, keinen Lärm zu machen!"

„Da möcht' ich nicht in Deiner Haut stecken, Freund, wenn der General kommt!"

„Hm!" brummte der Husar. „Frägt man lange, so heißt es: Esel, kennt Er seine Offiziere nicht? Frägt man nicht, so ist gar der Teufel los!"

Die unerschütterliche Ruhe des jungen Mannes hatte imponirt, so lange er da war, und der mächtig eingewurzelte militärische Respekt war sein Allürter gewesen. Aber sein Dialekt, obwohl er sehr verschieden im Kaiserlichen Heere gehört wurde, sein stummer Begleiter und die Richtung des Weges, welchen er einschlug, hatten Verdacht erregt. Die beiden preußischen Offiziere konnten erwarten, daß sie bald verfolgt werden würden, und die Wendung des Gesprächs, welches sie vernahmen, trug nicht dazu bei, sie zu beruhigen. Sobald sie daher nicht mehr beobachtet werden konnten, verstärkten sie ihre Schritte und verließen die Straße, um seitwärts längs des Flusses nach dem Städtchen zu entkommen.

Noch waren sie nicht dreihundert Schritte weit gegangen, als aufs Neue ein gedämpftes „Werda!" ihnen entgegenschallte.

„Jetzt!" rief Gustav, indem er die Hand an den Degen legte.

„Noch nicht!" entgegnete Ernst leise.

Es war ein Reitknecht mit zwei Pferden, der ihnen entgegentrat und die beiden Männer, welche gerade von seiner eigenen Feldwache kamen, fragte, ob der General schon zurück sei, und ob er noch länger mit den Pferden hier warten solle?

„Euer Herr," rief Ernst, „läßt Euch sagen, Ihr möchtet die Pferde nur da an den Strom hinabführen, er kommt eben des Weges."

Der Reitknecht gehorchte. Aber in diesem Augenblick riefen Stimmen in großer Nähe: „Halt sie fest, Franz, es sind Spione!"

Die beiden bedrängten Jünglinge hatten sich hinter dem Rücken des Reitknechts durch Zeichen verständigt. Mit Gewandtheit sprangen sie von hinten in die Sättel der Pferde, und den nichts ahnenden Oesterreicher über den Haufen reitend, setzten die Rosse in großen Bogen schnaubend über ihren Wärter fort.

„Dorthin!" rief Ernst, auf die Straße deutend, „und nun ums Leben geritten!" Aber die letzten Worte verhallten in dem Donner der Karabinerschüsse, welchen die verfolgende Patrouille aufs Gerathewohl durch die finstere Nacht den Flüchtlingen nachschickte. Die Kugeln schwirrten nahe genug um ihre Köpfe, um sie zur Eile zu mahnen. Keiner von ihnen sprach ein Wort. Ihre ganze Aufmerksamkeit war auf die Führung der muthigen Rosse gerichtet, welche im stärksten Galopp den steilen, steinigen Pfad hinabsetzten. Jeder fühlte, daß sein Leben von einem Fehltritte abhange. Endlich kamen sie unten am Abhang des Berges an und hörten nun deutlich das Toben des Befehlshabers, wahrscheinlich des Eigenthümers der Pferde. Aber der rasche Hufschlag der Rosse führte die Flüchtigen bald vor das Thor des Städtchens, dessen Besatzung, durch die Schüsse alarmirt, bereits unter den Waffen war und ihre Befehlshaber mit Freude und Neugier empfing.

„Wetter! das war ein Ritt, Brüderchen!" rief Graf Warten, vergnügt, aus einem Zustand erlöst zu sein, der für seinen Charakter so äußerst peinlich gewesen war. Jetzt befand er sich wieder in seinem Element. Mit Umsicht und Bestimmtheit gab er die Befehle zur Abwendung eines Ueberfalls, der, einmal verrathen, aufgegeben oder nun augenblicklich ausgeführt werden mußte. Alle Gedanken, die ihn auf seinem Spaziergang so sehr beschäftigt hatten, waren verschwunden; er dachte jetzt nur an die Sicherheit der ihm anvertrauten Leute und an die Ehre der Waffen. Denn bei den Frauen ist die Liebe die vorherrschendste Leidenschaft und schließt die übrigen aus; sie ist das Ziel ihres Lebens, ihr Leben selbst. Aber beim Manne weicht sie so manchen anderen Affekten und beim Rufe der Ehre erblaßt sie, wie die Sterne beim Auftauchen der Sonne; allein sie dauert fort, tritt wieder hervor, sobald jene weicht.

Graf Warten und sein Freund, der Baron Holm, waren mit vierhundert Mann nach dem Städtchen Loben detachirt. Dieses war, wie die meisten Ortschaften jener Gegend, von einer Mauer umgeben, die aber an mehreren Stellen eingestürzt, und von einem Graben, der vor Zeiten Wasser enthalten, jetzt aber trocken lag. An die Vertheidigung des Ortes mit so geringen Kräften war daher nicht zu denken; es wurde beschlossen, denselben preiszugeben, dagegen das Schloß Loben zu halten, welches die Stadt beherrschte und zu einer tüchtigen Vertheidigung einiger= maßen geeignet war.

Zwar waren seine Erdwerke verfallen und die Gräben in Gärten umgewandelt; die Zugbrücke hatte man durch einen Erd= damm ersetzt, und die weisen Maßregeln, welche seine frühesten Besitzer zu ihrer Sicherheit getroffen, waren den Bequemlich= keiten späterer Zeiten gewichen. Ueberhaupt trug das Gebäude den Charakter jener verderblichen Halbheit, welche die Gefahr herausfordert, ohne ihr begegnen zu können, wie ein Mann, der die Waffen zum Schmuck trägt, ohne ihren Gebrauch zu verstehen.

Allein die Festigkeit, welche die noch bestehenden Gebäude der Vorzeit charakterisirt, vielleicht eben darum, weil die schwachen im Lauf so vieler Jahre zerfallen sind, diese hatten spätere Ver= änderungen nicht geraubt.

Das Wohngebäude war gegen die Stadt gewendet und hatte in seinem unteren Stockwerk keine Fenster, sondern nur ein großes, eisenbeschlagenes Thor und Schießlöcher in den vorspringenden Thürmen. Unter diesen zeichnete sich einer besonders aus, der, von viereckiger Form, weiter hervortrat, als die übrigen, und in dessen drittem Stock große, später angebrachte Fenster das corps de logis bezeichneten. Gegen das Feld zu erhob sich eine etwa dreißig Fuß hohe Mauer von unerschütterlicher Festigkeit, welche den Schloßhof einfaßte.

So war das Gebäude, in welchem Graf Warten sich anschickte, seinen Feind zu erwarten. Alle Anstalten, ihn zu empfangen, wurden sogleich getroffen. Sämmtliche Thüren ließ man versehen und mit Wache versehen und die am niedrigsten gelegenen Fenster blenden; große Wasserbehälter wurden in die oberen Stockwerke gebracht und gefüllt, die Schießscharten mit guten Schützen besetzt, und endlich die ganze Besatzung mit Ausnahme der Posten in einer weiten Halle versammelt, welche fast den ganzen unteren Theil des Hauptgebäudes einnahm und wo hinein der angeführte Haupteingang unmittelbar führte. Eine Patrouille besetzte das Thor der Stadt, um von der Annäherung des Feindes Kunde zu geben.

Die Eigenthümerin des Schlosses war eine ältliche Dame, Wittwe des Grafen Browne, welcher sein Leben für die Sache seiner Monarchin geopfert hatte. Warten kündigte ihr an, daß er entschlossen sei, sich in ihrer Wohnung zu vertheidigen, und verhehlte ihr nicht die Gefahr, welche für sie und die Ihrigen erwachsen würde, falls der Angriff hartnäckig sein sollte. Er rieth ihr daher, sich bei Zeiten nach einem sicheren Aufenthalt umzusehen, und erbot sich, sie dahin geleiten zu lassen. Allein die alte Dame erwiderte, daß sie, eine Unterthanin der Kaiserin-Königin, von österreichischen Truppen nur Befreiung zu erwarten hätte, daß sie für ihre Fürstin alle Leiden zu tragen entschlossen sei und daß sie vielmehr dem preußischen Befehlshaber rathe, um unnützes Blutvergießen zu vermeiden, ihr Schloß gegen einen anderen Aufenthalt zu vertauschen; sie selbst werde sich auf ihr

Zimmer begeben, um vom Himmel den Sieg der österreichischen
Waffen zu erflehen. Der Befehlshaber der preußischen Garnison erwiderte ihr
höflich, daß seine Pflicht erfordere, dennoch einen Versuch zu
wagen, den österreichischen Waffen zu widerstehen, und daß er
sich schmeichle, die Gräfin werde ihre Freiheit nicht sowohl diesen
zu danken haben, als daß sie von seiner Seite beschränkt sein
würde.

III.

Noch war man im Schlosse mit den Anordnungen zur Vertheidigung beschäftigt, als schon am Thore Schüsse fielen. Die
Patrouille zog sich zurück, um durch ein kleines Pförtchen in das
Schloß zu kommen. Gleich darauf hörte man das Stadtthor
sprengen, und ein Trupp von etwa dreißig Pferden jagte durch
die engen Straßen der Stadt gerade auf das Schloß zu, um
mit der vertriebenen Thorwache womöglich zugleich einzubringen.
Diese Unvorsichtigkeit wurde aber bestraft, indem die verwogenen
Reiter von der Hauptseite des Gebäudes durch ein mörderisches
Feuer empfangen wurden, dem sie nichts entgegensetzen konnten.
Sie zogen sich daher so eilig ab, wie sie gekommen, und es
herrschte einige Zeit lang eine tiefe Stille.

Dieser Zustand des ungewissen Erwartens war äußerst
peinlich. Es ließen sich keine Gegenanstalten treffen gegen Maßregeln, welche man nicht kannte. Im ganzen Schlosse herrschte
daher jenes ernste Schweigen, das denjenigen drückt, welcher
einer Gefahr entgegengeht, deren Umfang er nicht kennt, sehr
verschieden von der fröhlichen Thätigkeit, die selbst den gewagtesten
Angriff begleitet. Allein es war in dieser Stille nichts Muthloses. Die Besatzung bestand aus einer nicht unbeträchtlichen
Zahl erprobter Soldaten, die ihrem mächtigen Feinde in vielen
Schlachten die Stirn geboten. Außerdem beurtheilt der gemeine
Mann die Stärke seiner Stellung fast immer nach der Miene

seiner Offiziere, welche hier zwar beide jung, aber, das Vertrauen ihrer Untergebenen schon besitzend, ihnen die Entschlossenheit mittheilten, welche sie selbst beseelte.

Unter diesen Verhältnissen waren besonders auf Holm alle Blicke gerichtet, dessen kalte, gemessene und umsichtige Befehle mit einer Pünktlichkeit ausgerichtet wurden, welche auf der Ueberzeugung beruhte, daß das Wohl Aller von ihrer strengen Befolgung abhänge. Nachdem alle Posten ausgestellt, hatten sich Warten und Holm auf die Zinnen des Gebäudes begeben, um den Angriff zu beobachten.

Noch hüllte tiefe Finsterniß alle Zubereitungen des Feindes in erwartungsvolle Dunkelheit; indessen konnte man aus dem Rasseln von Fuhrwerk abnehmen, daß der Gegner wirklich Geschütz mit sich führe, und daß ihm daher der Besitz des garstigen Städtchens weit mehr am Herzen liege, als Warten auf seinem Spaziergange sich eingebildet hatte.

Still und in vornüber gelehnter Stellung standen beide Freunde, als ob sie der Nacht einen Theil des furchtbaren Geheimnisses ablauschen wollten, da erklangen in ziemlicher Nähe die lebhaften Töne einer Trompete, und die Reiter bewegten sich langsam gegen den Haupteingang. An dem Rande des Grabens machten sie Halt! Die Trompete erklang abermals, und eine Stimme, die in jedem Winkel des Schlosses vernehmbar sein mußte, verlangte, den Befehlshaber des Platzes zu sprechen.

Warten begab sich, begleitet von Holm und einigen seiner Leute, welche Fackeln trugen, auf einen weiten Altan, der in dem viereckigen Thurm über den großen Fenstern angebracht war, und fragte nach dem Anliegen des Botschafters. Der ungewisse röthliche Schein der Fackeln erhellte das wilde, ausdrucksvolle Gesicht des Abgesandten, das seine vielen Narben nur zum Theil unter einem großen, grauen Barte verbarg. Er war von athletischem Wuchse, wohl beritten und völlig bewaffnet. Besonders zeichnete sich seine tiefe Baßstimme aus, und der Ton, in welchem er redete, glich dem eines greisen Warners, der junge Verirrte von einem verderblichen Vorhaben abmahnt, obgleich er voraus weiß, daß sein Rath verworfen wird.

Nachdem er einen angemessenen Gruß vorausgeschickt, ließ der Gesandte sich also vernehmen:

„Se. Excellenz, der Kaiserlich Königliche General Graf Eichenbach, Chef des Eichenbach'schen Husaren-Regiments, fordern den zeitigen Kommandanten gegenwärtigen Schlosses auf, selbiges wie auch das Städtchen binnen Frist von zehn Minuten zu räumen, in welchem Falle der Garnison freier Abzug ihrer Personen nebst ihren Waffen nicht minder ihres Gepäcks gewährt werden soll, widrigenfalls aber das gedachte Schloß nach Ablauf der erwähnten Frist mit Sturm genommen und die Besatzung kriegsgefangen sein oder nach Maßgabe des Widerstandes und dadurch verursachten Aufschubs und Verlustes an Mannschaften über die Klinge springen wird. Se. Excellenz erwarten den Beschluß des preußischen Befehlshabers sofort."

„Da es Sr. Excellenz bekannt ist", lautete die Antwort, „daß das Schloß von einer preußischen Garnison besetzt ist, so müßte eine siebenjährige Kriegserfahrung dieselben belehrt haben, daß der eben geschehene Antrag unnütz, und daß die Aufforderung zur Uebergabe des Platzes, ohne von überzeugenden Gründen der Nothwendigkeit eines solchen Schrittes begleitet zu sein, eine beleidigende Prahlerei ist."

„Keineswegs!" entgegnete der Sprecher ruhig, „indem Se. Excellenz die erforderlichen Gründe ebenfalls mitgebracht. Es ist bekannt, daß die Garnison unbedeutend und der Platz gegen Artillerie nicht haltbar ist; daß Se. Excellenz aber mit Geschützen versehen, davon möge sich ein von der Besatzung abgesendeter Offizier überzeugen."

„Selbst dann", erwiderte Warten, „wenn die Ueberlegenheit begründet ist, mit welcher Se. Excellenz zu drohen belieben, bin ich bereit, mich in meinem Schlosse zu vertheidigen, und ich erwarte, dasselbe erst erstürmt zu sehen, ehe ich mir Bedingungen vorschreiben lasse." „Sagen Sie Ihrem General", fügte er hinzu, „daß Se. Excellenz sowohl von der Stärke des Platzes als von der Gesinnung der Garnison falsch unterrichtet sind, daß diese aus Preußen besteht, und daß ich vielmehr Se. Excellenz auffordere, unverzüglich den Ort zu räumen, indem ich jeden Augenblick Verstärkung erwarte und dann das österreichische Korps nach dem Maßstabe behandeln werde, welchen Se. Excellenz mir soeben an die Hand gegeben haben."

„Es würde unnütz sein", antwortete der Parlamentär, „Se. Excellenz mit diesen Drohungen zu unterhalten. Es genügt, zu wissen, daß die Garnison die ihr angetragene ehrenvolle Kapitulation verwirft. Ich füge daher, gemäß der mir gewordenen Instruktion, nur noch hinzu, daß Se. Excellenz jede Unbill, welche innerhalb dieser Mauern von Seiten der jetzigen Besatzung verübt werden könnte, insonderheit jede Kränkung der darin rechtmäßig wohnenden Personen, durch eine exemplarische Rache strafen werde."

So sprechend, drehte der greise Redner sein Pferd um und ritt langsamen Schrittes und gefolgt von seinem Trompeter zurück, bis ihn die Dunkelheit verschlang.

Während dieser Unterhandlung war es den Anführern der im Schlosse versammelten Partei nicht entgangen, daß die Zurüstungen zum Angriff ihren Fortgang hatten. Besonders verrieth ein dumpfes Gerassel das Auffahren der Geschütze. Indeß, daß überhaupt parlamentirt worden war, verrieth, daß der Feind bei der Wegnahme des Platzes bedeutende Schwierigkeiten erwarte. Andererseits würde der preußische Befehlshaber mit einem zu hoffenden Entsatz nicht gedroht haben, wenn er wirklich weniger auf seine eigenen Kräfte angewiesen gewesen wäre, indem die nächsten Detachements selbst nur schwach und ziemlich entfernt waren.

Jetzt stand der Angriff jeden Augenblick zu erwarten, und wirklich waren die beiden Offiziere kaum in die Halle zurückgekehrt, als sich von der Seite des Schlosses, welche der Stadt zugekehrt war, ein furchtbares Getöse erhob. Es waren zwei zwischen Häusern eng eingeschlossene Kanonen, welche gerade vor dem Haupteingange aufgefahren waren. Das Erdwerk, welches früher diesen gedeckt hatte, war gänzlich verfallen und in den Graben hinabgestürzt, und so trafen denn die Kugeln gerade auf das große eisenbeschlagene Thor. Allein die Ladung war so stark, oder die Entfernung so gering, daß die Kugeln sogleich durch die dicken Bohlen durchschlugen und nur runde Löcher hinterließen, während eine einzige matte Kugel sogleich das Thor aus den Angeln gedrückt haben würde. Sie fuhren dann in die Pfeiler der Halle, wo sie stecken blieben, nicht ohne den Aufenthalt durch Umherstreuen von losgeschossenen Steinen sehr unsicher zu machen. Ueberdies war es möglich oder wahrscheinlich, daß eine Kugel die Riegel oder das Schloß des Thores traf und dann augenblicklich dem Feind eine Bresche in das Gebäude öffnete.

Warten sammelte seine Mannschaft in dem entlegensten Theile der Halle, um für diesen Fall einen wüthenden Ausfall zu machen, während Holm sich mit zwanzig guten Schützen an die Fenster des zweiten Stockwerks begab. Der Blitz der Geschütze erhellte die ganze Stadt und verrieth deutlich ihre Stellung, welche in einem schmalen Gäßchen dem Thore gegenüber gewählt war. Dorthin richtete jetzt die Besatzung der ganzen nach der Stadt gekehrten Front ein mörderisches Feuer, welches bei der großen Nähe die Artilleristen zwang, sich zurückzuziehen, wodurch sie die Möglichkeit verloren, unmittelbar gegen den Eingang zu feuern.

Noch hallte der Donner der Geschütze, als sich plötzlich der Schreckensruf verbreitete, das Schloß stehe in Flammen. Ein blutrothes Licht drang durch alle Fenster vom Hofe her und erleuchtete jeden Winkel des Gebäudes. Ernst und der alte Feldwebel Thomas begaben sich auf das Dach des Thurmes, um die Größe der Gefahr zu entdecken. Sie bemerkten bald, daß das Feuer von einem hölzernen Schuppen herrühre, der im Graben erbaut war, und dessen Niederbrennen daher keinen wesentlichen Schaden verursachen konnte, da dem Feinde dadurch kein Eingang geöffnet wurde und die Flammen nicht leicht das Hauptgebäude entzünden konnten. Jedoch mußten ihre Fortschritte beobachtet werden.

Thomas, ein alter, ergrauter Krieger, welcher im ganzen Regimente viel galt, hatte sich mittlerweile nach der anderen Seite gewendet, um nach den feindlichen Geschützen zu sehen, als ihm plötzlich ein Schrei des Entsetzens entfuhr, der bei einem Manne wie Feldwebel Thomas ein großes Unglück verkündigen mußte. Wie versteinert blieb er einen Augenblick stehen, unfähig die Fragen seines Offiziers zu beantworten, den stieren Blick unter sich geheftet. Sehr bald aber ging er aus diesem Zustande der Erstarrung zur höchsten Thätigkeit über.

Holm hatte indeß ebenfalls die Ursache des Entsetzens seines alten Unteroffiziers entdeckt. Während der Brand auf der einen Seite und mehr noch das feindliche Geschütz auf der anderen die Aufmerksamkeit der Vertheidiger gefesselt, hatten etwa fünfzig Mann ganz still den Graben überschritten, welcher die dreißig Fuß hohe Mauer nach der Feldseite hin umgab. Dort fanden sie einen alten Strebepfeiler, welcher in späteren Zeiten von außen an einer schadhaften Stelle war angebaut worden, um ihr eine größere Haltbarkeit zu geben, dessen verwitterte Backsteine aber einem gewandten Kletterer als Stufen dienen konnten. Der Strebepfeiler befand sich in einer Entfernung von etwa hundert Schritten von dem Punkte, wo die Mauer sich an das Hauptgebäude anschloß, und die Stürmenden mußten, nachdem sie den Pfeiler erstiegen, noch diese Strecke auf dem Kamm der Mauer, welcher nicht ganz zwei Fuß breit war, zurücklegen, um auf eine Art von Plattform zu kommen, auf welcher sie sich sammeln und durch vier niedrige Fenster in den Korridor des Gebäudes selbst kommen konnten, wo sie denn allerdings eine furchtbare

Diversion verursachen mußten. Nur die genaueste Ortskenntniß hatte diesen Plan angeben können, der mit ebenso viel Stille als Verwegenheit und Gewandtheit ins Werk gerichtet worden war.

Das Erstaunen des braven Thomas ließ sich daher erklären, als er bei der Beleuchtung des Mondes, der nunmehr aufgegangen war, den Strebepfeiler mit Bewaffneten bedeckt sah, welche nicht ohne Gefahr, den Hals zu brechen, wie ein Haufen Ameisen an einem alten Baumstamm, emsig emporkletterten. Auf der Mauer selbst befanden sich bereits fünf bis sechs Mann, welche trotz der Unebenheiten von zerbröckelten Steinen auf der Schärfe der Mauer ruhig der Plattform zuschritten, und an ihrer Spitze erkannte er den ehrlichen Sprecher und Abgesandten Sr. Excellenz, welcher rückwärts gekehrt durch Zeichen und Winke seine Gefährten ermunterte, ihm auf seiner halsbrechenden Bahn zu folgen.

Thomas hatte einen richtigen militärischen Blick. Er erkannte sogleich, daß kein Augenblick zu verlieren sei, und daß, wenn die Spitze dieses seltsamen Zuges erst die Plattform erreicht haben würde, es äußerst schwer sein müßte, ihn ferner aufzuhalten. Zugleich aber entging es ihm nicht, daß ein entschlossener Mann die ganze Gesellschaft aufhalten könne, so lange sie auf der schmalen Mauer stand, und zu dieser Aufgabe fühlte er sich nicht zu schwach.

„Holen Sie Unterstützung, Herr Lieutenant!" schrie Thomas, „und ich will diese kletternden Bestien den Weg von der Mauer hinab viel schneller finden lassen, als sie hinauf kamen!"

Beide flogen die Wendeltreppe hinunter, Jeder zu seinem Geschäfte. Glücklich fand Thomas die Fenster im zweiten Stock, welche auf die Plattform führten. Er stieß einen Flügel auf und sah seinen Freund, den Redner, nur noch etwa dreißig Schritte von der Plattform entfernt, wie er eifrig über die vielen Steintrümmer und kleines Gesträuch fortschritt.

„Halt! guter Freund!" donnerte ihm Thomas entgegen, welcher nun selbst auf der Mauer vorging, von der jeder verlorene Fuß breit ein Schritt zum Verderben der Besatzung war. Der österreichische Führer war über diesen Gruß nicht mehr erfreut als ein Seiltänzer sein mag, der mitten auf seiner luftigen Bahn vom Rathhause zum Thurm der Stadt einem Kunstgenossen begegnet, der den entgegengesetzten Weg eingeschlagen hat. Sein Gegner war mit Säbel, zwei Pistolen und außerdem einer Büchse bewaffnet, während er und seine Gesellen auf einem Marsche, wo sie beide Hände zur Hülfe nehmen mußten, nur Säbel und Pistolen führten. Nichtsdestoweniger stockte er keinen Augenblick im Fortschreiten, vielmehr beschleunigte er es so viel wie möglich, ohne jedoch sein Pistol abzufeuern, indem diese Waffe nur durch ihren Lärm der Garnison das Unternehmen verrathen haben würde, ohne daß er hoffen durfte, den ungelegenen Feind niederzustrecken. Thomas kniete nun hin, legte die Büchse an, spannte den Hahn und rief mit entschlossener Stimme ein nochmaliges Halt!

„Hurrah! Vorwärts, Kameraden!" schrie der Oesterreicher, „befreit die edle Gräfin; es lebe die Kaiserin!"

Da knallte die Büchse, und der alte Veteran stürzte lautlos in den Schloßgraben.

Thomas hatte gehofft, in dem ihm zunächst Folgenden einen weniger entschlossenen Führer des Zugs zu finden. Allein dieser schien vielmehr von Rache und Wuth entbrannt. Ebenso verwegen, wie sein Vorgänger gewesen war, aber nicht so ruhig, feuerte er seine beiden langen Pistolen rasch nacheinander auf den Preußen ab, ohne ihn jedoch bei der großen Entfernung und dem zweifelhaften Lichte des Mondes zu treffen.

Sein Leben war jetzt Thomas verfallen. Allein dieser mit seinem Scharfblick erkannte, daß sein Vortheil unter den obwaltenden Umständen erheische, den Führer und durch ihn alle hinter ihm herschreitenden Feinde in ein Gefecht auf blanke

Waffen zu verwickeln, um so das Vorrücken des ganzen Zuges zu hemmen. Die Nachfolgenden konnten durchaus nichts zur Unterstützung des Vordersten thun, weil die Mauer zu schmal war, als daß Zwei nebeneinander hätten fechten können, und der nunmehrige Führer durch seinen eigenen Leib den Preußen gegen die Schüsse der Letzteren deckte.

In einer Entfernung von nur noch zehn Schritten von der Plattform rannten die Kämpfer aneinander. Der Oesterreicher, mit der Wuth der Verzweiflung, überschüttete seinen stämmigen Gegner mit einem Regen von Hieben seiner kurzen aber gewichtigen Türkenklinge. Der kluge Thomas ging nun vertheidigungsweise zu Werke. Er schonte das Leben seines Gegners, als ob es sein eigenes gewesen wäre; aber er wich keinen Fuß breit. Bei weitem indeß seinem Gegner an Geschick in diesem Kampfe nachstehend, hätte er endlich erliegen müssen. Es hatten jedoch über dreißig Mann die Mauer erstiegen. Alle waren durch den Zweikampf, der sich an der Spitze entsponnen, in ihrem Fortschreiten dicht vor dem Ziele gehemmt. Schon blutete der brave Thomas aus vielen Wunden; aber noch behauptete er seinen Posten, und sein wüthender Gegner begriff in der Hitze des Gefechts nicht, daß er nur Platz zu machen brauche, damit ein glücklicher Schuß seines Hintermannes die Sache entscheide. Die Lage der Stürmenden war kritisch und wurde von Sekunde zu Sekunde mißlicher.

Da blitzten fünfzig Gewehre zugleich im Schloßhofe, viele der Braven fielen getroffen in den Graben oder in den Hof, andere stürzten sich die hohe Mauer hinab, um dem gewissen Untergange zu entgehen, oder suchten den mißlichen Pfad wieder zu gewinnen, der sie hinauf geführt. Nur ein Oesterreicher blieb auf der Mauer.

Es war der junge Führer des Trupps. Zu nahe an seinem Gegner, als daß dessen Kameraden einen Schuß hätten wagen dürfen, der nur zu leicht ihren braven Vertheidiger niederstrecken konnte, schien er entschlossen, das Unglück seiner Kameraden angesichts beider Parteien zu rächen, welche jetzt bloße Zuschauer abgaben, ohne zur Rettung irgend eines der Kämpfer etwas beitragen zu können.

Hieb auf Hieb führte sein kräftiger Arm gegen die kurze Klinge seines ermattenden Gegners, der kaum noch vermochte, einen Theil ihres Gewichtes aufzuhalten. Aber jetzt war der Augenblick gekommen, wo Thomas sich seines Feindes entledigen durfte. Mit der linken Hand faßte er das Pistol, welches er in seinem Gürtel führte, und feuerte es seinem Gegner ins Gesicht. Indeß war diesem die Bewegung des Feindes nicht entgangen. Mit einem fürchterlichen Hieb zersplitterte er die Klinge des Preußen und schlug sein Pistol auf die Seite; der Schuß hatte ihm das Haar gesengt, aber die Kugel fuhr in die Luft. Jetzt schien des armen Thomas letztes Stündlein gekommen, er hatte keinen zweiten Schuß mehr. Ein allgemeiner Ruf der Trauer entfuhr den Belagerten, die aus allen Fenstern des Schlosses dem verzweifelten Kampf beim hellen Schein des Mondes und beim röthlichen Leuchten des Feuers zusahen. Er wurde durch ein Jubelgeschrei von außen beantwortet. Da riefen viele Stimmen im Hofe: „Stürzt Euch hinab, Thomas, hier hinab, wir fangen Euch auf!" Thomas hatte keinen Augenblick länger Widerstand zu leisten vermocht, er folgte dem Rufe seiner Gefährten, die sich gerade unter ihm an der Mauer zusammen gedrängt hatten, und fiel besinnungslos in ihre Arme.

„Jetzt schießt den verwegenen Hund von der Mauer!" schrieen die wüthenden Soldaten, und zwanzig Kugeln pfiffen dem Sieger des Zweikampfes um den Kopf. Dieser junge Offizier schien entschlossen, selbst der Unmöglichkeit nicht zu weichen, und als ob er das Schloß allein stürmen wollte, stürzte er vorwärts und erreichte die Plattform, indem er seinen Leuten zurief, diesem Beispiel zu folgen und einen zweiten Versuch zu wagen. Allein auf der Plattform streckten sich ihm aus allen

Scheiben Gewehrmündungen entgegen und würden ihn zerrissen haben, hätte nicht Holm, rasch vorspringend, mit seinem eigenen Körper den jungen Helden gedeckt, der noch jetzt sich gegen die ihn umringenden Feinde wehren wollte, als ihn seine Kräfte durch die übermäßige Anstrengung verließen. Er wurde gefangen und entwaffnet.

Während der drohende Ueberfall auf dieser Seite abgeschlagen wurde, war der Feind von der Stadt her nicht müßig geblieben, und als Holm sich noch mit dem Gefangenen beschäftigte, wurde er von Warten aufgefordert, zur Unterstützung nach dem viereckigen Thurme zu eilen.

In der Zeit, da die von so vielen Seiten geängstigte Besatzung an verschiedenen Orten beschäftigt war, hatte der Feind in einem Gebäude, das dem Schlosse gegenüber lag, Anstalten zum Sturme getroffen.

Auf ein gegebenes Zeichen schritt ein Trupp von etwa dreißig Mann aus dem Hause hervor. Sie trugen eine ungeheure Leiter über ihren Köpfen und indem sie den Graben durchzogen, nahmen sie ihre Richtung auf den Thurm mit den großen Fenstern unter dem Altan, von welchem Warten den Gang des Gefechts beobachtete. Alle Schützen dieser Front des Gebäudes richteten ihr Feuer auf die kühne Schaar, welche auch wirklich mehrere Leute verlor, dennoch unter dem Schutz ihrer Leiter langsam fortschritt. Der Thurm, welcher, wie erwähnt, bedeutend aus der Masse der Gebäude hervortrat, um diese zu flankiren, war eben deshalb selbst weniger von den Seiten bestrichen, und so kamen die Angreifenden mit jedem Schritte mehr aus dem Bereiche der seitwärts angebrachten Schießscharten, während die Lage der Besatzung mit jedem Schritte mißlicher wurde. Einmal unter dem Altan angekommen, waren die Stürmenden gegen alle Schüsse gesichert.

Dieses stille, langsame Vorrücken der verderblichen Schaar, welche, ohne einen Schuß zu erwidern aber auch ohne einen

V. Die beiden Freunde.

Augenblick zu verlieren, immer näher kam unter Führung eines alten Offiziers mit vielen Orden und in glänzender Uniform, hatte in der That etwas Furchtbares. In einer Art von Verzweiflung, daß nichts das verderbliche Fortschreiten dieses Angriffs hemmen konnte, ergriff Warten eine der ungeheuren steinernen Urnen, die auf der Balustrade des Altans standen. Mit riesenmäßiger Kraft riß er sie los und schleuderte sie auf die Stürmenden, welche schon ganz nahe waren. Sie stürzte mit furchtbarem Fall vor die Füße des Führers, der schweigend über sie hinschritt. Jetzt war die verwegene Schaar unter den Fenstern angekommen und schob ihre Leiter an der Mauer in die Höhe. Eine zweite Abtheilung schickte sich an, zu folgen. Der Augenblick der Entscheidung war da. Warten ließ seinen Freund zur Unterstützung entbieten und eilte nach dem bedrohten Punkt.

Es kam darauf an, in kurzer Zeit in dem weitläufigen Gebäude das Zimmer zu finden, an dessen Fenster die Sturmleiter angelegt war. Verfehlte er es, so brach das Verderben über ihn hinein, wie das Wasser durch ein geringes Leck bald das ganze Schiff versenkt.

Aber Warten hatte sich die Richtung des Angriffs wohl gemerkt. Schnell sammelte er alles, was sich an Posten in der Nähe befand, und eilte nach einem Zimmer, welches er für das richtige hielt. Die Thür war verriegelt und trotzte allen Kolbenschlägen; da eilte Holm den langen Korridor mit seinen Leuten zur Unterstützung herbei. Angeln und Riegel wichen der vereinten Kraft so Vieler. Es war Zeit. Der Feind war bereits damit zu Stande gekommen, seine Leiter aufzurichten, und eben schwang sich der Führer des Unternehmens, der kein Anderer war als der General Eichenbach, über die Fensterbrüstung und sprang mitten in das Zimmer. Hier ergriff er zwei weibliche Gestalten, welche, tief verschleiert, fast bewußtlos vor Schreck zu Boden gesunken waren. Die Eine, in welcher die Eigenthümerin des Schlosses nicht zu verkennen war, ermuthigte sich jedoch bald und folgte dem Eingedrungenen mit ihrer jungen Gefährtin. Jener suchte das Fenster wieder zu gewinnen und feuerte unbedenklich seine Pistolen gegen die Eindringenden ab. Bald aber wurde er von seinem Rückzuge abgeschnitten und umringt; denn ehe noch ein Zweiter ins Zimmer steigen konnte, hatten Wartens Leute den Kopf der Leiter mit den Bajonetten von der Mauer gehoben, und durch eine Richtung seitwärts stürzte sie und Alle, die darauf waren, mit fürchterlichem Sturze nieder. Unfehlbar wäre der General jetzt ein Opfer der durch so vielen Widerstand gereizten Soldaten geworden (denn der alte Herr wollte nichts von Ergebung und Pardon wissen), hätte nicht Jene die Furcht abgehalten, mit einem Schuß nicht nur den Feind sondern auch seine weiblichen Schützlinge zu treffen.

Niemand war eifriger bemüht, Ruhe zu stiften, als Warten, der durch Bloßstellung seines eigenen Lebens schon mehrmals ein solches Unglück abgewendet hatte. Endlich gelang es ihm, zu Worte zu kommen.

Mit Ehrerbietung trat er vor den unglücklichen General, der mit der Würde seines Standes und seines Alters dastand. Er begriff, daß wenigstens in diesem Augenblicke nicht daran zu denken sein würde, den Veteranen zur Ergebung zu bewegen, und versuchte daher, das Leben des Greises und seiner Schützlinge, von denen vielleicht die Jüngere ihm besondere Ansprüche auf seinen Beistand zu haben schien, zu retten.

„Ew. Excellenz", sagte Warten bescheiden, „sind vom Kriegsglück verrathen. Nach so vielen Proben von Tapferkeit rede ich nicht von Ergebung, sondern bringe einen Waffenstillstand, auf gegenseitige Uebereinkunft gegründet, in Vorschlag. Ew. Excellenz werden einräumen, daß, selbst wenn ich auch nur mit meinen Leuten das Zimmer verlasse, Dieselben, nachdem die Leiter fort ist, stets im Stande der Belagerung sein werden. Ich bringe daher folgende Präliminar-Artikel in Vorschlag:

„Ew. Excellenz haben freien Abzug nach einem selbst zu

wählenden Zimmer mit den Waffen in der Hand. Dieselben bleiben im Besitz ihres sämmtlichen Gepäcks und Eigenthums. Der gewählte Aufenthalt ist auf vierundzwanzig Stunden mit Lebensmitteln zu versehen, binnen welcher Frist von beiden Seiten die Feindseligkeiten eingestellt werden. Dagegen werden seitens der Preußen alle Zugänge blockirt und jeder Ausfall der Garnison zurückgewiesen werden. Die Konvention", fügte er mit einer Verbeugung hinzu, „tritt in Kraft von dem Augenblick der Genehmigung Ew. Excellenz."

Der alte Herr war nicht so verblendet über seine Lage, daß er nicht das Edelmüthige gefühlt hätte, welches in dieser feinen Art, eine Ergebung zu umgehen, lag.

„Und diese Damen?" fragte er, indem er auf die Frauen deutete, die mit flehenden Geberden ihm zuwinkten, den Vorschlag anzunehmen. „Werden sie zur Garnison oder zum Belagerungs-Korps gehören?"

„Es wird den Damen frei stehen", erwiderte Warten, sich ritterlich verneigend, „ihren Aufenthalt zu wählen. Jedoch glaube ich, daß sie es vorziehen werden, im ungestörten Besitz ihres Schlosses zu bleiben, in welchem nur die dringendste Nothwendigkeit mich auf einen Augenblick zum Herrn gemacht. Allein ich fühle, daß die richtige Ordnung der Dinge wieder eintritt, und erwarte die Entscheidung derselben."

„Mein theurer Schwager", sprach die Aeltere von Beiden, „der Feind hat uns bisher in der That mit der Achtung behandelt, die uns zukommt, und wir glauben, ohne Gefahr in unserem Schlosse unter den ketzerischen Rebellen, das heißt, wir glauben —"

„Ich nehme den Waffenstillstand an!" sagte der General, dem die Ausdrücke seiner Verwandten diesem Augenblick nicht sonderlich angepaßt schienen. „Ich werde mich nach der Steinhalle begeben!" Somit schritt er vorwärts, und die Soldaten machten achtungsvoll dem braven alten Herrn zu beiden Seiten Platz.

IV.

Die Steinhalle war ein gewölbtes, mit Fliesen gedieltes Zimmer im dritten Stock eines der Thürme. Sie hatte nur eine Thür, und vor dieser hörte man den Tritt zweier Schildwachen. Mit langen, bald schnellen, bald zögernden Schritten, ging der gefangene General, die Arme auf den Rücken gefaltet, auf und nieder.

„Und ist es nicht genug", rief er endlich, vor einem altmodischen Stuhl stehen bleibend, als ob er eine Antwort von ihm erwarte, „und ist es nicht genug, erleben zu müssen, wie dieser rebellische Kurfürst und ketzerische König uns Trotz bietet?! Muß das Unglück der österreichischen Waffen wollen, daß auch noch die besten Offiziere der Kaiserin gefangen werden?! Sehr hart!" setzte er mit mehr Selbstgefühl hinzu, als wozu ihn sein letztes Unternehmen zu berechtigen schien. Da ihm indessen Niemand widersprach, so schritt er etwas getröstet weiter.

„Werner auch! Werner!" fuhr er mit Achselzucken fort. „Wo bleibt denn mein verdammter Adjutant mit seiner Mauerersteigung, auf die er sich so viel einbildete, anstatt gerade darauf los zu gehen? Und Franz, der da schwur, in das Schloß einzubringen und seine Muhme aus den Klauen dieser Hunde zu befreien? Ja, vor seiner Heirath, als er seiner unbemittelten Verwandten noch mehr den Hof machte, als mir und ihr lieb war, da wußte der Junge immer Wege, um in das Schloß zu kommen. Aber so ist sein alter Vater der Einzige, so eingedrungen ist. Und macht wohl Einer von Allen einen Versuch, einen Sturm, um mich zu befreien? Nichts als Muthlosigkeit!"

„Aber zwar", setzte er hinzu, indem er sich in einen Lehnstuhl warf, „wer sollte sie auch anführen, seitdem das Haupt fehlt?"

Nachdem der alte Herr die Schuld des Mißlingens gehörig bekrittelt und nur sein eigenes Ungestüm anzuklagen vergessen, fand er sich um Vieles erleichtert.

„Hm!" brummte er, „ich glaube, die rebellischen Schurken werden einen kaiserlichen General in diesem schlechten Thurme Hungers sterben lassen!" Aber schon öffnete sich die Thür, und ein Bedienter in der Livree des Hauses brachte eine Mahlzeit, wie sie nach einem so heißen Tage nur wünschenswerth sein konnte. Des Generals Mienen heiterten sich zusehends auf beim Anblick der Flaschen und Schüsseln.

„Hierher, Max!" rief er, schon weit milder gestimmt. „So! Erst öffne die Flaschen. Und nun, Max, wie steht es im Schlosse? — den Fasan, mein Sohn! Was machen meine Schwägerin und meine Nichte? Ich hoffe, man läßt es nicht an Aufmerksamkeit gegen sie fehlen, das heißt, gegen die Letztere nicht zu viel Aufmerksamkeit!"

„Gnädigster Herr!" antwortete der alte Diener, der mit der Serviette und einem silbernen Teller unterm Arm in ehrerbietiger Ferne stand und nur von Zeit zu Zeit die Schüsseln in den Bereich Sr. Excellenz brachte, wenn sie darauf hindeutete, „gnädigster Herr, Ihro Gnaden die Frau Gräfin und die Gräfin Tochter sind wohl und beklagen nur das Unglück der Gefangennehmung —"

„Was?" schrie der General, „wer sagt Dir, daß ich gefangen bin? Belagert bin ich, und binnen vierundzwanzig Stunden kann ich befreit werden, oder — und ohnehin, Max, sieh, es waren Viele gegen mich, aber ich behauptete meinen Platz und, wie Du siehst, meine Waffen; denn ich schlug es aus, mich zu ergeben, wie es einem Edelmann von meiner Geburt geziemt. Einer von den blaujackigen Hunden hatte seinem Gewehr schon die verwünschte Richtung auf meine Stirn gegeben, und es ist wahr, der junge Mann handelte brav, als er sich ins Mittel schlug; denn wahrhaftig, Max, einen Augenblick später und —"

Hier richtete er seinen Blick auf alle die Genüsse, auf welche er bei einer geringen Verzögerung seines Retters hätte Verzicht leisten müssen. „Ja! ja! Der junge Mann hat sich wacker benommen, und das Schloß hat er schön vertheidigt; doch das folgt von selbst; denn sonst wär' ich nicht gefangen, das heißt, gefangen nicht, — aber gewissermaßen, — sieh, Max, ich will Dir das erklären. Die Uebereinkunft, oder vielmehr die Nothwendigkeit — doch, Du bist zu einfältig, um das zu verstehen!"

Der alte Herr sah alle seine Behauptungen durch eine unterwürfige und bejahende Verbeugung seines Dieners anerkannt und war daher von ihrer Wahrheit durchdrungen.

Während er so seinen Gefühlen Worte gab, waren die Speisen vor ihm mit besonderer Schnelligkeit verschwunden, und nach Maßgabe, wie sich die Flaschen leerten, legte sich der Verdruß über seine Gefangennehmung. „Schade um den jungen Mann, daß er ein Rebell ist gegen seine Kaiserin, sonst könnte ich sein Wohl trinken!" brummte er.

Unter dem Vorwande, den eben geleerten Humpen wieder zu füllen, trat der Diener seinem Gebieter ungewöhnlich nahe. Dieser wollte ihn schon mit ein paar derben Flüchen auf eine ehrerbietige Ferne verweisen, als der alte Mann anfing, ihm mit leiser, aber vernehmlicher Stimme etwas ins Ohr zu sagen.

„Gnädigster Herr!" sprach leise der alte Diener, „es ist ein Anschlag im Werk auf Schloß Eichenbach — Gräfin Ida — der andere junge Offizier — ein gesatteltes Pferd hält unten am Thurm —"

„Nichts geflüstert, Alter!" rief eine tiefe Baßstimme hinter ihnen.

Der bejahrte Diener zog sich so erschrocken zurück, als ob er schon das Bajonett des Grenadiers fühle, welcher hinter ihm ins Zimmer getreten, aber unbeweglich und mit ehrfurchtsvoll geschultertem Gewehr an der Thür stehen geblieben war, während der General gegessen.

Dieser sah den erschrockenen Warner mit unruhigen fragen-

den Blicken an. Der Alte, welcher der Wache den Rücken zu=
gekehrt, zog behutsam einen Schlüssel aus der Westentasche und
blickte sehr ausdrucksvoll mit seinen kleinen grauen Augen über
die Lehne des Sessels weg, in welchem der Gefangene saß, als
ob sich dort ein Gegenstand befände, der mit diesem Schlüssel
in Beziehung stehe. Kaum enthielt sich der General, sich danach
umzusehen. Mit der nächsten Schüssel wußte der Diener, obwohl
zitternd vor Entdeckung, den Schlüssel in des Generals Hände
zu bringen.

Dieser verzog keine Miene; kaum aber war der Kammer=
diener mit den Ueberresten der Mahlzeit verschwunden und die
Wache ihm gefolgt, als er mit einem Sprunge aus dem Sessel
fuhr, um nach dem zu sehen, was hinter seinem Stuhl vor=
handen sei.

Schwächere als des Generals unerschütterliche Nerven
würden einer kleinen Anwandlung von Grauen nicht entgangen
sein; denn bei dem zweifelhaften Halblicht einer Lampe, die in
der Mitte des Gewölbes brannte, erblickte er hinter sich einen
geharnischten Ritter, der aus einer großen weißen Perrücke unter
zwei buschigen schwarzen Augenbrauen hervorblickte, daß es
wirklich der brennenden Stadt Magdeburg nicht bedurft hätte,
welche der Maler in dem Hintergrunde des Gemäldes ange=
bracht, um seinen Anblick furchtbar zu machen.

Der General hatte nun zwar einen Schlüssel in der Hand;
aber wie dieser mit dem gräßlichen Gemälde in Verbindung
stand, das war ein Räthsel, zu dem ihm der Schlüssel fehlte.
Se. Excellenz waren nie ein Freund vom Errathen gewesen,
und, den Ursachen seiner Verlegenheit die gewohnte Richtung
gebend, brummte er: „Was Teufel will denn der alte Mann
mit seinem Schlüssel! Ebenso gut konnte er mir einen Sattel
ohne Pferd oder einen Humpen ohne Wein geben. Ein
Schlüssel und ein Gemälde, als ob ein Gemälde eine
Thür —"

Hier waren Se. Excellenz der Graf auf dem rechten Wege, und indem er unwillkürlich der Richtung folgte, welche sein Vorfahr mit dem Kommandostabe andeutete, so fand er wirklich mitten in dem Thore der unglücklichen Stadt Magdeburg ein Schlüsselloch. Mit seltenem Scharfsinn applicirte er den Schlüssel und öffnete nicht sowohl das Thor, als vielmehr den Eingang zu einer kleinen Nothtreppe, die in bedeutende Tiefe hinabzuführen schien.

„Ha!" rief der Veteran aus, „hätt' ich doch nie gedacht, daß einer meiner ruhmwürdigen Ahnen so etwas hinter sich verstecken könnte! Wohlan, Ihr unbärtigen Preußen, lernt einen alten Fuchs belagern, der nicht durch sein Wort gebunden ist und ein halbgesungenes Lied versteht!"

So sprechend, vollführten Se. Excellenz mit großer Umsicht einen stillen Abzug und verließen den blockirten Platz, nicht ohne Gepäck und Waffen mitzuführen. Vorsichtig die Lampe mitnehmend, stieg der alte Offizier zwei Stufen hinab und verschwand dann, hinter sich zuschließend, ohne eine Spur von dem zu hinterlassen, was die Wachen die ganze Nacht hindurch zu hüten glaubten.

V.

Schon war es tief in der Nacht, als das Dörfchen Horne von dem eiligen Hufschlag eines Reiters widerhallte, der vor dem letzten Häuschen des in Schlaf begrabenen Ortes parirte und mit dem Griff seines Pistols gewaltig gegen die Fensterladen donnerte. Das laute Schnauben des Rosses und die weiße Dampfwolke, welche von ihm im Mondschein in die Höhe stieg, zeugten von der Eile seines in einen großen Mantel eingehüllten Herrn.

Das von derben Flüchen begleitete Lärmen wurde eine ganze Weile crescendo fortgesetzt, und Häuser und Berge gaben das Echo davon, ohne daß jedoch eine andere Antwort darauf erfolgt wäre, als das heulende Gebell sämmtlicher Dorfhunde.

„Heraus, Ihr Schurken!" rief endlich der Reiter, „oder ich feuere mein Pistol durch den Fensterladen!"

„Ach, gnädiger Herr, verfügen Sie sich doch etwas weiter oben in das Dorf", erschallte jetzt eine Stimme von innen; „unser wackerer Pfarrer hat ein sehr gutes Quartier ledig und einen unglaublich schönen Wein. Hier in dieser elenden Hütte treffen Sie nichts, weniger als nichts; die gnädigen Herren Preußen sind kürzlich hier gewesen und haben geruht, Alles mitzunehmen; Gott segne sie!"

„Was, Kerl!" schrie der Reiter, „von welcher Partei seid Ihr denn?"

„Von Euer Gnaden Partei, ohne Zweifel!" versetzte die unterthänige Stimme.

„Und von welcher bin ich denn?"

„Ei, von der guten Partei, von der siegreichen, die der Himmel und die heilige Anna segnen möge!"

„Heraus, Du doppelgängiger Hund!" rief der Soldat, „und dann rede, ob Du der Kaiserin oder des Königs Unterthan bist."

„Gott, gnädigster Herr!" sprach die Stimme, „wie können Euer Gnaden einen elenden Schulmeister, Gastwirth und Fährmann hiesigen Ortes in solch eine Verlegenheit setzen! Ich bin gewissermaßen allerdings und ohne Zweifel ein Unterthan Sr. Majestät des Königs von Preußen, dem der heilige Nepomuk den Sieg über seine verruchten Feinde schenken möge — das heißt, sofern Euer Gnaden befehlen; denn da ich auf dem jenseitigen Ufer zu Mittag esse, ja, sogar schlafe, so ist es gewiß, daß ich auch Unterthan Ihro Kaiserlichen Majestät bin, welche die heilige Jungfrau in ihren besondern Schutz nehme. Indeß, da ich meinem Beruf gemäß viel auf dem Wasser zwischen beiden Reichen schwebe, so verursacht mir dies oft Zweifel, und ich bin so zu sagen Keines Unterthan, oder vielmehr Aller ganz besonders aber Euer Gnaden. Aber ich werde sogleich selbst erscheinen, und aus Euer Gnaden Anblick gewiß gleich erfahren, wessen Partei ich angehöre!"

"Bleib, Elender!" versetzte der Krieger, "und schicke Jemand, der mich für ein Goldstück nach Schloß Eichenbach übersetzt; aber in zwei Minuten!"

"Heiliger Martin!" seufzte der Einwohner, "das muß ein Fremdling sein; denn Preußen und Oesterreicher haben bis jetzt nur mit gewichtigen Hieben gezahlt, denen sie gräßliche Flüche als Scheidemünze beifügten. Möge Gott sie alle verdammen!"

Mit einigen Ruderstangen versehen, trat jetzt der würdige Schulmeister und Fährmann aus seiner Thür und richtete seine spähenden Augen auf den Angekommenen, der sein Pferd schon in den Stall gezogen und ihm diejenige Hülfe erzeigt hatte, die ein guter Reiter nach einem scharfen Ritt seinem Gaul nicht versagt. Er befahl dem Wirth, noch einiges Heu herbeizuholen, und ging selbst hinab zum Ufer, wo er sich die Mühe nicht verdrießen ließ, den Kahn selbst vom Sand in die Fluth zu schieben. Darauf, indem er sich ganz in seinen Mantel hüllte, nahm er den vordersten Sitz im Fahrzeuge ein und erwartete den Fährmann.

"Wie lange wird der Hund einen Kaiserlich Königlichen General hier sitzen lassen!" brummte die Stimme unseres Befreiten, der die Winke seines alten Kammerdieners trefflich benutzt hatte; denn er war es, welcher so spät den Schlaf des redlichen Schulmeisters gestört, um früher auf Schloß Eichenbach zu sein, als der Anschlag ausgeführt werden konnte, von dem der Alte etwas gehört haben mußte.

Nach einigem Zögern erschien der Fährmann, begleitet von einer zweiten Person, die den hintersten Sitz des Kahns einnahm. In wenig Augenblicken schoß der Nachen vom Ufer und tanzte auf den Fluthen, welche durch großen Regen bedeutend angeschwollen waren.

V. Die beiden Freunde.

Erst jetzt bemerkte der General, daß der Zuwachs der Gesellschaft nicht aus einem Gehülfen zum Ueberfahren sondern aus einem zweiten Reisenden bestand, der also ebenfalls nach Schloß Eichenbach ging. Um indessen die Abfahrt nicht zu verzögern, ließ der General es schweigend geschehen und nahm sich nur im Stillen vor, den eigenmächtig handelnden Fährmann nach seiner Ankunft nebst dem versprochenen Goldstücke mit einem Supplement von tüchtigen Klingenhieben zu belohnen.

Es war eine jener Festnächte, welche die Natur durch die zauberische Illumination des Vollmondes feiert.

Noch barg sich dies Gestirn für unsere Reisenden hinter zwei steilen Bergen des diesseitigen Ufers, deren großartige Umrisse auf dem hellen Grunde des Himmels scharf und unbeschreiblich schön hervortraten. Silberne Nebel hüllten den Gipfel des höheren Berges ein und umlagerten die kleine Kapelle, die ihn krönte, als ob die Heiligen in ihren Tempel hinabgestiegen wären. Eine Fülle des klarsten Lichts ergoß sich durch die Schlucht, welche beide Höhen trennte, auf das Dörfchen, das jetzt mit seinen weißen Mauern und ausgebleichten Schindeldächern, wie aus Silberstufen erbaut, am Fuße der dunkeln Berge balag.

Das jenseitige Ufer erhob sich hell beschienen in einer Entfernung von etwa tausend Schritten aber eingehüllt in den Schleier einer Mondnacht, aus welchem nur hier und da die Fenster einer Kapelle oder einsamen Baude hervorblitzten. Kein Lüftchen regte sich. Tiefe feierliche Ruhe war der Typus der ganzen Scene. Nur ein entferntes Läuten oder das Rauschen des Stroms, wenn er leuchtend über zertrümmerte Felsblöcke glitt, unterbrach das erhabene Schweigen des Abends.

Allein die Schönheiten der Natur sind nur für ein ruhiges Gemüth. Sie entzücken den Glücklichen und erheben den Betrübten zur wohlthätigen Wehmuth; aber das durch Leidenschaften aufgeregte Gemüth erblickt sie nicht, und der sturmbewegte Busen sucht vergebens eine Ruhe in ihnen, die ihm fremd ist.

Unsere beiden Reisenden schienen mitten in dieser schönen Landschaft ihre Blicke nur gegenseitig aufeinander zu heften, als wollten sie die Dunkelheit zerreißen, welche das Ufer noch über sie ausbreitete, und als eben jetzt der Nachen aus dem Schlagschatten der Berge hervorglitt, da erblickten sich Beide in einer spähenden, vornübergelehnten Stellung in den entgegengesetzten Enden des kleinen Fahrzeuges, welches der Schiffer mitten inne geschickt fortlenkte.

Der erste Mondstrahl schien glühend in ein Pulvermagazin zu fallen, und mitten in der tiefen Ruhe der Nacht und der Umgebung entbrannte auf dem engen Schauplatz der Kampf von Leidenschaften, der Millionen bewaffnet und dem Länder zu eng sind.

„Alle Teufel!" schrie eine Stimme des Erstaunens, die man aber unter hundert für die des Generals erkannt hätte. Diesem Ausbruch folgte eine rasche Bewegung des rechten Arms und das bedeutsame Knacken des Hahnes von einem Pistol, welches gleich darauf im Mondschein leuchtete.

„Mein Herr!" rief der General jetzt, „Sie sind mein Gefangener!"

„Noch nicht, Herr General!" antwortete Holm; denn kein Anderer war der Fremde, und auch seinerseits knackte ein Hahn; „die Vortheile sind gleich!"

„Nicht so ganz, wie Sie meinen!" erwiderte der Erste. „Jener Bursche ist Unterthan der Kaiserin und wird recht gern zehn Goldstücke nehmen, um Sie zu ergreifen!"

„Er wird das nicht thun," entgegnete ruhig der junge Offizier, „da ihm beim ersten Schritt meine Kugel durch den Kopf fährt!"

Aber der redliche Schiffer, welcher sich nur ungern und nicht ohne gegründete Besorgniß zwischen zwei Pistolenmündungen erblickte, beschloß, das Gleichgewicht der beiden Parteien nicht länger zu stören, und indem er auf das Gold, wie auf das

V. Die beiden Freunde.

Blei Verzicht leistete, schoß er mit der Behendigkeit eines Aals in die Fluth, aus der er erst, eine weite Strecke entfernt, im Schatten der Berge wieder auftauchte, den Kampfplatz so den beiden Streitenden uneigennützig überlassend.

„Wohlan, mein Herr!" schrie der General, zitternd vor Zorn bei dem Gedanken, abermals zu unterliegen; „die Vortheile mögen immerhin gleich sein; zählen Sie bis Drei, und unser Streit soll sich bald entscheiden. Ich kenne Ihre Absichten, daher zielen Sie wohl; denn bei Gott, ich werde Sie nicht fehlen! Keine Erwiderung, zählen Sie!"

Holm hätte gewünscht sich zu erklären, allein der herrische Ton des Gegners empörte ihn. Auszuweichen war ohnehin nicht in der seltsamen Lage, in welche das Verschwinden des Fährmanns die beiden Feinde gestürzt hatte, die wie Löwe und Panther in einem Käfig waren. Er erkannte das Ernste des Augenblicks, aber auch die Unmöglichkeit, den erzürnten alten Herrn zu besänftigen, und zählte daher mit fester Stimme: „Eins, Zwei!"

Aber in diesem Augenblick bekam der Nachen einen so gewaltigen Stoß, daß beide Insassen von ihren Sitzen und fast in die Fluth stürzten. In demselben Moment strömte das Wasser über den Bord hinein und schäumte mit lautem Rauschen an den Seiten des Kahns. Das Fahrzeug war in der augenscheinlichsten Gefahr, zu versinken.

Das von seinem Führer verlassene hatte der Strom mit großer Schnelligkeit hinabgeführt, bis es auf einen der vielen Felstrümmer stieß, welche den mittleren Lauf der Elbe charakterisiren, und der von dem hohen Wasser nur eben bedeckt war.

Ernst war ein geschickter Schwimmer und hatte an seinem heimathlichen Strande früh gelernt, einen Kahn durch aufgeregte Wogen zu lenken. Er sprang auf den Felsblock, machte den Nachen durch eine Drehung zur Seite wieder flott, und indem er sich geschickt wieder hineinschwang, rief er seinem Gefährten zu, Hand anzulegen und nach bestem Vermögen zu rudern.

Der General, welcher nicht schwimmen konnte, sah nicht ohne Schrecken die Gefahr zu ertrinken, und obwohl er wenig Augenblicke vorher furchtlos vor der Mündung des Pistols seines Gegners gesessen, unterwarf er sich doch jetzt gelehrig den Befehlen des jüngeren Gefährten, eifrig seine Weisungen befolgend, bald stärker, bald schwächer, bald rechts, bald links rudernd, wie ungewöhnlich ihm diese Arbeit auch sein mußte. So vereinten jetzt Beide ihre Kräfte zur gegenseitigen Erhaltung, die sie eben erst zur beiderseitigen Zerstörung verwendet; der Unterschied des Ranges, des Standes und des Alters verschwand, denn die größere Geschicklichkeit hat in allen Verhältnissen, zu allen Zeiten die wahre Herrschaft begründet.

Der General konnte sich nicht enthalten, die Gewandtheit zu bewundern, mit welcher der junge Mann den Kahn lenkte, und bemerkte mit Wohlgefallen, wie er ihn durch Klippen und Strudel dem tiefen ruhiger fließenden Strom zulenkte. Nach einiger Anstrengung hatte das Fahrzeug ziemlich wieder den Ort erreicht, wo es sein Herr so schleunig verlassen hatte. Plötzlich legte der junge Steuermann sein Ruder nieder.

„Aber zum Henker!" rief der Oesterreicher, „wenn Sie nicht rudern, so werde ich in zehn Minuten Ihr Gefangener sein; denn wenn der Kahn nicht etwa wieder in jene verwünschten Steinhaufen läuft, so wird ihn der Strom bald genug in das Lager der Preußen führen, die ihre verdammten Posten ohnehin so dicht an den Fluß gestellt haben."

„Sehr wahr!" sagte Holm ruhig, „es steht Ihnen daher frei, zu rudern, wie es mir frei steht, nicht zu rudern."

Gegen diese Logik ließ sich nicht viel einwenden. „Rudern!" brummte der alte Herr, „ein kaiserlicher General rudern!"

Indessen fühlte er, daß der junge Mann ihm eben das Leben gerettet, und daß die Erneuerung des Zweikampfs, zu dem er jetzt bei etwas abgekühltem Sinn auch keine Lust mehr hatte, ihn nimmer nach Eichenbach führen würde.

„Junger Mann", sprach der General mit Würde, „Sie wollen nach Schloß Eichenbach. Wohlan, ergreifen Sie das Ruder; ich werde Sie einführen, und Sie werden auf meinem Schloß willkommen sein."

VI.

Schon damals, als der Parlamentär den Namen Eichenbach genannt, hatten Ernst und Gustav bedeutsame Blicke gewechselt. Allein die Familie war groß, und es dienten viele Eichenbachs im österreichischen Heere, auch die Besitzerin des so hartnäckig vertheidigten Schlosses führte diesen Namen.

Holm war daher einigermaßen überrascht, in Gegenwart des Vaters zu sein, an dessen Tochter er als Freiwerber unter so seltsamen Umständen ausgeschickt war, und von demjenigen eingeführt zu werden, gegen den er soeben erst gefochten. Er schwieg, denn er bedurfte Zeit, seine Gedanken zu ordnen. Indessen hatte er nicht gehofft, daß ihm der Zutritt so leicht werden sollte, und er war froh, ein Mittel zu finden, die Unterredung zu bewerkstelligen, die ihm die schönsten Hoffnungen seines Lebens rauben sollte.

Ernst von Holm war im vorigen Jahre verwundet nach dem Schlosse Eichenbach gebracht und dort freundlich aufgenommen und geheilt worden. Als er im Stande war, sein Krankenlager zu verlassen, sah er sich wie ein Glied der Familie behandelt, so sehr hatte er die Gunst der Gräfin Eichenbach durch sein bescheidenes Wesen erworben. Ihr eigener Gemahl und ihr Sohn standen im Felde, und die besorgte Gattin und Mutter hoffte, daß der Himmel diesen geliebten Gegenständen in der Gefahr die Hülfe vergelten werde, welche sie einem feindlichen Offizier so edelmüthig erwies.

Was die junge und schöne Tochter des reichen Hauses betraf, so mußte der arme Ernst ihre Pflege theuer durch Verlust seines

Herzens und seiner Freiheit bezahlen. Die Gräfin Ida war keineswegs gefühllos gegen die Schmerzen des verwundeten Jünglings, den ihre Mutter so auszeichnete. Die Geschichte seiner Verwundung war ihm vorausgeeilt, und obschon Ernst selbst nur aufgefordert und ganz anspruchslos davon redete, so wußte sie doch, daß er jenen glänzenden Muth entwickelt hatte, den die Frauen so sehr lieben. Oft hatten sich ihre Augen beim Anblick seiner Leiden mit Thränen gefüllt, Thränen, die den jungen Mann mehr erquickten als aller Balsam, die aber seinem Herzen nur tiefere Wunden schlugen. Und so kam es denn, daß, da sein Arzt ihn für genesen erklärte, er erst fühlte, wie krank er sei.

Aber Ernst war weit von Ueberschätzung seines eigenen Werthes entfernt. Er stammte aus einer alten und angesehenen aber gänzlich verarmten Familie und fühlte daher den Abstand zwischen sich und der begüterten Erbin. Zwar glaubte er in ihren Blicken Theilnahme, in ihren Aeußerungen Güte für ihn wahrzunehmen, aber Liebe, glaubte er, fühle nur er. Oftmals wohl, wenn er ihre weiche Stimme mit dem Flügel begleitete, oder wenn sie sich selbst vergessend mit Wärme über einen Lieblingsgegenstand sprach, und ihre Gefühle so ganz übereintrafen, wie eine Saite die Töne der gleichgestimmten entlockt, dann war ihm, als müsse sie seine Leidenschaft theilen. Aber das Zweifeln war in seinem Charakter begründet, und der heitere Frohsinn und die muntere Laune des jungen Mädchens schienen ihm unvereinbar mit ernstlicher Neigung. Er wußte nicht, mit wie viel Tiefe des Gemüths solche Eigenschaften gepaart sein können. Aber auch die Munterkeit der Gräfin Ida verschwand, als Ernst seine Abreise als bevorstehend ankündigte; indeß, da er schwieg, so verschloß auch sie ihre Gefühle in ihre Brust. Die Mutter, welche eine Erklärung in der so kriegerischen Zeit nicht wünschen konnte, obschon sie Ernst wirklich liebte, wußte geschickt einen schmerzlichen Abschied zu vermeiden, und der junge

6*

V. Die beiden Freunde.

Mann reiste traurig ab, nicht aber ohne eine leise Hoffnung im innersten Grunde seines Herzens zu hegen, daß er der Gräfin Ida doch nicht ganz gleichgültig sei und daß glückliche Verhältnisse sie wieder zusammenführen könnten.

Muthig schritt er vorwärts auf der Bahn der Ehre. Ida war das Ziel, das ihm vorleuchtete, und er lebte in einem Paradiese von Hoffnungen, welche seine Phantasie ihm schuf.

Da kam sein Freund, der Graf Gustav von Warten, von einer Expedition nach Böhmen zurück; auch er war auf Schloß Eichenbach gewesen. Das Regiment hatte mehrere Wochen in der Gegend gestanden, und der junge Graf hatte nichts Angelegentlicheres zu thun, als seinem Freunde zu erzählen, wie er die Gräfin von Eichenbach dort gesehen, daß er sie anbete und daß sie seine Gefühle erwiedere.

Ernst stürzte aus allen seinen Himmeln. Gustav war ein schöner, heiterer Mann, und vor Allem, er war dreist und unternehmend; so fand Ernst es natürlich, daß er ihm vorgezogen werde.

Dennoch, wie sehr er auch zweifelte, daß Ida ihn liebe, als er noch keinen Nebenbuhler hatte, so unmöglich schien es ihm jetzt, daß sie ihn so schnell vergessen haben sollte. Tausend Erinnerungen traten ihm vor die Seele, er rief sich alle ihre Gespräche, ihre Aeußerungen zurück und verwünschte seine Unschlüssigkeit, die ihn verhindert, eine Erklärung herbeizuführen.

Aber er verschloß seinen Gram wie seine Hoffnungen im Innersten seiner Brust und vermied es, mit dem Freunde über diesen Gegenstand zu reden, bis die gestrige Unterhaltung in ihm den Entschluß gereift, die Sache zu entscheiden. Die Hoffnung, daß Ida ihn dennoch liebe, war, ihm selbst vielleicht unbewußt, eine der Triebfedern. Hatte sich aber Gustav nicht getäuscht, so war er entschlossen, es koste, was es wolle, das Glück seines Freundes mit Aufopferung seines eigenen zu gründen, und Warten sollte nie erfahren, daß er für ihn den schönsten Hoffnungen seines Lebens entsagt, er sollte nie wissen, daß Ida auch ihm theuer gewesen, und daß er das Opfer gebracht, welches Gustav in seiner gestrigen Unterredung für unmöglich gehalten. Sobald das feindliche Streifkorps, durch so viel Angriffe erschöpft und seiner Führer beraubt, sich zurückgezogen, hatte sich Ernst zu Pferde gesetzt und war wenige Minuten später als der General in dem Dörfchen an der Elbe angekommen. Jener war, obwohl später ausgeritten, auf ihm wohlbekannten Richtwegen vorbeigeeilt. Das seltsame Zusammentreffen auf dem Kahn hatte ihre nähere Bekanntschaft begründet, und jetzt saßen Beide eine Weile schweigend gegenüber. Keiner wußte so recht, was er von dem Anderen zu erwarten hätte, allein Beide hatten Gelegenheit gehabt, sich achten zu lernen.

Der Nachen umschiffte eben eine waldige Höhe, die eine Art von Vorgebirge ausmachte, und gelangte in ein weites, hochangefülltes Bassin, in welchem das hier ganz ruhige Wasser einen prachtvollen Spiegel bildete, der das Bild des Schlosses Eichenbach in der klaren Mondbeleuchtung deutlich wiedergab.

Der neue Theil des Schlosses war ein großes Gebäude von vier Stockwerken, in modernem aber reinem Stil, hart am Wasser erbaut. Hinter demselben stieg der Felsen empor, der das ältere Gebäude trug, dessen Giebel und runde Thürme mit zahllosen Spitzen und Zacken jenes überragten, das der Bequemlichkeit wie der Sicherheit wegen erbaut zu sein schien. Hohe Mauern vereinten beide und umschlossen den geräumigen Hofplatz. Zu beiden Seiten des Schlosses erhoben sich waldige Berge, von denen der, welchen der Kahn eben umschiffte, seinen Riesenschatten über die alte Burg warf, diese gleichsam in das Dunkel einer fernen Vorzeit hüllend, während der Mond das weiß angetünchte, neue Gebäude in der hellsten Beleuchtung aus dem dunkeln Föhrenwald hervortreten ließ. Der Nachen legte vor einer breiten Treppe von weißem Sandstein an, die aus dem Wasser auf einen geräumigen Perron führte. Auf das Klopfen des Generals an eine der Bogenthüren, welche den Eingang zur Halle bildeten, erschien bald ein alter graubärtiger Schloßvogt, eine jener Seltenheiten der neueren Zeit, die man früher in allen alten Familien fand, wo der Diener mit der Herrschaft aufwuchs, wie der Epheu an der Eiche emporsteigt, mit ihr lebte und mit ihr starb.

„Heilige Mutter Gottes! Seid Ihr es, gnädiger Herr? Endlich! und doch gesund!" rief der Alte, als er beim Scheine seiner Kienfackel den Grafen erkannte, unter dessen Vater er aufgewachsen, den er als Knabe auf den Armen getragen, dem er als Jüngling auf seinen Reisen und Zügen gefolgt und für den er als Mann (selbst ein Greis) nur noch den Schutz des Himmels erbitten konnte, zu schwach, mehr für ihn zu thun. Mit zitternden Händen küßte er den Mantel seines Gebieters, der, ihm freundlich die Achsel klopfend, nach dem Ergehen der Seinigen fragte.

„Alles wohl, Alles wohl, gnädiger Herr Graf!" sagte der Alte, die breiten Sandsteintreppen hinaufleuchtend; „und Gräfin Ida ist seit einiger Zeit auch wieder munter geworden; mag wohl sein, weil die Truppen jetzt wieder in dieser Gegend stehen, und wir Alle hofften, Euer Excellenz würden bald einmal wieder hier sein. Und was macht denn Graf Leopold? Daß Wolf todt ist, wird der junge Herr gewiß schon erfahren haben. — Armer Wolf! Keiner ging mehr mit ihm auf die Jagd, seitdem der junge Herr fort ist, da wurde das Vieh bald elend und starb."

„Er mag es wohl noch nicht wissen!" sagte der General. „Aber nun, Alter, sorge für meinen Gast!" fügte er hinzu, auf Ernst deutend, der sich in seinen Mantel gehüllt, um von dem geschwätzigen Diener jetzt nicht erkannt zu werden. Aber der Alte war viel zu sehr mit seinem Herrn beschäftigt gewesen, und während sie den langen Korridor hinabschritten, fuhr er in seinem Geplauder fort:

„Nun, gnädigster Herr, wird nicht bald Friede? Alles spricht davon. Was mich betrifft, so begreife ich nicht die Langmuth unserer Kaiserin, die alle Heiligen segnen mögen, weshalb sie diese verruchten ketzerischen Rebellen nicht vom Antlitz der Erde verwischt. Zwar es giebt auch brave Leute unter ihnen, und während Euer Excellenz im Felde standen, haben wir zweimal Einquartierung gehabt, und beidemal wackere Leute, schöne Leute: zwei junge Offiziere. Einer war ein gar lustiger Herr und hatte einen großen Schelm im Nacken; der Andere war verwundet und ernsthaft, aber für einen Preußen war er immer gut. Ja, ja! es war noch lange die Rede von ihm, nachdem er fort war, und beim heiligen Nepomuk, wenn er nicht Euer Gnaden Feind gewesen, ich hätte können durchs Feuer für ihn gehen? Aber gewiß kommen Euer Excellenz jetzt von einem siegreichen Zug zurück; ich wundere mich nur, daß die Rebellen noch Widerstand leisten; denn wir wissen ja aus der Zeitung, daß sie überall geschlagen werden."

„Hm!" brummte Se. Excellenz, „Tapferkeit ist kein Mangel der Oesterreicher allein, und das Glück noch weniger, das Schicksal — die Waffen; sieht Er, Ferdinand, doch, was versteht Er davon!" „Jetzt mein Herr", sagte er zu Ernst, mit dem er in ein großes, etwas altväterliches Schlafgemach getreten, das aber mit gediegenem Luxus möblirt war — „jetzt, mein Herr, pflegen Sie der Ruhe. Ich heiße Sie willkommen auf meiner Väter Schloß, wo jeder brave Mann stets gern gesehen war. Von Ihrem Anliegen morgen!"

Mit diesen Worten reichte er Holm mit edelmüthigem Vertrauen die Hand und ging mit seinem alten Diener ab, nachdem dieser zuvor einen silbernen Leuchter auf den Tisch gestellt, und Ernst alle weitere Hülfeleistung sich verbeten.

Mit Erstaunen sah sich Holm auf Schloß Eichenbach; tausend Gedanken durchkreuzten seinen Sinn. Aber er war jung, von vielen Strapazen ermüdet, und ein Bett, wie er es lange entbehrt, stand vor ihm. In wenig Minuten waren Kampf, Sorge, Hoffnung und Erwartung vergessen, und der Strom seines Lebens floß zehn Stunden lang so ruhig dahin, als ob nicht am folgenden Morgen sein Schicksal entschieden werden sollte.

Welche Wohlthat, der Schlaf! Er entrückt uns unseren Sorgen und versetzt uns aus den Stürmen der Wirklichkeit in ein Paradies der Ruhe, und wenn wir unsere Leiden wiederfinden, so hat er uns zum Kampf mit ihnen gestärkt.

VII.

Schon mehrmals hatte der alte Ferdinand leise die Thür geöffnet; der fremde Herr schlief noch immer, als ob er das Versäumte für einen ganzen Feldzug nachholen wollte. Leise war der behutsame Diener wieder abgetreten, aber als die Schloßuhr bereits zehn geschlagen, fing er ganz gelinde an, sich zu räuspern; dann nahm er mit etwas mehr Geräusch eine Prise; aber der junge Mann schlief mit der größten Beharrlichkeit fort. Ferdinand erdreistete sich nunmehr, ihn ganz leise zu berühren, ging dann aber zu einem gemäßigten Rütteln über, welches er nach und nach zu einem fortissimo steigerte. Da erwachte der junge Offizier, drehte sich rasch gegen die Ursache dieser Bewegung um und zeigte dem erstaunten Alten das wohlbekannte Gesicht der ernsthaften Einquartierung.

„Wie!" rief dieser erstaunt, „Baron Holm hier? Hat Sie der heilige Calvarius endlich zur gerechten Sache bekehrt? Aber weiß denn schon —"

„Bleibt, guter Ferdinand, ich werde sogleich selbst der Familie aufwarten!"

Während der Alte den Kaffee einschenkte und achtungsvoll Ernst beim Ankleiden half, bestrebte dieser sich, seinen Entschluß von gestern zu befestigen; aber er konnte nichts Zusammenhängendes denken; von allen Dingen stand ihm eins vor der Seele: er sollte Iba sehen!

Nicht ohne etwas von der Eitelkeit, welche ein besonderes Erbtheil junger Offiziere zu sein scheint, wählte er unter den Kleidern des abwesenden jungen Grafen, die man ihm gebracht, weil seine von der gestrigen Wasserfahrt noch ganz durchnäßt waren, einen einfachen, aber geschmackvollen Civilanzug.

Der General hatte die Seinigen beim Frühstück durch seine unerwartete Erscheinung überrascht und war mit aller Freude des Wiedersehens nach einer Trennung von mehr als einem Jahre empfangen worden — einem Jahre des Krieges, welches soviel Gefahren für ihn und noch mehr Sorgen um ihn für seine Familie gebracht. Er hatte dieser angekündigt, daß er einen Gast mitgebracht, welchem er gewisse Verpflichtungen schuldig sei; aber bei soviel Stoff von Mittheilung war der Sache weiter keine Erwähnung gethan. Der General hatte eine schwere Aufgabe zu lösen: er sollte gestehen, daß er gefangen gewesen, und das war keine geringe Demüthigung seines Stolzes; denn daß er wirklich Gefangener und noch dazu der eines subalternen preußischen Offiziers gewesen, konnte er leider sich selbst nicht wohl ableugnen. Vorzugsweise machte es ihm Kummer, wie er die Nachricht seinem Sohne beibringen sollte, gegen den er sich über diesen Punkt stets sehr streng ausgesprochen hatte. Auch kam hinzu, daß der junge Gast als Augenzeuge der Begebenheit die Erzählung des Generals kontroliren konnte.

Noch war die Familie beim Frühstück im Gartensaal versammelt, als Ferdinand den Baron Holm ankündigte, welcher um die Erlaubniß bat, aufzuwarten. Der General ging ihm sogleich entgegen und führte ihn bei der Hand in das Zimmer, um ihn den Damen vorzustellen. Allein das war unnöthig; denn diese erkannten sogleich ihren damals verwundeten Gast. Die Gräfin eilte ihm entgegen und bewillkommnete ihn herzlich. Aber Ida blieb auf ihrem Fleck und machte bloß eine Verbeugung gegen den Ankommenden. Es ist wahr, sie hatte ihre Farbe gewechselt, als der Name genannt wurde, und das klopfende Herz hob ihren Busen; aber Ernst sah nur die kalte Verbeugung.

„Wetter!" sagte der General verwundert; „ich sehe, Sie haben eine verwünschte Art, sich überall selbst einzuführen; ich hatte das schon in unserem Kahn bemerkt. Aber meine Tochter scheint noch nicht die Ehre zu haben —"

Ernst wurde verlegen, und Ida schlug, blutroth, die Augen nieder. „Glücklicher Gustav!" seufzte Ernst für sich, als er das blühende Mädchen vor sich sah. Aber die Mutter schlug sich ins Mittel und erzählte den Aufenthalt des verwundeten jungen Mannes.

Das Gespräch wurde bald allgemein, und nachdem Ida sich von der ersten Ueberraschung erholt, mischte sie sich mit unbefangenem Frohsinn und mit Lebhaftigkeit hinein, und während der Mittagsmahlzeit kamen alle die kleinen Begebenheiten zur Sprache, welche sich seit Holms Abreise zugetragen.

Aber diesem war Idas Heiterkeit ein neuer Schmerz. Wie konnte sie vergnügt sein, während er litt!

Die Tafel ward aufgehoben.

Ernst fühlte, daß es Zeit sei, sich gegen den Herrn des Schlosses zu erklären, und er benutzte einen Spaziergang im Park, um ein Zwiegespräch mit dem General anzufangen. Zufällig nahm dieser seine Richtung nach dem Felsen über der Elbe, und das bestärkte Ernst. „Dort stand sie, um ihm nachzublicken", dachte er, „während sie nicht einmal da war, als ich Abschied nahm! Es sei denn: der Freundschaft sei kein Opfer zu schwer!"

„Herr Graf" hob er an, „ich bin es schuldig, den Grund meines Hierseins zu erklären. Zwar konnte die Liebenswürdigkeit dieser Familie als die Ursache erscheinen bei Jedem, der sie einmal gekannt; allein dem ist nicht so. Ich komme, um die Hand der Gräfin Ida anzuhalten, und zwar", fügte er mit

Anstrengung hinzu, „für meinen Freund, den Grafen Gustav von Warten, den Eure Excellenz gestern kennen gelernt."

Der General trat zwei Schritte zurück. Er bedurfte einiger Augenblicke, um eine so rasche Folge von Neuigkeiten zu verarbeiten, und vermochte nur, ein „Oho" herauszubringen. Aber Ernst war im Zuge. „Warten ist reich", sagte er, „aus einem berühmten Hause, geschätzt von seinem König, geachtet von Allen, und — die Gräfin Iba liebt ihn! Euer Excellenz werden in ihm keinen unedelmüthigen Feind kennen gelernt haben, und ich rühme in ihm den treuesten Freund. Willigen Euer Excellenz —"

„Halten Sie ein, mein Freund!" schrie der General, „Ihre Gründe und Folgerungen kommen so rasch, daß ich nicht mitkomme. Sie und Ihr Freund scheinen von Ihrem Könige profitirt zu haben. Erst nehmen Sie das feindliche Gebiet in Beschlag, dann setzen Sie die Gründe, weshalb, auseinander und darauf machen Sie die Friedensvorschläge. Erlauben Sie aber auch, daß ich mich sieben Jahre lang gegen diese wehren darf. Was Sie von Graf Warten erzählen, glaube ich Ihnen, ja, muß es sogar zum Theil bestätigen. Aber woher wissen Sie zum Beispiel, daß meine Tochter ihn liebt?"

„Wollte Gott, ich wüßte es nicht!" dachte Ernst; aber Gründe konnte er doch nicht angeben.

„Sehen Sie", fuhr der General fort, „und das ist doch eine Hauptsache. Uebrigens danke ich Ihnen für Ihre Freimüthigkeit und brauche die Versicherung nicht hinzuzufügen, daß ich Sie wie Ihren Freund von Grund meiner Seele schätze. Aber gut Ding will Weile haben, und meine Tochter ist keine Festung, die im Sturm genommen wird. Beim Sturm geräth man leicht in — in —. Sehen Sie, das ist der Fleck, wo wir scheiterten", sagte der General, von einer unangenehmen Ideenverbindung ablenkend, auf den Lauf des Flusses deutend.

„Geräth man leicht in Gefangenschaft", ergänzte Ernst für

sich, da er fühlte, daß er noch mitten unter Klippen schiffe, an welchen er scheitern konnte. Indeß der Schritt war gethan und hatte ihn große Ueberwindung gekostet, und doch fühlte er keine Befriedigung in diesem Opfer der Freundschaft, keinen Triumph der Ueberwindung, er fühlte nur, daß sein Herz blutete und daß er sein Glück zerrissen.

Die Gräfin hatte zur Feier der Ankunft ihres Gemahls auf den heutigen Abend einen Ball veranstaltet, zu welchem außer dem benachbarten Gutsadel die Offizierkorps einiger österreichischer Regimenter geladen waren, die in der Nähe standen. Auch die Offiziere vom Regiment des Generals, und unter ihnen sein Sohn Leopold, wurden erwartet; allein da diese entfernter lagen, so rechnete man erst spät auf ihre Ankunft.

Die Versammlung war glänzend; Ernst wurde ihr nur unter seinem Namen vorgestellt.

Der Ball fing an. Die Flügelthüren öffneten sich nach einem weiten Saal, in dem ein blendendes Licht von großen Kronleuchtern herabstrahlte und eine rauschende Musik die Tänzer zum Walzer aufforderte.

Ernst trat mit der schönen Tochter des Hauses in die Reihen, und Vieler Blicke beneideten den schwarz gekleideten Unbekannten, von dem Niemand etwas Näheres wußte. Die Sicherheit seines Benehmens und der feine Anstand bewiesen, wie sehr er in der Gesellschaft zu Hause sei; aber der ernste, fast schwermüthige Ausdruck seines Gesichts zeugte zwar von Theilnahme am Fest nicht aber von Vergnügen.

„Als Sie voriges Jahr bei uns waren, tanzten Sie gern, Herr von Holm!" sagte die junge Gräfin mit all der Munterkeit und Gutmüthigkeit, die ein Paar blaue Augen unwiderstehlich machen, „und Sie werden selbst im Felde Gelegenheit gehabt haben, es nicht ganz zu vergessen."

Aber Ernst war zu gepreßt, als daß er hätte in den leichten Ton einstimmen können. Die freundlichen Worte der

Gräfin riefen in ihm die glücklichste Zeit seines Lebens zurück. Alle auf sie gebauten Pläne und Hoffnungen traten ihm vor die Seele, und er sollte Allem entsagen.

„Wir haben seitdem", fuhr die Gräfin fort, „sturmvolle Zeiten erlebt; möchte der Friede sie bald endigen! Aber die Erinnerung an diese an großen Begebenheiten und an schönen Charakterzügen so reiche Zeit hat immer etwas Erhabenes."

„Weil die Erinnerung überhaupt", bemerkte Ernst, „wie ein Gemälde, nur das Große, nur das Poetische der Wirklichkeit darstellt. Sie ist der Rückblick auf eine weite Landschaft, die wir durchwandert, und über der ein zauberischer Nebel ruht. Wir sehen noch die Thäler, die Auen und Wälder, durch die wir gezogen, aber nicht mehr die steilen Pfade, die zu ihnen führten, oder die Dornen, die uns auf ihnen verwundeten. Und doch kann die Erinnerung das Unglück eines Lebens ausmachen."

„Nun, Herr von Holm", scherzte Ida, „wo sind denn aber auf diesem glatten Parquet die steilen Pfade und die Dornen, von denen Sie reden? Oder erweckt die fröhliche Musik in Ihnen die Erinnerung an eine so traurige Vergangenheit?"

„An eine so glückliche, an eine zu glückliche!" seufzte Ernst für sich. „Und ist denn Vergnügen schon Glück?" sagte er laut. „Wie viele von diesen Tanzenden, deren Miene durch lange Selbstbeherrschung zu einem fortdauernden Lächeln verwandelt ist, mögen die Dornen in ihrer Brust tragen, die sie auf ihrem Wege finden. Ach, der versteckte Kummer ist eben der nagendste, der bitterste! Und glauben Sie nicht, Gräfin, daß unter einem Lächeln der Schmerz, unter bleichen Wangen das Feuer der Sehnsucht, der Hoffnung und der Liebe wohnen kann, wie die Gluth des Aetna unter Schnee brennt? daß in dem äußerlich ruhigen Busen die Stürme der Leidenschaft brausen können? daß — doch, verzeihen Sie solche Reflexionen an einem Ballabende!"

Jda betrachtete den Jüngling mit Erstaunen, aber es mischte sich seelenvolle Theilnahme in ihren Blick. Fast unwillkürlich entfuhr ihr der Ausruf: „Ich finde Sie sehr verändert!"

„Ach, ich finde Manches geändert hier," antwortete Ernst traurig; „aber ich war darauf vorbereitet."

„Wieso?" fragte Jda, „hatten Sie Nachricht von uns?"

„Sie erinnern sich, Gräfin, daß nach mir der Graf Warten hier einquartiert wurde."

„Ich glaube, ja;" antwortete Jda mit so viel Unbefangenheit, daß Ernst ganz erstaunt dastand.

„Ich glaube, ja?" wiederholte er für sich; „unbegreiflich! Gustav ist ihrer Gefühle so gewiß, und kann ein tiefes Gefühl sich zu solcher Verstellung beherrschen? Oder wäre es möglich, daß die Koletterie sich in dieses Gewand himmlischer Unschuld kleiden könnte!?" Ein Blick auf Jda ließ ihn den letzten Gedanken verwerfen. Ohnehin war es ja natürlich, daß sie über einen solchen Gegenstand mit einem Fremden nicht reden würde. Er sammelte daher all' seinen Muth und beschloß, die schwierige Aufgabe der Freundschaft zu lösen.

„Gräfin!" fuhr er fort, „Warten ist mein Freund, so sehr mein Freund, daß wir uns gegenseitig unsere innersten Gedanken entdeckt haben. Ich kenne alle seine Hoffnungen und Wünsche, selbst die theuersten." Er schwieg und fixirte die Gräfin.

„Nun?" entgegnete diese mit fragendem, aber festem Blick.

Dieses „Nun?" in einem zwar erwartungsvollen, aber vollkommen ruhigen Tone gesprochen, versteinerte Ernst, und er wurde aus seiner Erstarrung erst durch jenes verdrießliche Klatschen geweckt, welches auf Bällen so oft die lebhaftesten Unterhaltungen stört. Die Reihe des Tanzes war an Ernst, und Aller Augen richteten sich auf das saumselige Paar. Durch eine ihm selbst unbekannte Jdeenverbindung stimmte die Antwort der Gräfin ihn zur berauschendsten Freude. „Sie liebt ihn nicht, sie kann ihn nicht lieben!" dachte er, umschlang die schöne Gräfin, und mit der Leichtigkeit eines geübten Tänzers schwebte er mit ihr wie auf Wellen der rauschenden Musik die glatte Bahn des Parquets hin.

Ernst war wie umgewandelt. Fröhlichkeit, Witz und Gemüthlichkeit strömten aus lange zurückgehaltenen Schranken in seine Unterhaltung, und Ida, die ihre Gefühle zu wenig kannte, um sich Rechenschaft davon abzulegen, antwortete mit Offenheit und Vertrauen.

Ernst erzählte, wie es ihm seit ihrer Trennung ergangen, und da der Gedanke an Ida ihn nie verlassen, so war es kein Wunder, wenn alle Begebenheiten dieser Zeit sich auf sie bezogen. Das junge, reizende Mädchen hörte mit unbewußtem Entzücken zu, und ihre Blicke verriethen alle Geheimnisse ihrer Seele. Denn eben nur der Blick, welcher absichtslos ist, welcher der Seele unbewußt alle Regungen derselben auf einmal ausspricht, nur dieser hat den unbeschreiblichen Zauber, der uns entzückt, und dem wir unbedenklich trauen, wo Worte uns zweifeln machen würden. Nur die Blicke der Koletterie trügen, und bloß die Eitelkeit wird betrogen.

Mit einem Wort, als der Tanz vorbei war, mußte Ernst, daß Ida ihn liebte, ohne daß das Räthsel von Gustavs Verlobung zur Sprache gekommen; denn wer fürchtete nicht, durch eine Frage sein Glück zu zerstören? Und Ida wußte, daß sie geliebt war, ohne daß Ernst das Wort Liebe genannt. Beide waren einig. Beide glücklich.

Da klopfte der General dem Jüngling auf die Schulter. „Mein Freund", sagte er, „vergessen Sie nicht, was ich Ihnen heute Nachmittag sagte. Zeit! Zeit! Sie scheinen der Sache Ihres Freundes fast etwas zu eifrig zu dienen."

Der Abgrund öffnete sich vor Ernsts Füßen bei diesen Worten. War dies das Opfer der Freundschaft, das er bringen wollte? Benutzte er so das Vertrauen seines Freundes? Und während Jener ihm Alles zu verdanken glaubte, sollte er ihm

Alles entwenden? Ernst sah, daß er ziemlich von dem Zweck seiner Sendung abgewichen, allein er fühlte, daß das Opfer, welches er bringen sollte, seine Kräfte überstieg. Er hatte Ida entsagen können, als er glaubte, daß sie ihn nicht liebe, aber er vermochte es nicht mehr, seitdem er wußte, daß sie seine Neigung theile, und doch war Gustav sein Freund, sein wahrer Freund! Ernst verlor sich in diesem Labyrinth.

Die Gesellschaft wurde durch die Ankunft des jungen Grafen vermehrt, welcher soeben hereintrat und von Allen mit lebhafter Freude empfangen wurde. Die Familie versammelte sich um ihn, und nachdem die ersten Fragen beantwortet waren, wollte der General wissen, wie das Regiment seinen Rückzug gestern bewerkstelligt.

„Mein Vater", sagte der junge Mann mit Verlegenheit, „ich habe das Regiment seit Anfang des gestrigen Angriffs nicht mehr gesehen, ich war —". Ihm schwebte ein Geständniß auf den Lippen, welches ihm offenbar sehr peinlich war. Indeß es mußte heraus. „Hören Sie mich an", fuhr er fort. „Ich weiß, Sie werden mich tadeln; allein ehe Sie mich verdammen, hören Sie alle Umstände meines Schicksals — ich war gefangen." Der junge Graf schwieg und erwartete den lebhaften Unwillen seines Vaters. Allein der General war bei weitem nachsichtiger, als er gehofft hatte.

„Siehst Du, Leopold", sprach er, „man hat in der Kriegsgeschichte Beispiele, daß erfahrene Offiziere, ja, daß Generale — Alles kommt auf die Art an."

„Ich darf behaupten", fuhr der Sohn fort, „daß mein Angriff nicht unrühmlich war; mein Wort, in das Schloß zu bringen, habe ich gelöst, allein —"

„So habe auch ich gethan!" fiel der General ein. „Auf einer verdammten Leiter stieg ich mehrere Stockwerke hoch und drang in das Schloß ein. Indessen giebt es Fälle, wo die Uebermacht, ich meine, wo die absolute Unmöglichkeit —"

„Das war mein Fall!" rief Leopold. „Fünfzig Gewehre umringten mich, der ich leider der Einzige war, welcher die Plattform auf der Nordseite erreicht hatte. Dennoch würde ich den Tod der Ergebung vorgezogen haben, allein mein Arm sank vor Ermattung nieder. Ich danke mein Leben einem braven preußischen Offizier, der mit Gefahr seines eigenen Lebens sich zwischen mich und die Gewehrmündungen der wüthenden Soldaten warf. Nie werde ich es ihm vergessen. Vor ein paar Stunden kündigte man mir meine Freiheit an, ohne daß ich den Grund wußte."

„Hm!" sagte der General, „sonderbare Uebereinstimmung! Sollte es vielleicht — kennst Du den jungen Mann in den schwarzen Kleidern, der so nachdenkend an jenem Fenster lehnt?"

„Er ist's!" rief Leopold und eilte auf Ernst zu, ihm herzlich die Hand schüttelnd und ihn den Seinigen als Retter vorstellend. Alle dankten ihm mit Begeisterung, nur Ida konnte kein Wort hervorbringen, aber ihr Auge sprach genug, und Ernst fühlte sich mehr als belohnt.

„Also Sie haben das Schloß wirklich genommen?" fuhr Leopold darauf zu seinem Vater fort. „In der That, es wurde gut vertheidigt!"

„Genommen?" sagte der General mit einem verlegenen Seitenblick auf Ernst — „genommen? Wie man es nimmt. Ich war, wie gesagt, eingedrungen, auf einer Leiter, die wenigstens so lang wie Jakobs Himmelsleiter war, nur daß die Staffeln mit österreichischen Husaren besetzt waren, die ohne Flügel sämmtlich den Hals gebrochen haben müssen, als die verdammte Leiter umfiel."

„Wie? sie fiel um?" fragte Leopold.

„Nun ja!" fuhr der General fort. „Sie fiel um, weil sie umgestoßen wurde!" setzte er aus billiger Rücksicht für die Wahrheit hinzu. „Ich hatte dem Feinde unsere Verwandten entrissen, und es entspann sich nunmehr ein Kampf im Schlosse selbst, in welchem meinerseits sehr bald die ganze Munition abgefeuert war. Indeß es blieben mir die blanken Waffen, eine im Rücken gedeckte Position und der Muth der Verzweiflung, kurz, mein Sohn, es wurde eine Konvention abgeschlossen, und somit —"

„Eine Konvention?" rief Leopold erstaunt, „die Besatzung war nicht schwach; war es möglich, daß auf einer Leiter, die noch dazu bald umgestoßen wurde, genug Mannschaft eindrang, um dem Feinde eine Konvention abzunöthigen? Wie viel Mann zählten Sie denn?"

Der General sah seufzend auf seinen Nachbar, den Augenzeugen. „Frage Du und der!" brummte er für sich. „Mein Sohn", fuhr er fort, „auch ich war allein eingedrungen."

„Allein — und die Konvention betraf Sie auch allein", fuhr der Sohn fort mit einem feinen Lächeln, welches dem Vater nicht sehr gefiel.

„Allerdings", versetzte dieser, „sie betraf nur mich; siehst Du, Leopold, ich will Dir das erklären. Wenn ein Feldherr und sein Heer oder vielmehr ein General ohne sein Heer in den Fall kommt, daß — ich meine, wenn Umstände —"

„In der That", unterbrach Ernst, „wir waren froh, uns eines gefährlichen und kühnen Feindes zu entledigen, und schlossen wirklich mit Freuden die Uebereinkunft, welche Seine Excellenz erwähnten."

Der General hätte dem preußischen Lieutenant für diese Worte in diesem Moment eine Welt geschenkt.

Es waren mehrere Pferde in den Schloßhof gesprengt. Ein preußischer Offizier als Ueberbringer einer Depesche wurde gemeldet. Die Thür flog auf und Warten trat hinein. Der Friede war geschlossen, und die Anzeige dieser heißerwünschten Begebenheit war eben angekommen, als der General mit seinem Regiment zu dem Unternehmen auf dem rechten Elb-Ufer ausgerückt war. Er empfing daher jetzt die erste Nachricht durch den Feind. Alle hörten sie mit berauschender Freude. Man umarmte sich gegenseitig wie nach langen Leiden. Dem General aber lag ein besonderer Triumph darin, daß alle Eroberungen und Gefangennehmungen seit dem Dato der Ratifikation nichtig sein sollten, mithin seine Konvention gar nicht mehr in den siebenjährigen Krieg fiel, weil dieser damals schon beendigt war.

Die beiden Freunde hatten sich herzlich begrüßt; aber nach der ersten Freude fielen Ernst schwere Sorgen aufs Herz.

„Gustav", hub er an, „ich habe Deinetwegen mit dem General gesprochen, ich habe —"

„Nun!" rief jener, „was meinte er denn, der närrische alte Herr, zu dieser Konvention?"

„Der General", fuhr Ernst fort, „giebt einige Hoffnung, er verlangt Zeit, längere Bekanntschaft, indessen —"

„Zeit? längere Bekanntschaft?" unterbrach Gustav; „da irrt er sich. Wozu wäre das Warten nöthig? Nein, binnen vier Wochen ist Hochzeit. Höre mich nur erst an: Die Mutter hat eingewilligt, und mit Jba bin ich einig!"

„Liebster Gustav", sagte Ernst verlegen, „man ändert zuweilen seine Gesinnungen, ja selbst seine Gefühle, Gräfin Jba scheint —"

„Nun", unterbrach der Andere, „die müßte doch wankelmüthiger sein, als ihr ganzes Geschlecht, wenn —"

„Und doch ist dem so!" rief Ernst. „Gustav", fuhr er mit steigendem Affekt fort, „ich liebte Jba mit aller Tiefe meiner Seele und obwohl schweigend mit aller Leidenschaft. Ich glaubte, daß ihr Herz für Dich schlage, und beschloß, sie zu vergessen — Jba zu vergessen. Mit eigener Hand schleuderte ich den Brand in das Gebäude meiner Hoffnungen, meiner Wünsche, mit blutendem Herzen entsagte ich; allein sie liebt Dich nicht! Gustav, sie erwidert meine Gefühle, und hier verläßt mich meine Kraft. Ich konnte der Freundschaft mein Glück opfern, aber nicht meine Liebe, denn, Gustav, ich bin nur ein Mensch!"

Warten sah ihn befremdet, aber gerührt an, und indem er ihm seine Hand zeigte, sprach er: „Eben haben wir Ringe gewechselt."

„Mit wem?" fragte Ernst, „mit der Gräfin Ida?"

„Mit der Gräfin Ida von Eichenbach, Tochter der Gräfin Eichenbach, deren Schloß wir vertheidigt, Nichte des —"

„Nichte?" rief der Andere in der gespanntesten Erwartung.

„Nichte des Generals Eichenbach, des Besitzers dieses Schlosses, welche —"

Aber Ernst war aufgesprungen, umarmte stürmisch seinen Freund und rief: „Ich liebe die Gräfin Ida, Tochter des Generals! Gottlob, der Mensch wird nicht mehr versucht, als er tragen kann!"

Während Graf Warten in Schloß Eichenbach im Quartier gestanden, war die Tochter des Hauses zur Pflege ihres verwundeten Bruders bei einer Verwandten in Prag. Warten hatte die Nichte kennen gelernt, welche zum Besuch bei ihrer Tante war. Diese Verhältnisse waren aber nie zur Sprache gekommen, weil Ernst jede Erörterung vermieden. Bald nach Holms Abreise nach Schloß Eichenbach hatte Gustav die Entdeckung gemacht, daß die jüngere der verschleierten Damen keine andere als Gräfin Ida sei; er hatte sich seinem Charakter gemäß gleich erklärt, und da er in jeder Rücksicht eine vortheilhafte Partie war, so überwand die alte Gräfin in dieser Ausnahme ihren Zorn gegen die ketzerischen Rebellen und willigte in die Wünsche ihrer Tochter.

Als man dem belagerten General diese Neuigkeit mittheilen wollte, fand man, daß derselbe seinen Rückzug bereits bewerkstelligt hatte. Allein die Gräfin schien darüber nicht sehr befremdet und schlug vor, da jetzt Friede sei, ihren Schwager auf Schloß Eichenbach aufzusuchen. Die beiden Nichten und die Eltern waren jetzt vereint, und während die übrige Gesellschaft sich im Ballsaal ergötzte, trug Gustav dies Mißverständniß seines Freundes der gesammten Familie vor. Es wurden verschiedene

Urtheile über seine Entsagung gefällt. Ernst selbst konnte es nicht begreifen, daß es doch Opfer gäbe, die der Freundschaft zu groß wären. Die Tochter des Hauses hingegen, obschon sie es nicht sagte, fand hier die Freundschaft etwas zu weit getrieben. Der alte General suchte vergeblich in der Kriegsgeschichte einen ähnlichen Fall aber Leopold meinte, daß die Selbstverleugnung Grenzen finde, über die hinaus sie in Unnatur und Verzerrung überginge.

Es wurden in dieser Versammlung noch mancherlei Meinungen geäußert, Bitten vorgetragen, Umstände erörtert und von Seiner Excellenz mit militärischen Beispielen belegt. Es genügt indeß, zu sagen, daß der österreichische General bei der Abendtafel den Gästen die Verlobung seiner Tochter und Nichte mit zwei preußischen Offizieren anzeigte.

Die Hochzeit beider Freunde wurden an einem Tage auf Schloß Eichenbach gefeiert. Der alte Ferdinand hatte die Thore der gastlichen Halle weit aufgesperrt und zeigte mit geheimem Stolz den Landleuten die schöne, reich geschmückte Tochter seines Herrn am Arm des hohen jungen Mannes in blauer Uniform und ihre nicht weniger reizende Base mit dem überglücklichen Warten.

„Der heilige Calvarius segne sie!" rief eine unterthänige Stimme aus der Menge; „aber jetzt weiß man vollends nicht, von welcher Partei sie alle sind!" Man vermuthete, daß die Stimme dem redlichen Schulmeister und Fährmann gehörte.

Unter den Zuschauern der Trauung in der Schloßkapelle entdeckte Leopold auch einen Mann, der den Arm in einer Binde, einen Krückstock in der Hand und unzählige Pflaster im Gesicht und an den Händen trug. In dieser Folie erkannte er dennoch sogleich seinen Freund, den Feldwebel Thomas, dessen Bekanntschaft er auf der Mauer gemacht, und der sich jetzt ehrerbietig und mühsam vor ihm verbeugte. „Wahrhaftig, Alter!" rief Leopold, indem er ihm freundlich die Hand schüttelte, „ich werde

Euch meinem Schwager als Schloßvogt vorschlagen, und es wird kein Feind so leicht hineinkommen!"

Was den General betraf, so wunderte sich dieser, wie die Tochter und Nichte eines Kaiserlichen Generals so glücklich an zwei preußische Offiziere verheirathet sein könnten. „Sieh Leopold", sagte er zu seinem Sohne, „ich will Dir das erklären." Aber er behielt sich seine Erklärung vor, bis ein kleines Heer von Enkeln sie unnöthig machte.

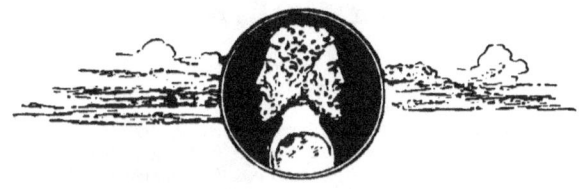

Tagebuch der Reise nach Konstantinopel.

Das Tagebuch beginnt „Wien, den 11. Oktober 1835" und berichtet zunächst in Stichworten, daß der Verfasser am 12. Juli Berlin verlassen und von Frankfurt aus eine Dienstreise über Guben und Muskau mit längerem Aufenthalt in Görlitz gemacht hat. Mit welcher Freudigkeit, mit wie offenherzigem Verlangen, die Eindrücke der Fremde in sich aufzunehmen, er diese Reise begonnen hat, davon geben seine Skizzenbücher reichlich Zeugniß ab, aus denen wir auserwählte Zeichnungen dem Tagebuch einfügen. Am 15. war Versammlung des großen Generalstabes in Schweidnitz, die Generalstabsreise führte über Reichenbach und Münsterberg. Dann folgten vom 1. September ab die großen Manöver bei Liegnitz, während Moltke zusammen mit dem Major v. Brandt, dem späteren General der Infanterie und bekannten Schriftsteller, zur Dienstleistung bei den Prinzen von Holstein-Glücksburg kommandirt war. Am 12. September traf er bei Kalisch ein und wohnte der großen Revue der aufs Engste verbündeten russischen und preußischen Truppen bei. Sodann ging er nach Breslau, wo er am 22. September die Nachricht erhielt, daß der Urlaub nach der Türkei bewilligt, aber das halbe Gehalt gestrichen sei.*) Trotzdem beschloß er zu reisen, und zwar in Gesellschaft des Premierlieutenants v. Berg vom 1. Garde-Regiment z. F. Ende September machte er noch einen Abschiedsbesuch beim Grafen Rospoth in Briese**) und trat dann von Breslau

---

*) Danach ist die Anmerkung Band IV Seite 82 richtig zu stellen, die von einem Kommando nach Konstantinopel spricht und damit weniger die Veranlassung als den Verlauf seines Aufenthalts im Orient bezeichnen wollte.   H.

**) Herr Oberst v. Schimpff, Kommandeur des 1. Königlich Sächsischen Ulanen-Regiments und Enkel der Gräfin Rospoth, hat die Güte gehabt, nach Erscheinen des IV. Bandes das Bild der Schloßherrin, das der Feldmarschall während seines Aufenthaltes in Briese als Topograph (IV, S. 27) gezeichnet hat, zur Verfügung zu stellen.   H.

aus am 5. Oktober seine Reise mit der Schnellpost nach Wien an. Er berührte dabei Ohlau, Cosel, Troppau, Olmütz und Brünn und traf am 10. Oktober früh in Wien ein.

Das Tagebuch reicht bis zum 20. Januar 1836. Die hier gegebenen Abschnitte brechen aber bereits mit dem 8. November ab, weil der weiter folgende Inhalt, die Reise von Bukarest nach Konstantinopel und die erste Zeit des dortigen Aufenthalts, entweder wörtlich in den „Briefen über Zustände und Begebenheiten in der Türkei" wiedergegeben ist oder nur kurze, aphoristische Notizen enthält, die sich zudem der Mehrzahl nach auf den damaligen Zustand der türkischen Armee beziehen, also Interesse nicht mehr beanspruchen können.

Früh den 10. Oktober trafen wir in Wien ein. Der alte Stephan war noch in Dunkel gehüllt; wir stiegen im goldenen Lamm ab und legten uns sogleich schlafen. Der erste Gang war nach dem Stephan. Das Gebäude kommt mir ungleich schöner vor, als der Straßburger Münster. Das Innere macht einen großen Eindruck. Ein dunkelbrauner Ton ist über das Ganze ausgegossen und macht, daß trotz der vielen Denkmäler, Fahnen, Altäre, Bilder und Lampen keine Einzelheiten allzu störend hervortreten. Der Stephan ist für den Fremden unschätzbar. Man geht in Wien durch ebensoviel Höfe und Thorwege als Straßen. Die Häuser sind hoch, die Gassen eng und voll Menschen, ohne Trottoir, und der Rinnstein in der Mitte. Dabei fährt kein Wagen anders als im stärksten Trabe, den man in den breiten, öden Berliner Straßen für polizeiwidrig schnell erklären würde. Alle Augenblicke ertönt das gedehnte „ioh!" der Fiaker dicht hinter dem Fußgänger, und gleich darauf schießt ganz dicht an der Häuserreihe ein auf dem schönen Pflaster fast geräuschloses Fuhrwerk dahin. Ich habe immer noch mehr Angst ausgestanden, Leute überzufahren, als übergefahren zu werden. — Dabei nun nehmen die wirklich prachtvollen Läden die Aufmerksamkeit der Fußgänger in Anspruch, und bald

Görlitz: Das Rathhaus am Untermarkt
gez. am 19. Juli 1833 v. Helmuth von Moltke.

Pfarrkirche in Schweidnitz
gez. am 18. Aug. 1835 v. Helmuth von Moltke.

mU

Gräfin Julie von Krosigk
geb. von Pawr und Nadlitz
gez. v. Helmuth von Moltke

ist man ganz desorientirt. Aber du darfst an der nächsten Straßenecke nur in die Höhe blicken, so zeigt der Stephan dir mit seiner hohen Spitze den rechten Weg oder winkt dich zu sich, um die Wanderschaft von einem Bekannten aus aufs Neue zu versuchen.

Wir bestiegen den Stephan. Wer nicht schwindlig ist, kann sich aus den obersten Oeffnungen des spitzen Sandsteinkegels hinaus auf die letzten Knäufe der Spitze legen und hat dann eine freie Umsicht, die der Thurm sonst nirgend, auch nicht auf Starhembergs Sitz, gewährt. Der Sömmering und der Schneeberg waren schon mit Schnee bedeckt. Herrlich ist der Anblick der schönen großen Stadt und des Kahlengebirgs. — Abends im Burgtheater: Faust; sehr gute Vorstellung, aber nicht nur sehr abgekürzt, sondern auch der Text oft geändert. Gleich anfangs:

> Habe nun, ach, Philosophie,
> Juristerei und Medizin
> und endlich auch Theologie u. s. w.

14. Oktober. Wien ist schon deshalb schöner als Berlin, weil es krumme Straßen hat. Krumme Straßen sind stets schöner als gerade. In jenen sieht man doch immer einige Häuser in Front, in diesen alle in der ungünstigsten Verkürzung. Die längste gerade Straße in der Welt ist vielleicht die Friedrichstraße in Berlin, aber wieviel schöner ist der Blick auf die Zeil in Frankfurt, die Strada Balbi und Novissima in Genua, den breiten Weg in Magdeburg, die Herrenstraße in Wien. Solche von rechtwinkligen Straßen durchschnittenen Städte sind von dem Willen eines Mächtigen hervorgerufen, nach seiner Laune uniformirt. In den Städten, welche eine geschichtliche Vorzeit haben, zeichnete das Bedürfniß den Grundriß. Der Hafen, der Strom, der Berg, auf welchem eine Feste lag, die Heerstraße gaben das Gesetz. Sie mögen eng, finster, unbequem sein, aber sie reden zum Gemüth. Am unerfreulichsten sind die Kopien im Kleinen von Berlin, wie Neu-Ruppin, Mannheim oder gar Karlsruhe, wo

alle Häuser schiefe Winkel bilden mußten, damit man vom Schlosse durch die öden Gassen sehen kann. Die Straßen Berlins mögen bequem, gesund, zweckmäßig sein, aber schön sind sie nicht, weil gerade.

Pest, den 20. Oktober. Am Sonntag, den 18. früh, begaben wir uns nach dem Yachtschiff, welches uns nach Preßburg führen sollte. Ich erreichte das Fahrzeug, als man im Begriff war, vom Ufer zu stoßen. Unglücklicherweise hielt ich es zurück, bis unsere Sachen angekommen waren. Die Gesellschaft bestand aus 12 Personen, Engländer waren dabei, wie sich von selbst versteht; sie sind wie das Salz in den Speisen, obschon sie nicht immer die Würze der Gesellschaft ausmachen. Wie die Juden in allen Ländern wohnen, so reisen sie in allen Ländern. — Ganz erfreulich ließen wir uns unter der Kettenbrücke fort den Prater entlang in den Hauptstrom der Donau hineinspülen; zwar wurden wir ein paar Male ans Ufer geworfen, wir achteten aber nicht darauf. Aber die Freude hatte schnell ein Ende. Der Wind nahm zu, und bald saßen wir zwei Meilen unterhalb Wiens ganz fest. Der Schiffsmeister war der außerordentlichste Esel, den ich je gesehen, und die Schiffsequipage bestand aus einem Knecht und einem Wiener Straßenjungen.

Nachdem wir mehrere Stunden gewindseiert und Kälte und Hunger erdulbet hatten, holte man zwei Leute aus dem nächsten Dorf; aber alle Anstrengungen, flott zu werden, waren vergebens, der Wind warf uns wieder ans Land. Es war 3 Uhr, wir hätten längst in Preßburg sein können. Wir mußten uns endlich entschließen, das Fahrzeug zu verlassen, nahmen unsere Mantelsäcke auf die Schultern und wateten bei dichtem Regen durch die Auen nach dem nächsten Bauerndorfe, von dem wir aber durch zwei kleine Arme der Donau getrennt waren. Hungrig, müde, durchnäßt kamen wir an, tranken ein Seidel Wein und fuhren bei Sturm und einer wenig erfreulichen Mischung von Regen und Schnee auf einem Leiterwagen nach der nächsten Station, wo wir sehr schlechte offene Extrapostwagen theuer bezahlten und Abends 11 Uhr halb erstarrt, aber doch bei gutem Muth in Preßburg eintrafen. Mais aussi qu'allions nous faire dans cette galère.

Nach wenig Stunden Ruhe ging es den 19. um 5 Uhr schon nach dem Dampfschiffe. Wir fanden die Söhne Albions, sonst Niemand von unserer gestrigen Gesellschaft. Gott weiß, was aus ihnen geworden war; einer hatte die Reise bis Pest vorausbezahlt. Die „Pannonia" ist ein kleines Schiff mit 36 Pferdekraft, gut und bequem eingerichtet, die Restauration ist empfehlenswerth, die Preise billig. Das Getümmel und die Verwirrung in der Dunkelheit beim Einschiffen der Sachen war groß. Sobald es zu tagen anfing, ging es ab. Man konnte nur die Umrisse des Preßburger Schlosses erkennen, welche in der That die eines großen viereckigen Galgens sind. Bald wurden die Ufer ganz flach, mit Weiden und Pappeln bewachsen und äußerst einförmig, dabei regnete es und war sehr kalt. Man mußte eine Tour wie die gestrige gemacht haben, um den Komfort einer Reise mit dem Dampfschiffe gehörig zu würdigen. Gemächlich streckte ich mich auf ein Kanapee und rührte nicht einen Finger. Es wurde geplaudert und der deutsche Zollverband auch hier abgehandelt. Die Ungarn mit schwarzen Augen und Bärten spielten Whist oder schlenderten, in große Bundas gehüllt, umher, die Engländer hockten zusammen und spielten Schach.

Als es dunkel wurde, ging ich in die Kajüte und spielte Schach. Um 7½ Uhr waren wir in Pest. Es war ganz finster, stürmisch und regnerisch, man sah nichts als die Lichter zu beiden Seiten des Stromes. Ohne irgend ein Hinderniß hatten wir in 14 Stunden eine Strecke zurückgelegt, die zu Lande 14 Posten, auf dem Stromwege 36 bis 40 Meilen beträgt.

Pest, den 21. Oktober. Gestern früh, nachdem ein treffliches Bett, Matratze und seidene Decke, mich ganz restaurirt und ich die Sachen auf dem Dampfschiffe in Empfang genommen hatte, gingen wir in die Stadt, wo ich chemin faisant eine große Menge schöner Weintrauben verzehrte. Ein prachtvoller Anblick entfaltet sich, wenn man auf dem linken Donauquai, dem Blocksberg gegenüber, den Strom aufwärts blickt. Zur Linken liegen die höchst malerischen Formen des Blocksberges aus Kalktuff, von einer Sternwarte gekrönt. Gegen die Donau fällt der Fels, seltsam zerklüftet, fast senkrecht herab und läßt nur gerade für die Straße und die Häuser, welche sie begleiten, Raum. Den nördlichen Abhang bedeckt die alte volkreiche Raizenstadt mit den kleinen weißen Häusern und schwarzen Dächern. Weiter stromaufwärts erhebt sich auf einem steilen, aber niedrigeren Felsen die alte Festung Buda, hoch überragt von dem prachtvollen Schlosse des Erzherzogs Palatinus, welches Karl VI. an der Stelle der alten Burg des Matthias Corvinus erbauen ließ. Der felsige Abhang gegen die Donau ist von Terrassen mit Gärten unterbrochen. Weiter den majestätischen Strom aufwärts und weit hinauf ziehen sich die Häuser der Vorstädte mit weißen Thürmen, die sich herrlich an dem dunklen Hintergrunde der mit Weingärten bedeckten Berge abzeichnen. Hier reift der köstliche Ofener. Mitten im Strome schwimmen die mit hohen Bäumen bedeckten Margareten- oder Palatin-Inseln. Zur Rechten nun entfaltet Pest längs der Donau die schönsten Paläste seiner Magnaten, das Kasino, das Theater, das Donaubad, eine überraschend prächtige Façade. Endlich reichen sich beide Schwesterstädte die Hand über den Fluß hinüber. Eine 700 Ellen lange Schiffbrücke auf 42 Pontons verbindet 30 000 Einwohner auf dem rechten mit 70 000 auf dem linken Ufer. Ofen, die alte Residenz, liegt in einer reizenden Umgebung, ist aber öde im Innern; Pest in völlig ebener, reizloser Gegend, aber voll Leben und regem Treiben. Das Ganze bildet ein so schönes Gemälde, wie wohl nur wenig Städte der Welt.

Abends im Theater. Das Gebäude ist sehr groß, die Bühne 51 Fuß breit. Geschlossene Logen nach italienischem Muster, finster, kalt, unakustisch, aber sehr besucht. Das Publikum gehört, wie es scheint, zu den dankbarsten. Eine sehr schlechte Tänzerin trat auf. Da ich so stand, daß ich in die Coulisse sehen konnte, überraschte es mich, zu sehen, wie sie unmittelbar vor ihrem Auftreten mit einem Entrechât das Zeichen des Kreuzes machte. Dies pantomimische Gebet möchte in Worte übersetzt sich seltsam ausnehmen.

Ofen war schon bei den Römern bekannt wegen seiner warmen Quellen, und die Türken, welche die Neigung für das Bad mit ihnen theilen, haben sie in gutem Stande erhalten. Das sogenannte Brückbad am Fuße des Blocksberges enthält eine schöne Rotunde, auf acht Pfeilern ruhend und über ein großes Bassin gewölbt, in welches das Wasser mit etwa 30 Grad Réaumur hineinsprudelt. Hier badeten Männer, Frauen, Mädchen und Kinder, alles durcheinander. Es fällt aber nur ein Dämmerlicht durch einige kleine Oeffnungen im Gewölbe, und der Dampf des Wassers zieht einen decenten Schleier über das Ganze. Ich ließ mir ein sogenanntes Extrabad anweisen, ein Bassin von etwa 10 Schritt im Geviert. Es war bis an den Rand mit dem klarsten Wasser von köstlicher Wärme gefüllt. Steinerne breite Stufen führten von allen Seiten hinein. Nie habe ich ein behaglicheres Bad genommen. — Beim Kaiserbad liegt ein Teich, in welchem das warme Wasser mit blühendem Lotos ganz bedeckt ist. Die Räder der nahen Mühlen dampfen von dem Wasser, welches sie treibt.

Seit dem Untergange Polens giebt es in Europa nur noch in Ungarn reine Adelsherrschaft. In England besteht die Aristokratie der Geburt neben der des Reichthums. Die letztere ist in der Regel an die erste geknüpft, sie verleiht aber auch an sich politische Rechte, und endlich ist der Aristokratie des Verdienstes und Talentes eine Laufbahn eröffnet. In Ungarn giebt nur allein die Geburt Rechte. Niemand als der Edelmann hat eine politische Stellung, nur er hat das ausschließliche Recht des Grundbesitzes und der Volksrepräsentation und ist von allen direkten Steuern befreit. Der ungarische Adel ist in der That ursprünglich die ganze ungarische Nation, dasselbe Volk, welches vor 900 Jahren aus Asien hervorging und durch Waffengewalt, damals das einzige Völkerrecht, sich das Land erkämpfte. Nicht freie Männer und ihresgleichen unterjochten und zwangen sie zur Dienstbarkeit. Die Völker Pannoniens lebten längst in Knechtschaft und hatten durch 500 Jahre, wo ihre Heimath die Brücke der Völkerwanderung ausmachte, nur Herren gegen Herren gewechselt. Der ungarische Adel hatte das Land nicht nur selbst mit dem Säbel erkämpft, er vertheidigte es auch selbst mit dem Säbel, und so ist seine heutige Stellung, so schroff sie auch gegen die anderen Klassen erscheinen mag, in ihrem Ursprunge rechtlich genug begründet, und man kann sie durchaus nicht mit dem Maße anderer Völker messen. Aber wie verhält es sich nun mit einem Recht, welches aus dem Zeitalter des Unterganges des römischen Reiches in das Zeitalter der Dampfschiffe, Kreditvereine, der Landwehrpflicht, der Spinnmaschinen und Schnellpresse, der Konstitutionen und Reformen hineinragt?

Die Extreme der Güterverteilung finden sich bei dem ungarischen Adel unserer Tage. Einige seiner Mitglieder sind sehr reich, vielleicht die reichsten in Europa. Man rechnet, daß zehn ungarische Familien ein Sechstel des ganzen Landes, d. h. an 1000 Quadratmeilen, besitzen. Der bei weitem größere Theil ist dagegen äußerst arm. Bocs koros messéy ist die auf gar viele anwendbare Benennung derer, welche nicht im Stande sind, sich Stiefel anzuschaffen. Die eigenen Schriftsteller der Ungarn reden nicht viel zum Lobe dieses kleinen Adels, sie bezeichnen ihn als roh, übermüthig, träge und gestehen, daß mindestens die Hälfte weder lesen noch schreiben kann. Und doch sind es diese

Männer allein, in deren Hände die Wahlen der Magistrate und Munizipalbeamten und die Verwaltung des Landes selbst, sowie die Bewilligung von Steuern gelegt sind, zu denen sie freilich nicht beisteuern. Aber noch mehr, durch die Einführung eines stehenden Heeres hat der Adel die Waffen aus der Hand gelegt, eine Niederlage, die vielleicht größer als die bei Mohácz ist. Die Armee wird aus dem Bauernstande rekrutirt, und der Bauernstand muß sie auch erhalten, ebenso wie der Bauer die Chausseen baut und ganz allein Mauth bezahlt.*)

Das Aufsitzen aller Edelleute ist dadurch äußerst selten geworden. Zwar wurde es gerade in den stürmischen Zeiten dieses Jahrhunderts versucht, aber drei Mal kam die Insurrektion erst zu Stande, als der Friede geschlossen oder wenigstens der Krieg entschieden war, das vierte Mal leistete sie nichts Höheres als das Gefecht bei Raab, welches nicht zu den hartnäckigsten dieser Periode gehört. Ueberdies weigerte der Adel sich, außerhalb der ungarischen Grenze zu fechten. Somit ist in der That der eigentliche Staatszweck von fast einem Zehntel der Nation, auf welches doch alle Rechte der Nation gehäuft sind, sehr zweifelhaft geworden.

Zur Zeit, da Ungarn mit der Schlacht von Mohácz die Blüthe seines Adels und seinen letzten König verlor, befand es sich wie eine bedrängte Jungfrau in dem Falle, einen ungern gesehenen Freier zu erhören oder von seinen Feinden mit Gewalt entführt zu werden. Halb widerstrebend ergab es sich an Oesterreich, aber die Ehe war von Anfang an nicht glücklich. Das Mißtrauen war gegenseitig, viel gab es des häuslichen Zwistes und nicht bei Worten und Beschwerden blieb es, sondern

---

*) Auf der Brücke in Pest zahlt jeder anständig Gekleidete nicht, dagegen jeder Bauer; vielleicht gehörte sich gerade das Gegentheil. Man geht damit um, eine steinerne Brücke zu bauen, zu der das Material an der Hand liegt; es handelt sich aber darum, ob der Adel sich zum Brückenzoll verstehen will.

gewaltsamer Haber und Blutvergießen untergruben das ganze Verhältniß. So arg wurde der Unfriede, daß Ungarn allen Ernstes bedacht war, die Verbindung ganz aufzulösen und sich lieber dem Großherrn zu Konstantinopel in die Arme zu werfen. Vielleicht auch sah Oesterreich nicht ungern die Ungläubigen in einem Theile des eigenen Hauses walten, um nur die unruhige und nicht zu zähmende Ehehälfte zu Boden zu halten. — Wenn nun gleich in späteren Zeiten ein Mantel über das Verhältniß geworfen und der innere Unfriede dem Blicke der Welt nicht mehr bloßgestellt ist, so dauert doch der geheime Groll fort. Mit Widerstreben nur steuert die mißvergnügte Hungaria zu den Ausgaben des gemeinsamen Hausstandes bei, sie bringt auf gänzliche Vermögenstrennung und will sich auf keine Weise bequemen, die Sprache ihres Gemahls zu reden. Vor Allem aber beharrt sie in stolzer, schmollender Zurückhaltung, sagt am liebsten zu allen Vorschlägen Nein, aus Furcht, von ihren angestammten Rechten etwas zu vergeben, und hält ihr Geld lieber nutzlos verschlossen, als es in Unternehmungen anzulegen, deren Gedeihen von willkürlichen Gesetzen abhängig sein würde.

Auffallend ist gewiß dieser hundertjährige Haber zwischen einem hochherzigen Volk und einer Reihe von Regenten, in denen Oesterreich seine Wohlthäter ehrt, die sämmtlich von musterhafter Biederkeit und von denen einige mit ausgezeichneten Herrschertalenten begabt waren. Wie viele Umstände auch dabei ihren Einfluß ausüben mochten, die Hauptsache bleibt wohl, daß die österreichische Regierung dringend wünschen mußte, ja unabweislich genöthigt war, auf Umformungen im Innern Ungarns zu bringen, welche zu verhindern die bevorrechtigte Klasse dort die Macht sowohl als das Interesse hat. Dessen ungeachtet findet die Regierung kein Gegengewicht in der Nation selbst. Wenn zum Bestehen eines Handels überhaupt Industrie, Straßen, Posten, Kreditwesen, Häfen, Magazine und Sicherheit erforderlich sind, so ist zur Zeit noch von allem diesen in Ungarn Nichts vorhanden. Eine einzige Bahn ist durch diese weiten Ebenen, Sümpfe und Wälder gebrochen; es ist die unlängst entstandene Dampfschifffahrt auf der Donau.

Ungarn, welches man mit Recht Europa im Kleinen genannt hat, erzeugt, mit Ausnahme von Kolonialwaaren, das Material zu allen europäischen Bedürfnissen, es verarbeitet aber keinen dieser Stoffe. Es zahlt Oesterreich Ausfuhrzoll für die rohen Erzeugnisse seines Bodens, die dorthin gehen, bezahlt dem deutschen Fabrikanten nicht nur seine Arbeit, sondern auch den Einfuhrzoll von Oesterreich, den dieses auslegt, und einen neuen Einfuhrzoll in Ungarn und kauft so für vieles Geld die Fabrikate aus Stoffen, die es selbst für ein Geringes hergab. Giebt es wohl noch eine dringendere Aufforderung zur eigenen Industrie?

Ein Mittelstand ist in Ungarn gar nicht vorhanden, und wie wenig der Bauer in seiner Abhängigkeit im Stande ist, die Maßregeln der Regierung oder ihre Zwecke zu würdigen, läßt sich leicht ermessen.

Es ist ein eigenes Verhängniß, daß gerade in einer Zeit, wo man die ganze Gefahr der Reformen so tief empfindet, doch so viel Völker auf Reformen unwiderstehlich hingewiesen werden. Ungarn ist in diesem Falle. Viele seiner Großen bieten die Hand, und selbst der kleine, sogenannte zweite Adel ist zu Opfern bereit, besonders wenn sie unter anderem Namen als Steuerpflicht, Gleichstellung u. s. w. gefordert werden. Die Anregung ist allgemein, aber noch wenig geschehen. Nirgends offenbart sich ein Anfang nationaler Regsamkeit mehr als in dem Aufblühen und Wachsthum von Pest.

Ungarns Schicksal war stets, die Scheide zwischen Civilisation und Barbarei zu sein. Wieviel Völkerfluthen ergossen sich nicht über diese Ebenen gegen die lange Zeit widerstehende Roma. Als das große Reich der Cäsaren zu Grunde ging, fiel Pannonien dem noch größeren der Kalifen anheim, aber auch da war es Grenzland, auf welchem der blutige Kampf des Islam gegen das Christenthum gefochten und endlich zum Stillstande gebracht wurde, und noch heute unterliegt das wiederhergestellte Ungarn dem überwiegenden Einflusse deutscher Gesittung.*) Von allen diesen Zuständen sind materielle Spuren geblieben. Die ungarische Sprache ist eine Mischung aus fast allen Grundsprachen der alten Welt, aber in der Hauptstadt selbst ist sie von der deutschen beinahe verdrängt. Selbst der gemeine Mann in Pest spricht deutsch. Dort badet heute der Magyar in den heißen Quellen, welche schon die Römer faßten, und über welche die Türken ihre Kuppeln wölbten. Das Grab eines gefeierten Derwisches steht unverletzt dem heiligen Stephan gegenüber, und die Kirche der Elisabethiner ist auf dem Grunde einer Hauptmoschee errichtet. Noch jetzt besteht die Römerstraße, bis in das Tolnaer Komitat führend, und noch heute bildet sie die Hauptverbindung dieser Gegenden. Jede Ueberschwemmung der Donau spült römische Alterthümer aus am Fuße eben der Hügel, auf denen türkische Wachthürme ragen und auf welchen der Magyar die Reben pflanzt, die Kaiser Probus pflanzte und Attila verschonte, und an welchen heute das Dampfschiff vorüberbraust. Noch heute trägt der Landmann den groben, weißen, weiten Mantel, die rohen Sandalen, in welchen der Dacier auf der Trajanssäule abgebildet ist, das weite faltenreiche Beinkleid des Türken, den breiten Hut, der ihm eigen, und zeigt die braune Gesichtsfarbe, die seine Vorfahren aus einer unbekannten asiatischen Heimath mitbrachten. Die Festung Ofen, welche in 300 Jahren zwanzig Belagerungen aushielt, ist noch ganz in demselben Zustande, wie sie der Herzog von Lothringen 1686

---

*) Ungarn hat die fiskalische Verwaltung Roms, die Pest unter den Türken und den Bürgerkrieg unter Oesterreich erduldet. Hier kämpfte die Phalanx gegen die skythischen Reiterschaaren, der Spahi gegen den christlichen Ritter.

den Türken entriß, welche anderthalb Jahrhunderte ihr Wasser aus jenen rothmarmornen Cisternen schöpften, neben denen jetzt ein Regiment Italiener die Wache besetzt. Welcher Umschwung der Dinge: Italiener! Die Enkel derselben Römer, welche auf diesem Grund und Boden ihre Kolonie Acincum gründeten.

So sind der Andenken genug an jede der Perioden, die hier tiefe blutige Spuren zurückließen. Aber welche Mischung auch von Völkerschaften, Religionen, Sitten und Sprachen, welcher Widerspruch in der Lebensweise des Slaven und Magyaren mit der des Deutschen, des Wallachen, Juden, Zigeuners. Wir sehen den katholischen und den griechischen Kultus getrennt, den protestantischen Glauben gesondert, die Synagoge der Kirche und der Moschee gegenüber. Der Vortheil des Volkes tritt in Widerspruch mit dem des Adels, und die Wünsche der Magnaten trennen sich wieder von denen der kleinen Edelleute. Und in der obersten Leitung selbst, wie verschieden ist das Interesse der Erbländer Oesterreichs von dem des ungarischen Königreichs. Soviel streitende Elemente in Einklang zu bringen, soviel Hemmnisse zu beseitigen und alle diese Widersprüche auszugleichen, das ist die Riesenarbeit, welche man der Ständeversammlung in Preßburg zugedacht hat.

24. Oktober. Der „Franz I." ist ein großes Schiff mit einer kleinen Maschine. Er hat 150 Fuß Länge und ist viel breiter, als irgend ein Rheinfahrzeug. Die Maschine hat jedoch nur 60 Pferdekraft. Wir fahren also mit 24 Pferden mehr als die „Pannonia", aber diese ist kleiner, geht nicht so tief und ist hübscher eingerichtet. Unser Kapitän ist ein Rheinländer, der Maschinenmeister ein Engländer, der Koch ein Italiener, der Steuermann ein Ungar und die Bedienung sind Schweine. Schon die Küche auf dem Verdeck ist höchst widrig. Es befinden sich auf dem Schiffe zwei Amerikaner, mehrere Serben, ein Schweizer, ein römischer Mönch, ein preußischer Gardeoffizier, ein macedonischer Grieche und Kaufleute aus Hamburg und Bukarest.

8*

Die Fahrt von Pest ist sehr einförmig, das rechte Ufer, meist flach, zeigt an einzelnen Stellen senkrecht abgespülte Sand- und Lehmwände, das linke ist überall völlig eben und nirgends durch den kleinsten Hügel unterbrochen. Die Inseln und flachen Ufer sind mit Weißpappeln und Weiden bestanden, welche hier sehr schön werden, seltener kommen Eichen vor. Zwischen den Bäumen weiden große Heerden von Vieh, alle ohne Ausnahme mit großen starken Hörnern. Selten erblickt man eine Ortschaft am Ufer, die dann mit reinlich abgeweißten kleinen Häusern und einer stattlichen Kirche mit schlankem Thurm prangt. Die Mühlen liegen dutzendweise am Ufer.

Vom Einfluß der Buka an begleiten steile, zum Theil nicht unbeträchtliche Höhen das rechte Ufer des Stromes; Weinberge, welche den trefflichsten Wein erzeugen, bedecken weit und breit die Höhen. Gegen Peterwardein wurde die Gegend sehr schön. Die Festung liegt äußerst malerisch; die obere Festung auf einem Felsen von Serpentinstein enthält die Kasernen und einen Brunnen, in welchem man bis an die Donau hinabsteigen kann. Unten am Fuße des Berges, fast ganz umschlossen von der Donau, liegt die Stadt. Sie ist mit einem Luxus von Werken umgeben, das ungarische Gibraltar.

Dem Einfluß der Theiß gegenüber erheben sich einige schöne, vom Wasser ausgespülte Kalktufffelsen. Von hier an bis Belgrad ist das rechte Ufer ununterbrochen eine 40 bis 50 Fuß hohe, fast überall senkrechte, meist felsige Wand, durch welche nur hin und wieder tief eingerissene Schluchten an den Strom herabführen. Mehrere Meilen weit finden sich an dieser Wand zwei parallele, ganz horizontale dunkle Striche, welche eine zweifache dauernde Periode früheren Wasserstandes anzuzeigen scheinen. Sie sind um 15 und 30 Fuß über den jetzigen Stand erhaben. Man behauptet, daß die ganze sumpfige Gegend, in welcher jetzt die Temes fließt, ein großer See gewesen und durch eine Erweiterung des Abflusses am eisernen Thor trocken gelegt sei.

Belgrad bietet bei weitem nicht den schönen Anblick wie Peterwardein, mit welchem Ort es in der Lage sehr viel Aehnlichkeit hat. Zur Rechten erblickt man Semlin, einen unansehnlichen Ort, niedrig gelegen, mit Pallisaden umgeben, weil es traktatmäßig keine Mauern haben darf. Etwas weiterhin, jenseits der Sau, erhebt sich auf einer Anhöhe die eigentliche Festung Belgrad, die weiße Stadt. Die von den Oesterreichern früher erbauten Magazine, die Wohnung des Pascha mit weit vorspringendem Dach und einige Häuser und Thürme erheben sich über die Mauer. Am Fuße der Festung nahe an der Donau ragt der Seufzerthurm, ne boje sic (fürchte dich nicht), ein altes achteckiges Gebäude, in welchem der Greuelthaten viele verübt sein sollen. Im Hintergrunde erhebt sich der Avala-Berg, mons aureus. Erst wenn man an der Festung vorübergefahren ist, erblickt man eine dichte Masse sehr kleiner unansehnlicher Häuser, von zehn bis zwölf äußerst dünnen Minarets und einigen Kuppeln überragt. Das linke Ufer der banater Militärgrenze bleibt gleich einförmig und ganz eben. Welchen elenden Anblick gewährt das serbische Ufer! So schlechte Menschenwohnungen findet man kaum in Polen, und die märkischen Bauernhäuser, welt schlechter als die ungarischen, sind Paläste gegen diese Hütten. Sie sind sehr klein, von Lehm, mit Strohdächern, einer Thür und einem Fenster, und liegen anscheinend ohne Regel durcheinander. Wege bemerkt man gar nicht, und ganz dicht um die Dörfer herum ist eine förmliche Wildniß von niedrigem Gebüsch. Nur kleine Fleckchen Land sind mit Kukuruz bestellt, gerade nur so viel, wie jede Familie braucht, um nicht zu verhungern. Der Weinbau hat fast ganz aufgehört.

25. Oktober. Wir waren die Nacht bei Semlin geblieben und hatten unser Empfehlungsschreiben an den Feldmarschall-Lieutenant v. Voit abgegeben, von dem wir, da das Schiff den anderen Morgen früh abging, keinen weiteren Nutzen hatten. Es war noch halb dunkel, als wir an Belgrad vor-

überführen. In Semlin halfen wir uns mit Italienisch. Es steht dort ein italienisches Regiment, doch sprechen die meisten Einwohner auch hier deutsch oder vielmehr österreichisch.

Bei Palanka wird endlich auch das banatische Ufer gebirgig. Bald unterhalb Moldava treten plötzlich bedeutend hohe Berge mit jähen zerklüfteten Felswänden hart an den Fluß, den sie hier auf 360 Schritt verengen. Wenn man bedenkt, welche Wassermassen diesem Strom noch unlängst die Drau, Theiß, die Sau und Morava zugeführt haben, so kann man schon auf eine bedeutende Tiefe schließen. Sie beträgt nicht weniger als 60 Klafter oder 360 Fuß. Die Strömung ist stark und bildet bei niedrigem Wasser starke Wirbel, besonders aber fängt sich der Wind in diesem Bergtrichter und wird den Schiffen leicht gefährlich; da er aus Osten und zwar sehr lebhaft wehte, so nahm das Dampfschiff, welches eigentlich nur bis Moldava fährt, zwei andere Fahrzeuge ins Schlepptau.

Man kann sich kaum überraschendere Umgebungen denken, als die der alten serbischen Festung Golubacz. Sechs Thürme steigen zu zweien übereinander an der steilen Seite eines fast senkrechten Felsens empor, überhöht von Kalksteinwänden, an deren Fuß die Mückenhöhle liegt. Hier hat der heilige Georg den Drachen erlegt, dessen Leiche jene Insektenschwärme ernährt, welche alle Jahre aus der Höhle hervorgehen und für das Vieh oft lebensgefährlich werden. — Auf dem linken Ufer fallen die Bergwände ebenfalls fast senkrecht bis in den Strom. Hier sieht man schon eine Menge Sprengungen zu der Straße, die Graf Szechenyi anlegt, um eine Verbindung zwischen der Wallachei und dem Banat herzustellen und die Dampfschifffahrt stromaufwärts zu erleichtern. Die Straße wird 18 Fuß breit und ist an vielen Stellen in den Fels eingesprengt, an den übrigen muß das Planum noch erhoben werden. Sie liegt anscheinend 24 Fuß über dem jetzigen Wasserspiegel. Sehr schön ist ein 30 Fuß hoher Felsen, welcher sich mitten in diesem Wasserstrudel erhebt.

Zwischen hohen, steilen Felswänden mit seltsamer Höhlenbildung und bewaldeten Bergen fährt man auf dem engen, tiefen, reißenden Strome fort. Auf der banater Seite stehen gemauerte Wachhäuser für fünf Mann, so daß eins das andere sehen kann. Man hat die Orte gewählt, wo Schluchten hinab in den Fluß führen. Die übrigen Stellen sind schwer ersteigbar.

Drei Meilen unterhalb machten wir Halt. Es ist ein eigener Anblick, hier auf der alten Donau zwischen schwarzen Felsen und Waldhöhen ein Dampfschiff mit einer Restauration, Reisende mit Skizzenbüchern und Reisepässen, Mauth- und Quarantäne-Beamte zu sehen. Neben uns liegen noch einige Schiffe, und am Ufer biwakirt unter einem Segel am Wachtfeuer eine Gesellschaft ungarischer Schiffer, die sich am Schalle einer kleinen Zither vergnügen, welche mit einem Bogen gestrichen wird und stets denselben Ton mit einigen kurzen Läufern hören läßt. Wir begegneten einem serbischen Fahrzeuge, von zwei Serben gezogen. Die Serben mußten das Tau loslassen und einen weiten Umweg um uns herum machen, denn noch sind wir unvermischt.*)

Von Moldava bis Gladova, wo die Dampfschifffahrt unterbrochen ist, zieht die Donau zwischen dem banatisch-walachischen Grenzgebirge im Norden und den unter verschiedenen Lokalbenennungen im Süden vorkommenden Bergen, deren Hauptstock das sogenannte Haiduczi- oder Räubergebirge ist. Es ist in der That erstaunlich, diesen Fluß, nachdem er die Wasser von halb Bayern, von Tirol, Oesterreich, Mähren, Ungarn und Siebenbürgen aufgenommen, nachdem eben noch Ströme wie die Drau, Theiß, Save und Morava ihre Fluthen ihm zugeführt haben, in einen engen Felsspalt gezwängt zu sehen, dessen senkrechte Wände kaum einen Büchsenschuß entfernt sind. Daher aber

---

*) D. h. noch nicht in der von der Pest heimgesuchten Türkei, gegen die strenge Quarantäne gehalten wurde.   H.

auch die außerordentliche Tiefe des Strombettes; die Felsen, die es einengen, senken sich ungefähr um ebenso viel unter die wirbelnde Oberfläche des Wassers, als sie sich über derselben erheben.

Die Gebirge auf der genannten Strecke des Durchbruchs der Donau sind Kalksteinmassen. Daher auch die senkrechten Wände, die Höhlenbildung und abenteuerliche Zerklüftung, welche der Gegend einen so höchst anziehenden Charakter verleihen. Der Reiz wird noch erhöht durch die tiefe Abgeschiedenheit. Nur sehr selten erblickt man ein Fahrzeug auf dieser schwierigen Strecke des Stromes; der Menschenwohnungen sind wenige, und außer den Csarbaken, in welchen Oesterreich die Wache für Europa bezieht, sieht man nur von Meile zu Meile kleine, dürftige Ortschaften. Auch die Straße längs des Stromes ist gegenwärtig noch nicht fahrbar und nur auf der banater Seite fortwährend für Fußgänger zu benutzen. Am serbischen Ufer, wo nichts für ihre Unterhaltung gethan ist, windet sie sich oft als steiler Felspfad an den Bergen hinauf und verläßt den Strom auf weite Strecken da, wo die senkrechten Steinwände ihren Fuß unmittelbar in den Fluthen baden. Rings umher sind die Gipfel der Berge mit Laubholz bedeckt, und nur sehr selten erblickt man ein kleines Maisfeld. Die schönen Weinberge, welche den Strom so viele Meilen begleiteten, haben aufgehört, und wirklich muß der Anblick des Stromes heute noch ganz der nämliche sein, wie ihn die römischen Legionen anstaunten und wie ihn Mäcenas mit Schaudern beschreibt. Unverändert starren noch dieselben Felsmassen, in welche Trajan seinen Namen eingrub, und das Echo wiederholt schon Jahrtausende das Rauschen der Fluthen über dieselben Klippen. Noch heute sind die Höhen mit dichtem Walde bedeckt, und die Wohnungen der alten Dacier können sehr wenig von den elenden Hütten aus Zweigen und Lehm ihrer Enkel verschieden gewesen sein. Aber wer die Donau der Römer sehen will, der eile, denn die Kultur, die „alle Welt beleckt", fängt auch hier schon an, rüstig Hand ans Werk zu legen. Schon bringt das Dampfschiff „Franz I." bis Moldava in diese Inselwelt ein, ja die „Argo" hat leer und bei hohem Wasserstande die Schrecknisse des eisernen Thores abwärts überwunden und geht ungehindert bis an den Euxin.

Es ist nicht zu verkennen, daß das Umladen der Güter von einem Dampfschiff in das andere, besonders aber die Unterbrechung von Moldava bis Gladova, wo die Verbindung nur durch Ruderschiffe erhalten wird, noch sehr wesentliche Uebelstände sind. Man hofft jedoch, eine direkte Verbindung, theils durch Sprengungen, theils durch Kanal- und Schleusenbauten, zu bewerkstelligen. Zu dem ersten Zwecke war eben mit uns zugleich eine Taucherglocke aus England angekommen, wegen des zweiten Punktes steht man noch in Unterhandlung mit der türkischen Regierung, da die Kanäle auf der serbischen Seite angelegt werden müssen. Nun ist es aber der Pforte um eine erleichterte Verbindung mit dem Schwarzen Meere nicht sonderlich zu thun, vielmehr wünscht sie, womöglich mit derlei Verbesserungen verschont zu bleiben, und es dürften sich hier größere Hindernisse finden, als die, welche die Felsen entgegensetzen. Beides möchte endlich nur durch Pulver beseitigt werden. Mittlerweile schreitet der rastlose Graf Szechenyi mit seiner Straße rüstig fort.

Noch erkennt man an mehreren Stellen die Anstrengungen, welche die Römer gemacht haben, hier eine Straßenverbindung zu eröffnen. Allein das mächtige Agens der Pulverkraft fehlte ihnen, und sie scheinen sich lange Strecken mit Brücken, parallel mit dem Strom, beholfen zu haben. Man erblickt an den senkrechten Steinwänden etwa 10 Fuß über der Wasserfläche von 8 zu 8 Fuß viereckige, in den Fels gemeißelte Löcher, welche die Balken aufgenommen haben mögen. Kaiser Tiberius soll diese Wege, um als Leinpfade zu dienen, von Moldava bis Ograbina auf dem linken, von Golubacz bis Poljetin auf dem rechten Ufer geführt haben. An dieser letzten Stelle am Felsen Tartalia soll Trajans Heer in Booten übergesetzt sein.

Am 26. Oktober. Nachdem wir ein paar Skizzen unseres Nachtlagers entworfen hatten, bestiegen wir ein zierliches offenes Segelboot, hinten mit einem verdeckten Sitz für acht Reisende. Es fanden sich außer uns die drei Mohikaner, der Bukarester Kaufmann, ein französischer Schäfer, der nach Cherson geht, und der römische Geistliche, auf dem Fahrzeuge. Die Stiefsöhne Albions sind nicht sehr liebenswürdig; wenn der Yankee so ist, nachdem er ganz Europa durchreist hat, wie ungenießbar muß er dann in seiner transatlantischen Welt sein! Der starke Ostwind bewirkte, daß unsere acht Ruderer, vom Strome kräftig unterstützt, doch nur sehr langsam und mit Mühe fortkamen. An mehreren Orten wirbelt trotz des hohen Wassers die Fluth heftig und braust vernehmlich. Die schwierigste Stelle aber ist oberhalb Islar. Hier drängt sich die Fluth um eine weit vorspringende Felsspitze des rechten Ufers, hinter welcher das Strombett sich plötzlich gegen Poljetin seeartig erweitert. Das erwähnte Vorgebirge setzt in einer Reihe von Klippen zum jenseitigen Ufer hinüber, und der Strom braust darüber hinweg, bei niedrigem Wasser eine Art Stromschnelle bildend. Da das Bett der Donau gleich hinter diesem Hinderniß fast die dreifache Breite erlangt, so nimmt die Tiefe natürlich gerade an diesem gefährlichen Punkte bedeutend ab und erschwert so die Fahrt noch mehr. An einer schönen Ruine auf der Banater Seite und einer hübsch bewaldeten Insel vorüber naht man sich Placissevicza; von hier bis zur Tafel der trajanischen Inschrift ist das eigentliche Durchbruchsthal und die ergreifendste Scene auf der ganzen Donaufahrt (bisher). Ungeheure Felsen treten hier so nahe zusammen, daß man kaum errathen kann, wohin der Strom sich wenden wird, um durchzukommen. Fünf mächtige Quellen, die großen ziemlich so stark wie der Kochelfall, rauschen milchweiß unmittelbar aus dem Gestein am Fuße der serbischen Höhen. Sie fließen aber nur nach Regenwetter.

Dinkova u. Nachtlager auf der Donau
gez. am Morgen des 26. Okt. 1828 v. Helmuth von Moltke.

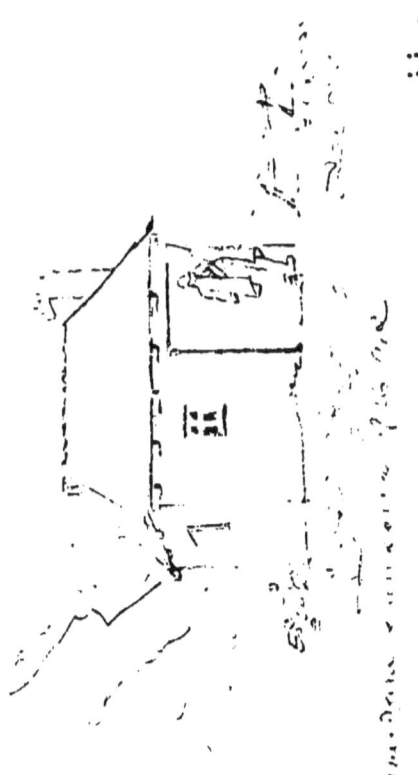

Csurdahr (Wartehaus der Waldungsgrenze) bei Dinkern
aus dem 31. Okt. 1885 v. Besuch von Mulder

Ein römischer Priester
gezeichnet 26 Okt 1835 v. Helmuth von Moltke

Die Weiß'sche Karte giebt den Charakter der Gegend nur sehr oberflächlich wieder. Die Höhen zu beiden Seiten von Moldava bis Orsova fallen mit mindestens 45 Grad gegen den Fluß ab. Am Fuße hat sich an einigen Strecken ein schmaler Streifen aus Gerölle gebildet, auf welchem der Weg nur eben Platz hat. An vielen Stellen sind die Berglehnen aber so schroff, daß kein Erdreich und keine Vegetation mehr auf ihnen haftet; senkrecht stürzen die Felswände in den Fluß, und der Weg hat in Form einer halben Galerie oft mehrere Hundert Schritte in das Gestein eingesprengt werden müssen. Dies ist namentlich gleich hinter Placissevicza der Fall, wo bis zur Veteranischen Höhle eine Viertelmeile weit eine fast ununterbrochene Galerie führt. Der Eingang zu dieser Höhle liegt etwa 50 Fuß über dem Wasserspiegel und ist halb vermauert. Sie soll früher mit einem eisernen Thor verschlossen gewesen sein. Noch jetzt befindet sich ein gemauerter Tambour vor dem Eingange, und am Fuße hart am Wasser liegen die Ueberbleibsel einer Schanze, in der man alte Hellebarden und viele Kanonen- und Kartätschkugeln ausgegraben hat. Das Innere besteht aus einer 60 Fuß hohen geräumigen Wölbung, in der ein paar Hundert Mann wohl lagern können. Auch ein Brunnen mit schlechtem Trinkwasser ist da. Das Licht fällt durch eine runde Oeffnung von oben durch den Fels. Diese Höhle hat eine Rolle in der Kriegs= geschichte gespielt. 1692 ließ sie der kommandirende General von Siebenbürgen, Veterani, durch den Hauptmann d'Arnau besetzen, der sich mit 300 Mann 45 Tage lang darin hielt. 1718 hielt sie eine förmliche Belagerung aus, und der Major Stein erlangte eine regelrechte Kapitulation wie in einer Festung.

Unbeschreiblich schön ist die wilde schauerliche Felsschlucht, in welcher der Strom selten nur der Straße einen Platz neben sich vergönnt. Der Fluß windet sich um scharfe Felsvorsprünge, nimmt eine kurze Strecke die doppelte Breite ein und tritt dann in eine neue Felspforte, bis das Thal kurz vor Ograbina sich erweitert. Hier befindet sich die bekannte Tafel Trajans; es war aber schon dunkel, als wir vorüberfuhren. Die Berge auf beiden Seiten bleiben steil, sind aber mit Wald bedeckt, und der Fels tritt nicht mehr zu Tage. Diejenigen auf dem linken Ufer stehen etwas entfernter vom Fluß und sind bebaut. Die Dörfer sind sehr elend, die Häuser aus Lehm, die Dächer aus Zweigen und Schilf, die Fenster mit Papier verklebt, die Schornsteine ganz wie bei den polnischen Bauernhäusern.

In Orsova fanden wir ein gutes Gasthaus und treffliche Betten.

Am 27. Oktober Vormittags unternahmen wir einen Ausflug nach der Kontumaz, Nachmittags nach der Trajanstafel, die aber auf der Weißschen Karte unrichtig, d. h. oberhalb Ograbina liegt, wo die Donau aus ihrem Durchbruchsthal tritt, die Felsen aufhören und die bewaldeten Berge anfangen. Es begann schon dunkel zu werden, als wir ankamen. Von einer Inschrift war vom jenseitigen Ufer nichts zu erkennen. Durch tiefen Schmutz gelangten wir um 7 Uhr im Finstern wieder ins Quartier.

Seit unserer Ankunft in Wien haben wir nicht einen einzigen schönen, sonnenhellen Tag genossen. Nur einen Vormittag in Ofen war das Wetter gut. Beständig Wind, oft Regen, stets bezogener Himmel, und doch sind wir hier schon so südlich, wie in Genua.

Das Dampfschiff geht nun gar noch später ab, weil es den Fürsten Milosch mitbringt. Wir gehen daher heut nach Mehadia.

28. Oktober. Vor drei Jahren brachte ich meinen Geburts- tag in Berlin zu, vor zwei Jahren in Genua, voriges Jahr auf dem Dampfschiff bei furchtbarem Sturm vor Kopenhagen mit Bruder Wilhelm!! — heute in Mehadia.*)

---

*) So steht es wörtlich im Tagebuch. Der Geburtstag ist aber bekanntlich der 26. Oktober. H.

Der Ausflug, zu welchem das Ausbleiben des Dampfschiffes die Veranlassung gegeben hat, ist einer der lohnendsten, die ich je gemacht. Je weiter die Czerna (das schwarze Wasser) hinauf, je schöner wird es. Die Straße ist trotz des steten Regens in gutem Stande. Oberhalb des Einflusses der Bella Reka (weißen Flusses) wendet man sich, der Czerna folgend, in ein dunkles, von himmelhohen Felsen eingeschlossenes Thal. Das tiefe Meergrün des Wassers und der schneeweiße, ewig bewegliche Schaum, wo es die zahllosen Klippen seines Bettes rauschend überströmt, die schönen Laubwaldungen, welche sich hoch an den Bergen emporziehen und die der Herbst durch alle Schattirungen von gelb in roth und braun gefärbt, die schwarzblauen, starren Felsen, die sich senkrecht über die Waldberge emporheben und ihre Häupter im eigentlichsten Sinne des Worts in den Wolken bergen, die leider etwas sehr tief hängen, dies Alles gewährt einen wahrhaft erhebenden Anblick. Der Weg tritt auf kühn gewölbten steinernen Bögen bald auf das eine, bald auf das andere Ufer des brausenden Waldstroms, welcher ungefähr so groß wie die Saale bei Rudolstadt ist und dieselbe schöne Farbe wie die Traun und andere Ströme hat, die im ewigen Schnee entspringen.

Man kann Mehadia der Lage nach weder mit Teplitz noch mit Warmbrunn vergleichen, die in weiter Thalebene liegen; stellt man die Gegend aber mit Marienbad oder selbst mit Karlsbad zusammen, so bin ich wenigstens versucht, ihr den Preis der Schönheit zuzuerkennen. Der Badeort selbst wird aus wenigen, aber großen, schöngebauten und gut eingerichteten Häusern gebildet. Die Bäder selbst haben mir lange nicht so wohl gefallen wie die Ofener. Da das Schwefelwasser stark an den Steinen ansetzt, so muß man sich des Holzes bedienen; auch sind die Bäder sehr tief und eng. Die Temperatur des Ludwigs-Gesellschaftsbades fand ich so, daß ich mir die Füße verbrüht zu haben glaubte und schnell wieder in die Kleider fuhr, um ein Separatbad zu nehmen, das man mit Flußwasser abkühlen kann. — Am interessantesten war mir das Herkules-Bad. Die Quelle tritt in einer Höhle oder Grotte, das Schwitzloch genannt, zuerst aus dem Geheimniß der Unterwelt hervor und zwar so stark, daß sie in einer Stunde 5000 Kubikfuß Wasser liefert und so nächst dem Geiser auf Island die ergiebigste aller europäischen Quellen ist. Mit seltsamem Geräusch strömt sie aus einer Felsspalte und dann in die Bäder. Ihre Temperatur wechselt sehr ab, denn bei anhaltendem Regen hat sie nur 18, zuweilen aber 39 Grad Réaumur, dann treibt die Wärme in der Grotte augenblicklich Schweiß hervor. Ich fand nur eine behagliche Wärme in der Höhle. — Was diesen interessanten Naturerscheinungen einen neuen Reiz verleiht, sind die geschichtlichen Erinnerungen. Bekannt und hochgepriesen waren diese Quellen bei den Römern, welche sie aquae sacrae oder fontes Herculis nannten, dem sie überhaupt die warmen Quellen weihten. Hier stand die V. macedonische Legion, und eine große Menge von Steinen mit römischer Inschrift befinden sich in den Mauern der Gebäude und an den Wegen eingemauert. Viele sind nach Wien geschafft, sowie Münzen und Anderes. Während anderthalb Jahrtausenden sind diese Wasser ganz verschüttet gewesen; selbst den Türken müssen sie unbekannt geblieben sein, denn diesen wären sie ein schätzbarer, erwünschter Fund gewesen. Erst nach Vertreibung der Osmanen fand sie der Feldmarschall Graf Hamilton wieder auf.

Gleich neben der Herkulesquelle, die rauchend und mannsdick aus den Bädern in die Czerna stürzt, fängt eine Wasserleitung an, die eine Wassermasse von 1 Fuß im Durchmesser aufzunehmen bestimmt gewesen zu sein scheint, d. h. den ganzen Ertrag der Quelle abführen konnte. Sie ist aus Feldsteinen gebaut, die, mit Mörtel verbunden, so fest aneinander haften, daß man sie nur durch Pulverkraft trennen kann. Die eigentliche Rinne ist mit einer Masse von klein gestampften Ziegel-

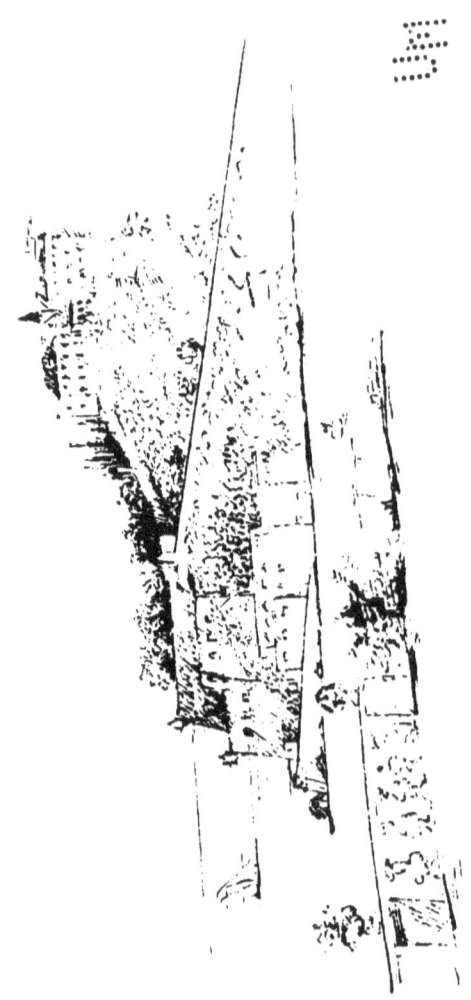
Monaco, d.1ᵉʳ mai 53

Schwitzloch. Räuberhöhle zu Mehadia
gez. am 29 Okt. 1835 v. Helmuth von Moltke

Steinen und Mörtel etwa einen Finger dick ausgeschmiert. Diese Leitung, die nur drei Fuß über dem jetzigen Wege erhaben liegt, ist etwa 20 Schritt weit noch ganz erhalten.

Auf dem Wege von Mehadia nach Toeplitz begleitet zur Rechten ein Graben die Straße. Etwa tausend Schritt von diesem schön gelegenen Orte fällt ein Wildbach in die Czerna, und gleich dahinter tritt die Thalwand als senkrechter Felsen hart an den Fluß. Außer der mit einer Steinmauer aufgesetzten Straße finden hier noch die Reste einer Wasserleitung Platz, 120 Schritte lang. Die Bögen, deren 11 sind, haben 30 Fuß Höhe, 10 Fuß Spannung, die Widerlagspfeiler 10 Fuß Dicke. Die Bögen sind nicht ganz rund, sondern etwas zugespitzt. Der Bau ist äußerst solid ausgeführt. Eine Reihe kubisch zugehauener Feldsteine und zwei Reihen Ziegel wechseln, bis zum Bogen liegen 13 Lagen übereinander. Von der eigentlichen Rinne oben ist nichts mehr zu entdecken. Die obere Breite beträgt 10 Fuß. Die Wasserleitung steht hart an der Felswand, doch ohne an sie angelehnt zu sein. Noch zweihundert Schritte weiter setzt sich die aufgemauerte Wasserleitung, doch ohne Bögen, fort. Weiter abwärts fand ich keine Spur. Was der Zweck dieses großen Baues gewesen ist, läßt sich wohl schwer nachweisen. Ob er in Verbindung mit der offenbar römischen Wasserleitung in Mehadia steht, scheint sehr zweifelhaft. Die Bögen dürften wohl türkische Arbeit sein; ich finde die abwechselnden Lagen Feld- und Ziegelsteine in den Resten eines türkischen Kastells in Orsova wieder.

Orsova, den 31. Oktober. Heute Nachmittag fuhren wir, den Pascha von zwei Roßschweifen Osman Suleiman, den Kommandanten von Neu-Orsova, zu besuchen, begleitet von dem Adjutanten des Kordonkommandanten und einem Kontumaz-Beamten. Sechs Ruderer führten uns schnell den Strom hinab unter die Festung, wo wir landeten und gerade und unangemeldet in die Wohnung des Pascha traten. Eine Menge kleiner baufälliger Häuser mit hölzernen Gittern statt der Fenster bedeckten die Plattform eines kasemattirten Bastions. Sie sind von außen durch hölzerne Pfeiler und Balken unterstützt und machen die Vertheidigung der Plattform ganz unmöglich. Von den zwölf Kasematten waren drei mit Geschütz (und zwar geladenem) besetzt, die übrigen dienten zu Kuhställen. Ueber eine Rampe und auf halsbrechendem Steinpflaster gelangten wir in einen Bretterschuppen und wendeten uns an ein paar zerlumpte Türken, als schon Osman Pascha aus seinem Harem hervortrat und uns freundlich begrüßte. Er ist ein auffallend schöner Mann mit starkem röthlichen Bart und sehr edlen Zügen. Er trug den rothen Fez mit langer blauer Troddel, ein graues Oberkleid mit goldener Stickerei, schwarze gewöhnliche Pantalons und Schuhe. Trotz der strengen Kälte blieben wir unter unserem Bretterdach in offener Luft. Der Pascha setzte sich in einen Lehnstuhl, und uns stellte man Rohrstühle außerhalb der Bastmatten (die, weil mit Zwirn geflochten, als pestfangend gelten). Neben dem Pascha stand ein alter Türke in einem braunen Pelz, dann zwei junge Menschen in gewöhnlichen grauen Ueberröcken, ganz europäisch bis auf den Fez, und zwei Diener in türkischer Tracht. Sie hatten die Schuhe ausgezogen, bevor sie die Matten betraten, hatten aber große Löcher in den Strümpfen. Von Ceremonie war keine Rede. Die Unterredung wurde in illyrischer Sprache durch die Beamten geführt und drehte sich hauptsächlich um das Dampfschiff und die erwartete Ankunft des Milosch.*) Der Großherr hatte diesem zwei Haubitzen und vier Kanonen geschenkt, und da ihr Transport zu weitläufig war, so waren der Pascha von Widdin und unser Wirth angewiesen, die Geschütze auszuliefern.

Da nach einer neueren Verordnung verboten ist, seine Gäste mit Tschibuk zu bewirthen, so besaß unser Wirth, wie er sagte,

---

*) Milosch Obrenowitsch, Fürst von Serbien. H.

auch nur einen einzigen, den er uns höflich anbot. Gleich darauf brachte man Kaffee, der uns Halberstarrten sehr wohl that. Er befand sich in sehr kleinen Tassen, die in kleinen silbernen Bechern standen. Der Reinigungsdiener nahm sie dem Türken ab und überreichte sie uns. Wir baten um die Erlaubniß, die Festung zu sehen, und der Pascha antwortete, wir möchten umhergehen, wie im eigenen Hause.

Der Pascha hat eine kümmerliche Besoldung vom Großherrn und lebt von einigen Vexationen der serbischen Schiffe, die hier anlegen müssen, und gegen die wohl die Kanonen bestimmt sind. Früher besaß er 90 Dörfer auf serbischem Gebiet, der Fürst Milosch hat sie ihm aber abgenommen. Zwar machte der Pascha Miene, sich mit den Waffen zu behaupten, jedoch ließ er es nicht zum Aeußersten kommen und zog sich vor den serbischen Truppen zurück. Er ist verbunden, ein paar Hundert Türken in Orsova zu unterhalten. Man kann leicht denken, daß weder ihre Zahl vollständig noch ihr Equipement glänzend ist. Sie sind meist Kaufleute, die den Wochenmarkt mit Tabak, Seife und Feigen besuchen.

Der Pascha wünschte zu wissen, ob Preußen am Meere läge, ob es Kriegsschiffe habe und ob dort Kontumaz gehalten würde.

Nahe unterhalb der Inselfestung liegt das „Eiserne Thor" (schwarze Thor, Demir Kapu). Diese Benennungen lassen eine enge Felspforte voraussetzen, doch ist dies nicht der Fall. Die Donau bildet nur einen einzigen Felsdurchbruch von der Ruine Gollubacz bis zur Tafel des Trajan. Weiter unterhalb bleibt sie zwar zu beiden Seiten von hohen Bergen eng umschlossen, die Höhen sind steil, aber doch mit Wald bekleidet, und der Fels tritt nur stellenweise, gewöhnlich am oberen Grat, hervor. Am Fuße bleibt nur noch gerade Raum genug für die Heerstraße, welche auf der österreichischen Seite leidlich erhalten ist und mit geringer Mühe in sehr guten Stand zu setzen wäre. Nach der

Beschaffenheit der Ufer sollte man eben hier gar nicht die große Stromschnelle erwarten, welche das Passiren größerer Schiffe unmöglich und das der kleineren bei niedrigem Wasser sehr gefährlich macht. Auf einer Strecke von wohl 2000 Schritt strömt die Donau mit großer Schnelle über eine zahllose Menge von Klippen, die, weil das Wasser hoch war, nur hin und wieder mit den Spitzen hervorragten. Der Fluß ist hier wohl 800 bis 1000 Schritt breit. Die Schnelligkeit des Wassers ist so bedeutend, daß man nur in starkem Trabe folgen kann, das Brausen hört man 1000 Schritt weit. Bei niedrigem Wasser muß der Anblick außerordentlich sein. — Allerdings ist dies ein sehr bedeutendes Hinderniß für die Schifffahrt, das durch Sprengungen wie im Binger Loch schwerlich zu beseitigen sein wird. Denn abgesehen von der großen Ausdehnung würde eine durchgehends vertiefte Fahrrinne auch eine außerordentliche Strömung erzeugen. Es giebt wohl noch zwei Mittel, einmal einen Kanal, zu dem auf serbischer Seite gerade der nöthige Raum längs des Ufers am Fuße der Berge vorhanden ist. Der Fürst Milosch scheint dazu ebenso wenig die Hand reichen zu wollen, als es die Pforte zu wünschen scheint. Das andere Mittel wäre ein eisernes Dampfschiff, das nur 1½ bis 2 Fuß tief geht.

Unterhalb des eisernen Thores treten die Thalwände mehr zurück und werden niedriger. Die Berge verwandeln sich in Sandhügel mit einem Gerippe aus zerreibbarem Gestein, dessen Schichtung gegen Südost geneigt ist.

Es war, als ob ich aus Alt-Orsova nicht fortkommen sollte. Ein Versuch am 1. November mißlang, denn der Fuhrmann forderte im Augenblick der Abfahrt den doppelten Preis, und die Sanitätsbeamten waren nicht zu Wege. Ich kaufte mit Berg und dem Kaufmann Bayer aus Pest einen Wagen für 36 Gulden, und nach endlosen Plackereien und erst gegen 10 Uhr konnten wir, begleitet von einem zweiten Wagen mit zwei Beamten von der Kontumaz, abreisen. Als wir in Gladowa

Neu-Oderwa
gez am 1. November 1875 v. Heinrich von Willke.

Im Regen zwischen Tschernetz und Krajova
Selbstbildniss von Helmuth von Moltke

ankamen, machte man uns neue Schwierigkeiten mit Unterzeichnung von Pässen. Darüber wurde es spät, und der Reinigungsdiener weigerte sich, weiter mitzufahren, weil er vor Sonnenuntergang nicht zurück sein könne. Wir mußten daher andere Pferde im Dorfe nehmen und unsere zurückkehren lassen. Sobald wir die visirten Pässe angerührt hatten, waren wir „vermischt", und das Trinkgeld, das wir dem Fuhrmann gaben, mußte auf die Erde gelegt und mit Wasser begossen werden.

Dicht unterhalb Gladowa liegen die Trümmer von sieben Bögen der Trajansbrücke, auch noch Mauern von einem Kastell oder Thurm, den Kaiser Severus gebaut haben soll. Zu bedauern ist, daß die Römerbrücke nicht mehr erhalten. Ich glaube, daß unterhalb Regensburgs keine steinerne Brücke mehr über den Strom führt, unterhalb Wiens keine feste Brücke, unterhalb Peterwardeins überhaupt keine Brücke mehr. Auf einer Strecke von 300 Meilen würde heute diese Brücke der einzige permanente Uebergang sein, wenn nicht der Erbauer selbst sie wieder zerstört hätte, um gegen die Gothen sicher zu sein. Damals war ein Strom wie die Donau ein größeres Hinderniß in militärischer Beziehung als heute, und wirklich trennte die Donau eine lange Reihe von Jahren die civilisirten und barbarischen Völker; heute fängt sie an, sie zu verbinden.

Es giebt doch Augenblicke auf Reisen, wo das Vergnügen zweifelhaft wird. Ein solcher Augenblick waren die letzten 36 Stunden. Von Tschernetz bis Crajova hat es nicht einen Augenblick aufgehört zu regnen und zur Abwechselung zuletzt geschneit. Wir fuhren mit acht Pferden, dennoch blieben wir auf der ersten Post schon im Koth stecken. Unsere beiden Postillone, ihre kleinen Pferde reitend, fuhren wo nur irgend möglich im Galopp davon unter beständigem Geschrei. Hier aber half kein Schreien und kein Schlagen mit den furchtbar dicken Lederpeitschen an kurzen Stielen. Zum Glück war in der Nähe ein anderer Wagen. Die Pferde wurden aus-, vier Ochsen eingespannt, vier Menschen faßten in die Räder, Alles schrie und peitschte. Umsonst; wir mußten hinaus bis an die Kniee in den Koth. Schon auf der ersten Post kamen wir durchnäßt an und sahen um, was für Komfort wir auf den Stationen erwarten dürfen. Gegen Morgen machten wir in einer solchen elenden Hütte Halt. Man warf ein paar Bäume auf den Herd, und ich schlief, nachdem ich mich einigermaßen getrocknet hatte, wohl gut ein Stündchen auf der Pritsche. Mit Tagesanbruch und bei beständigem Regen ging es weiter. Zum Glück führte Herr Bayer etwas Frühstück bei sich; wir hatten außer ein paar Kukuruz-Aehren nichts bekommen.

Immer ärger wurde es. In halber Verzweiflung fuhren wir weiter, und nur die Aussicht auf eine warme Stube, gute Betten und schönes Essen in Crajova hielt unsere Lebensgeister aufrecht. Crajova ist die dritte Stadt des Landes und hat 10 000 Einwohner — dort mußte ein guter Gasthof sein. Wie sehr wurden wir getäuscht!

Die Straßen in Crajova sind entweder gar nicht gepflastert, und dort flossen große Bäche, oder mit Balken belegt, so daß man selbst im Schritt Gefahr lief, eine Achse zu brechen. Die Bauart ist übrigens sehr eigenthümlich. Die Häuser sind gegen die Straße zu Buden, in welchen der Herr mit verschränkten Beinen auf dem Tische sitzt, umgeben von seiner Waare.

Eine weite Strecke fuhren wir auf dem entsetzlichen Knüppeldamme fort zu einem Italiener, der in einem guten Hause einen Gasthof halten sollte. Als wir abgestiegen waren, sagte man uns, daß er eben heute ausziehe und daher weder in der alten noch in der neuen Wohnung zu Hause sei. Man schickte uns nun in den „Han". Dort zeigte man uns ein kleines Loch mit einem kleinen Fenster hoch oben. Das ganze Ameublement war eine hölzerne Pritsche mit einer Bastmatte. An Heizen war nicht zu denken. Jetzt war unsere Verzweiflung vollkommen. Wir mußten ernstlich fürchten, hier hülflos krank zu werden. Zum Glück hatte ich von einem Apotheker Schwab reden gehört, der österreichischer Starost (Konsul im Kleinen) sein sollte. Ich ging mit einem Tuche um den Kopf (denn der Hut war so naß, daß ich ebenso gut einen Schwamm auf den Kopf legen konnte) zu ihm, um zu fragen, ob es nicht einen besseren Han gebe. Ich fand dort einen Herrn, der sich freundlich erbot, mir ein Zimmer für die Nacht einzuräumen. Als ich ihm sagte, daß wir preußische Offiziere seien, fand es sich, daß er preußischer Starost sei. Er führte mich sogleich zu seinem Wirth, dem Apotheker Lazar. Bald wurde ein tüchtiges Feuer gemacht, Tschai (Thee) gekocht, die Kleider nach dem Backofen geschickt und ein gutes Abendessen eingenommen. Mir machte man ein Bett in der Wohnstube des Apothekers und seiner Frau, Berg und Herr Bayer schliefen nebenan auf guten Betten. Den anderen Morgen waren wir Alle wohlauf, obschon ich wirklich Abends etwas unwohl gewesen war.

Am anderen Morgen fand sich, daß die Kleider, selbst die in den Mantelsäcken, so durchnäßt waren, daß sie unter 24 Stunden nicht trocken werden konnten. Wir nahmen daher die freundliche Einladung des Starosten Dahlen an und blieben einen Tag länger.

Vormittags machten wir einen Spaziergang in der Stadt. Nach Tische besuchten wir den reichsten Bojaren. Es giebt an hundert Bojaren, die hier wohnen, denn kaum drei oder vier verwalten ihre Güter selbst. Er wohnte in einem recht schönen Hause. Der Bojar Otto Janko (Johann) Delischian lag im Bette, denn es war 4 Uhr Nachmittags, und hielt seine Siesta. Die Frau war eben aus dem ihrigen erstanden. Er empfing uns freundlich und ließ Süßigkeiten bringen. Ein kleiner weißer Hund spielte mit den Pantoffeln herum, und das Ganze war echt polnisch. Der Bojar beklagte, daß das Land nicht frei sei; es könne nicht blühen, weil man keinen Einfuhrzoll verhängen könne.

Den 5. November, aber erst Mittags um 12 Uhr gelang es uns, so weit zu kommen, daß wir unsere Reise fortsetzten. Wir hatten ein Dach von Matten über unseren Wagen bauen lassen, die Sonne schien wieder, die Wege waren besser, als wir nach dem starken Schneegestöber erwarten konnten, und es ging rasch vorwärts. Zur Linken wurden die mit Schnee bedeckten Karpathen sichtbar.

Die Straße durch die große Walachei durchzieht eine weite freie Ebene. Die Flüsse sind 30 bis 50 Fuß tief in das Plateau eingeschnitten. Der Boden ist etwas mehr mit Sand gemischt als in der kleinen Walachei. Steine giebt es gar nicht. Viele Flächen sind mit Knüppelholz bedeckt, aber Bäume sieht man meilenweit gar nicht. Der größte Theil des freien Bodens liegt ganz unangebaut. Mit Ausnahme von ein paar griechischen Klöstern sieht man nirgends, was man Häuser nennen könnte. Die Dörfer sind klein, elend und selten; äußerst wenige haben Kirchen. Die Straße ist so breit, daß man den geringen Werth des Grund und Bodens daraus abnehmen kann. Die Brücken sind so, wie sie die ersten Menschen gebaut haben mögen.

Gegen Abend kamen wir an die Aluta. Das Thal ist weit, der rechte Thalrand ganz flach und unmerklich ansteigend, der linke, dessen Fuß der Fluß bespült, bildet eine senkrechte, 40 bis 50 Fuß hohe Bergwand. Der Strom war angeschwollen und äußerst reißend; wir überschritten ihn in kurzer Zeit auf einer Fähre. Da wir uns in Crajova wie zu einer Nordpol=Expedition mit Lebensmitteln versehen hatten, so machten wir Thee in der Hütte des Posthalters in Hipotesti, die uns nach dem, was wir bisher gesehen, besonders heimisch erschien. Das Zimmer hatte einen Ofen, mit Papier verklebte Fenster und eine Pritsche mit Bastmatten. An der Wand hing in kleinen Papierbeuteln die briefliche Korrespondenz des Bewohners. Was würde einer von den englischen „Armen", auf die ein jährliches Durchschnittsquantum von 24 Pfund Zucker und 6 Pfund Thee kommt, und die so viel verzehren, wie die Staatseinkünfte der preußischen Monarchie, was würde ein solcher Armer sagen, wollte man ihn in die Nahrung und Behausung eines walachischen Posthalters einsetzen.

Die Nacht war sehr kalt, der Erdboden fest aber sehr uneben gefroren, und unser Wagen wurde gewaltsam über alle Hindernisse fortgerissen. Gegen Morgen hatten wir den Teleorman-Fluß und seine Nebenbäche zu überschreiten. Sie hatten das Thal völlig überschwemmt, die Brücken über die Flüßchen waren Inseln mitten in dieser Fluth, und außer ihnen ragte nichts aus der weiten Wasserfläche hervor als einige galgenähnliche Triumphbögen, die man nicht ganz glücklich an einer Stelle errichtet hatte, wo der Fürst, dem sie geweiht waren, vor der Brücke ertrinken oder auf ihr eine Achse brechen konnte. Noch ärger wurde es, ehe wir Babulob erreichten. Hier waren die Brücken ganz weggespült, die Pferde erhielten sich nur mit Mühe noch auf den Beinen, und das Wasser trat in den Wagen hinein. Mit dem kleinen Postwagen wäre es ganz unmöglich gewesen, durchzukommen.

Es wurde dunkel und der Vollmond erhob sich, ehe wir Bukarest erreichten. Die Gegend blieb ebenso öde und wüst. Die Straße war womöglich noch schlechter bis an die Thore der Hauptstadt. Diese ist zwar gepflastert; man hat aber nicht daran gedacht, den Straßen einen Abfluß zu geben, und sie sind denn auch von einem Meere von Koth bedeckt. Wir erreichten den Gasthof des Herrn Breit in der französischen Gasse und bekamen ein großes gutes Zimmer, leidliches Abendbrot und gute Betten. Ganz inkrustirt mit Schmutz kamen wir wie seltene Petrefakten an; man hätte sich schälen lassen mögen wie eine Kartoffel.

Wir waren von Crajova aus 30 Stunden unterwegs gewesen, und überhaupt waren 144 Pferde, 4 Ochsen, 36 Postillone, 18 Stallknechte, ebenso viel Posthalter und 54stündiges Fahren nöthig gewesen, um uns nach Bukarest zu bringen. Bei einer guten Chaussee hätten 12 Pferde dasselbe geleistet. Aufenthalt verursachte einmal, daß die Pferde an einigen Posten noch auf Weide gingen und erst hereingeholt werden mußten, dann, daß unterwegs so oft angehalten wird, um das elende Geschirr zu bessern oder den kleinen Tschibuk anzuzünden, der nicht größer als eine Nußschale ist und kaum zwei Minuten brennt.

Noch während die beiden Postillone sich in ihre Sättel mit türkischen Steigbügeln schwingen, fahren sie mit lautem Geschrei an und bleiben dabei, während des ganzen Wegs so zu rufen. Obwohl sie furchtbar dicke Lederpeitschen an kurzen, sorgfältig gekerbten Stielen sehr nachdrücklich führen, so glauben sie doch, daß die Pferde ohne ihren eindringlichen Zuruf nicht von der Stelle kommen würden. Sobald sie sich der Post nähern, wird das Geheul verdoppelt. Der so benachrichtigte Stallknecht legt seine Stricke auf der Erde zurecht, der Wagen wird herangefahren, die Pferde in das Geschirr hineingeführt. Dieses besteht aus einer Halfter, die dem Thiere anstatt eines Kumts um den Hals geworfen wird, und einer dünnen ungarischen Strickhalfter um den Kopf der Sattel= und Handpferde. Nur die Spitzpferde haben eine leichte eiserne Wassertrense an Stricken, um sie zu lenken; diese und die Glocke des Sattelpferdes sind die einzigen Metalltheile der ganzen Anschirrung. Ebenso wenig ist Eisen oder Stahl an den Postwagen verschwendet. Sie sind ganz aus Holz, und selbst die Achse und die Buchse sind nicht beschlagen.

Der ganze Wagen ist von der Erde bis zum höchsten Punkte der Rücklehne nicht 2³/₄ Fuß hoch und die Achse kaum 1¹/₂ Fuß über den Boden erhaben. Sie schleift daher oft in den Koth. Durch die Ueberschwemmungen, so wie wir sie gefunden, wäre es überhaupt unmöglich gewesen, mit einem solchen Behikel durchzukommen, da das Wasser tiefer war, als die ganze Höhe des Wagens.

Ich fand in den Ställen durchschnittlich 40 bis 50 Pferde; die Post zwischen Bukarest und Tschernetz bedarf nahe an tausend Pferde. Sie sind klein und unansehnlich wie überall, wo das Thier zu frühzeitig eingespannt wird, haben aber ihre eigenthümlichen Vorzüge. Die Ställe sind nur aus Zweigen geflochten und mit einer niedrigen Raufe, ebenfalls aus Flechtwerk, versehen, in welche das einzige Nahrungsmittel während der ungünstigen Jahreszeit, das Heu, geworfen wird. Von Körnerfutter, von Decken, Streu, Putzen, von Tränken im Stall und regelmäßiger Wartung ist nicht die Rede. Wenn die Pferde, vom starken Lauf mit Schweiß bedeckt, auf der Station ankommen, habe ich sie in den Fluß führen sehen, um sie abzuschwemmen. Dabei geht das walachische Pferd äußerst sicher. Die Wege waren unbeschreiblich schlecht, uneben gefroren, die Eiskruste brach unter den Füßen der armen kleinen Thiere, und doch jagten sie meist im Linksgalopp, den schweren, großen Postillon tragend, davon, ohne daß ich eins fallen oder nur stolpern gesehen hätte.

Zur Reise des Fürsten nach dem Miloschschen Gut Pojana sind 2000 Pferde nöthig. Der Fürst unternimmt die unerfreuliche Reise, um einen Schritt der Höflichkeit gegen den erbitterten, in Konstantinopel so hoch aufgenommenen Serbenfürsten zu thun, der auf seinem Gute die Quarantäne abhält. Er wird durch eine Eskadron Kavallerie cernirt.

Die Wohnungen des Landmanns in den Dörfern sind unbeschreiblich elend. Zum größten Theil liegen sie unter der Erde und sind nur mit einem Dache aus Zweigen, Gras und Schilf überdeckt. Eine schräge Rampe, in einem aus Zweigen geflochtenen Vorhause, führt hinab. Am hinteren Giebel befindet sich ein kleines Loch, durch welches das Licht hineinfällt. In der Regel bestehen die Wohnungen aus zwei Zimmern; das hintere ist für die Weiber, die hier schon weniger sichtbar sind und vor den Fremden die Flucht ergreifen. Das vordere enthält den Herd mit einem weiten, pyramidalen Schornstein aus Zweigen mit Lehm verschmiert. Der Herd ist der gewöhnliche Aufenthalt der Familie; eine hölzerne Pritsche dient als Bett. Es ist schon ein Zeichen von höherer Wohlhabenheit, wenn Bastmatten auf diese Pritsche gebreitet sind, und wenn sich Fenster vorfinden, die dann mit nicht geöltem Papier verklebt sind. Die Posthäuser sind ganz solche eben beschriebenen Hütten aus Zweigen und Lehm; gegenüber liegt der Stall und das Wagenschauer, und das Ganze ist mit einem viereckigen Dornzaun umgeben.

Den 7. (November) Vormittags ließen wir uns zum österreichischen Konsul Timoni führen, an den wir Empfehlungsschreiben hatten. Wir fanden unseren Konsul, den Baron Sakelario. Von der Stadt sahen wir nichts wegen des Koths in den Straßen. Abends gingen wir zu unserem Konsul, der uns dann um 8 Uhr zu einem Ball beim Bojaren Philippesko abholte. Wir fanden ein schlechtes Lokal und glänzende Toiletten; die Musik bestand aus zerlumpten Zigeunern mit schmutzigen Stiefeln und Opanken aber in Uniform. Es wurde sehr gut getanzt. Am hübschesten war die Frau Michelaque Ghika. Der Fürst war da, aber es war gegen die Etikette, ihm dort vorgestellt zu werden. Auch sein älterer Bruder, der Minister des Innern, und sein jüngerer Bruder, der Generalissimus, waren zugegen. Am interessantesten war mir die Bekanntschaft des Barons Rieckmann, welcher zwar nur russischer Konsul aber die bedeutendste Person im ganzen Lande, den Fürsten nicht ausgenommen, ist. Wir blieben bis nach Mitternacht.

Den 8. November Vormittags holte Baron Sakelario uns ab, um Visiten zu machen. Es war ein entsetzliches Schneegestöber und wir saßen im halboffenen Wagen recht eigentlich im Schnee drin. Erst fuhren wir zum Fürsten. Das Palais sieht von außen sehr gut aus. Man muß aber im Freien aussteigen, kein Bedienter kam uns entgegen. Wir gingen in den Thronsaal, wo Offiziere uns empfingen und uns anmeldeten. Der Fürst empfing uns sehr artig. Wir setzten uns nebst dem grand trésorier (in walachischem Kostüm mit dem Fez auf dem Kopfe), während ein Offizier an der Thür stehen blieb. Der Fürst spricht, aber nicht fließend, französisch. Er hatte ein Exerziren für uns bestellt, welches aber des schlechten Wetters wegen unmöglich geworden war. Er erkundigte sich nach Kalisch und pries die preußische Landwehr-Verfassung. Vom Fürsten fuhren wir zum Generalissimus, der in einem schönen Palais wohnt, aber sehr ärmlich eingerichtet ist. Der Minister Ghika war nicht zu Hause, und wir besuchten noch einen anderen, Philippesko, welcher der Rival des Fürsten bei der Besetzung des Thrones gewesen ist, einen schönen Mann mit langem, weißem Bart in walachischem Nationalkostüme, der aber nur wenig französisch spricht.

Die Einkünfte des Fürstenthums der Walachei betragen 16 Millionen Piaster, nach unserem Gelde noch nicht 2½ Millionen Thaler. Diese Summe wird beigetrieben durch eine Steuer von 30 Piastern oder 4 Thalern von jeder Familie, ferner ergiebt die Mauth 2½, das Salz 3½ Millionen. An den Großherrn gehen 2½ Millionen, das Budget des Fürsten beträgt 1½ Millionen, die Verwaltung kostet 4½, die Miliz 2½ Millionen Piaster. Der ganze Adel, die Städte und die unter dem Schutze der Konsuln stehenden Fremden sind steuerfrei.

Urkunden zum Aufenthalt in der Türkei.

Berlin, den 19. August 1837.

Mit Vergnügen habe ich aus Euer Hochwohlgeboren Bericht vom 19. v. Mts. ersehen, daß auch von Seiten des Türkischen Gouvernements der Eifer und die Umsicht, mit welcher Sie sich des Ihnen gewordenen Auftrages entledigen, und die nützlichen Dienste, welche Sie in Ihrem dortigen Verhältniß leisten, gebührend anerkannt werden.

Die durch den Grafen Königsmark an mich eingesandten Berichte, Originalaufnahmen und Zeichnungen habe ich sämmtlich Seiner Majestät dem Könige ebensowohl als einen Auszug aus Ihrem Bericht vom 7. Juni cr. über die Reise, welche Sie im Gefolge Seiner Hoheit des Großherrn gemacht haben, vorgelegt, und Allerhöchstdieselben haben darüber Ihren Beifall zu erkennen gegeben.

Auch ich meinerseits habe mit großem Interesse von allen diesen Arbeiten Kenntniß genommen und wiederhole Ihnen gern, wie sehr Sie mir Veranlassung geben, mit Ihren Leistungen und Berichten, in denen sich immer Sachkenntniß und klare, gesunde Ansichten aussprechen, zufrieden zu sein.

Krauseneck.

An
den Königlichen Hauptmann vom Generalstabe
Ritter :c. Herrn v. Moltke.
Hochwohlgeboren
zu Konstantinopel.

Besitzzeugniß des Nischan in Brillanten.*)

Zeichen des Sultans Abdul Medschid.

Da das Höchste Majestätische Wesen, der König der Könige, durch das Vorhandensein und die Vermittelung hoher Monarchen und mächtiger Souveräne die Angelegenheiten dieser Welt und

---

*) Der Brief d. d. Pera den 21. Januar 1837 in den „türkischen Briefen" (S. 107 ff.) schildert die am 19. Januar stattgefundene erste Audienz Moltkes bei dem Sultan Mahmud II., während deren ihm der Nischan überreicht wurde. Das Besitzzeugniß ist von Mahmuds Nachfolger, Sultan Abbul-Medschid, ausgestellt.

ihrer Bewohner ordnen und durch den Frieden und das vollkommen gute Einverständniß unter den mit lobenswerthen Eigenschaften begabten Königen die .gute Ordnung bewahren und verewigen gewollt hat; da sich aus diesem Grunde die Freundschafts-Beziehungen und das gute Einvernehmen in vollständigster Uebereinstimmung zwischen der Hohen Pforte und der Preußischen Regierung, ihrer alten, beständigen und unerschütterlichen Freundin, befinden, so steht außer Zweifel, daß es Beiden zur gegenseitigen Ehre gereicht, treue Diener zu bewahren, um das Band der Freundschaft zwischen beiden Höfen zu unterhalten.

Es ist nun anerkannt, daß der Träger gegenwärtigen Patents, der Baron von Moltke, Generalstabs-Offizier Seiner Majestät des Königs von Preußen, sich mit Eifer und Hingebung den Pflichten unterzogen, welche ihm in Meinem Kaiserlichen Heere anvertraut worden sind; darum hat Mein erlauchter Vater, glorreichen Angedenkens, in Hochachtung genannten Hofes und um gleichzeitig diesen Offizier zu ehren, ihn für würdig erachtet, den Nischan mit Brillanten zu tragen, und zu diesem Behufe habe Ich gegenwärtiges Patent ausgehändigt.

Gegeben Ende Djemasi-el-acher 1253.*)

Geschätzter, edler, geehrter und alter Freund!

Seine Excellenz Mehmet Pascha benachrichtigt mich von Ihrer Abreise von Mossul und von Ihrer Ankunft bei ihm zu Dschesireh**) und er hat mich ersucht, den Dragoman zu schicken,

---

*) 30. September 1837.
**) Die Reise von Mossul nach Dschesireh beschreibt Moltke in den „Briefen über Zustände und Begebenheiten in der Türkei" in einem Briefe, d. d. Dschesireh, den 1. Mai 1838 (Seite 232 ff. der 5. Auflage). Es ist derselbe Brief, der auch die Schilderung der abenteuerlichen Fahrt den Tigris abwärts von Diarbekir nach Mossul auf einem Floß von aufgeblasenen Hammelhäuten enthält.   H.

der sich hier befindet. Ich bin erfreut darüber, daß Sie in Dschesirch sich aufhalten wollen. Sie haben wahrlich dadurch den Gipfel der Freundschaft erreicht und die Zuneigung verdoppelt, die wir für Sie fühlen.

Da der Dragoman krank ist, konnte ich ihn nicht senden. Dieser Unfall wird für Sie ein Grund sein, bald das Türkische zu erlernen.

Schließlich hoffen wir von Ihrem Eifer und Ihrer Hingebung, daß Sie im Verein mit Seiner Excellenz dem Pascha Alles daransetzen werden, um den Angelegenheiten einen guten Ausgang zu geben.

Den 14. Safer 1254.*)

(gez.) Mehmet Hafisz.

Brief von Hafisz Mehmet Pascha, kommandirendem General, an den Kapitän Baron v. Moltke.

Edler, erlauchter und ausgezeichneter Freund,
Herr Baron Bey.

Seine Excellenz Mehmet Pascha hat mir von der Art berichtet, mit der Sie ihm die Unterwerfung und Einnahme des Schlosses erleichtert haben, in dem der verbrecherische **Sayd Bey****) sich festgesetzt hatte, und ebenso von der Treue und dem Eifer, den Sie in jeder Beziehung bewiesen haben.

Indem wir Ihnen unsere volle Genugthuung über den bei Einnahme der Festung gezeigten treuen Eifer und über die Ergreifung des genannten Räubers bezeugen, benutzen wir diese

---

*) 10. Mai 1838.
**) Die Einnahme des Schlosses Sayd-Bey-Kalessi und das Schloß selbst schildert Moltke in den „türkischen Briefen" d. d. Sayd-Bey-Kalessi den 12. Mai 1838 (S. 254 ff. 5. Auflage). Wir geben hier die Zeichnung des Schlosses aus Moltkes Skizzenbuch.   H.

Gelegenheit, um uns von dem Zustande Ihrer Gesundheit zu unterrichten.

Den 19. Safer 1254.*)

Mehmet Hafisz.

Das gegenwärtige Schreiben ist ausgestellt, um der Wahrheit gemäß zu bescheinigen, daß der preußische Offizier, Baron Bey, ein talentvoller Mann, der mir von der Ottomanischen Regierung beigegeben war, sich zuerst bei mir im Kriege gegen die Kurden von Dschesireh und Gharsen und sodann im kaiserlichen Lager bei Nisib befunden hat. Er hat seine Pflicht als ein treuer und tapferer Mann von Anfang seines Auftrags an bis zu diesem Augenblick gethan und sich seiner Aufträge in vollkommenster Weise erledigt. Ich bin gleichmäßig Zeuge davon gewesen, daß dieser Offizier Beweise von Muth und Kühnheit gegeben und der Ottomanischen Regierung in Treue, und indem er sein Leben einsetzte, gedient hat. Demnach bin ich in allen Hinsichten mit ihm zufrieden gewesen.

Den 17. Djemasi=el=ewel 1255.**)

(L. S.) (gez.) Mehmet Hafisz, Muschir von Sivas.

Uebersetzt (ins Französische) von
Constantin Testa.

Brief von Mehmet Hafisz Pascha an den Seraskier.
Begrüßungen und Höflichkeitsphrasen u. s. w. vorangehend.

Baron Bey, ein preußischer Offizier von Talent, der mir beigegeben war und der heute nach der Hauptstadt reist, hat sich zuerst im Kriege gegen die Kurden von Dschesireh und Gharsen

---

*) 15. Mai 1838.
**) 29. Juli 1839.

und dann im Lager bei Nifib bei mir befunden. Er hat der Ottomanischen Regierung treu gedient und Eifer und Thätigkeit bei allen in fein Fach schlagenden Geschäften entwickelt.

Der genannte Offizier hat sich in jeder Hinsicht das Recht auf die Werthschätzung Eurer Hoheit durch seine Tüchtigkeit und Hingebung für den Dienst der Regierung erworben. Indem ich hier die Dienste, die er geleistet hat, hervorhebe, nehme ich mir die Freiheit, Eure Hoheit zu bitten, daß Sie ihn Ihres hohen Schutzes würdigen mögen.

Den 18. Djemafi=el=ewel 1255.*)

(L. S.) Siegel von Hafisz Pafcha.

Der unterzeichnete außerordentliche Gefandte und bevoll= mächtigte Minifter Sr. Majeftät des Königs von Preußen bei der Hohen Pforte befcheinigt, daß die vorftehende Unterfchrift die= jenige des Herrn Conftantin Tefta, Vize=Kanzlers und Dol= metfchers der Gefandtfchaft des Königs ift, und daß der Baron v. Moltke bei den Türken allgemein unter dem Namen Baron Bey bekannt ift.

Konftantinopel, den 3. September 1839.

(gez.) Königsmark.

*) 30. Juli 1839.

Marie Moltke.

In der Neujahrsnacht 1836 schrieb die Generalin Henriette von Moltke zu Schleswig an ihren im Orient weilenden Sohn:

"In meinem einsamen Stübchen sitze ich ganz allein und denke an Dich, suche Dich auf in Deiner lieblichen Wohnung am Bospor, wovon Du mir in Deinem lieben letzten Brief vom 30. November eine so reizende Beschreibung machst. — Nun schlägt des Jahres letzte Stunde! Was wird das neue Jahr uns bringen? Reichen Segen und Gesundheit für Dich, mein theurer Helmuth, darum bitte ich Gott in dieser Stunde, und bald eine liebende Gefährtin an Deiner Seite, die Dir eine frohe Häuslichkeit verschafft. Du bist in dem Alter, wo man nicht mehr mit blinder Leidenschaft wählt, dafür ist mir für Dich nicht mehr bange. Du hast es mit unermüdlichem Streben dahin gebracht, auf eine glückliche Häuslichkeit Anspruch machen zu dürfen. Möge Dir die Vorsehung nun ein Deinem Herzen würdiges Wesen zuführen! Dies möchte ich so gern noch erleben, wie innig würde ich mich Deines Glückes freuen!"

Die Freude, den Lebensbund des Sohnes sich knüpfen zu sehen, war dem treuen Mutterherzen nicht beschieden. Die Generalin von Moltke entschlief am 27. Mai 1837, bevor noch der Sohn in das Vaterland zurückgekehrt war. — Er aber hat von allen Briefen, die ihn aus der Heimath erreicht hatten, diesen einzigen der Mutter wie ein Vermächtniß sorgsam aufgehoben. Der Segen, den sie in jener stillen Stunde auf ihn herabgefleht, ward ihm wenige Jahre später in reichstem Maße zu Theil: in die Heimath gelangt, sollte er bald ein seinem Herzen würdiges Wesen, eine überaus glückliche Häuslichkeit finden.

Helmuth Moltke hatte einmal zu seiner jüngsten Schwester Auguste*) gesagt: „Die Ehe ist eine Lotterie, Keiner weiß, welches Loos er zieht. Soll ich einmal heirathen, so möchte ich ein Mädchen wählen, das Du erzogen hast". An diese Schwester waren nach dem Tode der Mutter viele der Briefe aus dem Orient gerichtet, welche jetzt längst ein Gemeingut des deutschen Volkes geworden sind. Im engen Kreise der in Holstein lebenden Familie war das Eintreffen eines solchen Briefes ein bewegendes Ereigniß, das viel erörtert und dessen frohe Kunde Verwandten und Freunden in Nah und Fern mitgetheilt wurde.

Auguste Moltke war seit 1834 mit John Heyliger Burt Esq. aus Colton House in der Grafschaft Stafford, Besitzer einer westindischen Plantage, vermählt. Burt ließ sich mit ihr, seiner zweiten Frau, in Schleswig, später in dem Städtchen Itzehoe in Holstein nieder. Aus seiner ersten Ehe mit Marie Johanna Ernestine geb. von Staffeldt waren drei Kinder entsprossen, John, Jeanette**) und Bertha Maria Wilhelmine. Die jüngste der beiden Töchter, Marie, war am 5. April 1826 zu Kiel geboren. Schon im fünften Lebensjahre

---

*) Geb. zu Augustenhof in Holstein den 16. September 1809, verstorben zu Potsdam den 27. März 1883.
**) 1843 vermählt mit Baron Caj von Brockdorff.

mutterlos geworden, war sie acht Jahre alt, als ihr in Auguste Moltke eine liebevolle zweite Mutter gegeben wurde, von der sie selbst einmal dankerfüllt bekannt hat: „es ist wohl hart, seine Mutter so früh zu verlieren, aber wem sie so ersetzt wird, wie uns, der ist nicht zu beklagen".

Es ist kaum ein lieblicheres Bild zu zeichnen, als das dieses lebensfrohen, blühenden Kindes mit dem dunkelblonden Lockenkopf und den lebhaften braunen Augen, deretwegen seine Mutter es wohl ihr „Kaffeeböhnchen" nannte. Früh zeigte sich in dem Kinde bei fast knabenhafter Ungebundenheit und Leichtigkeit des Entschlusses eine seltene Weichheit des Gemüthes. So sehr sie durch ihre Einfälle und Angaben alle Welt entzückte, so oft mag die kleine Marie durch ihre Selbständigkeit die Besorgniß der Eltern wachgerufen haben. Reizend war es anzusehen, wenn sie, die Locken aus dem Gesichte schüttelnd, auf einer rothen Decke sitzend ihren Esel tummelte, den sie über Alles liebte. Er war ihr nach schwerer Krankheit zum Geschenk gemacht. Eines Tages wurde sie in Schleswig vermißt. Als sie spät zu den geängsteten Eltern zurückgeführt wurde, fand sich, daß sie, um ihre Großmutter durch einen Besuch zu überraschen, den Versuch gemacht hatte, auf dem Esel fast sechs Meilen nach Kiel zu reiten. Mit zehn Jahren begleitete sie die Eltern nach Karlsbad. Nachdem der Reiz der neuen Umgebung geschwunden war, schrieb sie daselbst in einem Anfluge von Heimweh in ihr Reisetagebuch: „Ich sehne mich immer so nach Tante Lene, Elise Lüders und meinem Esel Sally und wollte, daß die drei erst wieder vor mir ständen." Manche kindlich einfältigen Bekenntnisse ihres Tagebuches zeugen davon, wie sie sich über die an ihr oft gerügten Ausschreitungen überschäumender Lebenslust selber Rechenschaft zu geben pflegte. Es wurde ihr schwer, still zu sitzen, zu lesen und den Ernst zu wahren, den man von ihr forderte. So fand sie nicht ohne Widerstreben den Weg zur Ausbildung. Von ihrer vortrefflichen zweiten Mutter in Liebe geleitet, gewann sie bei ungewöhnlicher

Anmuth der äußeren Erscheinung jene Liebenswürdigkeit des reinen Herzens, die sich selber unbewußt bleibt.

Der Kreis der Familie hatte sich erweitert. Mit zärtlicher Liebe umfing Marie die beiden kleinen Geschwister Ernestine und Henry.*) Sie anzuleiten, war ihr spielende Lust. Unter den Augen der Eltern, umgeben von den Geschwistern, lebte sie glückliche Jahre, unbekümmert um ihre Schönheit wie um alle Welt. Das Einzige, was aus der weiten in ihre enge Welt drang, waren die seltenen Botschaften von den ihr fast märchenhaft klingenden Erlebnissen und Fährnissen des im fernen Osten weilenden Bruders ihrer Mutter. Mit leidenschaftlicher Spannung horchte die kaum der Kindheit entwachsene Jungfrau auf, wenn der alte General, Helmuths Vater, auf seinen Reisen in Itzehoe einkehrte und mit Stolz von seinem tapferen Sohne erzählte, der sich unter Christen und Moslems einen guten Namen gemacht.

Da trat er selber, schlicht und anspruchslos, an einem Tage des Jahres 1841 ein, wettergebräunten Antlitzes, der hochgewachsene ernste Mann mit den leuchtenden Augen, schon im Sommer des Lebens stehend, um mit der Wärme seines Gemüthes und mit dem Lichte seines überlegenen Geistes alle die reichen Schätze des Herzens, welche in der jungen Frühlingsknospe schlummerten, zur Entfaltung zu wecken. Mit der Stunde, da Marie beglückt erkannte, wie viel sie dem lange einsamen Herzen dieses seltenen Mannes zu sein bestimmt war, nahm ihr Inneres einen ungeahnten Aufschwung. Es war, als müßte sie den trennenden Abstand der Lebensjahre und Erfahrungen einholen. So klettert die Winde an dem Baumstamme empor, der ihrem Dasein den Halt giebt. Sie weiß die härteren Formen der Verästung mit ihren freundlichen Ranken zu überdecken und seine Zweige mit tausendfachen Blüthen zu schmücken, die ihm die Natur versagte. In demselben Boden gottesfürchtigen Lebens

---

*) Major v. Burt, späterer langjähriger Adjutant des Feldmarschalls.

wurzelnd, folgte sie seiner aufs Erhabene gerichteten lauteren Geistesgröße, indem sie ihn mit aller Innigkeit erster und einziger Liebe umschlang, um ihn nie mehr zu lassen.

Der kaum sechzehnjährigen Braut mögen zagende Zweifel, ob sie den geliebten Mann glücklich machen könne, nicht erspart geblieben sein. Fast rührend klingt ihr klagendes Bekenntniß und ihr Gelöbniß: „ich habe Sorge, ob ich Dir als Frau auch Alles sein kann, weil ich noch so jung und unerfahren bin. Darum will ich mich nun bestreben, nicht widerspenstig oder strong headed zu sein, damit ich Dir immer nachgebe, wenn ich Unrecht habe. Ich habe noch gar keine tournure, und mir fehlen noch so ganz alle geselligen Gaben. Darum will ich mich so gern überall von Dir leiten lassen. Dazu gehört freilich viel Geduld von Deiner Seite, mir alle Verstöße nachzusehen, die ich noch machen werde. Ich will die Zeit recht benutzen, mich im Sprechen zu üben und alle Visiten mitmachen." Ihr blieb vor der Heirath freilich wenig Zeit, die Uebung in gesellschaftlichen Künsten zu gewinnen, deren Mangel sie in dem Gedanken an das Leben in der großen Welt damals empfand. Die Wahrheit und Geradheit ihres Charakters ließ sie in der leeren Form konventionellen Zwanges auch später niemals heimisch werden, als es ihr an entschlossener Sicherheit des Auftretens nicht mehr fehlte. Gewiß eine strahlende Erscheinung der Gesellschaft, suchte sie dieselbe doch niemals um ihrer selbst willen auf. Sich für wenige Stunden der Geselligkeit mit äußerem Glanze zu schmücken, war ihr eine Last, welche ihr immer nur die einzige Genugthuung gewähren konnte, wenn sie berichten durfte: „Helmuth war mit mir zufrieden". Wo sie warm erschien, da war sie auch mit dem Herzen betheiligt, und ihre Treue blieb nicht aus.

Deshalb verstand auch schon dies junge Leben es so gut, mit der Frische sicherer Zuversicht, die sich auf felsenfeste Liebe gründete, die Falten von der Stirn des Verlobten fortzuscheuchen: „Sage mir, warum Du Hypochonder bist und wie

Du es nur sein darfst? — Werden wir nicht in gegenseitiger Liebe Beide ein schönes, glückliches, friedliches und gottgefälliges Leben führen können? Wenn ich nicht glücklich würde, so ist es meine eigene Schuld und ich bitte Gott, daß er mir die Kraft und Fähigkeit gebe, Dich in unsrer Ehe Dein häusliches Glück finden zu lassen. Ich kann mir keine größere Glückseligkeit auf Erden für eine Frau denken, als wenn sie dessen bei ihrem Manne gewiß ist. Gewiß, Du verdienst vor allen Männern glücklich zu werden, und ich erkenne, zu welcher hohen heiligen Pflicht Gott mich berufen hat, die Gefährtin Deines Lebens zu sein."

Diese Auffassung zog sich durch ihr ganzes Eheleben. Sie ahnte nicht, welchen Zauber sie auf ihre ganze Umgebung ausübte, und hat zeitlebens mit nichts gerechnet, als womit sie das Dasein ihres Gatten verschönen könnte. Volles Verständniß für seine Eigenart und tiefe Empfindung für seinen inneren Werth erfüllten sie schon damals. Wenige Wochen vor der Verbindung hatte er sie auf sein verschlossenes Wesen aufmerksam gemacht und geklagt, daß eine freudlose Jugend die Gabe austauschenden Gemüthslebens in ihm verkümmert habe. Darauf antwortete sie ihm: „Ich weiß wohl, daß es im Moltke'schen Charakter liegt, sich wenig zu äußern und mitzutheilen. Du hast auch oft etwas in Deinem Wesen, was zurückhaltend scheint und Manche hautain nennen. Mag die Welt Dir denn auch öfters eine Aeußerung des Gemüthes geraubt haben, so trägst Du ja doch einen Schatz von Reichthum, Weichheit und Adel des Herzens in Dir, wie man es gewiß bei Männern nicht wieder findet. Und selbst von Frauen giebt es wenige, die Dich an Wärme des Gemüthes und an so rührend tiefem Mitgefühl für Andere übertreffen. Was mich bei Dir so rühren kann, ist die übergroße Bescheidenheit Deines Charakters und vor Allem die Gutmüthigkeit, die Du bei jeder Sache an den Tag legst. Sobald Du irgend Jemand unfreundlich begegnet bist, so thut es Dir nachher so leid und Du suchst es auf alle Weise wieder gut zu machen." —

Am 20. April 1842 ward in der St. Laurentii-Kirche zu Itzehoe der Ehebund geschlossen. Alle Geschwister des Bräutigams hatten sich auf seine Bitte eingefunden, die Zeugen seines Glückes zu sein. Auch der alte Pastor Knickbein fehlte nicht, in dessen Hause Moltke den ersten Unterricht genossen. Mit eigenem Wagen reiste das Paar nach Berlin, um dort sein erstes Heim zu begründen.

Schnell entflogen die ersten Jahre sonnigen Eheglücks. Im Herbst 1845 siedelte Moltke mit seiner jungen Frau nach Rom über. Mit lebhaftem Interesse folgte Marie seinen Streifzügen auf klassischem Boden. Sie theilte seine Arbeiten und Untersuchungen mit offenem Verständniß und ließ gleich ihm die Eindrücke der Natur in voller Wärme auf sich einwirken. Kam in der Fremde auch wohl ein Anflug von Sehnsucht nach der heimischen Erde gelegentlich über sie, so wußte sie diese bei dem unversiegbaren Schatze ihres frischen Humors tapfer zu überwinden.

Am 12. Juli 1846 entschlief der Prinz Heinrich von Preußen, zu dessen Begleitung Moltke nach Rom gesandt war. Dieses Ereigniß hatte für sie eine schwere Prüfung zur Folge, die erste längere Trennung von ihrem Gemahl. Während dieser die Ueberführung der Leiche nach Berlin zu leiten hatte, mußte Marie Zuflucht bei einer älteren Cousine, Comtesse Lottchen Brockdorff, suchen, welche mit ihrer Begleitung in Capo di Monte bei Neapel Aufenthalt genommen hatte.

Die Reise Moltkes auf der „Amazone" bis Gibraltar und von dort durch Spanien, Frankreich und Belgien nach Hamburg, woselbst er die Ankunft des Schiffes erwartete, behandelt sein in einem späteren Abschnitte dieses Werkes mitgetheilter Reisebrief.

Die einsame junge Frau durchlebte lange, bange Wochen der Ungewißheit über sein Schicksal. Jedes Unwetter mahnte sie an die Gefahren, denen sie ihren Gemahl auf hoher See ausgesetzt glaubte. Noch in Rom hatte er ihr gesagt, als er eine Thräne in ihren Augen glänzen sah: „Wer ohne rechten Grund weint, dem schickt Gott oft Ursache zum Trauern." Dieses Wort raubte ihr jetzt die Ruhe: „Das habe ich wohl bedacht und ins Herz geschrieben und jetzt eben, wo ich nichts von Dir wußte, als daß Du der Gefahr mehr ausgesetzt warst als je, da ist es mir immer eingefallen". Ihre Cousine war bemüht, ihr durch Ausflüge nach Sorrent, Capri oder auf den Vesuv über diese Zeit hinwegzuhelfen. Marie fand das rechte Gleichgewicht in ihrem Innern erst wieder, als endlich der erste Brief aus Gibraltar einlief und die folgenden ihr ein absehbares Ende ihrer Verbannung zeigten. Jetzt erst genoß sie in vollen Zügen, was ihr unter dem italienischen Himmel geboten wurde. Die Sorge ihres Mannes, daß sein Reiseglück ihn auf dem schwierigen Landwege hätte verlassen und später nach Hamburg führen können als die „Amazone" dort eintreffen würde, theilte sie nicht. „Fortuna ist in solchen Dingen so entschlossenen, raschen Leuten hold, die die Hindernisse zu nehmen wissen und die Sachen von der rechten Seite anfassen." Recht bezeichnend dafür, wie eng verschwistert und nahe bei einander heller Frohmuth und Gefühlstiefe in ihr wohnten, schreibt sie aus Capo di Monte: „Als ich (in Neapel) meinen Brief abgegeben hatte, kneipten wir bei einem bekannten deutschen Konditor ein, und als ich wieder ins Freie trat, hatte schon ganz Napoli und auch sein dunkelblauer Himmel über ihm seine tausend Lichterchen angezündet. Es war gar hübsch, so zurückzufahren. Um uns zu erwärmen, denn es war recht kalt, ließen wir uns den Wagen halb aufschlagen und sangen Straußsche Tänze, nach denen wir Beide in Berlin geflizt haben! Als unser Einspänner uns den Berg hinangezogen hatte, glänzte durch die Kronen der Pinien uns das rothglühende Feuer des Vesuvs entgegen und unsere Musik verstummte bei dem Wiedersehn. Nicht weit davon glänzte mir noch ein bläuliches Licht, Dein Stern, und strahlte so mild und schön, als wollte er mir sagen: Ich habe ihn nicht verlassen, danke Gott, daß Er ihn Dir bewahrt."

Noch im Winter 1846 konnte Moltke seine Frau in die Heimath zurückholen. Es folgten dann Jahre ruhigen Aufenthalts in Coblenz (1847 bis 1848) und in Magdeburg (1848 bis 1855) für ihn voll angestrengter Arbeit, dann wieder eine Zeit der Trennung, als Moltke den Prinzen Friedrich Wilhelm von Preußen nach England, Paris, Rußland und nach Schlesien zu begleiten hatte. Seit er im Jahre 1857 die Leitung des Generalstabes übernommen hatte, blieb das Ehepaar in Berlin vereint.

Wohin der Wechsel Beide führte, immer war es Mariens praktisch angelegte Natur und Tüchtigkeit, ihr Pflichtgefühl und ihr Schaffensdrang, welche die äußeren Bedingungen des Lebens regelten und behaglich gestalteten. Nicht allein über Haus und Küche, auch über Stall und Sattelkammer wachte ihr sachverständiger Blick, auf strenge Ordnung haltend. Sie führte die Finanzen und wußte mit Kompetenzen und Rationen oft besseren Bescheid als ihr vielbeschäftigter Gatte. Sie war von Kind auf eine gewandte und kühne Reiterin. Wenn sie an der Seite ihres Gemahls durch die Straßen Berlins oder durch den Thiergarten ritt, erregte die schöne, geschmeidige Gestalt gerechtes Aufsehen.

Sie war eine starke, markige Natur. Nichts Krankes war in ihr, nichts Kleinliches an ihr. Keine weibliche Schwäche focht sie an. Moltke schrieb einmal von ihr, er habe sie selten traurig, nie verdrießlich gesehen. „Launen kennt sie nicht und nimmt auch keine Kenntniß davon bei Anderen. Ein wirkliches Unrecht dürfte man ihr nie zufügen, sie würde es beim besten Willen nie verzeihen können; denn bei aller Heiterkeit des Gemüths hat sie einen entschiedenen, festen und tiefen Charakter, den sie in allen Widerwärtigkeiten bewähren würde."*) Entschlossen

---

*) Band IV, S. 117.

ging sie an jedes Hinderniß heran und standhaft trug sie, was ihr auferlegt wurde. Wohl hatte sie Freude am Leben, aber den Werth desselben maß sie an dem Glücke ihres Mannes. Er durfte es aussprechen, als der Tod sie ihm entrissen hatte: „sie hat ein selten glückliches Leben genossen." Wollte man peinlich suchen, ob gar nichts an diesem Glücke gefehlt, so läge es nahe, eine Frage aufzuwerfen, über die sie selber in sich zum Frieden gekommen war und die sie in einem Briefe unbefangen berührt: „Wenn Gott uns keine Kinder schenkt, so thut Er es nur, um mich zu bewahren, daß ich mich nicht ganz an diese Welt hängen soll. So weiß Er es mit jedem Menschen zu machen, daß ihm Etwas fehlt und er nicht zu überglücklich in dieser Welt ist, um ihn durch einen unerfüllten Wunsch an die Unvollkommenheit des Irdischen zu mahnen."

Nur um so inniger widmeten beide Ehegatten einander alle ihre Liebe. Es war viel Verwandtes in ihnen, und von dem, was jedem eigen war, störte nichts den reinen Einklang zwischen Beiden. Diejenige Eigenschaft der Gattin, welche dabei vor Allem ergänzend wirkte, war ihre lebhafte Heiterkeit, die sich oft zu lecker Fröhlichkeit und bis zum Uebermuth steigern konnte. Wo Marie eintrat, durfte man auf Ueberraschungen gefaßt sein und gewärtigen, daß sie durch ihre Ausgelassenheit das Unterste zu oberst kehrte. Durchaus fern von flachen Witzeleien, besaß sie die natürliche Gabe, ungesucht Lagen äußerster Komik zu schaffen. Sie sagte dann wohl selber: „mich stach der Hafer!" Ihrem Blicke entging keine Eigenthümlichkeit ihrer Umgebung. Wie die von aller Anmaßung freie Sicherheit des Auftretens ihr in keiner Lebenslage versagte, so war ihr auch bei allen harmlosen Streichen der erheiternde Erfolg gewiß. Denn nie war sie verletzend. Wie echt und ungekünstelt ihre gute Laune war, zeigt sie in einem Briefe selber, in dem sie sich gegen alle Vorwürfe mit ihrem Vater zu decken sucht: „Ein Erbtheil meines würdigen Squires, immer tolles Zeug im Kopf zu haben! Hätte ich nicht einen so nachsichtigen Gatten, der sich daran amüsirt, so wäre ich schlimm daran, denn ich kann es nicht lassen, sobald mir eine solche Idee kommt, sie sogleich zu äußern und mir mein Müthchen zu kühlen." Wohl rief der Gemahl manchmal warnend: „Marie, laß doch Deine Tollheiten!" Im nächsten Augenblicke hatte eine geschickte Wendung von ihr ihn selbst schon um seine Fassung gebracht. Bis in die letzten Lebensjahre konnte er nie so herzlich lachen, als wenn er aus längst vergangener Zeit an ihre Anzettelungen erinnert wurde, und sein Auge leuchtete auf, wenn er selbst davon erzählte.

Wenn sie ihren Gemahl in Gedanken antraf, den Blick in die weite Ferne versenkt, den Oberkörper leicht vornüber gebeugt, so konnte sie ihm wohl leise auf die Schulter klopfen und ihm zuraunen: „Gerade halten, Männchen!" um dann, einer unerwünschten Aufnahme ihrer Mahnung vorzubeugen, mit einem kühnen Sprunge in das Entlegenste, ernsten Gesichtes irgend eine sinnlose Unterstellung schnell und trocken hinzuzufügen, etwa: „Kein Wunder wenn Du so schlecht siehst". — Uebrigens vermied sie es gern, ihren Gatten mehr als einen Zeugen ihrer Laune sein zu lassen.

Andererseits war es seine Anregung, welche aus ihr nicht nur im besten Sinne des Wortes eine echte Soldatenfrau, sondern auch eine glühende Patriotin machte. Genau verfolgte sie alle militärischen Veränderungen und Beförderungen in persönlicher Theilnahme für die Betroffenen, nicht aus Ehrgeiz, denn ihrem Manne wünschte sie oft genug einen ehrenvollen Ruhestand nach aller Mühe und Arbeit, die sein Leben ausfüllten. Schon die sechzehnjährige junge Frau ließ sich gern von ihm in weihevoller Andacht an die denkwürdigen Stätten der preußischen Hauptstadt und ihrer Umgebung führen, von ihm lernte sie an den hohen Beruf des preußischen Staats und seiner Könige glauben, aus seinem Wirken erkannte sie, wie der sichere Erfolg der preußischen Waffen nur in unermüdlicher, ernster Arbeit vorbereitet werden kann.

In einem Briefe aus dem Sommer 1842 erwähnt sie

eines dreistündigen Reiseaufenthalts in Potsdam. Sie klagt, daß ihr Vater in so kurzer Zeit nicht ihr Begehr, die großen Denkstätten der Geschichte zu besuchen, habe erfüllen können. „Ich schlug ihm vor, Friedrichs des Großen Sarg zu küssen, aber auch das war ihm zu viel Mühe". Die Wirren der vierziger Jahre erregten sie tief. Als es bei den Mobilmachungsarbeiten im Jahre 1850 an Arbeitskräften gebrach, leistete sie ihrem Manne Schreiberdienste. Ihre feste Handschrift wird sich noch in manchen Akten auffinden lassen. Damals schrieb sie an ihren Schwager Adolf: „Möchte Gott denn diese Ermannung, wie wir sie seit lange nicht kennen, mit Sieg lohnen, möge es nicht zu spät gewesen sein und Preußen endlich zu seinem hohen Beruf in Deutschland gelangen mit raschen, festen Schritten. Ich danke Gott täglich, daß Helmuth sich so unmittelbar vor diesen Stürmen hat stärken und erfrischen können. Es fehlt ihm, wenn er so bleibt, nichts, um dem Vaterlande große Dienste zu leisten, das ist meine feste Ueberzeugung. Gott schütze und erhalte ihn, Preußen und uns. — Ich ginge so gern (ohne Scherz) als Trainsoldat mit Helmuth, aber das ist natürlich nicht möglich und sehr unvernünftig."

Ihre Zuversicht in die preußischen Waffen und in die Bedeutung ihres Mannes stand felsenfest. „Die Welt ruht nicht sicherer auf den Schultern des Atlas, als Preußen auf einer solchen Armee." Wie hoch muß ihr Herz geschlagen haben angesichts der preußischen Waffenthaten von 1864 und 1866. „Ein solcher Siegeslauf, wie der eben erlebte", schreibt sie am 12. Juli 1866, „ist noch nicht in der Kriegsgeschichte vorgekommen. Helmuth hat sich unsterbliches Verdienst erworben um den meisterhaften Plan, und die Armee hat ihn vortrefflich ausgeführt. Vor Allem gebührt Gott die Ehre, welcher sichtlich mit uns gewesen. Er helfe uns auch ferner zum Siege und zum Frieden!"

Den Siegeszug der deutschen Waffen nach Frankreich, die Aufrichtung des Deutschen Reiches zu erleben und ihren Gemahl auf die höchste Staffel seines Feldherrnruhmes gelangen zu sehen, war ihr nicht bestimmt. In der Christnacht 1868 riß ein tödtliches Fieber sie nach sechsundzwanzigjähriger Ehe von der Seite des liebenden Gatten. Mit ihm tief gebeugt umstanden ihre zweite Mutter und ihre Schwester das Sterbebett. Trauer um sie und Treue zu ihr sind nie aus dem Herzen des Gatten gewichen.

Ein Wort, das sie einmal von ihrer früh vollendeten rechten Mutter gesagt hat, gilt auch von ihr: „Es dürfen solche Menschen, die so vollkommen und rein sind, nur kurz auf Erden bleiben, weil sie dem Himmel angehören und der Welt nur auf kurze Zeit als Muster gezeigt werden."

In ihrer Scheidestunde hatte sie Gottes Segen auf ihren Mann herabgefleht. Ihr letztes Gebet galt dem Könige. —

Und dieser eilte selbst, mit seiner erlauchten Gemahlin den Vereinsamten und Gebeugten zu trösten. Die tiefe und edle Theilnahme, welche die Herzen durchzog, werden die folgenden Handschreiben bekunden.

25. 12. 68. 11 Uhr.

In diesem Moment erfahre ich, welch' ein schmerzlicher, schwerer Schlag Sie getroffen hat! Nichts hinieden ist vollkommen!

Ihr Name gehört der Geschichte aller Zeiten an, warum mußte bei solchem Verdienste die schöne Häuslichkeit zerstört werden! Ein Beweis mehr, daß Gottes Wege nicht die unsrigen sind! Gott wird Ihnen im gerechten Schmerz Seine Tröstung nicht vorenthalten.

Ihr
  treu ergebener
  dankbarer König
  Wilhelm.

Eben erst erfahre ich, welcher Schlag Ihre Seele schmerzlich erschüttert. Die unerforschlichen aber allweisen und fürsorglichen Rathschläge Gottes, die am heutigen Feste köstlich uns entgegentreten, vermögen allein den Trost zu gewähren, den solcher Schmerz bedarf!

Aufschluß über das Warum einer solchen Prüfung ist nicht dieser Welt vorbehalten, wohl aber der zukünftigen, in der uns der ewige Friede beschieden ist, und wo uns die bleibende Wieder-Vereinigung mit den früh verklärten, unvergeßlichen Seelen bevorsteht. In dieser Zuversicht; in dem Bewußtseyn seltner Pflichttreue; in dem Andenken an die treue Freundin, die Sie beweinen, in Ihrem ernsten Beruf für Gott, König und Vaterland, sey Ihnen die Kraft verliehn, diese Zeit der Leiden siegreich zu durchkämpfen.

In theilnehmendster Gesinnung
Ihre
Augusta.

Ew. Excellenz!

Wollen mir verstatten als Landsmann und Kamerad, daß ich Ihnen ausspreche, wie tief ich mit Ihnen fühle! Selbst in der Ehe sehr glücklich und selbst hierin wiederholt auf das Schwerste getroffen, weiß ich, was von einem Menschen gefordert wird, wenn er sein Liebstes auf dieser Erde hingeben muß, und soll sich doch in Demuth fügen und muthig der Hand von Oben still halten.

Möchte Ihnen diese Kraft nahe sein!

Daß ich diese Zeilen einige Tage zurückhielt, werden Sie verstehen.

Schwerin, d. 15. Jan. 1869.

Ew. Excellenz
ganz ergebener
Friedrich Franz.

Aufenthalt in Rom 1845 bis 1846.

Am 18. Oktober 1845 wurde Moltke zum persönlichen Adjutanten des in Rom lebenden Prinzen Heinrich von Preußen (Bruders des Königs Friedrich Wilhelm III.) ernannt und trat in Begleitung seiner Gemahlin und seines Bruders Ludwig (Vergl. Band IV, Seite 258 flgbe.) am 14. November die Reise dorthin an. Der Weg führte zunächst mit der Eisenbahn nach Leipzig; von hier ging es im eigenen Reisewagen und mit eigenen Pferden in gemächlichen Tagereisen mit gelegentlichem Aufenthalt in Nürnberg, Augsburg, München, Innsbruck über den Brenner nach Trient und weiter durch Ober-Italien nach der ewigen Stadt, wo die Reisenden am 18. Dezember eintrafen. Während der Reise und während der ersten Zeit des Aufenthalts in Rom führte Moltke ein Tagebuch, das aber meistens nur Stichworte enthält und auch große zeitliche Lücken aufweist. (Die letzte eingetragene Notiz, die unmittelbar auf eine andere vom 23. Januar 1846 folgt, datirt vom 23. April 1846.) Die wenigen, im Zusammenhange geschriebenen Stellen des Tagebuchs folgen nachstehend.

Im Anschlusse daran bringen wir zwei Abhandlungen: „Fidenä" und „Fossa Cluilia". Sie gehören zu dem vom Feldmarschall geplanten, zwar begonnenen, aber nie beendeten Begleittext, welchen er der von ihm aufgenommenen Karte der Umgebung von Rom beigeben wollte, und über den er auch in dem Briefwechsel mit seinem Bruder Ludwig (vergl. Band IV, Seite 273 flgbe.) sich eingehend ausspricht. Georg v. Bunsen hat die übrigen vollendeten Abschnitte des Begleittextes mit Genehmigung des Feldmarschalls als „Wanderungen um Rom" in dem „Wanderbuche"*) schon früher veröffentlicht, die hier folgenden beiden, Herrn v. Bunsen damals nicht zugänglich gewesenen Aufsätze sind der Rest dessen, was überhaupt zum Abschluß gelangt ist. Es darf übrigens nicht unerwähnt

*) Berlin, Gebr. Paetel, 5. Auflage 1890.

bleiben, daß in beiden Aufsätzen die Anlehnung an Riebuhr sehr deutlich*) hervortritt, was in Anbetracht der Zeit ihrer Entstehung nicht Wunder nehmen kann.

Als im Jahre 1849 das von Pius IX. abgefallene Rom von einer französischen Armee unter dem Befehl des Generals Oudinot angegriffen wurde und Garibaldi die Stadt kräftig vertheidigte, schickte Moltke seinen, während des Aufenthalts in Rom aufgenommenen und gerade in der Reinzeichnung fertig gewordenen, Plan der Umgegend von Rom an Alexander v. Humboldt mit der Bitte, ihn dem Könige vorzulegen, damit Seine Majestät die ihn sehr interessirenden kriegerischen Begebenheiten vor der ewigen Stadt bequemer darauf verfolgen könne. Diesem Umstande verdanken wir den Briefwechsel zwischen Moltke und Humboldt, der den Schluß dieses Abschnittes bildet.

Rom, 16. Dezember. Die Lage von Foligno, wo die Straße von Rom sich nach Florenz und Ancona verzweigt, ist militärisch sehr interessant. Die Stadt ist mit guten Mauern umschlossen und könnte, durch ein Truppenkorps unterstützt, wohl behauptet werden. Aber einen eigentlichen Sperrpunkt bildet sie nicht. Die Gegend ist eben, oder doch nur hügelig, obwohl sehr durchschnitten und bebaut. Der Ort ist ohne bauliches oder landwirthschaftliches Interesse. Eine schöne Eichengruppe am südlichen Ausgange erfreut den Nordländer durch ihr Grün in der sonst im Winter laublosen Landschaft. Die Straße zieht längs des sumpfigen Thales eines Baches, und die Gegend wird erst interessant, indem man sich Spoleto nähert. Wie alle etrurischen Städte liegt auch diese, von stattlichen Mauern umschlossen und von einem Kastell mit Cyklopenmauern gekrönt, am Fuße des Gebirges, die fruchtbare Ebene überschauend. Ein schöner Aquädukt führt über die Schlucht, welche die Höhe der Stadt von der Masse des Gebirges absondert.

---
*) Seite 181, 182, Coriolan betreffend, sind sogar fast wörtlich ausgezogen. (Vergl. Riebuhr, römische Geschichte, Bd. II. S. 265 flgde. 3. Auflage 1836.)

Gleich hinter der Stadt steigt die Straße an dem wüsten Thalbette eines Baches zur Somma empor. Wenn man bedenkt, daß dies die Hauptverbindung Roms mit dem übrigen Europa, die einzige zwischen den beiden Hälften des Kirchenstaats, ist, so muß man über die Schlechtigkeit derselben erstaunen. Ohne Ochsenvorspann kann selbst bei leichtem Fuhrwerk die Steilheit dieser Straße nicht überwunden werden; während man ohne Vorspann im Trabe über den Brenner fährt und schon hinüber ist, wenn man glaubt, das Steigen müsse erst anfangen, glaubt man hier eine viel bedeutendere Höhe zu überschreiten, als sie wirklich ist, denn kaum dürfte die Strettura*) höher als 2500 oder 3000 Fuß über dem Meere liegen. Dort angekommen senkt sich die Straße ebenso steil in ein Nebenthal der Nera nach Terni hinab. Die Landschaft nimmt sogleich einen ganz verschiedenen Charakter an. Aller Anbau fehlt, alle Bergwände sind statt wie bisher mit einzelnen laublosen Kastanien- und Maulbeerbäumen mit einem Walde immergrüner Eichen bedeckt, was einen sehr angenehmen Eindruck macht.

In Terni angekommen (1 Uhr Mittags) begaben wir uns sogleich zu Fuß an den berühmten Wasserfall, denn die Forderung des Posthalters ist zu unverschämt.

17. Dezember. Von Terni nach Nepi. Die mit dem Velino vereinigte Nera tritt bei Terni aus dem Gebirge und durchfließt eine weite, herrlich angebaute Ebene, die rings von Bergen umschlossen ist. Terni liegt an dem Fuß der Höhe, und man hat von der Promenade auf der westlichen Seite eine herrliche Aussicht über dies mit Maulbeerbäumen, Weinreben und Fruchtfeldern bedeckte Gelände. Zwei Meilen weiter abwärts treten die Thalhänge dicht aneinander, und die Nera bildet hier, um sich mit der Tiber zu vereinigen, ein wildromantisches Durchbruchsthal. Eine neue, gut geführte aber schlecht gebaute Straße wendet sich nach dem Thor von Narni hinauf. Von dort ist

---

*) Engpaß (hier wohl Paßhöhe). H.

der Rückblick auf die Ebene, welche man eben durchzogen, unbeschreiblich schön und lohnend. Wenige Schritte weiter und ein ganz verschiedener Anblick schließt sich uns auf. Von der Brüstungsmauer der Stadt blickt man in ein wildes Felsthal hinunter. Die schneeweißen, senkrechten Kalksteinfelsen stürzen wohl gegen tausend Fuß tief ab und lassen nur Raum für den Strom, welcher brausend mit trüber Fluth über Felsblöcke dahinschäumt. Herrlich zeichnet sich das dunkle Grün der immer frischen Eichen auf dem marmorähnlichen Fels ab. Die Lage des dortigen Gasthofs ist wohl mit die schönste, die man finden kann. Ein altes Kastell krönt die Stadt, und schöne Mauern umschließen sie, wie alle Städte dieser Gegend. Die Lage von Terni auf dieser Hauptstraße ist militärisch wichtig.

Die Straße zieht von Terni an in schwindelnder Höhe längs des linken Thalhanges der Nera eine Strecke fort, wendet sich dann über ziemlich unbequeme Hügel dem Tiberthale zu und senkt sich, an alten Grabmälern vorüberführend, nach Borghetto hinab. Dort führt eine schöne Brücke über den gelben Tiberstrom, hinter welcher eine halbzerstörte mittelalterliche Burg ihre Thürme und Zinnen erhebt. Hier erkannte man deutlich noch das alte Basaltpflaster der Via Flaminia. Die Gegend nimmt nun immer mehr den Charakter der Campagna di Roma an, das Grün der Bäume verschwindet, denn die wenigen Kastanienbäume stehen laublos da. Die Fruchtfelder werden selten, und weite Strecken unbebauten Landes verkünden den Mangel an Wasser, an Menschenkräften und an Sicherheit. Eigenthümlich sind die Thalbildungen. Die kleinsten Bäche haben sich tiefe Thäler in die weiche Masse der Tuff- und Travertin- (Peperin)-Felsen gebahnt; oder sind es vulkanische Klüfte wie die Sprünge in zu schnell erkaltetem Glase?*) Bei einer Tiefe von mehr als hundert Fuß sind die Wände vollkommen senkrecht und diese Thäler nicht eher wahr-

---

*) Ueber die geognostische Beschaffenheit der Umgegend Roms zu vergleichen: „Wanderbuch", 6. Auflage, Seite 41 flgbe. H.

nehmbar, als bis man dicht davor steht. Zwischen solchen Klüften liegt sehr malerisch Civita Castellana mit schönen Mauern, Kirchen, Thürmen und einer prachtvollen Brücke über den Abgrund. Aehnlich ist auch die Lage von Nepi, welcher Ort sich durch seine ungeheuren Mauern und ein seltsames Kastell (beide mittelalterlich) auszeichnet. Aus dieser Masse von Bruchsteinen und Ziegeln hätte man bei uns eine ganze Festung ersten Ranges erbaut. Hier umschließt sie die Wohnungen von 2000 Menschen. Das in den kolossalsten Dimensionen erbaute Rathhaus mit einer Fontäne aber ohne Fensterscheiben zeigt ungeheure Treppen und Hallen, aber kaum einen bewohnbaren Raum. Die Vorliebe eines Papstes für irgend eine Stadt seiner Geburt oder früheren Wirkens hat sich überall solche Denkmäler gesetzt, welche kaum einen anderen Zweck haben, als die Marmortafel mit prunkender Inschrift. So ist es auch mit der Brücke, deren Fundamente aus der Römerzeit, mit einer neuen Balustrade versehen, nun den Namen eines Pontifex maximus tragen, der die wirklichen Erbauer vergessen macht.

Nepi ist gewiß eines der unsaubersten Nester im Kirchenstaat, und das will viel sagen. Elender Gasthof in einem großen, einst prachtvollen Palast.

Botanische Reisebemerkung. Vom Brenner kommend senkt man sich schon hinter der Franzensfeste in die Region der Nußbäume und der Kastanien und Maulbeerbäume hinab. Bei Brixen fängt der Weinbau an; die ersten beiden Cypressen stehen bei Atzwang, und bei Botzen erblickt man Feigenbäume zwischen den Mauern. Der Oelbaum überschreitet die politische Grenze Italiens nicht, erst bei Peri entfaltet er sein blasses, aber immer dauerndes Grün, und zu Volano*)

---

*) Peri und Volano, Dörfer an der Etsch. H.

begrüßt der Lorbeer den den Süden suchenden Blick des Reisenden. Wahrscheinlich auf dem Treibhausfeuer eines Vulkans wuchert die Aloe an den von Erdbeben zerrütteten Mauern der Villa Pamfili. Eine Allee von großen, wirklich in der Mutter Erde wurzelnden Orangen erfreut unseren Blick in dem schönen Thale am Wasserfall von Terni, und eine vereinzelte Palme erhebt ihre schilfartigen Blätter auf dem Monte Cavallo zu Rom. Die Aloe blüht auf dem Monte Pincio und riesenhafter Kaktus steht an der Ripa bi Fiume dort.

Rom, 30. Dezember. Geburtstag Sr. Kgl. Hoheit des Prinzen.

Die Häuser in den italienischen Städten sind fast immer palastartig, ungeheuere Dimensionen oft der dürftigsten Wohnungen. In Rom hingegen herrscht ein wahrer Kasernenstil. Obwohl am Korso so viel auf der Straße zu sehen ist, sind doch auch hier die Fenster eng und werden es noch mehr durch die breiten Fensterrahmen. Die Scheiben sind grün und mit Messingstäben verbunden, die Brüstungen so, daß man sich nicht auflehnen kann. Die Zimmer sind nicht sonderlich hoch, die Thüren eng und schließen nicht, die Ausstattung der Gemächer bunt. Dagegen sind sie, wo sie an Fremde vermiethet werden, voller Möbel und stets mit Teppichen versehen. Parterre wohnt hier Niemand, Sonne ist sehr gesucht.

Rom dreht eigentlich der schönen Aussicht den Rücken zu: der Janiculus schneidet jede Fernsicht ab und bildet selbst einen ziemlich einförmigen Mittelgrund. Der größte Theil der Stadt sieht nur sich selbst. Aber jenseits, das verödete Trastevere, einst die vornehme Stadt, blickt über die weite Campagna zum Albaner- und Sabiner-Gebirge und bis zum Meere.

Aehnlichkeiten Roms mit Konstantinopel. Der recitirende Gesang, Liebe zu Schuß und Feuerwerk. Familienverhältniß der Dienstboten. Emporkommen des Geringen ohne wissenschaftliche Bildung zu den höchsten Würden. Gutes äußeres Benehmen. Verkauf der Aemter.

Wesentlicher Unterschied zwischen dem Verhältniß der Frauen in Rom und Konstantinopel: Die ersteren trugen ein strenges Joch der Sitte, die letzteren den Zwang der Einsperrung. Im Orient konnte es Weiber geben, die wegen Untreue ertränkt wurden, keine Lucretia oder Virginia.

1. Januar 1846. Rom wurde eine Weltstadt durch seine Männer, Konstantinopel durch seine Weltstellung. Von beider Macht ist nur ein Abglanz übrig. Aber das Schicksal von Byzanz beruht auf bleibenden Verhältnissen. Im Mittelpunkt der einen Hemisphäre, zwischen zwei Welttheilen und an zwei Meeren gelegen, muß es wieder emporkommen, sobald die umgrenzenden Länder der türkischen Barbarei entrissen sein werden. Immer wird es die Hauptstadt eines selbstständigen Reiches, sei es eines neuen griechisch- oder römisch- oder romanisch- oder germanisch-byzantinischen, sein. War doch durch mehr als tausend Jahre die Stadt allein ein Reich für sich. Rom hingegen entstand und blühte durch die Kraft der That; es sank mit ihr. — Die Eroberung hatte die äußersten Grenzen erreicht. Rom erstreckte sich vom Eismeer bis zur Libyschen Wüste. Es zerbarst in zwei Hälften, die äußeren Theile bröckelten ab. Seine Herrschaft erlag im Geiste der demüthigen Lehre Christi und im Aeußern der Faust der Barbaren. Während des mehr vernichtenden als schaffenden Mittelalters schien es, als solle die weltbeherrschende Stadt ganz veröden, und nachdem dieses zu seiner Blüthe gelangt, blieb Rom weit hinter seinen italienischen Städten und Staaten zurück, welche sich durch Handel, Künste, Thaten und Schriften erhoben und von ihrem oft so eng umgrenzten Heimathsgebiet entfernte Inseln und ausgedehnte Reiche beherrschten. Rom lag bis zum 15. Jahrhundert bis zu einem Grade verwüstet, den man sich gegenwärtig kaum noch vergegenwärtigen kann. — Nicht die That war es, welche das neue Rom aus dem Trümmerhaufen des alten wieder emporrichtete, sondern die Idee. Der wiederbelebte und herrschend gewordene Katholi-

zismus erhob es. Aber Rom lebt in dem Glauben und von den Spenden des katholischen Auslands, nicht durch sich selbst. Seine Felder liegen vielleicht für immer verwüstet, die Betriebsamkeit erlahmt an einer fiskalischen Verwaltung, dem Handel fehlen die gewaltigen Mittel der Schifffahrt, der Eisenbahnen und der Kapitalien, die Wissenschaft schmachtet in konfessionellen Banden, die Freiheit regt sich vergebens gegen die Bevormundung des Klerus, dem Ehrgeiz ist jede Laufbahn verschlossen als die der Kirche. Die Wissenschaft ist dem Glauben gewichen, das Schaffen dem Gebet. Der Einzelne wie der Staat zehrt von dem Erworbenen, ohne zu erwerben. Roms politische Bedeutung ist dahin, nur die konfessionelle ist geblieben. Daher eine Stadt von Kirchen, eine Verwaltung von Priestern, ein Adel von Prälaten, eine Bevölkerung von Bettlern. Wird das Alles bestehen? Die Beantwortung dieser Frage wird weit in das Schicksal aller Völker hineingreifen. Roms Zukunft hängt nicht von Rom, sondern von dem Gange der religiösen Entwickelung des Auslandes ab.

———

Das Thal der Tiber, welches oberhalb Roms fast durchgängig eine Viertelmeile breit ist, verengt sich zwischen dem Aventin und dem Janiculus auf weniger als tausend Schritt. Nahe oberhalb dieser Stelle fließt ein Bach in einer dem Tiberlauf entgegengesetzten Richtung in jenen Fluß ein. Die bedeutenden Wassermassen, welche Tiber und Anio bei heftigen Regengüssen aus dem Sabiner-Gebirge herabführen, und die noch jetzt ihre Wiesen zeitweise bedecken, mußten sich an dem gedachten Punkte stauen und die niedrigst gelegenen Senkungen des Terrains versumpfen. Von dem hohen Janiculus zurückgewiesen, wälzten sie sich gegen das niedrigere linke Thalufer, an welchem ihre Einwirkung in der Zerrissenheit des sonst so stetigen Zusammenhanges deutlich erkannt werden kann. Quirinal, Viminal, Esquilin und Coelius bilden nur Vorberge der großen Masse, welche mit einem langen Abfalle zum Anio, mit einem kurzen steileren sich zur Tiber senkt. Kapitol, Palatin und Aventin hingegen bilden getrennte Felskuppen. Denkt man sich die bis dreißig Fuß hohe Schicht von Schutt und Trümmern hinweg, welche heute das Forum Romanum und das Forum Trajani bedeckt, so mußte bei einem Wasserstande, der fünfundzwanzig Fuß den gewöhnlichen übersteigt, der Capitolinus eine Insel sein.

Nach Plutarch waren Roms Hügel Klippen und Wald. Auf dem Palatin stand ein Hirtendorf, und die Umgegend diente den Heerden zur Weide. Die Thäler waren sumpfige Wiesen oder Lachen, die Ufer des oft austretenden Tiberstroms ungangbar. So kam es, daß die ausgesetzten Kinder der Rhea Sylvia an einem Feigenbaume strandeten, dem ficus ruminalis, der durch viele Jahrhunderte mitten in der Stadt erhalten und heilig blieb. Auch die Strohhütte des Romulus auf dem Palatin ward bis auf Neros Zeit erhalten und ergänzt. Dieser Berg und der Capitolinus bildeten als Ausläufer des linken Tiberufers damals Halbinseln.

Das ursprüngliche Rom erstreckte sich nördlich noch nicht bis zum Anio, nämlich bis Antemnä, gegen Albano nur bis über den fünften Meilenstein, bis zu einem Orte, der Fasti hieß; südlich mußten die Salzwiesen an der Tibermündung erst von Veji erobert werden. Dies zwischen den älteren latinischen Städten eingeengte Gebiet war nachmals der eigentliche ager romanus; der 21. April wurde als der Gründungstag der Stadt gefeiert.

Romulus und Remus stritten sich, ob die Stadt auf dem Palatin oder Aventin gegründet werden sollte. Als Wahrzeichen erschienen in derselben Nacht dem Remus zuerst sechs, dem Romulus zuletzt zwölf Geier, die von Nord nach Süd zogen. Wie so oft später in Rom, entschied auch jetzt die Stärke über das Recht.

Die zwölf Geier sind der dichterische Ausdruck der alten etruskischen Weissagung, nach welcher Rom zwölf Säkula Dauer zugewiesen wurde. Diese Weissagung wurde nie vergessen und trifft wunderbar zu. Sie erfüllte im fünften Jahrhundert unserer Zeitrechnung die Anhänger des alten Glaubens mit Furcht, denn die demüthige Lehre des Nazareners hatte unter den Geringen, den Dürftigen und Unterdrückten eine solche Ausdehnung gewonnen, daß die Hohen, die Gewaltigen und Unterdrücker das Ende ihrer Herrschaft ahnten. Aber das tuskische Säkulum betrug 110 Jahre, somit betrug nach der Weissagung Roms Dauer 1320 Jahre, und sein Ende fällt auf das Jahr 591, das erste des Pontifikats Gregors des Großen, als die Stadt mehr als einmal erstürmt war, die Pest hinwegraffte, was das Schwert verschont, als die alten Geschlechter durch Totilas vernichtet, vom Senat nur der Name und von der Munizipalverfassung kaum noch eine Spur übrig geblieben war, als Roms Kaiser im Orient lebten, die Religion umgestürzt, das Herkömmliche verändert war, als ein neuer Glaube andere Tugenden predigte, andere Sünden verdammte und eine neue Zukunft lehrte, als die alten Wissenschaften und Künste erloschen, die Denkmäler verfielen und die einst hochverehrten Vorfahren rettungslos Verdammte geworden waren, als Rom, auf ewig der Waffen beraubt, das Haupt eines geistlichen Reiches geworden war.

Die Campagna. Zur Zeit der Könige waren selbst die Pontinischen Sümpfe noch gesund und bildeten eine dicht bevölkerte, blühende Ebene.

Während der Kriege der Republik nahm die Bevölkerung der Campagna ab, der Ackerbau wurde vernachlässigt, von fern das Korn nach Rom geführt. Cicero und Livius erwähnen schon die böse Luft im Stadtgebiet. Nur die Hügel waren noch gesund. Dieser Zustand war namentlich herbeigeführt durch die Zerstörung der latinischen Städte in der Ebene, von Veji, Antemnä, Fidenä u. a. Nur Sklaven bestellten das Land; eine eigentliche Landbevölkerung gab es nicht.

Unter den ersten Kaisern mag der Zustand sich etwas gebessert haben. Strabo schildert das Land als sehr fruchtbar und reich. Er bezeichnet als ungesund nur die Seeküste und Pometium. Die Campagna bedeckte sich mit prachtvollen Villen, zu denen die großen Reichthümer, welche von allen Seiten nach Rom flossen, die Mittel gewährten. Aber es gab keine Landgüter, nur Lustgärten und Paläste. Denn also schrieb Tiberius an den Senat: „Käme der Reichthum der Provinzen nicht unseren Herren und Sklaven zu Hülfe, würden wohl unsere Villen und Lustgärten uns Nahrung gewähren?" Unter Claudius schon war Hungersnoth in der Stadt, denn der Acker des Saturnus lag brach. Der Landbesitz wurde immer ausgedehnter und auf immer weniger Besitzer konzentrirt. Plinius sah in den ungeheuren Gütern den Verderb des Landes, und der Zustand scheint schon Aehnlichkeit mit dem jetzigen gehabt zu haben.

Endlich folgte die Verlegung des Herrschersitzes an den Bosporus und der Einbruch der Barbaren. Wer noch auf dem Lande wohnte, mußte Schutz in den Städten suchen, die dann selbst verheert wurden.

Auch im Mittelalter bestanden die Latifundien fort. Unter Gregor VII. (der selbst großer Grundbesitzer war) gehörte den Benediktinern von St. Paul eine Fläche von 70 000 Magdeburgischen Morgen oder drei Quadratmeilen. Die Grafen von Tuskulum, die Galera, Colonna, Orsini, Frangipani, Savelli, Stefaneschi, Anibaldi, Gaetani waren die mächtigsten Barone. Die Grafen von Tuskulum herrschten 200 Jahre in Rom, setzten Päpste ein und ab und bildeten eine Hauptstütze der schwäbischen und salischen Kaiser, bis Heinrich VI. den Römern Tuskulum in die Hände gab, die es von Grund aus zerstörten. Die Zahl dieser Barone war geringer als die der vormaligen Städte, deren Gebiet sie besaßen.

Um die Mitte des 8. Jahrhunderts entstanden die Kastelle, deren Trümmer noch jetzt aus der Ebene hervorragen. Es waren Versuche der Päpste, wieder eine Landbevölkerung zu schaffen, so Kastell Giubileo (Fidenä) 1300, Kastell Arcione 1400, Isola Farnese (Veji); sie wurden neue Räubernester. Der Kampf zwischen Heinrich IV. und Robert Guiscard vervollständigte die Verödung Roms, die Verlegung des Papstsitzes nach Avignon die der Campagna. Das Elend überstieg alle Grenzen um eben die Zeit, da die übrigen italienischen Städte sich wieder hoben. Der Ackerbauer fand in der ganzen Campagna keine Stätte mehr, die ihn schützte, kein Dach, unter welchem er die Nacht hätte zubringen können. Der Ackerbau hörte ganz auf und nur noch Weide deckte das Land.

Sixtus IV. ordnete an, daß Jeder, der wollte, ein Drittel jedes Besitzthums auch gegen den Willen des Besitzers anbauen durfte. Aber die Grundherren hinderten die Abfuhr des, wie es scheint, ziemlich reichlich gewonnenen Getreides und trieben Wucher damit. Je größer die Summen, die aus der katholischen Christenheit jetzt nach Rom flossen, je weniger kümmerte man sich um den Anbau der Campagna. Um die Mitte des 16. Jahrhunderts entstand schon die noch jetzt bestehende Kompagnie der Mercanti di Campagna, welche ihre eigenen Privilegien hat.

Pius VI. unternahm die Austrocknung der Pontinischen Sümpfe 1780. Er ließ die Campagna katastermäßig vermessen. Die Arbeit war in einem Jahre vollendet und ergab 777 000 Magdeburgische Morgen unter 362 Besitzer vertheilt, so daß jedem durchschnittlich 2154 Morgen gehörten. Nun besaßen aber zwei Drittel von diesem Flächenraume 113 Eigenthümer, also jeder durchschnittlich weit über 4000 Morgen. Die großen Fundatoren mußten durch Gesetze gezwungen werden, einen gewissen Theil ihrer Feldmarken dem Ackerbau zu widmen, sonst überließen sie Alles der Viehzucht. Aber gegen Ende des vorigen Jahrhunderts wurde dessen ungeachtet noch nicht der siebente Theil der Felderfläche bebaut. Ihr Ertrag überstieg nicht drei Fünftel des Bedarfes der Stadt. Und selbst dieser Anbau würde aufgehört haben, wenn nicht das Erbreich, nachdem es mehrere Jahre ungepflügt geblieben, auch zur Weide unbrauchbar würde. Alle Versuche der Regierung, eine Vertheilung an mehrere Eigenthümer zu bewirken, blieben fruchtlos.

Das Grundübel ist der Mangel an Ackerbauern, die auf der Scholle wohnen, die sie bearbeiten, ferner, daß nur Getreide gebaut wird, so daß wenige aufeinander folgende Jahre des Mißwachses selbst die neue Aussaat unmöglich machen können. Die Arbeiter werden aus dem Gebirge herbeigeholt, sie unterliegen sehr großen Mühseligkeiten und wagen Gesundheit und Leben, daher sehr hoher Tagelohn, folglich sehr große Auslagen an baarem Gelde, die nur wenige Kapitalisten zu leisten vermögen. Das einzige Mittel erscheint eine höhere Besteuerung der nicht angebauten Flächen; die großen Besitzer ziehen es vor, ihre Güter in eine einzige Pacht zu geben, da die Verleihung an kleine Pächter und Kolonen ihnen keine sichere Rente gewährt. Sie selbst sind nie Landwirthe. So nimmt die Zahl der Besitzer, wie der Mercanti di Campagna immer mehr ab. 1803 bewirthschafteten drei Männer ein Fünftel des ganzen Gebietes. Sie zahlten ungefähr 1½ Thaler Zins für den Morgen des anbaufähigen Landes. — Es wird vier Mal jährlich gepflügt. Von Oktober bis Mai arbeiten zwanzig-, von da bis Ende Juli dreißigtausend Leute in der Campagna, welche sämmtlich dort nicht wohnen, sondern in den Städten am Fuße des Gebirges zum Theil aus dem Auslande geworben werden. Sie werden beköstigt, und ihr Lohn ist immer im Steigen, so daß jährlich 50 000 Thaler für Arbeitslohn aus dem Lande gehen. Die Arbeiter haben etwa zwölf Groschen Tagelohn und Kost. Sie bringen die Nächte in den großen leeren Casali zu, die man auf jeder Tenute findet. Da diese oft entlegen sind, so lagern die Leute, welche den ganzen Tag, durch berittene Aufseher befehligt, in glühender Sonne gearbeitet haben, des Nachts sehr oft im Freien. Sie zünden ein Reisigfeuer an, aber der kalte Nachtthau durchbringt ihre Kleider; die Kost ist nur schlecht, Bohnen, Maisbrot und Gemüse, das Getränk Wein mit Wasser. Je später der Sommer, je verderblicher die Luft. Die Schnitter erhalten zwanzig Groschen, die Drescher, welche hauptsächlich die Spitäler füllen, über einen Thaler Tagelohn. Und doch ist es oft schwer, Arbeiter zu bekommen.

Der Fürst Rospigliofo hat in Zagarolo den Anfang gemacht, seine Ländereien parzellenweise in Erbpacht zu geben. Man fing mit Getreidebau an, ging aber bald zur Oelkultur, zu Obst-, Wein- und Gartenbau über. Die Luft hat sich sehr gebessert, und der Morgen zahlt zwei Thaler Zins. Aber freilich ist die Verpachtung von vielen Tausend Morgen an Einzelne zu zwar niederem aber sicherem Zins bequemer.

Fidenä.

Fidenä war ursprünglich eine tyrrhenische Stadt und wurde später eine Kolonie von Alba, dann von Rom. Nach ihrer Zerstörung bauerte sie als Dorf und Eigenthum von Privatbesitzern bis in das 8. Jahrhundert fort. Alle Angaben stimmen dahin überein, daß sie fünf Miglien von Rom am linken Ufer der Tiber lag. Livius*) nennt sie eine „hochgelegene und feste Stadt", sie ist also nicht auf den Thalwiesen zu suchen, welche den Ueberschwemmungen ausgesetzt waren, sondern auf dem hohen Thalufer, auf welchem jetzt die Villa Spada steht. Der Raum, welchen sie einnahm, ist von zwei tiefen Thälern umschlossen und für die Vertheidigung wohlgeeignet. Denn die Abfälle zu diesen Schluchten wie zur Tiber sind steil und schwer ersteigbar, so daß nur die schmale südöstliche Front sorgfältig befestigt zu werden brauchte. Man hat Fidenä zuweilen auf dem auffallenden, isolirten Hügel gesucht, welcher Castel Giubileo trägt. Allein dieser war selbst für eine mäßige Stadt viel zu klein und liegt überdies 6½ Miglien vom Collinischen Thore entfernt. Auch die Arx von Fidenä konnte dort nicht stehen, da sie ganz von der Stadt getrennt gewesen wäre. Aus der Erzählung der Belagerung*) geht deutlich hervor, daß die Burg innerhalb der Stadtumwallung lag.

Die Streitigkeiten zwischen Rom und Fidenä beginnen schon unter Romulus und dauern durch drei Jahrhunderte fort. Die Stadt wurde früh schon unterjocht und zur Kolonie umgewandelt, d. h. man ließ den früheren Bewohnern zwei Drittheile, auch wohl nur ein Drittheil der alten Feldmark und belehnte mit dem Rest die römischen Ansiedler. Natürlich suchten die ursprünglichen Besitzer, sobald die Verhältnisse ihnen günstig waren, die Eindringlinge zu vertreiben und ihr altes Eigenthum wiederzugewinnen. Ihren letzten Befreiungsversuch machte die Stadt 317, gestützt auf die Hülfe der Vejenter und Falisker. Sie vertrieben die Römer, von denen jedoch einige, durch sechzigjährigen Besitz mit den Fidenaten verschmolzen, zurückblieben und ihre Sache theilten.

---

*) Livius IV. 22.

Da die Verbündeten bis vor das Collinische Thor streiften, so entschloß im folgenden Jahre der Senat sich bei der dringenden Noth, den Mamertus Aemilius zum Diktator zu ernennen.

Hierdurch gewarnt und eine ungewöhnliche Machtentfaltung erwartend, zogen die Fidenaten sich über den Anio auf die Höhen zwischen dem Flusse und ihrer Stadt zurück. Als die Legionen der Falisker zu ihnen stießen, rückten sie in die Ebene hinab und lagerten vor den Mauern von Fidenä, etwa bei Villa Phaonis. Der Diktator verschanzte sich in dem Winkel, wo beide Ströme zusammenfließen. Beide Heere waren sonach nur zweitausend Schritt voneinander getrennt. Die freie Tiberwiese bildete das Schlachtfeld.

Am zweiten Tage rückten beide Theile aus ihren Verschanzungen vor. Die Schlachtordnung der Verbündeten war so, daß ihre Rückzugslinien sich nicht kreuzten, die Vejenter rechts, die Fidenaten in der Mitte, die Falisker links. Noch zögerte der Angriff, denn der Diktator blickte rückwärts, um auf dem Capitol (welches übrigens von hier nicht zu sehen ist) das Zeichen zu erkennen, welches ihm berichten sollte, ob der Vogelflug günstig gewesen sei. Dann stürzte sich Alles vorwärts zum Angriff, vorauf die Reiterei aus der Mitte der römischen Stellung. Die feindliche Reiterei, welche am längsten Stand gehalten hatte, wich endlich auch, und der Diktator auf dem rechten Flügel hieb die nach ihrem Lager flüchtenden Feinde nieder.

Die Vejenter hatten eine Abtheilung entsendet, welche über die Berge die römische Stellung umgehen und während der Schlacht ihr Lager erstürmen sollte. Dieser Plan, welcher das Gefecht selbst nicht entscheiden konnte, mißlang völlig. Cossus setzte mit der Reiterei über die Tiber und verfolgte die Vejenter, die Fidenaten flüchteten in die Berge und die Falisker, die von dem Ausgange des Krieges nicht so unmittelbar berührt wurden zogen in ihre Heimath. Aber Fidenä war noch nicht wieder gewonnen und behauptete seine Unabhängigkeit bis in das vierte Jahr.

Rom war in dieser Zeit von furchtbaren Seuchen heimgesucht, man glaubte an die Möglichkeit eines allgemeinen Aussterbens, und die Fidenaten und ihre etruskischen Verbündeten lagerten aufs Neue vor dem Collinischen Thore. Da ernannten die Konsuln den Aulus Servilius zum Diktator. Livius berichtet, dieser habe die Etrusker bis nahe vor Nomentum getrieben, sie dort in offener Schlacht besiegt und sie von da in die Stadt Fidenä getrieben. Das erscheint ganz widersinnig. Wie hätten die Etrusker sich so ganz von ihrer Heimath abwenden sollen? Jedenfalls wären sie bei Nomentum schon weit über Fidenä hinausgedrängt gewesen, und die Römer müßten absichtlich zurückgegangen sein, um ihnen den Rückzug nach Fidenä zu gestatten. Denkbarer ist, daß das Gefecht nicht bei Nomentum, sondern an der Nomentanischen Brücke stattfand. Fidenä wurde nun belagert, indem man die Stadt mit einem Wall umschloß. Darunter ist wohl nur zu verstehen, daß die Römer sich auf den Höhen südlich derselben verschanzten. Ein Blick auf die Oertlichkeit zeigt, welche große Ausdehnung eine wirkliche Circumvallation gehabt haben müßte. Die tiefen Schluchten machten sie auf zwei Seiten entbehrlich, und auf der dritten, wo die Tiber bis hart unter die steile Höhe herantritt, war sie unausführbar. Ohne Zweifel griff man den Ort von Südosten her an, wo der Hügel mit dem übrigen Tafellande durch einen dreihundert Schritt breiten Höhenrücken zusammenhängt. Allein die hohen Mauern ließen die Leiterersteigung nicht zu. Die bloße Einschließung führte zu nichts, da die Stadt mit Lebensmitteln überreichlich versorgt war. Auch konnte die Verbindung mit dem vejentischen Ufer der Tiber schwerlich unterbrochen werden. Der Diktator beschloß daher „von einer Gegend, die ihm ihrer Nähe wegen bekannt war, im Rücken der Stadt, wo diese ihrer großen natürlichen Festigkeit halber nur schwach besetzt war, einen Erdgang zur Burg hinaufzutreiben." Tag und Nacht beschäftigte er den Vertheidiger an den entgegengesetzten Fronten durch verstellte Angriffe, um seine Aufmerksamkeit abzulenken, bis der Weg hinauf fertig war. Die Fidenaten erkannten die Gefahr erst, als das Siegesgeschrei ihrer Feinde über ihrem Haupte die Einnahme der Burg und somit der Stadt verkündete.

Wenn das römische Lager so stand, wie wir angenommen, so dürfte der Stollen ganz nahebei in der nördlichen Schlucht durch die steile, aus weichem Tuff gebildete Felswand getrieben worden sein. Vielleicht kam es nur darauf an, nahe unter der Burgmauer durchzubrechen. Der Anfang des Unternehmens konnte aber wegen der Steilheit des Hanges nicht entdeckt werden, und das Gelingen erkannte man erst, als es zu spät war. Es liegt hierin nichts Unmögliches oder selbst nur Unwahrscheinliches.

Die Urheber des Abfalls der Stadt mußten jetzt ihr Beginnen büßen, die römischen Kolonen wurden zurückgeführt und ihre Zahl sieben Jahre später vermehrt, was natürlich den Besitz der ursprünglichen Bewohner nochmals schmälerte. Ein Theil derselben wurde nach Ostia verwiesen. So empörte die Stadt sich im Jahre 329 aufs Neue und die Vejenter setzten über die Tiber, um sie zu unterstützen. In dieses Jahr fällt nach Diodor, und wie es allerdings sehr wahrscheinlich ist, der Mord der Gesandten, deren Standbilder auf der Rednerbühne zu Rom aufgestellt waren. Ob der vejentische König Lar Tolumnius den Befehl zu jener Frevelthat beim Würfelspiel gab, mag unentschieden bleiben, aber klar ist es, daß er wünschen konnte, die Fidenaten durch einen solchen unverzeihlichen Schritt auf immer von Rom zu trennen.

Abermals wurde Mamertus Aemilius zum Diktator ernannt. Das römische Heer, welches eben erst eine Niederlage vor Veji erlitten hatte, wurde von dort abberufen und bezog ein Lager vor dem Collinischen Thore. Die Mauern der Stadt waren besetzt, die Kaufläden und Gerichte blieben geschlossen.

Der Diktator rückte vor und schlug sein Lager dreitausend Schritt diesseits Fidenä auf. Der linke Flügel lehnte also ungefähr beim Canneto Biondi an die Tiber, der rechte stand auf den Hügeln nördlich der Fontana. Den Quinctius Pennus schickte er mit einer Abtheilung weiter rechts, wo die zusammenhängende Höhe ununterbrochen zur Stadt hinabzieht. So bedrohte dieser Fidenä selbst an der angreifbaren Stelle, das Lager der Verbündeten aber im Rücken. Sobald Quinctius in der Nähe der Burg angekommen war, erfolgte der Angriff des Diktators. Das Fußvolk rückte an und focht mit ungestümer Hitze. Dem Magister equitum ertheilte der Dictator die Weisung, nicht ohne seinen besonderen Befehl anzugreifen. — Nach dem Bericht des Livius zog jetzt eine abenteuerliche Schaar aus dem Thore von Fidenä herab; sie war mit brennenden Fackeln bewaffnet und verbreitete Entsetzen, wohin sie kam. Aber die römischen Reiter zäumten ihre Rosse ab und spornten sie mitten in die Flammen hinein. — Wir wollen diese Ausschmückung auf sich beruhen lassen, es scheint jedoch, daß die römische Reiterei den Sieg entschied, und wahrscheinlich war es damals, wo Cossus den treulosen König Tolumnius erlegte, sein Haupt auf die Lanze steckte und die Rüstung des Feindes dem Jupiter Feretrius weihte.

Jetzt wurde die Umgehung des Quinctius wirksam. Sein Erscheinen bestimmte die Verbündeten zur Flucht. Die Vejenter suchten sich durch den Strom, die Fidenaten in die Stadt zu retten. Aber Quinctius drang mit ihnen durch das Thor und besetzte die Mauer. Da rief der Diktator seine Leute von der Plünderung des Lagers ab, ihnen die größere Beute der Stadt verheißend. Dort eingedrungen, verfolgte er die Fliehenden in die Burg. Das Gemetzel in den Straßen dauerte fort, bis die Fidenaten die Waffen wegwarfen und sich auf Gnade und Ungnade ergaben. Stadt und Lager wurden geplündert, die Bewohner, welche das Blutbad überlebten, in die

Knechtschaft verkauft, und der Name Fidenä wurde wie der von Gabii das Symbol eines veröbeten Fleckens.

Welche Verheerungen noch später über diesen einst so dicht bevölkerten Hügel hergezogen sind, wissen wir nicht. Wahrscheinlich verwandelte sich sein oberer Rücken in eine römische Gartenanlage, von welcher man die breiten, im Frühjahre von Millionen Narzissen gelb gefärbten Wiesen und den schlängelnden Lauf der Tiber bis zum Hügel von Antemnä überblickt. Gegenwärtig erhebt sich am Abhange zur Salarischen Straße ein bescheidenes Landhaus, welches zwar den glänzenden Namen Villa Spada trägt, aber keinen Vergleich aushält mit den prachtvollen und mit Kunstschätzen geschmückten Anlagen in der Nähe der Stadt.

Von Interesse sind einige Mauerfundamente auf dem schmalen Bergrücken, welcher den Hügel mit dem übrigen Tafellande verbindet und auf welchem ohne Zweifel die Stadtmauer von Fidenä gestanden hat. Wir wollen jedoch keineswegs behaupten, daß sie dieser Mauer wirklich angehört haben.

Fossa Cluilia.

Dieser Name stammt aus einer Vorzeit, welche älter ist, als die Sagenzeit Roms. Livius bemerkt, daß jene Fossa längst verschwunden sei, und hält sie für den Pfahlgraben, welcher das Lager eines albanischen Königs umschloß. Die Lage des Ortes wird aber genau angegeben; an der alten inaugurirten Grenze von Rom und Alba auf der Via Latina, fünf Meilen von der Stadt, welche Entfernung von der alten Porta Capena an gerechnet werden muß.

Es ist aber sehr wahrscheinlich, daß die Fossa Cluilia einer der beiden Abzugsgräben ist,*) durch welche einst das Thal von Grotta Ferrata am Fuße des Albaner-Gebirges entwässert und aus einem See in ein fruchtbares Kessellland umgewandelt wurde. Der erste dieser Kanäle fließt in den Anio, der zweite hier in Rede stehende ist mittelst eines großartigen Emissars**) tausend Schritte weit durch eine Felshöhe getrieben, und zieht dann in der Richtung auf Rom fort. Obwohl nun dieses Wasser trübe und schlammig, so ist es in der hier ganz dürren Campagna ein wahrer Segen für Vieh und Felder, und wenn der Urheber kaum einen Platz in der Geschichte findet, so dauert die Wohlthat seines Schaffens noch jetzt nach britthalb tausend Jahren fort. Als den Gründer dieses Unternehmens dürfen wir wohl den albanischen Diktator annehmen.

Da wo dieser Cluilische Graben die altrömische Grenzmark erreicht, ist er in das oberste Ursprungsthal (fossa del Calicetto) des Almo geleitet und würde, sich selbst überlassen, durch das Thal der Egeria unterhalb Roms in die Tiber fließen. Aber schon die römischen Könige erkannten den Vortheil, welchen sie von einer beträchtlichen Wassermasse in einem solchen Niveau ziehen konnten.

Ancus vielleicht schon benutzte die von Alba unabsichtlich gebotene Gabe zu seinem Quiriten-Graben, welcher die neuen Stadttheile gegen Süden schützte. Man leitete die Waffer in einer künstlichen Furche theils am sanften Abhange, theils über den Rücken der hier sehr flachen Hügel bis zum Ursprunge des nur dreitausend Schritte langen Baches, welcher bei Porta S. Gio-

---

*) Niebuhr, Berichtigung und Zusätze zur Römischen Geschichte, Seite 42.
**) Fabretti, de aquis et aquaeductibus.

vanni an die Stadtmauer herantritt, dann durch die Porta Metronis in die Stadt eintritt und die Senkung zwischen dem Palatin und Aventin, das Murcische Thal, bildet. Der Terrainkenner sieht leicht, daß die heutige Marrana, bei den Alten Aqua crabra genannt, bis Villa Santa Croce kein natürlicher Wasserlauf ist. Wahrscheinlich zu Agrippas Zeit wurde diese Leitung zur Speisung einer Piscina verwendet, welche zum Baden diente und nahe der Stadtmauer lag, weiter unten durchfloß sie den Circus maximus.

Der Punkt nun, wo die Cluilia endet und die Crabra beginnt, an der alten Grenze genau fünf Miglien von Porta Capena, würde das Casale von Roma Vecchia sein, wo jetzt eine kleine Brücke über die Marrana liegt und der Graben die alte Via latina durchschneidet, welche, älter als die Appia, damals nach Alba führte. Wir haben deshalb den Namen Fossa Cluilia an diesen Punkt unserer Karte gesetzt, obwohl nach dem oben Gesagten er dem ganzen oberen Zuge des Baches gebührt. In der Gegend dieses Casales muß auch das verschanzte Lager des albanischen Prätors gestanden haben.

Zwei große Begebenheiten der römischen Geschichte knüpfen sich an den Namen Cluilia. Die erste, im Jahre 82 nach Erbauung der Stadt, also aus der fernsten Sagenzeit, ist der Kampf der Horatier und Curiatier, zu bekannt und zu sehr Fabel, um viel darüber zu sagen.

Von all den vielen Trümmern, welche jetzt diese Gegend umstehen, den Gräbern der latinischen Straße, dem Bogen der Wasserleitung, den mittelalterlichen Mauern von Settebasi, von alledem war damals nichts vorhanden, und das freie ebene Feld zwischen beiden Lagern mochte ganz geeignet sein zum Schauplatze des Kampfes, welcher über Albas Schicksal entschied. Mit seiner dreifachen Beute zog der einzige überlebende Horatier von hier nach Rom zurück, gefolgt von den jubelnden Schaaren der Römer. Aus dem Thore trat ihm ein Weib entgegen mit auf-

Die Horatier und Curiatier.

gelöstem Haare und thränenvollen Augen, die seinen Sieg verfluchte. Ein solcher Mißklang in der allgemeinen Freude, ein so schneidender Gegensatz zu der patriotischen Begeisterung schien dem leidenschaftlich erregten Jüngling ein Verrath am Vaterlande. Sein Schwert durchbohrte die Unglückliche. Aber dies Weib — war seine Schwester, der gefallene Curiatier, um den sie wehklagte, war ihr Verlobter. Das römische Volk war ungewiß, ob der Sieg des Jünglings ruhmwürdiger oder seine rasche That verruchter sei.

Fast zwei Jahrhunderte später, im Jahre 266 nach Erbauung der Stadt, erschien am Cluilischen Graben ein erbitterter und furchtbarer Feind Roms.

Cnäus Marcius, von seinen Siegen mit dem Zunamen Coriolanus beehrt, war von edlem Geschlechte und besaß hohes Ansehen im Senate. Mit seinen Hörigen führte er allein den Krieg gegen die Antioten und theilte die Beute unter sein Gefolge, als die Tribunen den Konsuln verweigert hatten, ein Heer auszuheben. Während einer furchtbaren Hungersnoth langte endlich Getreide aus Sicilien an; da rieth Coriolan im Senat, dem Volke nur dann diese Vorräthe zu öffnen, wenn sie dem auf dem heiligen Berge von ihm ertrotzten Tribunat entsagten. Die Tribunen zogen ihn vor Gericht, und zwölf gegen neun Tribus sprachen seine Verbannung aus. — Er ging zu den Volskern; mit ihnen eroberte er die römischen Kolonien und alle latinischen Städte.

Rom stand vereinzelt, ohne Bundesgenossen, im Innern von Parteien zerrissen. Es war unmöglich, ein Heer aufzubringen, kaum vermochten die Bürger die Thore und Mauern zu bewachen. Da stellte der Senat den Cnäus als römischen Bürger her und die Gemeinde bestätigte den Beschluß, welchen fünf Consulare überbrachten. Der Sieger forderte die Zurückgabe der den Volskern entrissenen Ländereien, Abberufung der dort angesiedelten Kolonen, Bündniß und Municipium. Sich zu entschließen gestattete er den Römern die fetialischen Fristen von dreißig und drei Tagen, waren diese verflossen, so lag es in seiner Brust, sich zu entscheiden.

Aber diese Bedingungen waren nicht das Härteste, was Rom von seinem gekränkten Sohne zu befürchten hatte.

Der Stadt drohte das nächst feindlicher Eroberung schrecklichste Schicksal, der siegreiche Einzug einer Schaar von Verbannten aller Stände, welche nicht nur ihre früheren Rechte, ihr geraubtes Eigenthum zurückverlangten, sondern auch Rache für ihre langen Leiden üben wollten, eine Bande durch Unglück und Elend verhärteter und erbitterter Räuber, deren Genosse und Führer Coriolan geworden war. Hätte er sie auch von Missethaten abhalten wollen, sie waren sein Volk, wie hätte er sich von ihnen trennen können?*)

Als die dreißigtägige Frist um war, kamen die zehn Aeltesten des Senats, das Erbarmen des Feindes anzurufen. Sie wurden mit Drohungen fortgeschickt. Am folgenden Morgen erschienen im feierlichen Zuge die Flamines, die Pontifices, die Auguren und andere Priester; auch sie flehten vergebens. Wenn nun noch die nächste Sonne über dem Zorn Coriolans unterging, dann führte er sein Heer über die noch nicht betretene Grenze der hülflosen Stadt.

Da zog die letzte Gesandtschaft Roms an den Cluilischen Graben. Es war Veturia, die betagte Mutter, Volumnia, die Gattin Coriolans, mit seinen beiden Knaben an der Hand. Ihr Wehklagen, der angedrohte Fluch der ehrwürdigen Matrone erweichten das Gemüth des Zürnenden, erschütterten seinen Sinn. „Mutter", rief er unter heißen Thränen, „Du hast gewählt zwischen Rom und Deinem Sohne, mögen sie es Dir danken; mich siehst Du nimmer wieder!" Er entsagte der Heimkehr, die er den Genossen nicht gewähren konnte, und endete seine Tage

---

*) Niebuhr, Röm. Gesch. II. 271.

in der Verbannung. Erst als Greis, klagte er, fühle man, wie elend das Leben in der Frembe sei.

Als der Tod ihn erlöst', trauerten die Matronen ein Jahr um ihn. Zum zweiten Male waren es die Frauen gewesen, die Rom erretteten, als die Männer es nicht mehr zu schützen vermochten. Sie erbauten den Tempel der Fortuna muliebris zum Andenken an ihr Glück, und man glaubt, die Reste dieses Heiligthums in einem der Trümmer an der Via Latina zu erkennen.

Briefwechsel mit Alexander v. Humboldt
mit Bezug auf die Karte der Umgegend von Rom.

I. Moltke an Humboldt
(nach dem vorliegenden Konzept).

(Ohne Datum. Magdeburg, Juni 1849.)

Euer Excellenz bitte ich gehorsamst, eine Original-Aufnahme der Campagna von Rom, soweit sie die nächste Umgebung der Stadt bildet, ehrerbietigst vorlegen zu dürfen.

Die mir im Collegio Romano bereitwilligst mitgetheilten Positionen einer Anzahl astronomisch bestimmter Punkte bilden die Basis der Arbeit. Es waren:

die Sternwarte des Collegio,
die Kuppel von St. Pietro,
Villa Ludovisi und
Vigna Negroni,

von welchen aus ich eine große Menge sich auszeichnender Gegenstände trigonometrisch festlegen konnte. Selbige wurden auf neun Blätter übertragen und das Detail der Karte mit dem Meßtisch aufgenommen.

Auf diese Weise gelang es, in einem Jahre reichlich zehn Quadratmeilen zu vermessen. Bei den mir damals zu Gebote stehenden Mitteln durfte ich hoffen, die Aufnahme bis an das Meer und die Albaner und Sabiner Berge auszudehnen und so eine wirkliche Karte des Patrimonio di St. Pietro zu Stande zu bringen. Der plötzliche Tod Seiner Königlichen Hoheit des Prinzen Heinrich von Preußen beendete meinen Aufenthalt in Italien und vereitelte die Durchführung meines lebhaftesten Wunsches.

Von Rom selbst giebt es bekanntlich eine große Zahl sehr genauer Pläne. Die Gebäude, Straßen und Plätze der eigentlichen Stadt konnten daher unmittelbar übertragen werden, und es blieb nur übrig, unter all diesen mächtigen Bauwerken der Gegenwart und der Vergangenheit das Terrain der sieben Hügel herauszufühlen. Größere Schwierigkeiten bot das sogenannte Suburbano, der durchschnittlich eine Meile breite Gürtel von Villen und Vignen, welcher die Stadtmauer umgiebt und auf den Städteplänen nicht mit verzeichnet ist. Zwischen hohen Mauern und Bäumen bildeten Boussole und Schrittmaß den Ariadnefaden durch das coupirte Terrain. Erst nach vollendeter Arbeit wurde mir durch die Gefälligkeit des Herrn Calandrelli eine Katasteraufnahme dieser Grundstücke zugänglich, nach welcher die unvermeidlich entstandenen Abweichungen und die genaue Projektion der Bauten sorgfältig berichtigt wurde.

Mit den letzten Marken des gedachten Gartengürtels fängt die völlig freie, aber sehr accidentirte Campagna an, welche sich bis zum Fuß der Gebirge und bis zu den Pinienwäldern am Meeresufer hinzieht und von Tiber und Anio mit ihren Nebenflüssen durchschnitten wird. Hier sind es nun die festungsähnlichen

Tenuten oder Meierhöfe, sowie die Trümmer der Gräber und Tempel, welche dem Aufnehmenden die willkommenste Orientirung gewähren.

Es ist unglaublich, daß von einem Schauplatz, welcher zweimal den Mittelpunkt der Geschichte bildete und welcher alljährlich von Tausenden von Besuchern durchstreift wird, bis jetzt keine einzige Detailkarte existirt, die nur einigermaßen den billigsten Anforderungen entspricht. Eine wirkliche Aufnahme liegt keiner der bisher erschienenen Karten zu Grunde. Erst durch eine solche lassen sich aber eine Menge geschichtlich interessanter Lokalitäten bestimmt angeben, die Richtungen der alten Straßen (namentlich aus den Gräbertrümmern) nachweisen und die meist poetischen Ueberlieferungen der früheren römischen Periode auf ihren wirklichen Werth zurückführen, denn die Oertlichkeit bildet, ich möchte sagen, den fossilen Knochenrest, aus welchem sich eine längst vergangene Begebenheit nachkonstruiren läßt.

Der enge Raum des zur Ausführung Gekommenen umfaßt nichtsdestoweniger einen Raum von welthistorischem Interesse. Er enthält fast den ganzen Schauplatz der vier ersten römischen Jahrhunderte, die Lage der Städte Antemnä, Fidenä und Veji, die Schlachtfelder an der Allia und Cremera, die Milvische Brücke, die Fossa Cluilia, den Mons sacer, das Grab der Metella, die strahlenförmig auslaufenden alten Straßen und Wasserleitungen auf die Entfernung von 10 bis 15 Miglien, die Burgen der Savelli und Gaetani, den Lieblingssitz Leos X., Magliana, und so manchen anderen wichtigen Punkt des Mittelalters.

Nach meiner Rückkehr hat die Reinzeichnung des Planes der Hauptmann Weber (Platzmajor in Wesel) übernommen. Bei der sorgsamsten Ausführung hat derselbe gegenwärtig sechs Blätter fertig, die drei östlichen aber noch unter Händen. Wenn ich mir nun gestatte, schon heute Euer Excellenz eine noch unvollendete Arbeit vorzulegen, so geschieht es, weil in diesem Augenblick die französische Expedition die allgemeine Aufmerksamkeit auf Rom lenkt und das Angriffsterrain in den fertigen Blättern enthalten ist. Vielleicht würden Euer Excellenz sich veranlaßt sehen, Seiner Majestät dem Könige eine Karte vorzulegen, aus der alle bisher in den Zeitungen namhaft gemachten Punkte leicht aufzufinden sind. Insofern Euer Excellenz überhaupt diese Arbeit einer solchen Auszeichnung würdig erachten, würde ich stolz darauf sein, sie der Beurtheilung des erlauchtesten Kenners zu unterbreiten, dessen treues Gedächtniß alle jene Lokalitäten auf überraschende Weise aufbewahrt hat.

Euer Excellenz gehorsamster

v. Moltke.

II. Humboldt an Moltke
(nach der Abschrift von Moltkes Hand).

Potsdam, 29. Juni (1849).

Hochverehrtester Herr Major.

Ganz beschämt, durch einen neuen Beweis Ihres gewogentlichen und so freundlichen Andenkens überrascht zu werden, ehe ich Ihnen für Ihr schönes Geschenk der Europa und Asien trennenden und geographisch so merkwürdigen Meerenge*) meinen Dank dargebracht, eile ich Ihnen heute schon zu melden, welche Freude Ihre gestrige Sendung auf dem „historischen Hügel" erregt hat. Sie haben einen der sehnlichsten Wünsche des Königs auf das Höchste befriedigt. Bei dem warmen Interesse, welches

---

*) Karte des nördlich befestigten Theiles des Bosporus von den Hissaren bis zu den Leuchtthürmen am Schwarzen Meer. Im Auftrage Sr. Hoheit des Sultans Mahmud II. aufgenommen in den Jahren 1836—87 vom Freiherrn v. Moltke. Maßstab 1:25000. Simon Schropp. 1846.

H.

Seine Majestät an der unheimlichen Belagerung von Rom gegen die Aurelianische, für so unbedeutend gehaltene, Befestigung nimmt, war jeden Abend die Klage, keinen Plan zu haben, auf dem auch nur die Villa Pamfili zu finden sei. Ew. Hochwohlgeboren können sich demnach keinen Begriff von der angenehmen Ueberraschung machen, welche das Vorlesen Ihres so inhaltsreichen Briefes, die Ansicht der zwei Karten (des großen Blattes und der Zugabe), welche man der herrlichen Bergzeichnung wegen ziemlich allgemein für in Kupfer gestochen hielt (antiquarisch und topographisch gleich wichtig) bei dem Könige erregte!

Ich habe die großen Rollen gestern Nachmittag erst in Sanssouci nach der Tafel (ich wohne im Stadtschloß in Potsdam selbst) vor einer zahlreichen Gesellschaft eröffnet. Die Terrainzeichnung, die relativen Höhen, ihre mannigfaltigen Abstufungen sind bewundernswürdig, dazu die astronomischen Grundlagen und direkte trigonometrische Aufnahmen von 10 Quadratmeilen in einem für die Geschichte der Menschheit so wichtigen Landstrich! Nächst der Asia minor und Thracien konnten Sie keinen würdigeren Gegenstand finden, und es ist ein schöner Beweis Ihrer wissenschaftlichen Thätigkeit, eine Lage, in der Ihr Vorgänger in vielen Jahren nichts geleistet und nichts zu leisten verstanden, so zu benutzen. Der König hat mir gestern Abend, wo die Karte zum zweiten Male aufgerollt wurde, von Neuem aufgetragen, Euer Hochwohlgeboren auf das Lebhafteste auszudrücken, wie sehr er den Werth einer solchen Arbeit anerkenne und die Veröffentlichung wünsche. Da ich nicht immer bei der Vorzeigung der herrlichen Zeichnungen und beim Aufrollen gegenwärtig sein kann, so habe ich auf das Lebhafteste auf Erhaltung und sorgsame Vorsicht gedrungen. Ich vermuthe, daß Sie, verehrter Herr Major, die Zeichnung bis zur Einnahme von Rom oder Entscheidung der Oudinot'schen Angelegenheit wohl in des Königs Händen werden lassen wollen, bitte Sie aber, mir gewogentlichst zu schreiben, ob ich den Schatz recht sorgfältig an Sie nach

Magdeburg zurückschicken oder vielleicht an Tuch (Schropp) abliefern soll.

Mein achtzigjähriger und darum fast unwahrscheinlicher Gesundheitszustand erhält sich trotz vieler Erkältungen, zu denen hier Land- und Seedienst manche Gelegenheit giebt.

Meinem theuren Neffen, dem General v. Hedemann und seiner liebenswürdigen Gattin, die durch Ihre Nähe und täglichen Umgang so erfreut sind, bitte ich meine innigsten Grüße darzubringen. Mit der ausgezeichnetsten, freundschaftlichsten Hochachtung habe ich ꝛc.

A. v. Humboldt.

III. Moltke an Humboldt
(nach dem vorliegenden Konzept).

Ohne Datum. (Magdeburg Ende Juni oder Anfang Juli 1849.)

Hochwohlgeborener Herr Freiherr,
Hochgeehrtester Herr Geheimrath.

Euer Excellenz kann ich nicht genug Dank sagen für die wohlwollende Güte, mit welcher Sie meine Arbeit aufgenommen und beurtheilt haben. Ich bin stolz darauf, daß die Karte durch Ihre Hand Sr. Majestät dem Könige vorgelegt worden ist. Die ehrenden Worte auch über die Ausführung der Reinzeichnung habe ich mir nicht versagen können, dem sorgsamen Zeichner, Hauptmann Weber, mitzutheilen, welcher versprochen hat, bis Mitte September die noch fehlenden drei östlichen Sektionen fertig zu machen.

Ich brauche nicht hinzuzufügen, wie gern ich die Blätter bis zur Beendigung der Oudinotschen Angelegenheit in Händen des Königs lasse. Am liebsten stellte ich die Karte ganz zur

Disposition Seiner Majestät. Denn wenn ich zwar die Veröffentlichung derselben wünschte, so fehlen mir doch die Mittel zu den nicht unbeträchtlichen Kosten des Stiches. Zwar glaube ich, daß jeder Besucher Roms gern einen Wegweiser durch die Campagna mitnehmen wird, und weil diese Besucher allen gebildeten Nationen angehören, so habe ich auch die italienische Sprache zur Bezeichnung der Gegenstände beibehalten. Auch beanspruche ich keine Art Honorar, sondern wünsche nur eine gute Ausführung und nicht allzu verzögerte Beendigung des Stiches. Aber in einer Zeit, wo das Publikum sich fast nur für Zeitungen und Broschüren interessirt, werde ich kaum einen Verleger finden.

Ueber die französische Belagerung, welche gegen alles Erwarten nun schon zwei Monate hinzögert, gestatten Euer Excellenz mir vielleicht ein paar auf die Oertlichkeit Bezug habende Bemerkungen.

Der schwächste Theil der ganzen Stadtbefestigung ist unstreitig die Strecke südlich Porta Portese, wo gar keine Mauer mehr sondern nur eine niedrige Substruktion vorhanden ist. Hier übernimmt die „blonde Tiber" ganz allein den Schutz der Stadt, und die Höhen des Monte Verde treten dominirend auf 500 Schritt an das jenseitige Ufer heran. Den Römern ist dieser Punkt auch so bedenklich erschienen, daß sie ihre Batterien vorzugsweise auf dem Aventin und Monte Testeccio angelegt haben. Aber abgesehen davon, daß ein Uebergang hier von Norden her durch den Hauptwall wirksam flankirt wird, so führt derselbe zunächst nur in die niedrigen unbewohnten Gärten und die Friedhöfe an der Pyramide des Cajus Cestius, wo man noch fast eine Viertelmeile von dem bewohnten Rom entfernt ist.

Meiner Ansicht nach würde der günstigste Angriffspunkt die (übrigens stets geschlossene) Porta Pinciana sein. Nachdem die Franzosen den Monte Mario und die Milvische Brücke genommen, Villa Massani und Poniatowski besetzt, können sie, durch den hohen Pinienwald der Borghese geschützt, bis dicht vor das genannte Thor gelangen. Die alte Aurelianische Mauer, welche hier ohne Erdwall oder Graben ganz frei und in gleicher Höhe mit dem Angreifer steht, würde leicht in Bresche zu legen sein, und die Franzosen würden durch die Gärten der Villa Ludovisi und Medici unmittelbar auf die Terrasse des Monte Pincio gelangen, der die Stadt beherrscht und selbst eine kaum anzugreifende Defensivstellung bildet.

Wenn die Franzosen aber die Westfront, den Janiculus, angreifen, dieselben Höhen, von welchen Porsenna Rom bedrohte und wo Tasso endete, die Mauern, unter denen der Connétable von Bourbon blieb, und durch welche die Frunspergischen Schaaren in die Stadt drangen, so sind sie hierzu durch naheliegende Gründe bestimmt. Zunächst bleiben sie hier am sichersten in Verbindung mit Civita-Vecchia, ihrem einzigen Hafen, denn Fiumicino ist gar nicht zu rechnen. Sodann hat General Oudinot offenbar keine Lust, in Rom selbst einzubringen, so lange er dort auf einen Straßen- und Barrikadenkampf gefaßt sein muß. Steht er erst auf den Höhen von St. Onofrio und St. Pietro in Montorio, so befindet er sich in einer Stellung, welche die ganze Stadt beherrscht und von dieser aus kaum anzugreifen ist. Von dort kann er ganz Rom bombardiren und mit Bequemlichkeit Alles zerstören, was die Barbaren noch übrig gelassen haben. Aber unstreitig greift er auch hier Rom von seiner stärksten Seite an.

Die Glacis und Gräben, von denen die Zeitungen sprechen, sind nirgends vorhanden, vielmehr führt eine gute Chaussee am Fuße der Mauer entlang. Aber der starke bastionirte Wall Leos X. zieht sich am steilen westlichen Rande des Monte Gianicolo hin und wird fast überall durch Thäler von bedeutender Tiefe umschlossen. Der genauere Angriffspunkt ist aus den Berichten nicht mit voller Bestimmtheit zu entnehmen, aber das Terrain weist ausschließlich auf zwei Stellen hin. diejenigen, wo die alte Trajanische Wasserleitung „Acqua Paola" in die vatikanischen Gärten und nach Trastevere eintritt.

Der erste Punkt ist das nordwestlichste, stark vorspringende und darum leicht zu umfassende Bastion. Es ist aber zu bemerken, daß hinter demselben noch eine ältere, sehr hohe und starke Mauer mit drei Thürmen vorhanden ist, und daß weiter rückwärts St. Peter und Vatikan eine Citadelle im kolossalsten Stile bilden. Eine Beschießung dieses Sammelpunktes aller Kunstschätze würde, abgesehen von dem zweifelhaften Erfolge, doch wohl selbst im französischen Ministerhotel einen Schrei des Entsetzens hervorrufen.

Der wahre Angriff findet ohne Zweifel von Villa Corsini aus auf die Bastione zunächst Porta San Pancratio statt. Es ist zu vermuthen, daß die Franzosen in diesem Augenblick dort schon eingedrungen sind, und da die wirklichen Bewohner von Rom nicht den geringsten Theil an der jedenfalls denkwürdigen Vertheidigung Roms genommen haben, so dürfte die Sache bald beendet sein, wenn nicht etwa nach der Uebergabe von Ancona die Oesterreicher gleichzeitig vor Porta del Popolo erscheinen, wo dann die Angelegenheit in eine ganz neue Bahn geleitet werden möchte.

Sr. Excellenz dem General v. Hedemann, meinem hochverehrten Kommandirenden, werde ich die Grüße Eurer Excellenz ausrichten.

Euer Excellenz gehorsamster

v. Moltke,
Major.

Zur Erläuterung der Darstellung von dem Angriffe der Franzosen 1849 bringen wir den folgenden Ausschnitt aus

Moltkes Aufnahme der Umgebungen von Rom.

IV. Moltke an Humboldt
(nach dem vorliegenden Konzept).

Magdeburg, den 6. Juli 1849.

Hoch- und wohlgeborener Herr Freiherr,
Hochverehrtester Herr Geheimrath.

Es ist vielleicht unbescheiden von mir, wenn ich Ew. Excellenz kostbare Zeit schon wieder auf einige Augenblicke in Anspruch nehme. Allein das römische Drama geht zu Ende, und ich muß eilen, wenn ich darüber noch eine Bemerkung einschalten darf.

Aus den Nachrichten, die heute die „Reform" bringt, geht der Angriffspunkt des Generals Oudinot ziemlich deutlich hervor. Es ist das dritte Bastion südlich Porta S. Pancrazio, das letzte auf der Höhe, gegenüber Vigna Capellini, in welches die Franzosen wirklich eingedrungen sind. Hart an demselben liegt das mehrfach erwähnte einzelne Haus, das sie in ihr Retranchement gezogen haben und das eine weite Aussicht auf die Ruinenstadt gewährt. Es erklärt sich nun, wie die römische Stellung auf St. Pietro in Montorio die französische Bresche dominiren und mit den Batterien auf dem Aventin gegen die Angriffsarbeiten wirksam sein kann. Beides wäre unmöglich, wenn der Feind eins der Bastione nördlich des Thores genommen hätte. Daß aber jener vortheilhaftere Angriff nicht gewählt wurde, hat seinen Grund wohl nur darin, daß die Römer noch immer die seltsam gebaute, aber sehr feste Villa Vascello (das Schiffchen) behaupten, obwohl diese nur 300 Schritt von der durch die Franzosen besetzten Villa Corsini entfernt liegt.

Ohne Zweifel haben die Römer die Reste der alten Aurelianischen Mauer als Abschnitt besetzt. Es wird gemeldet, daß die Franzosen mit einer Sappe innerhalb der Mauer auf das Thor von St. Pancrazio vorgehen, wahrscheinlich nach der Acqua Paola, der prachtvollen, von Paul V. angelegten Ausmündung der Wasserleitung. Ein ganzer Strom tritt hier nach vier Meilen unterirdischen Laufes zu Tage und treibt weiter abwärts eine Reihe von Mühlen. Von jenem Punkte ist die Terrasse von St. Pietro in Montorio und der Klosterhof mit der Rotunde des Bramante in größter Nähe vollständig beherrscht, aber der ferneren Ausbreitung auf den Janiculus steht als wesentliches Hinderniß immer noch ein mit starken Mauern umgebener Palazzo gleich links beim Eintritt in das Thor des heiligen Pancrazius entgegen, der beträchtlich höher als die Fontäne liegt.

Bis jetzt haben die Franzosen nur die unterste Stufe des hohen westlichen Thalrandes der Tiber erstiegen. Zwar ist es heute anders, als zur Zeit des Horatius Cocles, wo die Pontifices gesetzlich darauf halten mußten, daß die Sublicische Brücke ohne Nägel erbaut war, um sie sofort abwerfen zu können, wenn die Etrusker auf dem Janiculus erschienen. Aber der Strom mit den gewaltigen Bauten der Strada Giulia, den Palästen Farnese, Falconieri u. a. würde immer noch einen starken Abschnitt bilden. Es ist schwer, auch nur eine einzige Bombe nach Rom hineinzuwerfen, ohne ein Denkmal des Alterthums oder der Kunst zu treffen, und so mag dem General Oudinot lange nichts so lieblich geklungen haben, wie die Anträge der römischen Constituante auf Einstellung der Feindseligkeiten.

Ich kann nicht umhin, trauernd der prachtvollen Pinie (eines meiner besten trigonometrischen Punkte) zu erwähnen, die, dicht hinter St. Pietro gelegen, von den barbarischen Vertheidigern ohne allen absehbaren Nutzen gefällt worden ist. Der Graf Brühl behauptete sehr bezeichnend, daß die Bäume in Italien alle aussähen wie die Parapluis zugeklappt oder aufgeschlagen, je nachdem sie Cypressen oder Pinien sind. Aber für Rom sind solche Verwüstungen wie das Fällen der schönen Allee vor Porto St. Angelo und der mächtigen Stämme in der Borghese ein wahrer Verlust. Die schöne Palme am Priorat von Malta ist den Vertheidigern vielleicht auch im Wege geſtanden, und doch umſchließt ganz Rom kaum mehr als acht oder zehn Exemplare dieſes Wahrzeichens des echten Südens.

Noch geſtatte ich mir zu bemerken, daß die Villa Santucci, das franzöſiſche Hauptquartier, an der Via Portuenſe eine Viertelmeile ſüdlich Villa Pamfili und ebenſo weit weſtlich von der Baſilika bi St. Paolo liegt.

Genehmigen Euer Excellenz ſchließlich den Ausdruck der Verehrung, mit welcher ich verharre Euer Excellenz
gehorſamſter
v. Moltke,
Major und Chef des Generalſtabes.

Spanischer Reisebrief.

Hamburg, Streits Hotel, den 28. Oktober 1846.*)
Ab Berlin, den 10. November.
Lieber Fritz.

Ein bogenlanger Brief von mir und Marie an Dich und Betty lag fertig auf meinem Schreibtisch in Rom, als plötzlich der Prinz starb. Alle Umstände waren geändert, unsere Einladungen nach Rom hatten keinen Sinn mehr, ich reiste nach Berlin, nach Schlesien und wieder zurück nach Italien, dann kam die Korvette „Amazone" zur Abholung des Sarges, und so bliebst Du bis jetzt ohne Nachricht und ohne Antwort auf Dein früheres Schreiben. Ich muß Dir daher summarisch die Hauptmomente der bewegten Zeit nennen, welche ich und meine arme kleine Frau in den letzten drei Monaten durchlebt haben.

Marie ließ sich nicht davon abbringen, die Reise zur See mit mir zu theilen. Auf die Vorstellungen, welche ihr Verwandte und Freunde machten, erwiderte sie: Ist Beschwerde

---

*) Dieser an den Bruder Fritz gerichtete Brief ist mit Fortlassung des Anfangs und des Schlusses bereits in dem „Wanderbuch, handschriftliche Aufzeichnungen aus dem Reisetagebuch von H. Graf Moltke, General-Feldmarschall" gedruckt, wo er sich Seite 145 bis 182 (6. Auflage) findet. Hier folgt er unverkürzt nach dem Originalbrief und mit den darin enthaltenen Zeichnungen arabischer Spitzbögen.

oder Gefahr dabei, so ist das ein Grund mehr für mich, um sie zu theilen, ist die Reise sicher und bequem, warum soll ich sie nicht machen? Bei dieser Logik blieb sie stehen.

Ich hatte Adolf und Guste, welche damals in Kissingen waren, von Berlin aus vorgeschlagen, mich bis Rom zu begleiten und dann mit Marie zurückzureisen. Da dies nicht geschehen konnte, ohne ihre erst spät begonnene Kur zu unterbrechen, so lehnten sie den Vorschlag ab, und es war nun zu spät, ihn Dir und Betty zu machen, auch mußte ich befürchten, daß Du Dein Postgeschäft so ohne Urlaubsgesuch und Zeitverlust nicht würdest verlassen können, sonst hätten wir eine hübsche Tour zusammen machen können. Ich reiste daher fast ganz per Eisenbahn über Dresden, Prag, Wien in 4½ Tagen nach Triest, von da mit Dampfschiff nach Ancona und war den zwölften Tag in Rom. (Die Courierreise nach Berlin hatte ich in 7½ Tagen zurückgelegt, die Post geht 12, die Couriere gehen meist 10 Tage.) Ich benutzte nun die eingetretene kühlere Witterung, um die unterbrochene Aufnahme der Umgegend Roms (von der es unglaublicher Weise noch keinen vernünftigen Plan giebt) fortzusetzen, und es gelang mir mit großer Anstrengung, 9 Quadratmeilen in Bleistift fertig zu bringen. Ich denke die Arbeit, sobald ich irgendwo zur Ruhe komme, auszuzeichnen und dann stechen zu lassen. Ein Exemplar soll Dir seiner Zeit zugehen.

Marie war während meiner sechswöchentlichen Abwesenheit zur Wittwe des früheren Adjutanten in Kost gezogen. Sie bewohnte die prachtvoll gelegene Villa Piccolomini in Frascati, aus deren Fenstern man die ganze weite Campagna vom Sabiner Gebirge bis zum Meere überblickt, aus welcher in der Entfernung von kaum zwei Meilen Rom, St. Peter und die 360 Kirchen dieser Weltstadt sich erheben. Aber die Fieberluft der öden Campagna reichte diesmal selbst auf die Höhen des Albaner Waldgebirges hinauf, alle Bewohner kränkelten, und in den letzten Tagen wurde selbst Marie davon erreicht und mußte sich legen. Gerade jetzt lief die Kriegskorvette „Amazone" in den Hafen von Civita-Vecchia ein.

Ich habe schon oft bemerkt, daß bei nicht sehr schweren Krankheiten kein besseres Mittel ist, als die Nothwendigkeit, gesund zu sein. Der Geist übertrifft dann den Körper wenigstens eine Zeit lang. — Alles war schon im voraus gepackt, wir reisten nach Civita-Vecchia ab und überzeugten uns, daß es ganz unmöglich war, eine Dame an Bord noch unterzubringen. Es waren 100 Mann an Bord. Ich hatte nur eine enge Schlafstelle und theilte die Haupt-Kajüte mit dem Kapitän. Jetzt war es auch zu spät, Marie selbst nach Neapel zu geleiten, wo sie bei dem eingetretenen Fall bei ihrer Cousine Lottchen Brockdorff untergebracht werden sollte. Ich konnte sie nur an Bord eines eben abgehenden Dampfers bringen, sie mit Geld reichlich ausrüsten und sie dem Kapitän bringend empfehlen. In der Damenkabine war sie sehr gut untergebracht. Die Schwierigkeit bestand in der Landung und dem Aufsuchen ihrer Cousine in der großen fremden Stadt durch ein Getümmel von Bettlern und Gaunern. Comteß war zwar prävenirt, aber Mariens Ankunft konnte nicht im Voraus bestimmt angezeigt werden. Krank, traurig und allein reiste sie ab. Seitdem habe ich noch keine Nachricht, auch sonst Niemand hier. Heute erwarte ich jedoch Briefe von ihr aus Cuxhaven, wohin sie adressiren wollte.

Ich darf nur an Bord eines Schiffes gehen, so wird es schlechtes Wetter. Die See sah so lächelnd aus, als ob sie uns einladen wollte, und nachher führte sie sich so abscheulich auf. Sechzehn Tage brauchten wir, um bei meist konträrem Winde nach Gibraltar zu gelangen. Das Schlimmste ist eine nach Sturm eintretende Windstille. Die See ging sehr hoch, und das Schiff, welches nun in den Segeln gar keine Stütze mehr fand, taumelte wie betrunken. Man dachte, die Masten müßten brechen. Endlich tauchte Djebel el Tarik, der Fels des Tarik wie der ursprünglich sarazenische Name von

Gibraltar ist, aus der Fluth empor. Es ist ein prächtiger Anblick. 1400 Fuß hoch hängt diese schroffe isolirte Masse nur durch eine ganz flache Sandzunge mit dem europäischen Kontinent zusammen. Gegenüber erhebt sich auf afrikanischem Boden die andere Hercules-Säule, der Affenberg bei Ceuta. Lange kämpften wir gegen die gewaltige Strömung, welche hier stetig in das Mittelmeer fließt. Endlich fielen die Anker, und die Festung grüßte mit einem königlichen Salut unsere Trauerflagge.

Der erste Schritt an Land führte in eine neue Welt, ein wunderbares Gemisch von spanisch und englisch. Die Pracht und Ueppigkeit eines südlichen Himmels und die Energie und Betriebsamkeit des Nordens sind hier vereint. Wie Riesen standen die rothröckigen unbehosten Hochländer zwischen den blaßbraunen Spaniern mit ihren übergeworfenen Mänteln und den Arabern, welche noch vielfach hinüberkommen in das schöne Land, das ihnen 700 Jahre lang gehörte. Da lagen in ungeheurer Fülle die Trauben, die Orangen, Datteln und Oliven aus Malaga, Valencia und Granada neben Kartoffeln und Porterbier aus England; die Hummern, fliegende Fische und Delphine aus dem Atlantischen neben dem gedörrten Stockfisch aus dem Eismeer. Ueber die flachen Dächer, die Balkone und die Gärtchen aus Granaten und Palmen ragten die Galerien, welche in die Kalkmasse des Felsens in einer Ausdehnung von einer englischen Meile in drei Etagen eingesprengt sind, mit ihren Feuerschlünden aus den schottischen Gießereien. Unter dem Getümmel kleiner Fahrzeuge und zahlreicher Dampfboote erhoben sich drei stolze Linienschiffe mit Britanniens Flagge. Unsere „Amazone", welche wunderhübsch ist, nahm sich daneben aus, wie wenn einer dieser Kolosse über Nacht ein Junges geworfen hätte. — Gibraltar ist in beständigem Zunehmen, aber seine eiserne Rüstung erlaubt ihm nur, in die Höhe zu wachsen. Die Grundstücke und Miethen sind unglaublich theuer. Ein Kalkfels und eine Sandscholle bringen nichts hervor, und von Natur hausen dort nur Rebhühner und Affen. Alles was Menschen bedürfen, muß daher zur See gebracht werden, selbst das Trinkwasser, und das ist der größte Mangel dieser sonst ganz unnehmbaren Festung. Die Spanier stehen 2000 Schritt entfernt mit geladenen Gewehren auf der Landzunge, nicht sowohl gegen einen Angriff als gegen den Schmuggelhandel gerüstet, welcher hier offen und in großem Stil betrieben wird.

Ich hatte mich entschlossen, den Rest der Reise nach Cuxhaven zu Lande zu machen, und benutzte wie ein dem Gefängniß Entsprungener meine neue Freiheit. Eine Erlaubniß des Gouverneurs öffnete mir den Zutritt zu allen Festungswerken, zum maurischen Schloß, zum O Hares-Thurm und zum Telegraphen auf der höchsten Spitze des Felsens. Von dort, wo der Fels 1000 Fuß senkrecht absteigt, blickt man weit über die spanische Küste und die 10 000 Fuß hohen Schneegipfel der Sierra Nevada, auf das dunkelblaue Mittelmeer, die afrikanischen Berge von Tanger und Ceuta, die Straße nach der Atlantis hinab und auf die weite Bucht von Algesiras. Wie auf der Landkarte übersieht man die Stadt, die Festungswerke und das herrliche Becken des Hafens. Ich suchte mir ein Bild einzuprägen, welches ich in gleichem Reichthum nicht leicht wieder sehen werde. — Aber ich hatte keine Zeit zu verlieren, denn vor Allem durfte ich nicht später in Cuxhaven anlangen, als die schnellsegelnde „Amazone", welche von hier keinen Hafen mehr berühren wollte.

Die untergehende Sonne beleuchtete prachtvoll den Hafen und die an dem Berge emporsteigende Stadt, als der englische Steamer „The Queen" seine Anker lichtete. Kräftig arbeitete er gegen die Strömung an. Der Vollmond stieg hinter dem Leuchtthurm aus dem Mittelmeer empor und beleuchtete die hohen Berge an den Ufern zweier Welttheile mit hellem Schein. Die Luft war mild und labend, und das Wasser sprühte lichte Funken unter den Schlägen der Räder. Bald fuhren wir an dem Leuchtthurm von Tariffa bei Trafalgar vorbei ins Atlantische

Meer, das stets bewegte, welches diesmal glatt wie ein Spiegel dalag. Wie müde ich auch von den vorhergegangenen Anstrengungen war, ich konnte mich gar nicht entschließen, mich niederzulegen, und war vor Sonnenaufgang schon wieder auf dem Deck, um das Einlaufen in den Hafen von Cadix zu sehen.

Cadix ist ein Gibraltar ohne den Fels, sehr hübsch gebaut, mit reinlichen, sehr engen Straßen, hübschen, mit Bäumen bepflanzten Plätzen, wenig Kirchen und Spuren früheren Reichthums aus der Zeit, wo die Sonne in Spanien nicht unterging und Indien seine Gold- und Silberflotten hierher schickte. Aber Cadix ist ebenso im Sinken wie Gibraltar im Aufschwung begriffen.

Du wirst Dich wundern, daß ich, um meine Landreise zu beschreiben, Dich sofort wieder auf ein anderes Dampfschiff, den „Teodorich" führe, welches noch denselben Vormittag bis San Lucar das Atlantische Meer durchschnitt und dann mit unglaublicher Schnelligkeit, unterstützt von der Fluth, den Guadalquivir hinauflief. Bis Sevilla bilden beide Ufer eine nur in großer Ferne von Bergen eingeschlossene Niederung, welche, ganz flach und den Ueberschwemmungen ausgesetzt, nur von großen Schaf- und Rinderheerden bewohnt wird. Dort zieht man die wilden Stiere, welche zu den Stiergefechten gebraucht werden. Gegen Abend erst änderte sich die einförmige Landschaft. Die Höhen treten dem Stromufer näher, Olivenwaldungen und Orangenhaine bedecken ihre Abhänge, und zwischen diesen erhob sich endlich die prachtvolle Kathedrale, überragt von der Giralda, dem berühmten von den Arabern erbauten Thurm.

Sevilla ist noch heute nach 300 Jahren seit Vertreibung der Sarazenen eine vollkommen maurische Stadt. Die Einrichtung und Anordnung der Wohnungen ist ganz dieselbe, wie am Euphrat und Orontes, nur verschönert und veredelt durch die Künste und den Reichthum, über welche diese Moslem in Spanien und Sicilien geboten. Merkwürdig genug, daß die

Araber, welche in ihrer Heimath überall auf der unteren Bildungsstufe eines Wander- und Hirtenvolkes stehengeblieben sind, auf europäischem Boden die Träger der Gesittung und der Wissenschaften wurden. Dichtkunst und Geschichtschreibung, Mathematik, Astronomie und Baukunst blühten bei ihnen, während das christliche Abendland in finstere Barbarei versunken war. Es giebt keine schönere Poesie als ihre Klagelieder um das verlorene Paradies Granada, und dem christlichen Ritterthum setzten sie eine nicht minder romantische Tapferkeit und Großmuth entgegen, welche oft jenem zum Muster diente. Die Araber hatten ihre Volkshelden Sid oder Sayd Gahzi (der siegreiche) die Spanier nannten den berühmten Grafen Rodrigo Bivar den Cid Campeador, und ebenso haben sich arabische Namen in den mathematischen Wissenschaften erhalten. Betriebsamer und weniger unduldsam als ihre Gegner schufen sie ein Paradies aus dem südlichen Spanien durch eben jene umfassenden Bewässerungssysteme, denen man noch am Fuße des armenischen Hochlandes und in Syrien wie im Königreich Valencia und Granada begegnet. Durch den Vertilgungskampf, die Ausrottung und Vertreibung von Millionen dieser fleißigen Menschen, welcher 700 Jahre dauerte, hat das katholische Spanien sich eine Wunde geschlagen, die es nie verwinden wird. Zwei Drittel dieses schönen Landes sind heute eine fast menschenleere Wüste. Was von den Sarazenen übrig blieb, ließ sich taufen, aber durch viele Generationen riefen sie in ihren zu Kirchen umgewandelten Moscheen Allah und den Propheten an und bewahrten ihre alten Sitten und Gebräuche. Man sagt, daß die Sarazenen, als sie nach hartnäckigem Widerstande auch den letzten Fußbreit Landes verloren, als der Thurm O Hares auf dem letzten Gipfel des Felsens von Gibraltar ihnen entrissen wurde, die Schlüssel zu ihren Häusern mitnahmen und ihren Kindern vererbten, nicht zweifelnd, daß Allah Ekber, der Gerechte, ihnen die Wiederkehr vorbehalten habe. Und noch jetzt siehst Du Hunderte dieser braunen Gestalten in ihren weißen Mänteln durch die Straßen Sevillas wandern, für welches sie eine unvertilgbare Vorliebe bewahrt zu haben scheinen.

Bekanntlich bildeten die Sarazenen einen ihnen eigenthümlichen Baustil aus. Sie fanden den römischen Rundbogen in den gewaltigen Wasserleitungen, Brücken und Ehrenpforten vor, welche Trajan und andere Imperatoren auf der Iberischen Halbinsel durch ihre Legionen hatten errichten lassen. Theodorich und seine Gothen brachten den deutschen Spitzbogen und das Kreuzgewölbe mit. Die Sarazenen bildeten beide eigenthümlich um, indem sie den Bogen nach unten fortsetzten, so daß er hufförmig wurde. Getragen wurde dieser Bogen durch die dünnen, meist gekuppelten Säulchen und die schweren Würfelknäufe der byzantinischen Architektur. Die schönen Radfenster oder Fensterrosen, welche gewöhnlich über den Hauptportalen der christlichen Kathedralen des 12. Jahrhunderts vorkommen, sind sarazenischen Ursprungs.[*] In dem oberen Theile ihrer Gebäude huldigten die Araber wie die Italiener, und im Gegensatz mit der deutschen Baukunst, der horizontalen Linie. Ihre Dächer waren flach, und die wagerechte Eindeckung der Wohnräume gab ihnen Gelegenheit, ihren Reichthum an Desseins, den sogenannten Arabesken, zu entfalten. Charakteristisch ist überhaupt die ins Einzelne gehende Ausschmückung jedes besondern Theils. Die sarazenischen Bauten sind selten groß, selbst ihre Alcazar oder Schlösser (el cassr, das Schloß auf arabisch) sind von außen unansehnlich und nur durch die Höfe und Gärten, die sie umschließen, ausgedehnt. Die Häuser zeigen hier zwar nicht wie im Orient fensterlose Mauern, aber die weißangetünchten Wände sind schmucklos und von wenig Oeffnungen durchbrochen. Alle Pracht ist dem Innern zugewendet, und man erstaunt über die sorgsame Ausführung des Schmucks bis ins kleinste Detail. Unter diesem schönen Himmel haben sich nicht nur alle die buntverglasten

---

[*] Vgl. das umstehende Facsimile der Briefstelle.

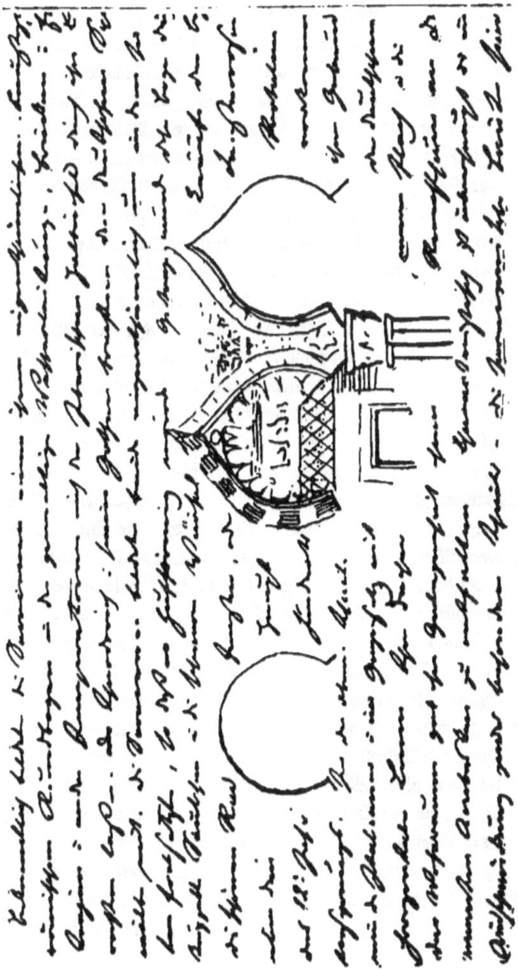

Ziegel, das in Marmor gearbeitete Blätterwerk der Kapitäle, sondern auch die in Stuck ausgeführten Arabesken der Wände und Decken unversehrt erhalten. — Die geschmackvollsten Zeichnungen und erhabene Arbeit lassen die Hauptlinien deutlich hervortreten, während die Zwischenräume mit Blattwerk, Blumen, Verschlingungen, Linien und Punkten bis ins Allerkleinste durchgeführt sind, so daß man es Brüsseler Spitzen in Mauerwerk ausgeführt nennen kann. Prächtig passen in diese Umgebung die arabischen Schriftzüge, Sprüche aus dem Koran mit erhabenen oder vergoldeten Buchstaben auf tiefblauem Grunde. Sie sind in diese Architektur so verwebt, daß selbst spanische Intoleranz sie verschont hat, und mit Erstaunen sah ich über den Altären der Kathedrale von Cordova die Verse des Kameeltreibers von Mekka.

Leider war es mir nicht vergönnt, die Spitze dieser Baukunst, Granada mit seiner Alhambra und dem Generalife, zu sehen, wohl aber den Alcazar von Sevilla. Ich erwartete hier wie in Italien eine Ruine zu finden, vor jeder noch halb erhaltenen Merkwürdigkeit einen Bretterverschlag, den ein hungriger Cicerone öffnet, und Bettlerschwärme und Krüppel, die Dir nicht einen Augenblick erlauben, Dich dessen zu freuen, was Du siehst. Nichts von alledem. Durch ein offenes Thor trat ich in einen schmucklosen Hof, nur daß in der Mitte der Hinterwand drei Thore und darüber drei Fenster mit Balkonen und Säulengängen von überraschender Schönheit die weiße Mauer durchbrechen. Eine reichgeschnitzte Treppe führte mich in eine Reihe von Zimmern mit getäfeltem Boden, vergoldeten Decken und mit Arabesken verzierten Wänden, Alles vernachlässigt, aber nichts verwüstet, Alles klein, aber unbeschreiblich wohnlich und nett. Und doch sind diese Räume vor 300 Jahren zum letzten Mal bewohnt gewesen, als der Sohn Kaiser Maximilians, Philipp I., hier die wahnsinnige Johanna heirathete und Spanien und Indien mit Oesterreich und Brabant vereinte. Auch die sehr kleine Hauskapelle, in welcher er seine Andacht verrichtete, ist ungeändert erhalten und die Wappen von

Castilien und Leon, der Thurm und der Löwe, überall in den Arabesken aufgenommen. Carl V., der frostiger Natur war, ließ Kamine in einigen Zimmern anbringen, sonst ist Alles geblieben wie zur Zeit der Abencerragen, nichts absichtlich zerstört, nichts sorgfältig geschützt. Keinem Menschen begegnete ich, Alles stand offen, Niemand weder half mir noch störte mich, alle diese Räume zu durchwandern und zu bewundern. Wunderhübsch war der Blick von den zierlichen Balkons der Fenster auf einen von hoher Mauer umschlossenen Garten, mit Taxushecken und Muschelgängen, Springbrunnen und Kiosken, voll Rosen, Myrthen, Granaten, Lorbeer und breitblättrigen Palmen. Den eigentlichen Mittelpunkt des ganzen Alcazars bildet ein im Quadrat gebautes zweistöckiges Gebäude, welches also einen viereckigen Hofraum umschließt. Von der doppelten Zimmerreihe kehrt die innere ihre Fensterbalkons oben und ihre Thüren unten nach jenem viereckigen Raume; da dieser aber oben durch ein Dach und flachen Plafond geschlossen ist, so bildet er eine durch zwei Etagen gehende Halle, welche nach allen Seiten mit den Zimmern kommunizirt und ihr Licht durch ein drittes Stockwerk von Fenstern von oben erhält. Den marmornen Fußboden, die schlanken Säulen und Spitzbögen des unteren Geschosses, die vergoldeten Balkons des oberen, die Pracht der Decken und den Reichthum und die Harmonie der ganzen Ausschmückung dieser Halle würde ich vergebens zu beschreiben versuchen.

Aber wunderhübsch und eigenthümlich sind auch die Privatwohnungen. Dieser Baustil ist naturgemäß aus der politischen und sozialen Lage der Orientalen hervorgegangen. Unter einer despotischen Regierung und preisgegeben der Bedrückung jedes Mächtigeren im äußeren Leben, suchte jeder sich eine Häuslichkeit zu bilden, in der er Ersatz fand. Dort herrschte er, fand er Sicherheit, Freude und Ueberfluß, aber nur im Verborgenen durfte er glücklich sein. Wie noch heute der reiche Türke, wenn er zu einem Machthaber geht, einen schlechten Kaftan anzieht, der die reichsten Seidenstoffe und Pelze darunter bedeckt, so bargen die kahlen Mauern in ihrem Innern ein kleines Eden. Durch starke mit Eisen beschlagene Thorflügel tritt man zu Sevilla in einen ziemlich einfachen Vorhof. Dies ist das Bab der Perser, das Kapu der Türken, die „Pforte," welche im Orient und schon bei unseren biblischen Erzvätern eine so große Rolle spielte, wo die Geschäfte verhandelt, Streitigkeiten geschlichtet und Recht gesprochen wurde, daher der Name der „hohen Pforte" des ersten Regierungs-Kollegiums der Türkei. Die christlichen Besitzer haben fast in jedem dieser Vorhöfe ein Marienbild aufgestellt, vor welchem des Abends zahlreiche Kerzen angezündet werden, die einen freundlichen Anblick gewähren. Aus dem Vorhofe und durch ein stets geschlossenes sehr reich gearbeitetes Gitterthor, meist einige Stufen hinabsteigend, tritt man erst in den inneren Hof. Rings um denselben läuft eine offene Halle, deren Bögen durch schlanke oft gekuppelte Säulen getragen sind. In der Mitte des Hofes plätschert jedesmal ein Springbrunnen, oft in schöne Marmorbecken mit Goldfischen und Forellen, überschattet von einem kleinen Hain von Orangen, Rosen, Granaten und Myrthen. Der übrige Raum ist mit Marmorplatten musivisch ausgelegt, und ein ausgespanntes Segeltuch oder wenigstens eine über ein Gitter geflochtene Weinrebe verwandelt diesen Hof in einen selbst im hohen Sommer kühlen und reizenden Salon, in welchem Sophas, Stühle, Gemälde und Spiegel nicht fehlen. Der Fremde wird im Vorhofe abgefertigt und nur der Gastfreund in das Innere gelassen. Freilich gehört ein solcher stets heiterer Himmel dazu, aber dann kann man auch nicht lieblicher wohnen als in diesem Raume, der Hof, Garten und Drawingroom zugleich ist.

Noch muß ich der Giralda erwähnen, des schönsten Thurms in der Welt. Er ist viereckig, ich glaube 300 Fuß hoch und war oben flach und zu astronomischen Beobachtungen eingerichtet. Jede Seite ist von oben herab in drei

Felder getheilt, von denen die äußeren schlicht und nur durch buntverglaste Ziegel belebt sind, das mittlere aber durch Thüren, Fenster, Ballons und Säulen von ungemeiner Schönheit durchbrochen ist. Wie der Markusthurm in Venedig hat auch dieser keine Stufen, sondern man geht auf einer geneigten Ebene gemächlich innerhalb der dicken Mauer bis auf die Plattform. Der Markusthurm scheint mir überhaupt eine Nachbildung der Giralda; er ist noch riesenhafter aber lange nicht so schön. Der Blick über Venedig, die Lagunen, das Adriatische Meer und die Alpen ist freilich noch viel reicher als der über Sevilla und die weite Ebene, die es umgiebt.

Die christlichen Könige stellten auf diese Giralda noch eine vielfach durchbrochene Pyramide von wohl 100 Fuß Höhe und hingen die Glocken hinein, statt daß vorher die Stimme des Muezzin die Gläubigen zum Gebet rief. Auf die oberste Spitze stellten sie eine vergoldete Figur als Wetterfahne und wählten dazu seltsamer Weise eine Allegorie, welche den Glauben darstellt, der doch nicht so veränderlich sein sollte. Sie gab dem Thurm den Namen (girare umdrehen).

Weltberühmt ist noch die Kathedrale von Sevilla. Früher stand unweit des geschilderten Thurmes eine prachtvolle Moschee. Man riß sie ein, und die Erzbischöfe von Sevilla, zu deren Sprengel Indien gehörte, erbauten den gewaltigen Dom mit den Schätzen der neuen Welt. Er bildet eine Basilika von fünf Schiffen, von denen das mittlere höhere von oben beleuchtet wird. Es ist aber doch gewaltig finster, und der innere Raum durch Kapellen, Altäre und Denkmäler verengt. Das Ganze hat mir keinen sehr großen Eindruck gemacht. Merkwürdig schien mir, daß im Innern das deutsche Spitzbogensystem vollständig durchgeführt ist, während das Aeußere durchweg die horizontalen Linien der italienischen Bauart zeigt. Ein Ueberbleibsel der Moschee ist vielleicht der schöne Vorhof mit Säulengängen, Springbrunnen und Orangenbäumen.

Ausgezeichnet schön sind die bethürmten Mauern von Sevilla und ihre Thore. Doch ich sehe, daß ich vom Erzählen ins Beschreiben gefallen bin. Aber Sevilla ist schön und so ganz anders als Alles, was ich bisher gesehen, daß ich nicht kürzer machen konnte. Die Spanier sagen: „Quien no ha visto a Sevilla no ha visto maravilla!" „Wer Sevilla nicht gesehen, hat kein Wunder gesehen." Also!

Jetzt nun galt es, in möglichster Schnelle Spanien zu durchreisen, Spanien, wo es bis vor wenig Jahren weder Straßen noch Wagen gab, sondern der Arriero oder Maulthiertreiber die einzige Beförderung war. Da ich mein Reisegeld in Gold bei mir trug, so waren die Nachrichten von der Unsicherheit der Straßen nicht erfreulich, dazu sollte jetzt die vielbesprochene Hochzeit der unschuldigen Königin vor sich gehen, und in Gibraltar versicherte man, daß wir genau zum Ausbruch einer Revolution nach Madrid kämen. Preußen hatte dort weder Gesandten noch Konsul, seine Unterthanen also dort keinen diplomatischen Schutz. — Es half aber doch nichts, und ich war sehr glücklich, sogleich einen Platz in der am folgenden Tage abgehenden, neu eingerichteten Diligence zu bekommen, auf welche einige der Reisenden acht Tage hatten warten müssen. Mein ganzes Reisegepäck bestand aus dem von Bettys kunstfertiger Hand gearbeiteten Reisesack, der auch auf der Pyrenäischen Halbinsel seinen Effekt nicht verfehlte. So ging es denn im lustigen Trabe aus Sevilla hinaus. Die Diligence hatte eine Besetzung von 20 Passagieren und ruhte in Betracht der heillosen Wege auf 24pfündigen Geschützrädern. Zwölf Maulthiere waren in einer langen Reihe voreinander gespannt und an der Spitze ritt der Chico, ein Junge, der beiläufig gesagt 18 Stunden im Sattel blieb. Der Majoral führte die Leine der Stangenpferde und der Besitzer der Thiere, welche alle drei Meilen gewechselt wurden, lief, obschon bergauf galoppirt, bergab getrabt wurde, nebenher. Diese Menschen sind von Eisen, denn dabei unterhält er

sich fortwährend mit seinen Maulthieren, jedes bei seinem
Namen nennend. Generala! Generala! O Pelegrina! O Capi-
tano! arre arre, Vorwärts! und dazwischen der beständige und
doch nicht wohl zu übersetzende Fluch Carracho!

Wie in Frankreich liegt das ganze Gepäck oben auf dem
Wagen, wo in der Imperiale noch drei Sterbliche saßen, zu denen
ich gehörte. Die Gefahr des Umwerfens war daher nicht gering,
und man empfing Stöße, daß man mit dem Kopf gegen die
Decke fuhr. Aber es ging gut vorwärts, und wir machten in
24 Stunden immer 30 spanische Leguas oder etwas mehr als
25 Meilen.

Ich habe mir immer eingebildet, Andalusien sei eine Art
Paradies, statt dessen fand ich eine menschenleere Wüste. Anfangs zwar sieht man in den Thälern noch einige hübsche
Orangenhaine, Palmen, schöne Ruinen von maurischen Kastellen,
bald aber empfindet man den gänzlichen Mangel an Wald und
Wasser, an Menschen und Arbeit. Der Guadalquivir, der hier
von der Meeresfluth nicht mehr erreicht wird, ist zu einem
ziemlich unbedeutenden Bache zusammengeschrumpft. Die meisten
Felder sind von zwei Fuß hohen Fächerpalmen bedeckt und mit
gewaltigen Aloeheden umzäunt, deren mannsdicke 30 Fuß hohe
Blüthenstengel zu Brennmaterial gefällt werden. An anderer
Stelle bildet der Cactus mit seinen rothen Feigen einen un-
durchbringlichen Zaun. Die Abhänge der Hügel sind mit
Olivenbäumen bepflanzt, aber diese geraden Linien von hohlen
Stämmen mit grauen Blättern, gerade wie unsere Weide, er-
müden das Auge. Der Boden ist von der höchsten Frucht-
barkeit, aber nur zum geringsten Theile für Mais und Baum-
wollenkultur bearbeitet. Dabei machten die 48 Maulthierhufe
einen Staub, von dem man sich keinen Begriff macht. Ich war
um 10 Uhr Vormittags mit einer Tasse Chokolade (unübertrefflich
gut) ausgefahren, und das erste Diner wurde uns um 1 Uhr in der
Nacht servirt, bis dahin war nichts zu haben. — Selbst eine

Stadt mit volltönendem Namen wie Cordova ist ein ziemlich miserables Nest und würde wenig Aufmerksamkeit verdienen, hätte sie nicht die schöne alte Brücke über den Guadalquivir und die Mezquita. Von der Brücke hat man gesagt, daß ihr nichts fehle als ein Fluß, die Mezquita ist eine der größten je erbauten Moscheen. Ein wahrer Wald von 400 Säulen trägt ebenso viele Kuppeln. Diese Säulen sind wie die byzantinischen ziemlich stark für ihre geringe Höhe mit schweren Würfelkapitälen. Sie stehen alle in gleicher Entfernung von nur etwa 25 Fuß, die Gewölbebogen stehen unmittelbar auf den Kapitälen, und man hat deren zwei übereinandergestellt, um nur einige Höhe herauszubringen.

Das Ganze sieht aber einer Börse oder einer Markthalle ähnlicher als einer Kirche. Von außen sieht man aber nur die vier kahlen Mauern. Mit diesem seltsamen höchst eigenthümlichen Bauwerk scheinen die christlichen Besitznehmer in Verlegenheit gewesen zu sein, was zu machen. Sie ließen glücklicherweise alles, wie es war, nur daß sie die Mitte des Gebäudes durchbrachen und über den Hauptaltar ein hohes Chor wölbten. Einige der alten sarazenischen Gewölbe sind von der höchsten Schönheit, mit vergoldetem Mosaik reich ausgelegt, und überall findet man wie schon gesagt arabische Schriftzüge; so z. B. in der Kapelle der Conquistadores, des Cortez und seiner Gefährten, welche Indien eroberten. Sehr schön ist der Vorhof der Moschee mit prächtigen Orangenbäumen. — In Cordova aßen wir in einem auf maurische Art eingerichteten Hause um 9 Uhr (vorsorgend) zu Mittag. Die Mahlzeiten bestehen in Spanien aus einer Menge von Fleischspeisen, namentlich Rebhühnern, die in unendlichen Mengen vorhanden sind, und sehr schlechtem Wein.

Am folgenden Nachmittag erreichten wir La Carolina. Zum allgemeinen Erstaunen sahen wir die wohl erhaltene Landstraße mit Bäumen besetzt, Weingärten und Obstpflanzungen umgaben die in gerader Straße gebauten Häuser, und ein

Blumengärtchen umgab jede Wohnung. Es war, als ob man plötzlich in ein anderes Land versetzt wäre, denn die Menschen hatten blondes Haar, und das liebe, treue, viereckige deutsche Gesicht. Es war die Kolonie von Schwaben, welche unter Carl III. durch den besten spanischen Minister Olivarez im vorigen Jahrhundert zur Bevölkerung der Sierra Morena hier angesiedelt worden war. Aber kein Einziger verstand ein Wort deutsch mehr, denn unsere Landsleute sind überall, wo sie hinkommen, die besten Ansiedler, die ruhigsten Unterthanen, die fleißigsten Arbeiter, aber sie hören auf Deutsche zu sein. Sie sind Franzosen im Elsaß, Russen in Kurland, Amerikaner am Mississippi und Spanier in der Sierra Morena; ja sie schämen sich ihres zerissenen und ohnmächtigen Vaterlandes.

So heiß wie es in Andalusien gewesen, so kalt fanden wir es, als wir durch den furchtbaren Engpaß bei Valdepeñas auf das castilische Plateau hinaufgestiegen waren. Dieses ganze Land ist ein einziges Ackerfeld. Durchweg bebaut, ist es dennoch ohne Bäume oder Strauch, ohne Hecken oder Gräben, Wiesen, Gärten oder Gehöfte. Nur wenige Dörfer und elende Städtchen findet man auf meilenweite Entfernungen. Die Bewohner haben mehrere Tagereisen bis auf ihre Felderflächen; man begreift nicht, wie sie die Arbeit zwingen und sie müssen in der Ernte- und Saatzeit dort biwakiren. Es ist eine für die Augen ermüdende trostlose Fläche, durch welche die Straße einen Tag lang führt. Dies ist denn auch wohl der Grund, warum man Aranjuez so schön findet; in jedem anderen Lande würde man wenig Aufsehens davon machen. Der Tajo fällt hier über ein Wehr und bildet einen recht hübschen Wasserfall. Seine Ufer und die Niederung zwischen den kahlen Kalkbergen sind mit Ulmen und Linden bepflanzt, die jedoch nicht sonderlich gedeihen. Das Schloß Philipps II. ist ein im holländischen Stil errichtetes Gebäude aus rothen Ziegeln mit spitzem Schieferdach.

Am Abend des dritten Tages, nachdem wir Sevilla verließen, fuhren wir auf einer schönen Brücke über den Manzanares, der fast ohne Wasser war. Jenseits erhebt sich der Hügel, auf dem Madrid erbaut ist. Bald waren wir im Prado, der schönen Promenade mit vierfacher Baumreihe. Er war mit vielen Tausenden von Lampen erleuchtet. Die Häuser waren mit ebensolchen Lampen erhellt, welche architektonische Linien im sarazenischen Stil bildeten. Aus allen Fenstern hingen bunte Teppiche, oft von Sammet mit Gold- und Silberfranzen besetzt. Auf hölzernen Estraden wurden nationale Tänze in schönen Kostümen aufgeführt, und Musikbanden spielten dazu die Weisen der Seguidilla, des Bolero und Fandango. Eine wogende Menschenmasse füllte die Straßen, und nie konnte man Madrid in einem schöneren Augenblick sehen, als in dem wir zuerst einfuhren. Es war nämlich der Vermählungstag der jungen Königin und ihrer Schwester, der Infantin.

Eine schlimme Folge dieser Feier für uns war freilich, daß in keinem Wirthshause ein Unterkommen zu finden war. Ich hielt mich jedoch an die Rockschöße eines jungen Franzosen, der fertig spanisch sprach, und so kam ich glücklich in einem Privathause unter, einer sogenannten casa de pupillos, wo die Besitzer für schweres Geld den Fremden ihr Zimmer und ihr Bett räumen.

Der folgende Tag wurde der Besichtigung der spanischen Hauptstadt gewidmet. Madrid trägt den Stempel einer neuen Stadt. Die Straßen sind reinlich, meist breit und ziemlich gerade. Die weiß angetünchten Häuser haben zahlreiche Balkons, sind aber nicht sehr groß und meist schlecht gebaut. Die beiden schönsten Bauwerke sind die Bildergalerie, mit den köstlichsten Rafaels und Murillos, und das Königliche Schloß. Letzteres ist gewiß eins der schönsten der Welt. Es liegt auf einer Anhöhe am Manzanares und übersieht das Land bis zum Gebirge, aber dies ist kahl und sonnenverbrannt.

Am interessantesten war ein großes Stiergefecht, welches an diesem Tage stattfand. Um 3 Uhr Nachmittags begaben wir, mein Franzose und ich, uns nach der kreisrunden Arena. 12 000 Menschen waren dort versammelt, um die Corrida de Toros zu schauen. Wie in den antiken Amphitheatern erheben sich etwa 20 steinerne Stufen, auf welchen man sitzt, und darüber noch zwei Reihen Logen, in der Mitte die der Königin. Der innere ganz freie Raum, der eigentliche Kampfplatz, ist von den Zuschauern durch eine ringförmige sieben Fuß hohe Barriere von Balken und starken Planken getrennt. Ein kleiner Auftritt macht es möglich, sich mit Sicherheit aus der Arena über die Barriere zu schwingen, wenn der Fußkämpfer dem Stiere nicht anders mehr ausweichen kann.

Nach einigem Harren öffnete sich die Pforte und herein ritt der Alguazil, eine Obrigkeitsperson in alterthümlicher Tracht, welcher den Anfang des Spiels verkündet. Er wurde einmüthig ausgezischt, ausgelacht und ausgepfiffen; warum, weiß ich nicht. Er mochte sein Schicksal schon im voraus kennen und schien sich wenig daraus zu machen. Wie die Römer im Cirkus ihre Consuln verhöhnten und ihre Kaiser beschimpften, so hat bei Stiergefechten auch das spanische Volk einige Zügellosigkeit frei. — Jetzt traten die Chulos ein, zu Fuß mit bunten Mänteln über dem rechten Arm. Ihnen folgten sechs Picadores zu Pferde. Sie waren im Lederwams und Hosen, auf der rechten Seite mit Eisenschienen gesichert, den spanischen Hut auf dem Kopf, eine starke Lanze mit nur einen halben Zoll langer Eisenspitze in der Hand, und in hohen Bauschsätteln, die einen festen Sitz gewähren. An ihre Spitze trat unter lebhaftem Beifallsruf der Matador (wörtlich Mörder) namens Cuchiera, ein berühmter, gefeierter Held der Arena. Diese Phalanx rückte gegen den Königlichen Sitz vor, wo sich die Königin Christine, Gemahlin des Muñoz, Herzogs von Rianzares, befand, ließ sich auf ein Knie nieder und gab ihr den Königlichen Gruß, worauf aus 12 000 Kehlen gezischt wurde. — Jetzt trat die Hauptperson ein, ein gewaltiger schwarzer Stier mit spitzen Hörnern und flammenden Augen. Diese Bestie befindet sich nämlich in einem Zwinger, in dessen Decke Löcher angebracht sind, durch die man den Stier mit spitzen Stacheln sticht, so daß er schon bei ziemlich übler Laune ist, bevor er eintritt. Sobald diesem die Pforten seines Kerkers sich öffnen, schießt er mitten in die Arena, sieht sich wild und verwundert um, scharrt den Sand mit den Füßen und stürzt dann auf den ihm zunächst stehenden Picador los. Dieser hält unbeweglich still und läßt das wüthende Thier gegen seine Lanzenspitze auflaufen. Dem Pferde ist das rechte Auge verbunden, damit es den Stier nicht sieht und nicht scheut. Der Anlauf war aber so gewaltig und der Reiter saß so fest im Sattel, daß Mann und Roß in die Höhe gehoben wurden und rücklings überschlugen; im selben Augenblick saßen die spitzen Hörner dem Pferde im Leibe, so daß ein fingerdicker Blutstrahl aus dem Herzen floß. Der Picador lag unter dem Pferde, und sein Anzug hinderte ihn, irgendwie sich frei zu machen. Jetzt wäre es um ihn geschehen gewesen, wenn nicht die Chulos mit ihren bunten Mänteln zu Hülfe gekommen wären. Alsbald ließ der Stier von seiner Beute los, stürzte auf die Fußgänger oder vielmehr den farbigen Lappen; er verfolgt den Träger durch die ganze Bahn. Dieser schwingt sich über die Barriere, welche unter dem Stoß der Hörner des Stieres erbebt. Wie verdutzt steht er da, indem sein Gegner verschwunden ist. Alsbald stellt sich ihm ein zweiter Picador dar, welcher dasselbe Schicksal hat wie sein Vorgänger. Ehe noch die Chulos zu Hülfe kommen können, versetzt der Stier dem an der Erde zappelnden Pferd einen zweiten Stoß und trägt es hoch empor durch die halbe Bahn. Dem dritten Pferde riß der Stier im Nu den ganzen Leib auf, so daß das unglückliche Thier in seine Gedärme trat und sie sich selbst aus dem Leibe haspelte. Und in diesem Zustande wurde es durch Sporen und Schläge angetrieben und mußte noch einen zweiten Angriff der wilden Bestie aushalten. Natürlich erhielt der Stier jedesmal einen furchtbaren Stoß von der spitzen Lanze in die linke Schulter, er verweigerte daher den ferneren Angriff der Reiter, und nun mußten die Banderilleros heran. Dies sind Fußgänger, welche in der Hand einen zwei Fuß langen Pfeil tragen, dessen Spitze mit Widerhaken versehen ist, und welcher am entgegengesetzten Ende Fähnchen, Rauschgold, Raketensatz und selbst kleine Vogelbauer hat, aus denen die Vögel, mit bunten Bändern geziert, entfliehen. Mit diesen Pfeilen gehen sie geradenwegs auf den Stier los. In demselben Augenblick wo der Stier ausholt, springen sie seitwärts und stoßen ihre Pfeile zwischen Ohren und Hörnern ins Genick. Jetzt wird das Thier vollends rasend und toll. Oft treibt es eine ganze Schaar von Chulos flüchtig über die Barriere, wobei sie laut verhöhnt werden. Einmal saß der Stier selbst quer auf dem obern Rande dieses Bollwerks, und es kommt zuweilen vor, daß er hinüberkommt. Einer der Chulos hatte die Keckheit, den farbigen Mantel umzuhängen, so daß der Angriff des Stieres nun direkt auf ihn gerichtet war. In dem Moment, wo jener den Kopf senkt und mit geschlossenen Augen vorstürzt, sprang er über ihn fort und kam neben ihm zu stehen. Wenn nun endlich die Wuth des Stieres aufs Höchste gesteigert, seine Kraft aber schon im Schwinden ist, so tritt der Matador ihm ganz allein gegenüber. Jetzt entsteht die größte Stille und Aufmerksamkeit, denn dies Beginnen ist bei weitem das gefährlichste. Der Matador, ein schöner Mann in Schuhen, weißen Strümpfen, hellblauer seidener Jacke und Beinkleidern, ein Netz über das Haar geflochten, führt in der Linken ein scharlachrothes Mäntelchen, in der Rechten eine vier Fuß lange vierschneidige Toledoklinge. Die muß dem Stiere an einem ganz bestimmten Punkte in den Nacken gestoßen werden. Trifft der Degen eine andere Stelle, so schleudert das Thier ihn wieder heraus oder zersplittert ihn. Um aber den rechten Punkt zu treffen, handelt es sich um zwei höchstens drei Zoll, in welcher Entfernung das Thier an dem Menschen vorbeistoßen muß.

Alles ist darauf basirt, daß der Stier jedesmal lieber nach dem rothen Tuch als nach dessen Träger ausfällt und daß er seinen Stoß blindlings geradeaus führt. Es kommen aber Ausnahmen vor, und dann ist der Matador verloren. Bedächtig und kaltblütig schritt der Caballero auf seinen schwarzen Gegner zu und hielt ihm das Tuch hin. Zweimal ließ er ihn unter seinem Arm durchpassiren. Das dritte Mal steckte die Klinge bis an das Heft dem Thiere im Nacken. Noch wüthet dieses wohl eine Minute herum, dann aber fängt es an aus dem Maule zu bluten, schwankt und stürzt zusammen. Eine Art Henkersknecht schleicht dann von hinten heran und stößt ihm ein Stilet in den Nacken, worauf der Stier auch im selben Augenblick todt ist. Jetzt traben fünf Maulthiere mit bunten Bändern und Schellen in die Bahn und schleifen die gefallenen Pferde und zuletzt den Stier im Galopp hinaus. Es wird etwas Sand auf die Blutspuren gestreut und ein neuer Stier kommt an die Reihe. So wurden acht Stiere nach einander zu Tode gehetzt. Zwanzig Pferde blieben todt auf dem Platze, mehrere wurden mit schrecklicher Verwundung hinausgeführt. Ein einziger Stier tödtete acht Pferde; Menschen kamen nicht zu Schaden. Es ist wahr, die Pferde sind der Art, daß wenn der Stier sie heute nicht tödtet, so werden sie morgen zum Schinder gebracht. Gute Pferde würden theils sehr kostbar sein, theils würden sie nicht dazu zu bringen sein, selbst mit einem verbundenen Auge das Anrennen des Stiers, ohne zu scheuen oder ohne sich zu wehren, anzunehmen. Je mehr Pferde der Stier tödtet und je gefährlicher er den Menschen wird, um so lauter wird er applaudirt. Ein Stier wollte gar nicht angreifen. Unter wüthendem Schimpfen und Verwünschungen der Zuschauer lief er feige in der Bahn herum. Da rief Alles los perros! die Hunde. Sobald diese in die Bahn gebracht wurden, waren sie kaum noch zu halten und stürzten wüthend auf den Stier, welcher gleich einen spießte und hoch in die Luft warf. Die übrigen faßten ihn aber, einer unter anderen biß sich in seiner Zunge fest und ließ sich hoch auf- und abschleudern. Man hätte ihn zerreißen können, ehe er losgelassen. Vier Hunde hatten zuletzt das große Thier so, daß es sich nicht mehr befreien konnte, und daß der Matador es niederstieß.

Mitten in dieser Schlächterei trat die junge Königin mit der Infantin, dem Don Francesco, ihrem Gemahl, und dem Herzog von Montpensier ein. Aumale war schon früher da. Die Königin sah sehr vergnügt aus und ist keineswegs so garstig, wie die Zeitungen sagen. Sie ist blond, ziemlich beleibt und gar nicht häßlich. Die Infantin ist klein, brennend schwarz und mager. Die Königin wurde vom Matador ebenso wie ihre Mutter, vom Publikum aber mit lautem Beifall begrüßt. — Als der achte Stier geendet, fing es schon an dunkel zu werden, das ganze Publikum rief aber „un otro toro" und der neunte wurde fast im Finstern gehetzt, — was für den Matador äußerst gefährlich ist.

Dies nun ist das Schauspiel, welches die Spanier über Alles lieben, an dem die zartesten Frauen theilnehmen, und dem die jungvermählte Infantin zulächelte. Was mich betrifft, so habe ich an einem Stiergefecht vollkommen genug gehabt, und Du wahrscheinlich an der Beschreibung.

Am 13. Oktober fuhren wir mit der Diligence weiter durch eine gleich öde Gegend und passirten endlich durch einen furchtbaren Engpaß die Somosierra. Dabei kam es vor, daß die Spitzenpferde wegen des schrecklichen Wetters von der Straße ausbogen und den schweren Wagen in ein Feld zogen, wo er bis zur Achse einsank. Wenn dies einige Augenblicke früher geschehen, so wären wir in den Abgrund gestürzt. Es kostete Mühe, die verirrte Diligence wieder auf den rechten Weg zu führen, und alle Passagiere mußten eine Strecke ziehen, um das Umwerfen zu hindern. Wir passirten den Duero und den Ebro und langten endlich in den baskischen Provinzen an, wo die Gegend einen ganz anderen Charakter zeigt. Hier, wo der Krieg so lange gewüthet, zeugt Alles von dem Fleiß und der Thätigkeit der Menschen. Prächtig ist der Anblick der Schneegipfel der Pyrenäen. Die Straße ist in beständigem Steigen und Fallen, bald einem Flußlauf folgend bald in ein anderes Stromgebiet übergehend. Die Dörfer sind zierlich gebaut, und die Häuser erinnern sehr an die Schweiz. Grünende Wiesen, rauschende Bäche und Bäume erquicken das Auge. Viele Bauerhäuser tragen ungeheure in Stein gehauene Wappenschilder, zum Zeichen, daß ihre Besitzer Edelleute sind. So sind z. B. alle Bewohner von Murcia adlig. Vergara, wo die Konvention über Don Carlos geschlossen,*) und Vittoria sind schöne Städte. Prächtig liegt Fuenterrabia am biskayischen Meer, welches seine Brandung hoch über die Felsenriffe spritzt. In Irun endlich an der Bidassoa erreichten wir Frankreichs Grenze. — Im Vergleich mit den Italienern sind mir die Spanier unendlich liebenswürdig erschienen. Nicht ein einziges Mal bin ich angebettelt worden, dazu ist selbst der Aermste zu stolz. Schweigend und ernst steht er, den zerlumpten Mantel malerisch über die Schulter geworfen. So hat er auch verschmäht, das miserable französische Kleid anzuziehen, und statt des trostlosen Fracks sieht man noch überall die schöne nationale Tracht, die übrigens in allen Provinzen verschieden ist. Auch der geringste Spanier erwartet mit einer gewissen Rücksicht behandelt zu werden; aber mit einer freundlich dargebotenen Cigarre öffnet man sich alle Herzen. Selbst die angerauchte Cigarre wird, nachdem die Spitze abgebrochen, dankbar angenommen. Als Allemanne ist man überhaupt besser empfangen als jede andere Nation. England und Frankreich haben dem Lande zu wehe gethan, und mit Stolz erinnert der Spanier sich der deutschen Kaiser, welche glorreich Spaniens Scepter führten.

---

*) Am 31. August 1839. Der Karlistenführer Maroto verließ die Sache des Don Carlos, indem er mit dem Führer der Christinos, Espartero, einen Vertrag abschloß, welcher den Krieg in den baskischen Provinzen beendete.   H.

Bis Bayonne ist das Land sehr hübsch, und man sieht zur Linken immer das brausende Meer. Im Departement des Landes glaubt man sich in die Mark Brandenburg versetzt, dieselbe Mischung von Kiefernhaide und Sand; aber gewiß eine der schönsten Städte in der Welt ist Bordeaux mit seinen breiten Straßen, mit Bäumen besetzten großen Plätzen, der alten Kathedrale, den schönen aus Quadern erbauten Palästen, den breiten Quais und der steinernen 700 Schritt langen Brücke.

Wir waren äußerst schnell gereist, denn zwei Kompagnien fuhren um die Wette, die Messagerie Guillard-Lafitte und die königliche. Das Umspannen dauerte nie über eine höchstens ein und einhalb Minuten, Alles stand fertig angeschirrt und dann ging es Galopp weiter. Das Resultat für den Reisenden war freilich, daß man uns Morgens vier Uhr mitten im Regen in einem Hofe absetzte, wo nichts zu haben war. Mein Franzose und ich klopften aber glücklich ein Wirthshaus wach, und eine Tasse Kaffee unter solchen Umständen und bei dieser Tages- oder Nachtzeit ist unbezahlbar. Um acht Uhr ging es schon wieder weiter, und bald erreichten wir die prachtvolle Kettenbrücke über die Gironde. Sie ist 1500 Fuß lang. Die Pfeiler, welche die Ketten tragen, sind wahre Thürme aus Gußeisen von schöner durchbrochener Arbeit. Die Fahrbahn liegt gewiß 80 Fuß über dem Wasserspiegel, und die Entfernung der Pfeiler, also die Weite in welcher die Bahn frei in der Luft schwebt, beträgt die ungeheure Spannung von 300 Fuß. Wenn man diese Linien zuerst von der Seite sieht, so erschrickt man bei dem Gedanken, daß ein schwerer Lastwagen da hinüberfahren soll. — Am folgenden Morgen kamen wir nach der hübsch gelegenen Vaterstadt der schönen Diana von Poitiers, der Geliebten Heinrichs II., und zu Mittag machten wir zu Tours die angenehme Bekanntschaft des französischen Kochs. Um vier Uhr Nachmittags setzten wir uns in ein bequemes Coupee auf der Eisenbahn und brausten hin durch das schöne Thal der Loire zwischen prachtvollen Schlössern und Landsitzen, von denen sich besonders die alterthümliche Burg Amboise schön ausmacht. Blois und Orléans berührten wir nur im Fluge und trafen gegen Mitternacht in der Rue St. Honoré in Paris ein.

Von Paris schreibe ich Dir nichts, denn in 24 Stunden kann man nur die Läden des Palais Royal, die Tuilerien, das Louvre, die Champs Elysées und den Pont neuf sehen. Es war ein schreckliches Wetter, und an diesem Tage verwüstete der Sturm eben die Straße, die ich eben so leicht zurückgelegt. Diligencen mit Pferden und Menschen verunglückten, und die Viadukte der Eisenbahn wurden fortgespült. Am Abend des 21. Oktober verließ ich Paris und war am folgenden Abend in Köln. Wir waren durch Brüssel, Lüttich, Aachen gefahren und hatten in wenig mehr als 24 Stunden 100 deutsche Meilen und zwar in der ersten Wagenklasse für drei Louisdor zurückgelegt. So reist man jetzt.

In Köln war ich genöthigt, einen Vormittag zu bleiben, den ich ganz zur Besichtigung des Doms verwendete. Ich habe in dem kurzen Zeitraum von drei Monaten den Stephan in Wien, den Dom von Florenz, St. Peter in Rom, die Kathedrale von Cordova, Notre Dame von Paris und den Kölner Dom gesehen und kann versichern, daß der jetzt vollendete Chor dieses letzteren mir einen größeren Eindruck machte als alle übrigen. Es ist sehr viel geschehen, und in wenigen Jahren wird das Schiff der Kirche unter Dach gebracht werden können.

Gerade an meinem Geburtstage, am 26. Oktober, traf ich früh Morgens mit dem „Primus" in Hamburg ein und erfuhr zu meiner Freude, daß die Korvette mich nicht überholt hatte. Vielmehr mußte ich sie 10 Tage noch erwarten. Diese hätte ich freilich lieber in Spanien und Paris gewartet, aber es war nicht darauf zu rechnen gewesen. Ich hatte die ganze Reise von Gibraltar bis Hamburg, gegen 400 Meilen, in 18 Tagen alle Aufenthalte eingerechnet zurückgelegt, war aber freilich auch 12 Nächte durchgefahren.

Glückstadt und Itzehoe habe ich von Hamburg aus besucht, aber als ich nach Uetersen wollte, kam das Schiff. Ich ging demselben mit einem Flußdampfschiff bis Brockdorff entgegen, übernahm den Sarg, und vorgestern hat hier die feierliche Beisetzung im Domgewölbe stattgefunden. Von Marie habe ich gottlob sehr gute Nachrichten. —

Du siehst, lieber Fritz, daß ich mit meinem langen Schreiben in Hamburg anfing und in Berlin ende. Du wirst Mühe haben, es zu lesen, aber ich würde noch mehr Mühe haben, dasselbe öfter zu schreiben. Ich bitte Dich, theile es den übrigen Geschwistern mit, welche ich nicht gesehen und gesprochen habe. Sehr gefreut habe ich mich, wie den Burtschen Kindern der Aufenthalt in Deiner und Bettys Pflege gediehen ist. — Mit Freuden höre ich, daß Otto Moltke jetzt Offizier ist, ich hoffe, daß Mathilde recht viele Freude an ihm haben wird.

Tausend freundliche Grüße.

Helmuth.

Stillleben in Creisau.

Weit hinter ihm, in wesenlosem Scheine
lag, was uns Alle bändigt, das Gemeine.

Mein Lieblingsgedanke ist noch immer, daß wir uns nach und nach auf irgend einem Grundbesitz sammeln — am liebsten wünsche ich das Besitzthum auf dem lieben deutschen Boden — schrieb der Feldmarschall im Juli 1848 an seinen Bruder Adolf, als die unerquicklichen Zustände des Revolutionsjahres den Gedanken in ihm wachriefen, seine Laufbahn aufzugeben und sich in das Privatleben zurückzuziehen. Der Wunsch, ein Stück Erde zu besitzen und damit für seine Familie, die unter den beiden letztvergangenen Generationen ihre alten Landsitze verloren hatte, einen neuen Krystallisationspunkt zu schaffen, war schon tief eingewurzelt in der Seele des jungen Mannes, aber erst dem Achtundsechzigjährigen sollte er verwirklicht werden. Es war nicht die Begier nach eigenem Besitz, die hierbei das treibende Motiv bildete, sondern ein stark ausgeprägter Familiensinn; es war dieselbe Empfindung, aus der heraus er schon als Sekondlieutenant an seine Mutter schrieb: „so will ich mich denn mit neuem Muthe auf die dornige

Rennbahn wagen, auf der ich entfernt von Euch allen und einsam das Glück zu erjagen strebe. Möchte ich es für Euch alle gewinnen!"

Nach den Erfolgen des Feldzuges vom Jahre 1866 gewährte ihm die Dankbarkeit seines Königs und Volks die Mittel, diesen Wunsch zu erfüllen, und stellte ihn vor die Auswahl eines zu erwerbenden Grundbesitzes. Zunächst richtete er sein Auge auf das alte Stammland der Familie, Mecklenburg. Hier lagen die Güter, die bis auf seinen Großvater hinab, in ununterbrochener Reihenfolge von Vater auf Sohn forterbend, über 500 Jahre im Besitz seiner Vorfahren gewesen waren. Aber die dem General von Moltke zur Verfügung stehenden Mittel reichten nicht hin, um den alten Besitz zurückzuerwerben, er mußte den Gedanken aufgeben, die Familie dort wieder anzusiedeln, wo noch heute halb verwischte Gruftsteine in den Kirchen die Gebeine seiner Väter decken. Auch in Holstein, dem Lande, in dem seine Mutter gelebt und gestorben, in dem er selbst die Tage seiner Kindheit verbracht, in dem, als er das elterliche Haus verlassen, die kurzen und seltenen Besuche bei den Seinigen die wenigen Lichtblicke seiner harten und entsagungsvollen Jugendzeit gebildet hatten, bot sich keine Gelegenheit zum Ankauf. Die Entscheidung brachte eine Generalstabsreise des Jahres 1867 in Schlesien.

Seit der Zeit, da er zur topographischen Abtheilung des Generalstabes kommandirt als Lieutenant mit Meßtisch und Boussole in Schlesien arbeitete, da er, von Wanderlust getrieben, das Riesengebirge durchstreifte, die Schneekoppe erstieg und die Schlachtfelder des Großen Königs aufsuchte, hatte er eine große Vorliebe für diese Provinz behalten. Von hier aus drangen die Heersäulen in Böhmen ein, die nach seinen Plänen geleitet den Feldzug der sieben Tage entschieden, und hier war es, wo gelegentlich der erwähnten Generalstabsreise die Liebe und Verehrung der Bevölkerung ihm in reichstem Maße entgegentrat.

In der Nähe von Schweidnitz, zwischen der hohen Eule und dem Zobten-Berge gelegen, war ein Besitz zu verkaufen. Er entschloß sich rasch. Wenige Tage, nachdem er das Gut sich angesehen, war es gekauft (am 1. August 1867), und der General von Moltke war nun Besitzer der zusammengehörigen Rittergüter Creisau, Gräditz und Wierischau.

Bevor der General den Kauf abschloß, hatte er sich an den in der Nähe von Schweidnitz wohnhaften Herrn von Kulmiz mit der Bitte gewendet, ihm mit seinem Rath bei der Besichtigung einiger Güter zur Seite zu stehen. Herr von Kulmiz, der weit über die Grenzen seines Kreises hinaus den wohlbegründeten Ruf eines ebenso geschickten, wie kenntnißreichen Geschäftsmannes genoß, und der von Allen, die mit ihm in geschäftliche oder private Beziehungen traten, ebensosehr wegen der makellosen Ehrenhaftigkeit seines Charakters als wegen der einnehmenden Liebenswürdigkeit seines Wesens geachtet und verehrt wurde, war mit Freuden bereit gewesen, ihm mit Rath und That zur Hand zu gehen, und erwartete die Ankunft des Generals, der sich bei ihm angesagt hatte, auf dem Bahnhof. Einer seiner Söhne war beauftragt, dafür Sorge zu tragen, daß Dienerschaft und Gepäck auf bereitgestellten Wagen nach dem Wohnhause geschafft werde. Der General führte aber weder Diener noch irgend welches Gepäck mit sich, weder liebte er es, seinetwegen einen Diener noch sich durch Gepäck zu geniren, und das, was er auf dem Leibe trug, war auch gleichzeitig Alles, was er mitführte.

Der Nachmittag wurde benutzt, mehrere Güter zu besehen, und da beide Herren durch einen Gewitterregen bis auf die Haut durchnäßt wurden, mußte Moltke sich Abends nach der Rückkehr in die Sachen kleiden, die Herr von Kulmiz ihm zur Verfügung stellen konnte. Der General aber war ebenso hoch und schlank wie Herr von Kulmiz klein und wohlbeleibt, und nur mit Mühe gelang es ihm, die Kürze der geliehenen Kleidungsstücke durch ihre überschießende Weite einigermaßen auszugleichen.

Das Ergebniß dieser Besichtigungsfahrten war der Ankauf von Creisau, und wenn Sachkundige dem General versicherten, daß er einen guten Kauf machen werde, so hat die Folgezeit ihnen Recht gegeben.

Creisau gehörte damals einer verwittweten Frau von Dresky, deren Familie das Gut seit etwa hundert Jahren in Besitz hatte. Vorher hatte Creisau, das schon im Jahre 1250 in Urkunden als Crisona genannt wird, vielfach die Besitzer gewechselt. Im Jahre 1338 besaß es ein Haugwitz, dann kam es an die Familie von Seiblitz, später an die von Reibnitz, Ende des siebzehnten Jahrhunderts gehört es der Familie von Zedlitz und geht Mitte des achtzehnten auf die Dreskys über. Um dieselbe Zeit vereinigten sich auch die jetzt zu Creisau gehörenden Rittergüter Wierischau und Nieder-Gräbitz in der Hand der Dreskys. Alle drei Güter kaufte im Jahre 1867 der General von Moltke.

Mit großem Eifer und dem eingehendsten Interesse für alle Einzelheiten ging der General, nachdem die Förmlichkeiten des Kaufs erledigt waren, zunächst an die Ausbesserung des ziemlich schadhaften Wohnhauses sowie an die Anlage eines Parks, der bis dahin dem Gute gänzlich fehlte; auch mehrfache Verbesserungen zum Zweck einer erhöhten Ertragsfähigkeit des Besitzthums wurden in Angriff genommen. Neben seinen dienstlichen Geschäften in Berlin, zu denen noch die Sitzungen des Zollparlaments hinzukamen, fand er doch Zeit, auf brieflichem Wege seine Anordnungen für Creisau zu ertheilen. Eine umfangreiche Korrespondenz mit dem Geheimrath von Gellhorn auf Jakobsdorf, einem Nachbargute Creisaus, der es übernommen hatte, die Wirthschaft in Creisau zu überwachen und zu leiten, giebt Zeugniß von der regen Theilnahme, womit der General von Moltke die daselbst vorzunehmenden Verbesserungen verfolgte. Sein streng ökonomischer Sinn offenbart sich überall, aber wie er schon als junger Offizier, trotzdem er sich selber die größten Einschränkungen auferlegen muß, seinen Vater bittet, über seine

Remuneration zu verfügen, wenn es ihm etwa augenblicklich an einer benöthigten Summe fehlen sollte, so vermeidet er auch jetzt jede unnöthige, vor Allem jede Luxusausgabe, um dagegen reichliche Mittel zur Verfügung zu stellen, wo es sich um eingreifende landwirthschaftliche Verbesserungen handelt, oder wo es darauf ankommt, der Lage seiner Arbeiter aufzuhelfen.

Als Beispiel seiner Hülfsbereitschaft für die Gemeinde sei hier angeführt, daß er, bald nachdem er den Creisauer Besitz angetreten, einen an der Dorfstraße inmitten des kleinen Orts gelegenen Bauernhof kaufte, das Haus abreißen und an seiner Stelle ein Schulhaus bauen ließ. Er hatte bemerkt, daß die Kinder der zu dem Gute gehörigen Ortschaft Creisau, der eine eigene Schule fehlte, jeden Morgen den fast ³/₄ Stunden betragenden Weg in die Gräditzer Schule machen mußten, und er baute das Schulhaus, gab das Land des gekauften Hofes dem Schullehrer als Gartenland und setzte ein Kapital fest, aus dessen Zinsen der Lehrer seine Besoldung bezieht.

Wie er stets bereit war, die Erfahrungen seines langen Lebens auch für Andere nutzbar zu machen, so schuf er auch hier durch Einrichtung einer Sparkasse für die Schulkinder ein Werk, in dem der Grundsatz zum Ausdruck kam, den er stets befolgt wissen wollte: „Hilf dir selbst, so wird dir auch von Anderen geholfen werden." Er schaffte für jedes Kind, das in die Schule eintrat, ein Sparkassenbuch an, auf das er eine Mark einzahlte. Dann erhielt das Kind das Buch, um selber zehn- oder fünfpfennigweise weitere Ersparnisse eintragen zu lassen. Jedesmal, wenn es auf diese Weise eine Mark erspart hatte, zahlte der General ihm eine weitere Mark ein. Bei der Konfirmation erhielten die Kinder das Buch ausgehändigt, um sich entweder den angesammelten Betrag auszahlen zu lassen, oder um einen weiteren Nothpfennig zu behalten. Mit dieser Einrichtung hoffte der General den Sinn für das Sparen im Kleinen in den Kindern schon frühzeitig zu erwecken und ihnen diesen womöglich für ihr ferneres Leben zu erhalten.

15*

Gleichzeitig suchte er eine Schulbibliothek zu begründen und vermehrte sie unablässig durch Ueberweisung aller der Bücher, die ihm für Sinn und Bildungsstufe der ländlichen Arbeiter geeignet schienen. Er stellte die Benutzung den Kindern frei, damit sie während der langen Winterabende ihren Eltern daraus vorlesen könnten. Von dieser Einrichtung wurde fleißig Gebrauch gemacht, und es war eine der stillen Freuden des Generals, wenn der Lehrer ihm berichten konnte, daß die Benutzung der Bibliothek von Jahr zu Jahr zunehme, und daß ihre Bücher von Haus zu Haus gingen.

Später baute er noch eine Kleinkinderschule mit einer Wohnung für eine Diakonissin, die von dem Frankensteiner Mutterhause in Creisau stationirt wurde, und erreichte dadurch, daß die zur Arbeit gehenden Leute ihre Kleinen, noch nicht schulpflichtigen Kinder während der Zeit, wo sie sie nicht beaufsichtigen können, in die Spielschule schicken, in der sie sich beschäftigen und sich waschen lernen, anstatt die Kleinen, wie es früher üblich war, im Zimmer einzuschließen.

Auch zu dem Bau eines neuen Kirchthurms in Gräditz steuerte er namhafte Summen bei und verschaffte der Gemeinde das Material zum Glockenguß, das ihr auf seine Verwendung von der Gnade des Königs aus eroberten französischen Geschützen gewährt wurde.

Für dergleichen Zwecke oder wenn es galt, einen wirklich Hülfsbedürftigen zu unterstützen, hatte er immer Geld übrig; als Beispiel aber, wie sorgsam er alle sonstigen Ausgaben überlegte, mögen die nachstehend angeführten Stellen aus seinen Briefen an den Geheimrath von Gellhorn dienen.

Unter dem 18. Mai 1868 scheibt er: „Für die gütige Zuschrift vom 14. d. M., verehrter Herr Geheimrath, sage ich meinen verbindlichsten Dank. Ich sehne mich genug nach dem ruhigen Aufenthalt im schönen Creisau und säße jetzt in der Blüthenzeit lieber dort als in der Stickluft des Zollparlaments.

Der Gutsherr als Bauherr. 229

Wenn unsere unruhigen Nachbarn es erlauben, so hoffe ich, den Juli auf dem Gute zuzubringen, und wäre mir allerdings lieb, wenn der nothwendige Bau zuvor beendet sein könnte.*)

Graf Pückler sagt mir, daß ein Dachdecker Wagner in Freiburg die Arbeiten in Oberweißtritz zur Zufriedenheit ausgeführt hat. — — —

Der Baumeister, welcher hier das neue Generalstabs-Gebäude ausführt und den Stall bereits mit englischem Schieferdach fertiggestellt hat, findet den Preis von 4 Thlr. 9 Sgr. pr. Quadratfuß exorbitant. Hier kostet der Quadratfuß incl. verzinnter Nägel und allen übrigen Materials 3 Thlr. 7 Sgr., findet eine Schälung statt, ⁵/₄ Zoll starke Hölzer, so treten hinzu (incl. Material) 2 Thlr. 3 Sgr.

Die Löcher in dem Schiefer müssen gebohrt sein, nicht durchgeschlagen. Ob es rathsam sein wird, den Schiefer auf die Schindeln zu nageln, ist mir doch auch bedenklich.

In ein paar Tagen werde ich Nachricht mittheilen, für welchen Preis eventl. der nöthige Bedarf an Schiefer franco Schweidnitz geliefert werden kann, und würde es mir wünschenswerth sein, den schon früher berechneten Flächeninhalt des Daches zu kennen. Sie haben mir denselben schon früher einmal mitgetheilt, ich kann die Notiz aber nicht mehr auffinden.

Auch hier seufzt Alles nach Regen, das Wetter bleibt aber mit verzweifelter Beharrlichkeit schön. Für die Schafschur wenigstens ist es günstig, und wünsche ich, daß diese für die junge Heerde der Sorgfalt entsprechen möge, welche Sie darauf verwendet haben."

Am 23. Mai schreibt er dann im weiteren Verfolg dieser Angelegenheit:

„Verehrter Herr Geheimrath, es stellt sich heraus, daß der Dachbau in Creisau doch sehr viel wohlfeiler und wahrscheinlich

---

*) Das Creisauer Wohnhaus war mit Holzschindeln gedeckt, und General v. Moltke hatte angeordnet, daß das schadhaft gewordene Dach mit Schiefer neu gedeckt werden sollte.

auch solider von hier aus besorgt werden kann, als durch die dortigen Anschläge.

Der hiesige Schieferdeckermeister Neumeister übernimmt die Sache unter folgenden Bedingungen:

Den Quadratfuß Dachfläche mit gutem englischen Schiefer einzudecken als Doppeldach, 3½zöllige Ueberdeckung des dritten Steins

$$\overline{\phantom{3\frac{1}{2}''}}$$
$$3\frac{1}{2}''$$

incl. Lieferung des Schiefers, schmiedeeiserner verzinnter Nägel, Arbeitslohn und Transport per Eisenbahn bis Schweidnitz à 4¼ Thlr., dies macht nach meiner Rechnung für 9501 Quadratfuß = 1346 Thlr.

Sollte eine neue Verlattung nöthig sein, so berechnet er dafür incl. Latten und Arbeitslohn per Quadratfuß 6 Thlr. also für 9501 Quadratfuß 158,10
1508 Thlr.

Ein Theil der Latten wird aber doch wohl noch brauchbar sein — — —

Allerdings müssen zuvor die verfaulten Balkenköpfe angestückt werden, was der Zimmermann zu besorgen hat. Aber nach Ansicht meines Architekten ist dazu keineswegs nöthig, einen Theil des Mauerfrieses einzureißen. So könnte dann der Dachbau sofort beginnen, wenn Sie mit der Sache einverstanden sind.

Ich würde darüber Ihre gütige Antwort abwarten und demnächst gleich mit dem p. Neumeister abschließen."

Am 16. Oktober 1868 schreibt er dann, noch immer mit dem Ausbau des Hauses beschäftigt:

„— — — In Betreff Ausführung der von Goedeking projektirten Verzierungen (des Daches) möchte ich auf der Durchreise einmal in Bunzlau mit Augustin sprechen, ob die an den

Schornsteinen und den zwei Dachkoffern nicht in Töpferwaare für einen leidlichen Preis herzustellen wären. Die Zeichnungen, von denen mir übrigens die erste, kleinere eigentlich am besten gefällt, könnten ihm zur Ansicht vorgelegt werden — — —

Die Wiederherstellung der Kammern im Giebel ist gewiß recht wünschenswerth, wenn die Belastung der Decke im zweiten Stock nicht nachtheilig ist, welche doch bedenkliche Sprünge zeigt, da die Wände von unten nicht unterstützt sind. Die Bauverständigen werden sich aber wohl darüber ausgesprochen haben.

Die Drillmaschine hat sich also bei der Aussaat gut bewährt. Die Futternoth scheint in großer Ausdehnung einzutreten, in Süddeutschland ist der erste Schnitt des Heus sehr reichlich ausgefallen, die Grummeternte aber äußerst schlecht. Es ist ein Glück, daß bei uns die Kartoffeln so gut gerathen sind.

Die von Ihnen vorgenommene Vermehrung der Arbeiterwohnungen entspricht gewiß einem dringenden Bedürfnisse."

Einen Sommer hatte der General von Moltke gemeinsam mit seiner Frau in Creisau verlebt. Am Weihnachtsabend des Jahres 1868 nahm der Tod die treue Gefährtin seines Mannesalters von seiner Seite. Er brachte die Leiche der Heißgeliebten nach Creisau, wo der Sarg vorläufig in der, vor dem Gutshof gelegenen, kleinen katholischen Kirche beigesetzt wurde, bis der Bau einer Kapelle beendet sein würde, in der der General, nachdem auch sein arbeitsvolles Leben abgelaufen, an ihrer Seite seine letzte Ruhestätte finden wollte.

Den Platz, wo diese Kapelle erbaut werden sollte, hatte er selbst ausgesucht. Wenige Minuten von dem Gutshof entfernt erhebt sich ein Hügel, damals mit werthlosem Buschholz bestanden, auf felsigem Untergrund. Auf seiner Spitze wurde aus schmucklosen Backsteinen aber in einfach edler Form nach seiner eigenen Zeichnung der kleine Bau errichtet, der jetzt, 23 Jahre nachdem seine Gemahlin ihm vorangegangen, auch den Eichensarg umschließt, in dem die sterbliche Hülle des Feldmarschalls Grafen von Moltke ruht.

Der Blick von oben ist friedlich und anmuthig. Um den Fuß des Hügels, den der Feldmarschall mit Tannen bepflanzt hat, die mit ihrem ernsthaften Dunkel und schweigsam die Gruft umstehen, schlängelt sich das kleine Flüßchen Peile, das in zahllosen Krümmungen, sich in den Wiesengründen hin und wieder wendend wie ein Blumen suchendes Kind, von den waldigen Höhen der Eule herabkommt. Vor uns dehnen sich die Parkanlagen aus, den Gutshof umschließend, der mit seinen leuchtend rothen Dächern im großen Viereck zu unseren Füßen liegt. Zur Rechten zieht sich in sanft geschwungenen Linien der Rücken der hohen Eule hin, links, im violetten Licht der Ferne, steht der charakteristischste Berg Schlesiens, der Zobten. Geradeaus schweift der Blick ungehindert meilenweit hinaus über fruchtbare Felder, über langgestreckte Dörfer bis zu den Thürmen der alten Stadt Reichenbach, um von der Fernsicht gesättigt zurückzukehren und sich dem Innern der kleinen Kapelle zuzuwenden, in dem, durch blaue Scheiben fallend, gedämpftes Licht die Särge umspielt. Um die Thür und bis über das Dach hinweg schlingt eine Kletterrose ihre üppigen Ranken. Tausende weißer Blüthen und Knospen winken herab in duftender Pracht und umschließen wie die Verheißung neu erstehenden Lebens die stille Stätte des Todes.

Im Jahre 1869 wurde der Bau vollendet und der Sarg aus der Kirche in die Kapelle überführt. Fast täglich besuchte der General diesen stillen Ort, er war sein erstes Ziel, wenn er im Frühjahr nach Creisau kam. Dann trat er mit entblößtem Haupt an den Sarg und legte liebkosend die Rechte auf dessen Kopfende. Oft brachte er kleine Liebeszeichen mit hinauf, eine schöne Blume oder einen Blüthenzweig, den er unterwegs gepflückt und behutsam hinaufgetragen hatte, um ihn auf dem Sarge niederzulegen.

Wenn er dann wieder hinaustrat, lag ein wehmüthig weicher Ausdruck auf seinen Zügen, und in den sonst so strengen Augen schimmerte noch die tiefe Bewegung seines Innern.

Nach dem Tode seiner Gemahlin hatte der General von Moltke inzwischen seine Schwester, die verwittwete Frau von Burt, zu sich genommen, während der König dem vereinsamten Manne deren Sohn, den Lieutenant von Burt, als Adjutanten zugesellt hatte. Außer diesen Beiden, die den Sommeraufenthalt des Generals in Creisau theilten, waren noch sein ältester Bruder Fritz und sein jüngerer Bruder Adolf mit seiner Frau und zwei Töchtern einer Einladung nach Creisau gefolgt, so daß jetzt in der That der Wunsch des Jahres 1848 in Erfüllung gegangen war: „Mein Lieblingswunsch ist noch immer, daß wir uns nach und nach auf irgend einem Grundbesitz sammeln."

Auch der Sommer des Jahres 1870 fand die Verwandten wieder in Creisau vereinigt. Ruhig lebte der General auf seinem Gute, und nichts deutete an, wie nahe die größte Aufgabe seines Lebens, die Führung der deutschen Heere im Kriege gegen Frankreich, ihm bevorstand. Am Nachmittage des 15. Juli war er mit seinem Bruder Adolf, seiner Schwägerin und deren beiden Töchtern im offenen Wagen ausgefahren. Er führte selber die Zügel; sein Bruder saß neben ihm. Gerade als der Wagen eine Furt durch die Peile passirte, neben der ein schmaler Laufsteg über das Wasser führte, rief ihn ein Telegraphenbote an, der eben diesen Steg überschreiten wollte. Der General hielt die Pferde an und streckte die Hand nach dem Telegramm aus, das Jener ihm hinunterreichte, erbrach dasselbe, las es und steckte es still in die Tasche. Dann setzte er die Spazierfahrt fort. Nichts an ihm verrieth die Mittheilung, die der Telegraph ihm gebracht hatte, nur noch schweigsamer wie sonst saß er da, und daß seine Gedanken hin und wieder von seinen Pferden abschweiften, merkten die Insassen des Wagens daran, daß er einmal ziemlich unsanft gegen einen Prellstein anfuhr. Als er nach etwa einer Stunde wieder vor dem Wohnhause anlangte, sprang er rasch vom Wagen und sagte zu seinem Bruder, der ihm ins Haus folgte: „Es ist eine dumme Geschichte, ich muß noch diese Nacht nach Berlin." Er ging darauf in sein Arbeitszimmer, wo er bis zur Theestunde verblieb. Still, aber freundlich wie immer saß er in der Mitte des kleinen Kreises, bis er plötzlich aufstand, mit der Hand auf den Tisch schlug und ausrief: „Laßt sie nur kommen, mit oder ohne Süddeutschland, wir sind gerüstet." Ohne eine weitere Erklärung zu geben, ging er dann wieder in sein Zimmer, wo er bis zur Abreise verblieb. Erst später erfuhren die Seinigen, daß die Depesche die Mittheilung enthielt, der König halte den Krieg für unvermeidlich und beabsichtige, die Mobilmachung der Armee zu befehlen.

Eine unermeßliche Arbeitslast und eine schwerwiegende, mit vollem Bewußtsein getragene Verantwortung war auf die Schultern des nun siebzigjährigen Mannes gelegt worden, aber auch mitten aus der aufreibenden Thätigkeit des Feldzuges heraus richteten seine Gedanken sich dem heimathlichen Besitz zu. Am 2. November 1870 schrieb er aus Versailles an den Geheimrath von Gellhorn:

„Vielen Dank, verehrter Herr Geheimrath, für die freundlichen Nachrichten aus der friedlichen Heimath, die wie ein Sonnenblick in das bewegte Treiben fallen, welches uns hier umgiebt. Seitdem ist Ihnen die Nachricht über den Fall von Metz zugegangen. Es sind jetzt sämmtliche Regimenter der französischen Armee bis auf sechs in unserer Gefangenschaft, mehr als 300 000 Mann, 10 000 Offiziere, 4 Marschälle, 1 Kaiser. Seit der Babylonischen Gefangenschaft der Juden ist so etwas nicht dagewesen, dennoch beharrt die Parteiregierung in Paris und Tours auf ihrem Widerstande und bringt das unglückliche Land immer tiefer ins Verderben. Die Volksbewaffnung wird in allen Provinzen organisirt, die Ausfälle aus Paris dauern fort, und wir haben noch ernste 14 Tage durchzuleben, bis die nun frei gewordenen Streitkräfte von Metz herankommen können. Wir haben hier einen der Zahl nach weit überlegenen Feind vor und hinter uns, aber die Tüchtigkeit unserer Truppen wird uns mit Gottes Hülfe auch noch über die letzten Schwierigkeiten forthelfen.

Den aufrichtigsten Dank sage ich Ihnen für Ihre fortgesetzte Sorge und Mühewaltung im Interesse meines lieben Creisau, welches meine Geschwister nur mit Bedauern verlassen haben. Gebe Gott, daß wir uns nächstes Frühjahr noch einmal Alle dort zusammenfinden mögen.

Sehr erfreulich ist, daß die Ernte und die neue Bestellung der Felder trotz der ungewöhnlich ungünstigen Witterung dieses Jahres glücklich hat beendet werden können, unerachtet es gewiß sehr an Arbeitskräften gefehlt haben muß. Von einem milderen Klima merken wir hier im Herzen Frankreichs auch nichts. Das Laub ist größtentheils schon von den Bäumen herunter.

Wenn zwar die Creisauer Wolle noch immer gut bezahlt worden ist und eine angenehme Einnahme bildet, so wird durch Verminderung der Zahl der Schafe und Vermehrung des Rindviehs wohl ein ausgiebigerer Düngerbestand erzielt, woran es ja bisher fehlte und wofür eine erhebliche Baarsumme verausgabt werden mußte. Sie werden am besten beurtheilen, wie demnach die Stallungen in Nieder-Gräditz einzurichten sind. Ich bin natürlich mit allen getroffenen Maßregeln einverstanden. Dem Gartenburschen Wilhelm will ich gern eine Extravergütung gewähren. Ernst, der Kutscher, erhält hier 12 Thlr. monatlichen Lohn, das Gehalt der Trainsoldaten, Bekleidung und Naturalverpflegung. Er ist also sehr gut gestellt, bewährt sich aber auch sehr tüchtig und zuverlässig. Alle sechs Pferde sind in gutem Stande, und ich fahre täglich hier in der schönen Umgegend weite Touren, meist nach den Vorposten, von wo man mit einiger Vorsicht die mächtige Stadt übersieht.

Sehr erfreut bin ich, daß Simon*) sich gut bewährt, die Reiterei ist freilich seine schwache Seite.

Der Schuldposten auf Creisau ist nun doch auch erheblich vermindert, und ich hoffe, daß Frau v. Dresky nächstens eine allgemeine Restzahlung annimmt.

Vielleicht übernimmt Dr. Websky,**) bei einer Jagd in Schwengfeld zugleich die Creisauer Felder abtreiben zu lassen, da ich leider nicht hoffen darf, im Herbst noch selbst hinzukommen.

Meine Verwandten in der Armee sind bis jetzt Gottlob alle glücklich durchgekommen, was bei den enormen Verlusten von Offizieren ein großes Glück ist.

Burt bittet, sich bestens empfehlen zu dürfen, und ich bitte in gütigem Andenken zu bewahren Ihren ergebensten

v. Moltke."

Vom Ende des deutsch-französischen Krieges an bis zu seinem Tode verbrachte der Feldmarschall die Sommermonate, einige kurze Badereisen abgerechnet, in Creisau. Sobald im Frühjahr der Schnee von den Dächern thaute, regte sich die Sehnsucht nach dem Landaufenthalte in ihm; er liebte es, das Wiedererwachen der Natur aus ihrem Winterschlaf zu beobachten, er erfreute sich an dem Keimen und Wachsen des jungen Grüns, er sah das Korn höher und gelber werden, bis es der Ernte entgegenreifte; stundenlang stand er bei den Schnittern, bis überall die Stoppelfelder sich breiteten, über die der Herbst seine glänzenden Fäden zog; mit offenem Sinn genoß er die buntblätterige Pracht des Spätherbstes und schaute mit seinen hellen, weitblickenden Augen hinaus auf die in der klaren Luft scharf gezeichneten Umrisse der Berge, und erst, wenn wieder frischer

---

*) Der Inspektor in Creisau.

**) Ein von dem General hoch geschätzter und mit ihm bis zu dessen Tode in regem Verkehr stehender Gutsnachbar von Creisau, wohnhaft auf Schwengfeld.

Schnee die Dächer deckte, entschloß er sich zur Rückkehr nach Berlin. Nicht um die Freuden des winterlichen Residenzlebens zu genießen, kam er zurück; strenge Thätigkeit, gehäufte Arbeit erwartete ihn. Stunde um Stunde saß er im Reichstag, eines der pflichttreuesten Mitglieder; lange Abende verbrachte er am Schreibtisch über seine Arbeiten gebeugt, immer seine Person der Sache unterordnend, nie auf sich selber bedacht, nur ein Ziel im Auge: den Dienst des Vaterlandes.

Er kannte es wohl, das Bedürfniß nach Ruhe, aber nie gab er ihm nach. Oft sehnte er sich danach, auszuruhen von den Mühen eines neunzigjährigen Lebens, aber nie versank er in die Gleichgültigkeit des lebensmüden Mannes. Ein tapferer Soldat, stand er mit klarem Blick auf dem ihm anvertrauten Posten, bis die Stunde der Ablösung schlug, und er still und edel hinübertrat in die Geheimnisse einer anderen Welt. Stets war er vertraut mit dem Gedanken des Todes, den er nicht fürchtete, immer war er bereit, abzuscheiden, denn stets war sein Inneres klar und ruhig, seine Rechnung abgeschlossen und in Ordnung. „Wie kann man einen Menschen beweinen, der gestorben ist," pflegte er zu sagen; „Diejenigen sind zu beklagen, die ihn geliebt und verloren haben." Nur Eins fürchtete er: ein langes Siechthum. Es ist ihm erspart geblieben. Ihm war es vergönnt, bis zum letzten Augenblicke die ungeschwächte Empfänglichkeit zu bewahren nicht bloß für das, woran sein Herz sich erfreute, sondern auch für Alles, was rings um ihn her die Welt bewegte und die Menschen erregte. Er war nicht stehen geblieben an der Grenze des Greisenalters, um im Rückblick versunken die Augen auf das zu richten, was vergangen ist, er schritt fort mit dem Jahrhundert, das ihn geboren, und er stand mitten im Strome des Tages, der ihn von uns nahm.

Selten ist wohl soviel Schärfe des Geistes, solch strenge Logik des Denkens mit solcher Einfalt des Gemüths, solch kindlicher Fähigkeit, sich zu erfreuen, in einem Menschen vereinigt gewesen, wie in ihm. Hieraus entsprang auch seine Liebe zum Landleben. Einfach in allen seinen Gewohnheiten, liebte er das Einfache und Natürliche. In seinem arbeitsvollen Leben war kein Raum gewesen für weichliche Genüsse, und wie sein Inneres war, so gestaltete sich auch seine äußere Umgebung. Nicht ohne Rührung kann man das einfache Arbeitszimmer in Creisau betreten, in dem er sich zufrieden und behaglich fühlte, oder den Raum betrachten, in dem er zu schlafen pflegte. Ein kleiner Raum ist's, ein viereckiger thurmartiger Ausbau, der an das Arbeitszimmer stößt. Darin ein einfaches Bett und ein Waschtisch, weiter nichts. Zwei Fenster gewähren Ausblick über Wiese und Feld bis zu dem Dörfchen Gräditz, hinter dem der Zobten aufragt, und auf ein kleines Stückchen der das Haus umgebenden Gartenanlage. Dicht vor dem einen Fenster steht eine Gruppe mächtiger Ulmen. Noch sind ihre Zweige unbelaubt, während das Gebüsch zu ihren Füßen schon in gedrängter Blätterfülle steht. Von seinem Bett aus sieht der Feldmarschall die Kronen der alten Bäume sich im Morgenwinde wiegen, überstrahlt vom Licht der eben aufgegangenen Sonne, und in den höchsten Wipfeln sitzen sie, seine Freunde, die Staare, und pfeifen ihr jubelndes Frühlingslied. Wie eifrig sie sind in ihrem Frühkonzert, wie sie die Flügel abspreizen, als müßten sie der klangerfüllten Brust mehr Raum schaffen, wie sie mit ihnen den Takt schlagen zu ihren Läufen und Trillern, ihrem Schnurren und Schnarren — sie sind es, die den Schläfer da unten geweckt haben, und sie sind es, die er liebt um ihrer Frühlingsbotschaft und ihrer frohen Emsigkeit willen.

Der Feldmarschall war bis an sein Ende ein Frühaufsteher. Sobald er Morgens aus einem tiefen und gesunden Schlaf erwachte, dessen er sich auch im höchsten Alter noch erfreute, stand er auf und kleidete sich an. Niemals brauchte er dabei die Hülfe eines Dieners, wie er überhaupt eine fast ängstliche Scheu davor hatte, die Dienste eines anderen Menschen in Anspruch zu nehmen.

Auf seine Toilette verwendete er wenig Sorgfalt. Er besaß nie mehr als zwei Anzüge und trug sie bis zur äußersten Grenze des Möglichen. Noch im Jahre 1891 rühmte er sich, einen Sommerpaletot zu besitzen, den er sich habe machen lassen, als er im Jahre 1857 mit dem damaligen Kronprinzen von Preußen nach England gegangen sei, und der noch immer so gut wie neu wäre. Auch vergaß er nie hervorzuheben, daß dieser Paletot seidenes Futter habe, ein Luxus, den er sich später nie wieder bei einem Kleidungsstück gestattet hat. Wenn er in Kreisau war oder sich auf Reisen befand, trug er ausnahmslos Civilkleider, meistens einen schwarzen Gehrock und dunkelgraue Beinkleider. In den letzten Jahren hatte er sich ein Jacket aus dickem Wollenstoff angeschafft, da er von jeher empfindlich gegen Kälte war, es aber fast immer unnöthig fand, einen Ueberrock anzuziehen. Wenn er auf einige Tage zu Verwandten oder Bekannten ging, nahm er nie irgend welches Gepäck mit, und auf seinen längeren Reisen enthielt der kleine Koffer, den er dann nothgedrungen mitführen mußte, immer nur das Unentbehrlichste. Er haßte jedes Gepäck als unnöthigen Ballast und konnte sehr ungehalten werden, wenn seine Begleitung mehr davon „mitschleppte", als ihm unbedingt nöthig schien. Mußte er, selbst bei Ausflügen auf einige Tage, einen schwarzen Gesellschaftsanzug haben, um ein Diner, eine Sitzung oder dergl. mitzumachen, so reiste er gleich im Frack und ging Tage lang darin umher, immer der Gefahr einer Erkältung ausgesetzt. Der Versuch, welcher einmal gemacht wurde, ihm bei einer solchen Gelegenheit eine kleine Handtasche mitzugeben, in welcher der Frack lag, scheiterte in so drastischer Weise, daß man nie wieder daran denken durfte, ihn zu wiederholen. Nach langem Widerstreben hatte er es sich gefallen lassen, daß dieses Gepäckstück auf den Rücksitz des Wagens gelegt wurde, in dem er zum Besuch eines Neffen fuhr, bei dem er einen Tag bleiben wollte. Am nächsten Tage gedachte er der Sitzung des Johanniter-Konvents in

Breslau beizuwohnen. In S. angekommen, packte er seine Handtasche aus und hing den Frack an einen Kleiderriegel. Am nächsten Morgen packte er gewissenhaft seinen Ueberrock in die Tasche, die er mitnahm, vergaß aber, den hinausgehängten Frack anzuziehen, und fuhr ohne Weiteres in seinen Ueberzieher, um nach Breslau abzureisen. Erst als ihm dieser im Vorzimmer des Konvents von einem Diener abgenommen wurde, bemerkte er zu seinem Schrecken, daß das, was ihm nach Entfernung dieser Hülle an Kleidung noch verblieb, nicht ganz salonfähig sei, und er behauptete später wohl nicht mit Unrecht, daß ihm dies Mißgeschick nie zugestoßen wäre, wenn man ihn auf seine eigene Art hätte reisen lassen.

Uebrigens war er weit entfernt davon, in derlei Vorkommnissen Anlaß zum Aerger zu finden, im Gegentheil belustigte ihn der Humor des Abenteuers, das er selber sofort nach seiner Rückkehr erzählte, im höchsten Maße. Bei der tiefernsten Auffassung, mit der er an Alles herantrat, was die Pflicht, diese unverbrüchliche Richtschnur seines Lebens, ihm gebot, war der Humor ihm stets willkommen, und ohne jemals zu verletzen, mischte sich doch oft ein leichter Spott in seine Empfindungen, wenn er sah, mit welcher geschäftigen Mühsal sich die Menschen um das quälten was er längst als nichtig erkannt hatte. Nichts war ihm mehr zuwider als alles Unnatürliche, aller Umschweif, aller Schein und jedes trügerische Wesen. Die Schärfe seines Verstandes schied sofort die Spreu vom Weizen, Niemand aber auch hatte mehr Anerkennung für selbst geringe Leistungen, wenn sie nur auf redlichem Streben beruhten, und neidlos erkannte er jedes fremde Verdienst an. Streng gegen sich selbst, war er doch nachsichtig gegen Andere, ein wohlwollender Vorgesetzter im Dienst, ein gütiger Herr seiner Untergebenen.

Er hatte Achtung vor der Arbeit, in welcher Gestalt auch immer sie ihm entgegentrat, sei es als geistiges Schaffen, sei es als physisches Wirken: er wußte es, daß ohne sie die Menschen verkümmern und daß müßige Ruhe das Grab des Glücks sei. So gab es auch auf dem ländlichen Arbeitsfelde seines Besitzes nichts, was ihn nicht interessirt hätte. Eingehend beschäftigte er sich mit der Bewirthschaftung des Gutes und unterrichtete sich über die Leistungen seiner ländlichen Arbeiter.

Er machte vielfach Versuche, um diese oder jene Verbesserung einzuführen die er entweder am dritten Ort gesehen hatte, oder über die er die einschlägige Literatur eingehend studirte. Nichts entging seinem aufmerksamen Blick, wenn er das Gut eines Nachbarn besuchte, und sobald er etwas ihm Neues bemerkte, suchte er sich stets über dessen Zweck und Wesen zu unterrichten. Wo hundert Andere der Ruhe gepflegt haben würden, ging er, der keine Ermüdung zu kennen schien, stundenlang durch Hof und Feld, besichtigte eingehend den Garten und kletterte auf Speicher und in Maschinenräume. Viele der Versuche, die er auf seinem Gut anstellte, mißglückten, einige gelangen, nie aber stellte er unsinnige Experimente an, die zum Nachtheil des Gesammtbetriebes gereicht hätten, denn immer blieb es ihm wohlbewußt, daß er kein Fachmann sei, und niemals griff er störend in die Thätigkeit seiner Beamten ein.

Es ist vielleicht von Interesse, aus einem Beispiel zu ersehen, in wie eingehender Weise er sich mit den Einzelheiten dessen beschäftigte, was er versucht wissen wollte. Immer darauf bedacht, das nutzbar zu machen, was ihm an natürlichen Hülfsmitteln zu Gebote stand, hatte er beschlossen, einen kleinen Wasserlauf, der unbeachtet am Rande einer Wiese dahinfloß, zur Anlage von Stauteichen zu verwenden, in denen eine Forellenzucht angelegt werden sollte. Die Brut, mit der diese Teiche besetzt werden sollten, bezog er von dem um die Hebung unserer vaterländischen Fischzucht hoch verdienten Herrn von Behr-Schmoldow. Ueber die erste Einrichtung und Behandlung schrieb er an den Jäger auf Creisau folgendermaßen:

X. Stillleben in Kreisau.

„Herr von Behr auf Schmolsow hat einen kalifornischen Brutkasten nach Kreisau abgeschickt, und der Oberförster Beckel in Friedrichshuld wird für denselben 2000 Forelleneier übersenden. Ich habe Letzteren ersucht, diese Sendung noch einige Tage zu verzögern, damit die nöthigen Vorbereitungen getroffen werden können, und daß er Sie vorher von dem Tage des Eintreffens benachrichtigt, damit die Eier gleich auf der Post abgeholt und so bald wie möglich in den Brutkasten gelegt werden können.

Aus dem anliegenden Schreiben und aus der kleinen Druckschrift werden Sie das Nöthige über die Behandlung der Eier ersehen.

Das Wichtigste ist nun, eine Vorkehrung zu treffen, damit während mehrerer Monate ununterbrochen Wasser durch den Brutkasten fließt. Nach Angabe von Borne bedarf es für 10 Sekunden 1 Liter, also für 2 Minuten 3 Liter und für 24 Stunden mindestens 2000 Liter = 2 Kubikmeter Wasser; also so viel wie zwei Kasten ausfüllen würden, die einen Meter lang, breit und hoch sind. Meine Idee war, einen solchen Kasten oder etwas größer in der Nähe der Hofpumpe innerhalb des Drahtzauns aufzustellen und denselben zweimal des Tags vollpumpen zu lassen, Herr v. Behr ist nun der Meinung, daß das von der amerikanischen Mühle auf das Dach des Wagenschuppens gehobene Wasser zweckmäßiger dazu verwandt werden könnte; und es kommt nun darauf an, wie dies zu bewerkstelligen wäre.

Der Brutkasten könnte im Wagenschuppen oder aber auch in oder neben der Veranda stehen, und es müßte eine dünne Röhre aus dem nächsten Kübel so herabgeleitet werden, daß das Wasser in den Kasten A fiele. Wie eng die untere Ausmündung zu machen ist, müßte ausprobirt werden. Der Strom darf nicht so stark sein, daß die Eier herumstrudeln, sondern daß das Wasser sie sanft durchfließt, von unten nach oben. Vielleicht würde es auch genügen, wenn am Boden eine kleine Blechrinne angebracht würde, aus welcher das Wasser in einen, über dem Brutkasten angebrachten Trichter fiele, der mit Kieseln zu füllen wäre, um es zu reinigen. Das Wasser würde sich im Herabfallen mit der atmosphärischen Luft vereinigen, was wünschenswerth. Die Brutzeit, bis die kleinen Fische auskommen und bis sie die Dotterblase verlieren, dauert aber drei Monate, und es fragt sich, ob darauf gerechnet werden darf, daß bis in den Juni die Kübel ununterbrochen wenigstens zur Hälfte oder ein Drittel Wasser haben werden, aufnehmen können sie ja das Mehrfache von zwei Kubikmetern. Sodann wird die Temperatur auch nicht gleichmäßig sein, während das Brunnenwasser ziemlich konstant bleibt, auch wohl vielleicht weniger als 7 Grad hat (wie ich angegeben). Sie werden an Ort und Stelle über Manches besser urtheilen können als ich von hier aus. Ziehen Sie Unverricht und den Gärtner zu Rathe, welches von beiden Verfahren das zweckmäßigere sein möchte, und treffen Sie dann nach eigenem Ermessen die nöthigen Maßregeln. Lassen Sie die nöthigen Handwerker kommen und sagen Sie dem Stellmacher, daß er mit hilft, wir wollen wenigstens den Versuch machen. Herr Unverricht möchte nicht versäumen, das Eishaus zu füllen, wenn es nicht schon geschehen ist. Eine Pinzette, Kanne ꝛc., soweit sie nicht mit dem Brutkasten kommen, werde ich von dem. p. Mühlbach verschreiben.

Gr. Moltke.

Auf der Insel in der Peile, am linken Ufer eine neue Buhne zu bauen, um den Strom nach dem rechten hinüberzuleiten.

Vor dem Eintritt in den Busch unter dem Kapellenberg den Kastanienbaum freizulegen.

Am Eingang Eichen herausnehmen und nach dem Langen Busch zu verpflanzen."

Die Forellenzucht trat auch wirklich ins Leben, aber bald zeigte es sich, daß die Nachtheile dieses Unternehmens die Vortheile überwogen, denn nach jedem starken Gewitterregen trat das durch die Teiche gestaute Wasser über die Ufer und versandete ganze Strecken der angrenzenden Wiese. Die Dämme brachen und mußten mit bedeutenden Kosten wiederhergestellt werden, und die Forellen benutzten regelmäßig die willkommene Gelegenheit, um mit dem Hochwasser auf und davon zu gehen. So wurde jedes Gericht Forellen, das auf den Tisch kam, ziemlich theuer und den Hauptvortheil von der Sache hatten die Hechte in der Peile.

Eine Hauptfreude an dem Sommeraufenthalt in Creisau war dem Feldmarschall die Anlage und Pflege eines Parks; sie war der einzige Luxus, den er sich jemals gestattete, und sie entsprang aus seinem nach Bethätigung strebenden Schönheitsgefühl. Wie er sich jetzt dem Auge zeigt, ist dieser Park von seinen ersten Anfängen an das eigenste Werk des Feldmarschalls. Jeder Weg ist von ihm tracirt und ausgesteckt. Tagelang ging er mit der Boussole umher, um die richtige Steigung zu ermitteln, oder arbeitete sich durch Gestrüpp und Buschwerk, um die Punkte festzulegen, die der Weg berühren sollte. Fast jeder Baum, jede Gruppe ist nach seiner besonderen Anweisung gepflanzt, fast keiner der jetzt schon großen Bäume, der nicht als Setzling von ihm beschnitten worden wäre.

Wie immer im Leben mit den gegebenen Mitteln rechnend, fügte er auch diese Anlage den großen Zügen ein, die er im Gelände vorfand. Dem Flußlaufe folgend schuf er sumpfige Niederungen in breite, sonnige Wiesenflächen um, wohl darauf bedacht, daß diese, nun das Auge ergötzend, gleichzeitig einen gesteigerten Ertrag an gutem Heu liefern, die schon vorhandenen alten Eichen, welche verloren im Gestrüpp standen, legte er frei und faßte sie in den Plan des Ganzen. Tausende junger Bäume ließ er pflanzen, die rasch heranwachsend wie ein lebendiger Rahmen die freigelassenen Fernblicke umschließen, mit großer Sorgfalt fügte er die Gruppen nach Form und Farbe zu harmonischer Wirkung.

Sorgsam verfolgte er das Wachsen und Gedeihen der Sträucher und Bäume; mit großer Mühe suchte er oft den Pflanzen aufzuhelfen, die nicht recht vorwärts kommen wollten, denn in dem Zuge seiner Natur lag es, den Schwachen zu helfen, denen er auch hier seine Sorge zuwandte. Die Eiche war sein Lieblingsbaum, sie zog er in verschiedenen Arten in selbstangelegten Pflanzgärten, um sie hinauszusetzen an Wege und Steige, und obwohl er wußte, daß sie erst späteren Generationen Schatten spenden würden, stand er doch unermüdlich im Sonnenbrand die jungen Stämme richtend, die schwachen stützend, die zu rasch treibenden beschneidend. „In hundert Jahren wird es hier hübsch sein" pflegte er zu sagen, „und meine Nachkommen werden ihre Freude an den Eichen haben." — Jahr um Jahr führte er die Anlagen weiter, immer an das anschließend, was vorher geschaffen war, und jetzt erstreckt das Ganze sich vom Wohnhause bis zu jenem Hügel, von dem herab das Kreuz der Gruftkapelle blitzt. So knüpfte er die Wohnung der Lebenden an die Ruhestätte der Todten, für seine Nachkommen den Weg verschönend, der von der einen zur anderen führt.

Mit 68 Jahren hatte er angefangen, die ersten Bäume zu pflanzen, und mit 90 Jahren wandelte er unter ihnen dahin, noch selber sich freuend an dem Werke, das er geschaffen. Kein Tag verging, an dem er nicht stundenlang im Freien gewesen wäre, nicht Sturm, nicht Regen konnten ihn im Zimmer zurückhalten. Oft vergaß er bei schlechtem Wetter seinen Ueberrock, niemals aber seine Baumscheere, die er immer bei sich führte, Ueberschuhe und Regenschirm gab es nicht für ihn, aber der Stock, auf den er sich stützte, ließ sich zur Baumsäge spannen.

Stets legte er selber Hand an und oft setzte er seine Angehörigen in Besorgniß, wenn die Stunde des Mittagessens schlug und er nicht heimkehrte. Dann fand man ihn nach langem Suchen mitten im Gebüsch vergraben in voller Arbeit, oft ganz erschöpft von Hitze und Sonnenbrand, alles um sich her vergessend in mühsamer Thätigkeit. Oder er saß, von der Arbeit ruhend, auf einer kleinen Holzbank unter einer mächtigen Eiche und blickte mit stillem Sinnen in den Frieden der Natur hinaus. Vor ihm breiten sich die Parkwiesen aus, begrenzt von der Peile, die leise murmelnd dahinfließt, zur Rechten eingefaßt von hoher Tannen= wand, während links der Blick frei hinüberschweift bis zum fernen Gebirge. Die Zweige der Eiche breiten ihr schattiges Dach über den Ruhenden, und auf der grünen Fläche vor ihm spielt der Sonnenschein. Lässig sitzt er da, etwas zurückgelehnt, wie ein von der Arbeit müder Mann. Eine vornehme Grazie aber liegt über der ganzen Erscheinung. Das eine Bein ist über das andere geschlagen, die schlanken Hände halten über dem Knie gekreuzt ein rothseidenes Taschentuch, der langschößige schwarze Rock ist bestaubt, die Kravatte verschoben, der breitkrämpige graue Filzhut zerdrückt, aber nicht auf diese Aeußerlichkeiten richtet sich die Aufmerksamkeit des Herantretenden. Sie wird gefesselt von dem feingeschnittenen Profil des geistvollen Kopfes, das sich scharf von dem dunklen Hintergrund der Tannen abhebt, und von dem klaren Blick der wunderbaren, hellgrauen Augen, in deren Glanz etwas liegt von dem Blitz des geschliffenen Edelsteins.

So konnte es kommen, daß der sonst so Pünktliche die Stunde der Mahlzeit versäumte. Hunger und Durst mahnten ihn nicht, sie waren Empfindungen, die er kaum zu kennen schien. „Ich habe in meiner Jugend mich so an den Hunger gewöhnt, daß ich ihn jetzt nicht bemerke" pflegte er zu sagen. Mäßig in allen Lebensgewohnheiten, war er auch mäßig im Essen und Trinken. Oft nahm er besorgnißerregend wenig Nahrung zu sich, und es bedurfte der ganzen Ueberredungskunst seiner Nichte, der Frau von Moltke, die vom Jahre 1882 an bis zu seinem Tode ihm zur Seite stand, um ihn dazu zu bewegen, daß er nur das Nöthigste genoß.

Seit seine Schwester, Frau von Burt, gestorben und ihr

Sohn, der bisherige Adjutant des Feldmarschalls, den Abschied genommen hatte, bildeten der Major von Moltke mit seiner Frau und seinen vier Kindern die Hausgenossenschaft des Feldmarschalls. Er war ein großer Kinderfreund, und die Kleinen vergalten ihm seine Freundlichkeit mit unbefangener Liebe. Stundenlang konnte er in der Schaar seiner Großneffen und -Nichten sitzen, die allmälig um ihn herum aufsproßten wie junge Schößlinge um den alten Stamm, mit ihnen Bilderbücher ansehen oder sich von ihnen haschen lassen, noch als Neunzigjähriger geschmeidig und gewandt in allen Bewegungen. Die Kleinen waren es auch, die ihn aus seinem Arbeitszimmer herausholten, wenn es zu Tisch gehen sollte. Dann erschien er, halb gezogen, halb geschoben, in der Hand eine Fliegenklappe, mit der er unerbittlich Krieg gegen die Fliegen führte. Er behauptete, diese Geschöpfe seien nur zur Plage der Menschheit da, und er führte ihren Ursprung auf den zurück, der nicht mit Unrecht als „Fliegengott" bezeichnet werde. Täglich hielt er eine eingehende Razzia in den von ihm bewohnten Zimmern ab, und zahlreiche Opfer, nicht selten aber auch zersprungene Fensterscheiben und zerschlagene Gläser, bewiesen die Sicherheit seiner Hand und die Energie seiner Verfolgung. Oft fuhr die ganze Tischgesellschaft entsetzt in die Höhe, wenn in das allgemeine Schweigen hinein die Klappe klatschend mitten zwischen Teller und Gläser auf das Tafeltuch herniederfuhr, und Jeder beeilte sich, eine Fliege zu verjagen, die sich mit der diesen Thieren eigenthümlichen Beharrlichkeit immer wieder auf dieselbe Stelle seines Körpers setzte, und die bereits anfing, die Aufmerksamkeit des Feldmarschalls in bedrohlicher Weise zu erregen.

Oft kam er durchnäßt vom Regen und frierend nach Hause; dennoch war es nicht leicht, ihn zum Wechseln der Kleider zu bewegen oder dazu sich durch ein Glas schweren Weines zu kräftigen und zu erwärmen. Gab er endlich nach, so mußte unweigerlich Alles mittrinken, was zugegen war, nie würde er etwas selber genossen haben, ohne davon allen Anderen mitzutheilen. Nach Tisch wurde, wenn das Wetter es irgend zuließ, ausgefahren, und zwar immer im offenen Wagen. Der Feldmarschall liebte es nicht, rückwärts zu sitzen, ebenso wenig mochte er es aber, wenn eine Dame sich seinetwegen auf den Rücksitz setzte. So war es nicht immer leicht, die Plätze zu vertheilen.

Wenn Besuch nach Creisau kam, war es seine größte Freude, gelegentlich einer Rundfahrt seine Anlagen zu zeigen, und oft zerhieb er den gordischen Knoten der Platzfrage, indem er sich einfach auf den Bock neben den Kutscher setzte. Er wußte nicht und bemerkte nicht, daß er damit diejenigen in große Verlegenheit brachte, die nun im Innern des Wagens Platz nehmen mußten und die voller Besorgniß zu seinem hohen und unbequemen Sitz hinaufblickten.

Unvergeßlich ist es allen Betheiligten geblieben, wie er einst einem erst kürzlich verheiratheten Offizier dadurch eine besondere Freude machen wollte, daß er ihn mit seiner jungen Frau spazieren fuhr und hierbei, ehe ihn Jemand hindern konnte, wieder den Bock erkletterte. Das Ehepaar mußte trotz seiner hülfesuchenden Blicke im Fond Platz nehmen, und als die kleine Gesellschaft nach einer Stunde heimkehrte, saßen die beiden jungen Gatten noch immer in dienstlicher Haltung und mit ganz erstarrten Gesichtern auf ihrem Ehrenplatz.

Wenn das Wetter zum Fahren zu schlecht war, oder im Herbst, wo das Dunkel früher hereinbrach, pflegte der Feldmarschall sich nach Tisch in sein Zimmer zurückzuziehen, um sich mit Lektüre oder mit schriftlichen Arbeiten zu beschäftigen. Beim Lesen bediente er sich eines schwachen Augenglases, das er nach beendeter Lektüre zwischen den Blättern des zugeklappten Buches als Lesezeichen liegen ließ. Mit besonderer Vorliebe las er Werke geschichtlichen und philosophischen Inhalts, wie die deutsche Geschichte des 19. Jahrhunderts von Treitschke und die Begründung des Deutschen Reichs von Sybel; und mit welcher Aufmerksamkeit er alles Gelesene in sich aufnahm, beweisen die zahlreichen angestrichenen Stellen und Randbemerkungen seiner Bücher. Manche derselben sowie auch viele seiner Manuskripte zeigen deutliche Spuren davon, daß er ein starker Schnupfer war, und in der That stand ihm seine Dose immer zur Hand. Alles was er selber schrieb, unterzog er einer wiederholten Durcharbeitung, immer strebte er danach, den Gedanken in noch kürzere, präzisere Form zu bringen, oft durchstrich er halbe Seiten, um ihren Inhalt in einen Satz zusammenzudrängen, in dem jedes überflüssige Wort vermieden ist und in dem die Sprache den Gedanken umkleidet, wie das Gewand die antike Statue.

Neben wissenschaftlichen Werken liebte er diejenigen eines kräftigen gesunden Humors, besonders erfreute er sich an den Schriften von Dickens, an den Gellertschen Gedichten, und noch in seinen letzten Lebensjahren las er mit großem Vergnügen die Erlebnisse der Familie Buchholz. Gleichzeitig aber hatte er ein tiefes Verständniß für die Schönheiten der Poesie. In fesselnder Weise zeigte sich, freilich in seltenen Momenten, der poetische und dem idealen Denken zugewandte Zug, der sich in ihm mit dem thatkräftigsten Handeln und mit der Fähigkeit verband, die Erscheinungen des Lebens objektiv zu beurtheilen, eine Verbindung, die sein' ganzes Wesen zu einem so echt deutschen machte. Dann konnte er aus dem reichen Schatze seines untrüglichen Gedächtnisses längst verschollene Verse recitiren oder, aus seinem Lieblingswerk, dem Faust, ganze Scenen hersagend, mit den Worten des unsterblichen Dichters die Gefühle wiedergeben, die auch sein Inneres bewegten: „Den Drang nach Wahrheit und die Lust am Trug!" Dann nahm seine Stimme, indem er jede Silbe klar betonte, einen eigenen, wunderbaren Klang an und drang unmittelbar bis an das Herz des Hörers, dem der durchgeistigte Vortrag ein volles Verständniß der hohen poetischen Schönheiten gab.

Wie hoch er die Dichtkunst schätzte und wie leicht und gern er seine Empfindungen ihr anvertraute, bezeugen die Jugendgedichte, die er gelegentlich seinem Bruder Ludwig übersandte.*) Zwar bekennt er schon im 42. Lebensjahre „zuletzt wird man so vernünftig, daß man alle Begeisterung als eitel Mondschein über Bord wirft. — Meine Uebersetzungen sind Verstandessache,"**) aber in Wahrheit hat die Liebe zu den Dichtern ihn sein Leben hindurch begleitet, und bis zu seinem 90. Lebensjahre benutzte er seine Creisauer Mußestunden, um Gedichte von Thomas Moore mit „redlichem Gefühl in sein geliebtes Deutsch zu übertragen." Auch die Auswahl, die er dabei traf, ist bezeichnend für seine Gemüthsart:

> Das kühle Gras soll mein duftender Schrein,
> Der Wind in den Bergen mir Orgelklang sein,
> Mein Dom, so weit das Himmelszelt steht,
> Und all' mein Denken ein stilles Gebet.
>
> Des Laubes Rauschen bei Mondenschein
> Soll meiner Andacht Beichtiger sein,
> Wenn in tiefem Schweigen das endlose Meer
> Lobpreiset des Herrn Macht und Ehr'.
>
> Am Tage, in sonniger Einsamkeit,
> Schau ich das Bild Seiner Herrlichkeit
> Und weiß bei der Stille der tiefen Nacht
> Mein Gebet von Seinen Sternen bewacht.
>
> Deine Werke, o Herr, sind die heilige Schrift,
> Geschrieben mit flammenden Zügen von Licht,
> In welcher mein staunendes Auge liest,
> Wie groß, allmächtiger Gott, Du bist.
>
> Ich las Deinen Zorn in der Gipfel Wallen,
> Wenn Deine Donner vom Himmel erschallen,
> Und las Deine Milde im Abendlicht,
> Das zitternd durch goldne Wolken bricht.

---

*) Vgl. Schriften IV. 233. 241.
**) Vgl Schriften IV. 252.

Denn nichts ist so leuchtend, so klar und so hehr,
Das nicht ein Bild Deiner Allmacht wär';
Von der Blume, die lieblich im Thal erblüht,
Bis zum Stern, der hoch am Himmelszelt glüht.

Und auch bei der tiefsten Finsterniß
Bin ich Deiner Gnade und Liebe gewiß
Und harre getrost in der dunkelsten Nacht,
Daß ein Strahl Deines leuchtenden Morgens erwacht.

* * *

Wenn's wahr ist, was die Dichter sagen,
So sollen Amor und die Zeit
Ein einziges Paar Flügel tragen.
Wenn nun in frühlingshellen Stunden
Zwei junge Herzen sich gefunden,
Dann nutzen Schwingen nicht dem Knaben,
Der Graubart mag allein sie haben —
Und o! wie hastig fliegt die Zeit.

Dies aber ist des Schicksals Tücke:
Dem Gotte fällt es plötzlich bei,
Daß jetzt an ihm das Fliegen sei,
Die Schwingen fordert er zurücke.
Die Zeit, sie lastet nun wie Blei;
Dann deckt die rosenfarb'gen Auen
Ein Nebelfrost mit kaltem Grauen,
Und o! wie flieht die Liebe weit.

* * *

Denk ich der Freunde froher Schaaren,
Die sich geliebt in Einigkeit
Und vom Geschick nach wenig Jahren
Wie dürres Laub im Sturm zerstreut,
    Glaub' ich zu wallen
    Durch Festes Hallen,
Doch ach! es erlosch der Kerzen Schein!
Verstummt sind die Reigen,
Ringsumher Schweigen,
Entflohen die Gäste, und ich — allein!

So, eh' der Schlaf die Augenlider
Mir schließt bei nächtiger Einsamkeit,
Ruft er wehmüthige Bilder wieder
Aus schönerer Vergangenheit.

* *

Die Gluth des Begegnens, die Thräne beim Scheiden,
Welches von Beiden war größeres Glück?
Die Wonne des Grußes, des Abschiedes Leiden
Ruf ich mit gleichem Entzücken zurück.
So sich zu treffen war himmlische Freude,
So sich zu trennen berauschendes Glück,
Und ähnlich waren Begegnen und Meiden
Wie der Liebe Lächeln und ihr Thränenblick.*)

* *

Gleich dem Morgen — hell, plötzlich, strahlend vor Wonne,
Ihr Lebewohl wie die scheidende Sonne,
Die, je näher dem Abschied, je purpurner strahlt!
Sie sehn war ein Glück, doch frei nicht von Sorgen,
Daß dieses Glück nicht möge bestehn.
Die Trennung war Schmerz, doch Hoffnung, daß morgen
Sich wonnig erneure das Wiedersehn!

* *

Sahst du beim letzten Abendlicht
Auf Meereswogen fröhlich dicht
Die Schaar der Meerfrau'n schweben?

---

*) Hierzu noch spätere Niederschriften:

So sich zu trennen war inniges Glück.
Es gleichen sich beide, Entzücken und Leiden,
Wie der Liebe Lächeln und ihr thränender Blick.

* * *

So warmes Begegnen, so inniges Scheiden,
Wer möchte sagen, was schöner von Beiden,
Der sonnige Blick beim frohen Willkommen,
Die Thränen im Aug' beim letzten Ade!
Beim Kommen und Gehn schien innig verschwommen
Die schmerzliche Lust, das wonnige Weh.
Das Weilen und Scheiden, sie gleichen sich beide
Wie Augen der Liebe in Freude und Leide.

Erblicktest du bei Mondenschein,
Durch Epheuranken und Gestein
Unstäte Geister weben?

Und schautest du im Waldesgrün,
Wo einsam nächt'ge Blumen blühn,
Die Elfen zum Tanz sich heben?*)

Sahst du dies Alles? — sicherlich
Mein Freund, dann sahst du mehr als ich!

* *
*

Du Holde, du Reine, sei du wie die Taube,
Die schüchtern entflieht in des Waldgrundes Laube
Mit Flügeln, so rein und so weiß wie der Schnee,
Sich badet in dem krystallnen See.
Sein lichter Spiegel warnet sie dann,
Schwebte der drohende Falke heran
Und eh er die Beute zu fassen vermag,
Flieht eilend sie unter das schirmende Dach.
O sei wie die Taube,
Du Reine, du Holde, sei gleich dieser Taube.

Die heilige Schrift — Gottes eigenes Buch —
Sei dir jener Spiegel ohne Flecken und Trug,
Der ewige Born, der krystallene Quell
Bei Tag wie bei Nacht, gleich leuchtend und hell.
Und nah'n sich dir Feinde, o fliehe sofort,
Du siehst ihre Schatten, du kennst deinen Hort.
Es mögen nie ihre schwarzen Schwingen
Zwischen dem Himmel und dir eindringen.
O sei du die Taube,
Du Holde, du Reine, sei gleich dieser Taube.

Er konnte sich im Feilen der Form, in der Schärfung der Gedanken nie genug thun. Es hatte diese Beschäftigung für ihn einen Reiz an sich selbst, so daß er selbst fremder Arbeit sie zuwandte. Mit wie feinem Gefühl er darin verfuhr, kann die

---

*) Spätere Aenderung:
Und sahst du tief im Waldesgrün
Auf feuchtem Moose Veilchen blühn,
Im Tanz die Elfen schweben?

Am liebsten hatte er, zumal in der Jugend, die Zeichenkunst gepflegt. Wie er als junger Topograph das Bild der
Gegend auf seiner Meßtischplatte entwarf und sie so für ihn auf
dem Papier Gestalt gewann, so prägte er sich die Eindrücke der
Natur auch für immer ein, indem er die Umrisse, die sie bot,
ihre charakteristischen Erscheinungen in sein Skizzenbuch eintrug.
Er brachte sich ins Klare mit ihr, indem er die Hauptlinien, die
er sah, sich merkte. Er fand an seiner Begabung und an der
Wiedergebung der Erscheinungen durch Zeichnung so viel Gefallen,
daß er in den Gemäldesammlungen, die er in seiner Jugend kennen

krumkaleh

Durchsicht der Abänderungen bezeugen, welche er einem ihm zugereichten Trauerspiel, der Oithona von Eugen von Jagow, im Jahre 1877 widmete.*) Statt:

   Ich auch nicht, denn der Blitz schlug ein —

besserte der Feldmarschall:

   Ich auch nicht, Blitz auf Blitz schlug ein —

Die Stelle:

   Wohl, Wohl! Denn ein erhabnes Haupt sank hin,
   Des Stamm so voller Mark, daß nimmermehr
   Der Elemente Kraft ihn fällen konnte —

änderte er in:

   Wohl, Wohl! Dies stolz erhabne Haupt sank hin,
   Des Stamm so voller Mark, daß es der Kraft
   Der Elemente Trotz zu bieten schien.

Ferner:

   Was deine Löwenkraft? Vermochte sie
   Nicht einmal jene Spitze abzulenken,
   Die Hinterlist dir in den Rücken bohrte?

änderte er in:

   Was deine Löwenkraft? Vermochte sie
   Auch nur des Dolches Spitze abzulenken,
   Den Hinterlist dir in den Rücken stieß —

und ähnlich zahlreiche Stellen.

Am liebsten hatte er, zumal in der Jugend, die Zeichenkunst gepflegt. Wie er als junger Topograph das Bild der Gegend auf seiner Meßtischplatte entwarf und sie so für ihn auf dem Papier Gestalt gewann, so prägte er sich die Eindrücke der Natur auch für immer ein, indem er die Umrisse, die sie bot, ihre charakteristischen Erscheinungen in sein Skizzenbuch eintrug. Er brachte sich ins Klare mit ihr, indem er die Hauptlinien, die er sah, sich merkte. Er fand an seiner Begabung und an der Beherrschung der Erscheinungen durch Zeichnung so viel Gefallen, daß er in den Gemäldesammlungen, die er in seiner Jugend kennen

---

*) Der Dichter hat darüber in der Kölnischen Zeitung vom 3. Mai 1891, Nr. 367, berichtet.

Kumkaleh

lernte — denen von Dresden und Berlin — sogar größere Gemälde kopirte, mit dem Bleistift und in Umrissen. Sein Talent war vielseitig; er zeichnete nicht nur Landschaften, sondern mit noch größerem Scharfblick, noch feinerer Sicherheit der Linien, Bildnisse aus seinem Verkehr. Er beherrschte früh schon die Farben; dies bezeugen seine Aquarellskizzen aus dem Orient, kleinere Oelgemälde vom Golf von Palermo und andere italienische Ansichten, welche die Familie bewahrt. Bis in sein spätes Alter erfreute er sich an dieser Kunstbegabung und an der Seelenruhe, die ihre Bethätigung verschafft. Er hat auf seiner letzten italienischen Reise 1883 noch vom Garten von Monte Carlo aus das felsige Vorgebirge von Monaco aufgenommen.*)

Aber nicht minder liebte er auch die Musik. Von allen Komponisten war es Mozart, der ihn am meisten anzog. Die Hinneigung zu diesem musikalischen Genius, dessen Wesen vielleicht dem seinen am nächsten stand in produktiver Kraft, in Einfachheit und Natürlichkeit menschlicher Empfindung, in plastischer Klarheit und feinfühligem Humor, war auf das Stärkste in ihm ausgesprochen. Wohl lauschte er gern den weichen Melodien der italienischen Meister und hatte seine Lieblinge unter den deutschen Liederkomponisten, aber die Mozartsche Musik stellte er weit über jede andere. Die Konzertsäle besuchte er sehr selten, aber wenn bei ihm Hausmusik gemacht wurde, war er ein aufmerksamer und unermüdlicher Zuhörer. Zu seinen schönsten Freuden gehörte es, wenn in Berlin der Professor Joachim Abends kam, um ihm vorzuspielen. Dann saß er stundenlang in seiner Sophaecke, fast ohne sich zu rühren, und der Meister wurde nicht müde, vor diesem stillen Zuhörer zu spielen, auf den durch seine vollendete Kunst einzuwirken, ihn sicherlich ebenso sehr belohnte und beglückte, wie der Beifall seiner andächtigen und dichtgedrängten Zuhörer in den Konzertsälen.

---

*) Außer einigen ausgewählten Skizzen aus der Türkei geben wir — gegenüberstehend — diese seine letzte Zeichnung.

Man brauchte den Feldmarschall nicht zu rufen, wenn musizirt werden sollte. Fast immer erschien er, sobald die ersten Töne erklungen waren. Er kam, behutsam die Thür öffnend, hinein und setzte sich auf den nächsten Stuhl. Sehr selten gab er seinen Beifall zu erkennen, meistens merkten die Ausführenden, daß ihm ihre Musik gefiel, nur daran, daß er sitzen blieb, denn wenn sie ihm nicht zusagte, stand er nach einiger Zeit auf und verschwand ebenso still wie er gekommen war. Alles Virtuosenhafte war ihm zuwider, für technische Kunststücke hatte er kein Verständniß, ein melodisches Adagio und eine schöne Cantilene fesselten ihn dagegen immer. Sein Lieblingslied war neben den Arien der Mozartschen Opern das Beethovensche „In questa tomba oscura", das er immer wieder zu hören verlangte.

Wenn Abends nicht musizirt wurde, so wurde regelmäßig nach dem Thee eine Partie Whist gespielt. Es ist oft behauptet worden, daß der Feldmarschall ein Meister dieses Spieles gewesen sei. Das ist durchaus falsch. Er spielte viel zu unaufmerksam, um wirklich gut zu spielen, und machte oft die unbegreiflichsten Fehler. Seit langen Jahren hatte er sich an den abendlichen Whist gewöhnt als an eine Erholung von angestrengter geistiger Arbeit, oft sagte er selber, daß eine Partie Whist beruhigend auf ihn wirke. So setzte er sich an den Whisttisch, um auszuruhen, und betrachtete das Spiel als einen Zeitvertreib, der die Gedanken auf eine mechanische Beschäftigung ablenkte und die geistige Spannung löste. Sowohl während seiner angestrengten Friedensthätigkeit als auch während der Feldzüge liebte er es, am Whisttische für einige Zeit die Arbeit zu vergessen, die ihn den ganzen Tag über beschäftigt hatte. Er wünschte, daß rasch gespielt werde, jeder schlechte Spieler war ihm lieber als ein langsamer. Wenn er seine Karten geordnet hatte, stellte sich ihm sofort ein Plan für das Spiel fest, den er beharrlich durchführte, meistens ohne viel Rücksicht auf seinen Aiden und darauf, ob dessen Karten in diesen

Plan hineinpaßten oder nicht. Es wurden immer alle Touren durchgespielt, vom einfachen Whist bis zur schwarzen Dame und unabhängig davon, ob die Spiele rasch oder langsam verliefen. Der Point, um den gespielt wurde, war äußerst gering, dennoch liebte der Feldmarschall es nicht, zu verlieren, und konnte in sehr schlechte Laune gerathen, wenn das Unglück, das er in diesem Fall oft von der Ungeschicklichkeit seines Aiden ableitete, ihn andauernd verfolgte. Sobald die augenblickliche Erregung vorüber war, kam sein strenges Gerechtigkeitsgefühl wieder zur Geltung, und ein freundliches Wort von ihm verscheuchte dann jede Empfindlichkeit, wie ein Sonnenstrahl die Nebeldünste zerstreut.

Diese Whistpartien im Kreise seiner Angehörigen füllten die meisten Abende in Creisau aus. Selten wurden sie durch eine Gesellschaft unterbrochen. So sehr der Feldmarschall es liebte, Verwandte und gute Bekannte um sich zu versammeln, so wenig war er ein Freund von Gesellschaften. Er war nicht der Mann danach, um durch inhaltlose Konversation die Zeit zu betrügen, und die ehrfurchtsvolle Scheu, mit der Fernstehende ihm oft gegenübertraten, beengte ihn. In den gesellschaftlichen Zwang fügte er sich nur ungern und meistens athmete er erleichtert auf, wenn Alles überstanden war, oder er sich aus der Menge an seinen Whisttisch retten konnte. Wenn er sich gar zu unbehaglich fühlte, ließ er wohl ganz im Stillen durch den Diener die Wagen seiner Gäste bestellen, die ihnen dann plötzlich zu überraschend früher Stunde gemeldet wurden. Waren die Wagen vorgefahren, so war dies für ihn gleichbedeutend mit schleunigem Aufbruch. Kutscher und Pferde ließ er niemals warten, und wie er seinen Diener immer entließ, sobald das Theezeug abgeräumt war, vergaß er auch nie, Rücksicht auf seinen Kutscher zu nehmen. Bei schlechtem Wetter ging er lieber, als daß er hätte anspannen lassen. „Bei dem Regen kann man doch Kutscher und Pferde nicht hinausjagen", äußerte er bei einer

solcher Gelegenheit. Immer dachte er an Andere, nie an sich
selber. Gewohnt von Jugend auf sich selber zu helfen, konnte
er oft in fast herber Weise ihm gebotene Hülfeleistungen zurück-
weisen, stets war es ihm peinlich, wenn seinetwegen Umstände
gemacht wurden. Jede zur Schau getragene Unterwürfigkeit,
alles laute, sich vordrängende Wesen waren ihm zuwider, den
Ovationen, die ihm oft gebracht werden sollten, ging er am
liebsten aus dem Wege. Zwar freute er sich, wenn er Dankbarkeit fand, aber er suchte sie nicht und verlangte sie nicht. In
stiller Weise hat er Vielen geholfen und stets nahm er sich der
Armen und Schwachen an. Dieser starke Geist, der in seiner
Jugend die harte Schule des Lebens durchmachte, der nur der
eigenen Kraft das verdankte, was er geworden, war stets bereit,
von dem Ueberschuß seiner Kraft an den Schwächeren ab-
zugeben, dem zu helfen, der nicht wie er es vermocht hatte,
den Kampf des Lebens zu bestehen ohne andere Stütze
als die Energie des Willens und die hart erworbene Fähigkeit
des Entsagens. In der Brust dieses schlichten Mannes
schlug ein warmes mitfühlendes Herz, und niemals hat er unter
der Last seines Ruhmes und seiner Ehren es verlernt, menschlich
zu fühlen und zu handeln.

Nie fiel ein Schatten auf den blanken Schild seiner Ehre,
und nie hat die Verläumdung gewagt, seinen Ruf anzutasten.
Rein und erhaben steht sein Bild da in der Erinnerung Aller,
die ihn gekannt haben, und wird stehen bleiben länger als alle
Standbilder von Erz und Stein, ein Musterbild für das
deutsche Volk.

Nicht dem Andenken dessen, was er als Heerführer gethan,
sollen diese Zeilen gewidmet sein. Sie sollten nur versuchen, ihn
zu schildern im stillen Frieden seines Lebensabends, in der Zurückgezogenheit seines ländlichen Aufenthalts. „Hier bin ich Mensch,
hier darf ich's sein", konnte er mit Faust sagen, und als Mensch
muß man ihn gesehen haben, um ihn ganz lieben zu können.

Man muß ihn gesehen haben, wie er unter seinen Bäumen umherwandelte, die schlanke Gestalt im einfachen Gehrock etwas vornüber gebeugt, der Schritt trotz seiner 90 Jahre elastisch und leicht. Das gänzlich bartlose Gesicht von zarter blasser Farbe zeigte kaum die Runzeln des Alters. In diesen festen charaktervollen Kopf hatte das Leben nicht die Furchen eingegraben, welche Genüsse und Leidenschaften hinterlassen, nur die geistige Arbeit hatte ihre edlen Linien auf seine hohe Stirn und um die ernsten Augen gezogen. Edel und vornehm war die ganze Erscheinung, über der wie ein verklärender Hauch die Reinheit eines langen Lebens lag, das nie getrübt wurde von Allem, was niedrig ist.

Der Feldmarschall und seine Kriegsherren.

Als am 12. März 1822 der aus königlich dänischen Kriegsdiensten in Gnaden verabschiedete Lieutenant von Moltke seine Anstellung als jüngster Sekond-Lieutenant im preußischen 8. Infanterie- (Leib-) Regiment empfing, trat er in Verhältnisse, die nach menschlichem Ermessen das Emporsteigen in höhere Stellen ihm unendlich zu erschweren schienen. Wie er aber trotzdem, von Anbeginn ein hohes Ziel im Auge, seinen Weg machte, ist bekannt. Er erwarb, er erkämpfte sich die Anerkennung, zuerst seiner Vorgesetzten, dann, als seine Leistungen über das Gute hinaus zur Vollkommenheit sich steigerten, auch die seiner Kriegsherren. Das ist nicht nur rühmenswerth für ihn selbst, sondern auch, und in fast noch höherem Maße, für seine Kriegsherren. Preußens Könige haben stets das wahre Verdienst zu finden gewußt, wo immer es ihnen zu ihrem und des Vaterlandes Heil sich darbot, ohne Rücksicht auf äußere Umstände, und, es sei erlaubt, das hier zu sagen, dieser Scharfblick bei der Wahl der geeigneten Männer für die geeigneten Stellungen erklärt zum großen Theil das Geheimniß der gewaltigen Erfolge der Hohenzollern und ihres Staates.

Demgemäß begann unter König Friedrich Wilhelm III. Moltkes langsames, für heutige Begriffe über Gebühr langjames, aber ebenso sicheres Emporsteigen aus der Masse. Das erste Zeichen dieses Anfangs, zwar rein äußerlich, aber doch bedeutsam genug, ist die Verleihung des St. Johanniter=Ordens,*) den der Premierlieutenant im Generalstabe am Krönungstage 1835 empfing, ein weiteres die anerkennende Kabinets=Ordre aus demselben Jahre, die, wie wir aus seinen Briefen ersehen, er seiner Mutter freudig bewegt mittheilte (IV, 76). Als er im Spätherbst 1839 aus dem Orient zurückkehrte, wurde ihm der Orden pour le mérite zu Theil, diejenige Auszeichnung, die von ihrer Stiftung durch den großen König an bis auf den heutigen Tag das höchste, heiß erstrebte, doch selten erreichte Ziel jedes preußischen Offiziers geblieben ist. Somit hatte Moltke noch unter seinem ersten Kriegsherrn kurz vor dessen Hinscheiden für außerordentliche Tüchtigkeit eine außerordentliche Anerkennung gefunden.

Die Regierungszeit König Friedrich Wilhelms IV., seines zweiten Kriegsherrn, ist für Moltke die Zeit des Hineinwachsens in bevorzugte Stellungen, die Bethätigung seiner Begabung für die höchsten militärischen Aemter. Wir haben gesehen, daß schon der junge Generalstabsoffizier in Berlin an höchster Stelle Aufmerksamkeit erregte und ermunternde Anerkennung fand, aber erst die in sich gefestigte, in Rath und That erprobte und bewährte Persönlichkeit, als die er heimgekehrt war, mochte berufen erscheinen, vielseitige, wichtige Aufgaben zu erfüllen. So finden wir ihn 1840 dem Generalstabe des IV. Armee=Korps zugetheilt, dessen Kommandirender Prinz Carl, Bruder des Königs, war, also in enger Fühlung mit der Königlichen Familie und

---

*) Der St. Johanniter=Orden war damals, u. z. seit der Katastrophe von 1806/7, eine vom Könige wie jede andere zu verleihende Ordensdekoration mit der einzigen Einschränkung, daß sie nur an Edelleute vergeben wurde. Die jetzt bestehende Organisation, wodurch der Orden zur Krankenpflege berufen wurde, hat König Friedrich Wilhelm IV. durch Statut vom 15. Oktober 1852 eingeführt.

dem Hofe, 1845 als Adjutanten des Prinzen Heinrich in Rom, und nachdem er längere Zeit Chef des Generalstabes des IV. Armee-Korps (nun in Magdeburg) gewesen war, 1855 als ersten Adjutanten des zukünftigen Thronfolgers, des Prinzen Friedrich Wilhelm. Wir wissen nichts Genaueres darüber, wann der Prinz von Preußen, Moltkes späterer dritter, als Kaiser und König Wilhelm auf alle Zeiten unlöslich mit ihm verbundener, Kriegsherr, mit ihm in nähere Beziehungen getreten sein mag. Der Scharfblick des Prinzen hat sicherlich lange Jahre den merkwürdigen Werdegang Moltkes mit gespannter Aufmerksamkeit verfolgt;*) diese Ernennung ist das erste in die Augen fallende Anzeichen hohen Vertrauens des Prinzen. Denn eben nur ein Mann von höchster Zuverlässigkeit in Charakter, in

---

*) Wie Kaiser Wilhelm seinen Moltke „entdeckt" habe, erzählt Frau Gräfin Maza Oriolla, geb. v. Arnim, in einem zur Verfügung gestellten Brief folgendermaßen: „Eines Abends bald nach dem Kriege 1870/71 plauderte ich auf einem Hoffeste lebhaft mit dem Feldmarschall über alte Zeiten, als Kaiser Wilhelm an mich herantrat und fragte: „Was haben Sie denn so Wichtiges mit dem Feldmarschall zu verhandeln?" „Wir sprachen von Jugenderinnerungen und übermüthigen Streichen aus jener Zeit," erwiderte ich. Darauf sagte Seine Majestät: „Da will ich Ihnen etwas Neues sagen. Wissen Sie denn, daß ich den ganzen Moltke erfunden habe?" Ich: „Ja, wie ist das möglich?" Der Kaiser: „Moltke war ein ganz einfacher, bescheidener Offizier; Niemand wußte etwas von ihm. Da wurden mir Festungspläne und verschiedene Arbeiten von jungen Offizieren vorgelegt. Ich war erstaunt über einen Plan, den unter anderen ein junger Moltke gearbeitet hatte, und ich sagte zu meinen Generalen: Ich bitte auf diesen jungen Offizier, der so dünn ist wie ein Bleistift, ein Auge zu haben, denn seine Arbeit ist vorzüglich; aus diesem Menschen kann gewiß etwas werden! Sie sehen doch daraus, daß ich ihn erfunden habe." — Komischer Weise schien der Feldmarschall zu empfinden, daß der Kaiser mit mir über ihn sprach. Er hatte auch seinen Namen nennen hören und hatte Neugierde genug, mich zu fragen: „Was hat der Kaiser denn Wichtiges mit Ihnen verhandelt?" Da lachte ich und sagte: „Allerdings Wichtiges, denn er hat mir anvertraut, daß er Sie erfunden habe bei Ihrer Jugendarbeit, die ihm vorgelegt wurde." Der Feldmarschall schmunzelte dazu und schwieg.

militärischem Wissen und Können durfte dazu ausersehen sein, dem jungen, in hoffnungsvollster Entwickelung stehenden Prinzen, dem einzigen Sohne, dem zukünftigen Träger der preußischen Königskrone als militärischer Mentor zur Seite zu treten. Moltke war dem Prinzen Friedrich Wilhelm auch nach Breslau gefolgt, wo dieser ein Jahr lang als Kommandeur des 11. Infanterie-Regiments (des jetzigen Grenadier-Regiments Kronprinz Friedrich Wilhelm [2. Schlesischen] Nr. 11) dem praktischen Truppendienst lebte. Bald nach der Rückkehr in die Hauptstadt starb (am 7. Oktober 1857) der altbewährte Chef des Generalstabes der Armee, General von Reyher, und einige Tage später (am 23. Oktober) wurde der Prinz von Preußen zur Stellvertretung seines schwer erkrankten Königlichen Bruders berufen, zu dem erhabenen Amte, das er als Regent bis zum Hinscheiden Friedrich Wilhelms IV. fortführte.

Eine der ersten Regierungshandlungen des Regenten — und von welchen weittragenden, ungeahnten Folgen sollte sie sein! — war die Neubesetzung der Stelle des Chefs des Generalstabes der Armee. Die Wahl fiel auf Moltke, der am 29. Oktober nachstehende Kabinets-Ordre erhielt:

Kabinets-Ordre.

Ich beauftrage Sie hierdurch, unter Entbindung von dem Verhältniß als erster Adjutant des Prinzen Friedrich Wilhelm von Preußen Königliche Hoheit, mit der Führung der Geschäfte des Chefs des Generalstabes der Armee. Sie haben hierin einen besonderen Beweis Meines in Sie gesetzten persönlichen Vertrauens zu erblicken, und erwarte Ich, daß Sie demselben vollständig entsprechen und die Ihnen übertragenen hochwichtigen Dienstfunktionen im wahren Interesse der Armee ausführen werden. Das Kriegsministerium wird Ihnen aus dem vakanten Gehalte der Stelle Ihre bisherigen

Gehalts- ꝛc. Kompetenzen nebst einer Zulage von jährlich 1200 Thlr. anweisen.

Berlin, den 29. Oktober 1857.

Im Allerhöchsten Auftrage Sr. Majestät des Königs.

Prinz von Preußen.

Graf Waldersee.

An den General-Major Freiherrn v. Moltke.

Somit war der Zeitpunkt eingetreten, von dem an Moltke, durch seine Geistes- und Charaktereigenschaften, seine weit umfassende Thätigkeit, seine reichen Erfahrungen, durch seine ganze, so eigen geartete und ausgereifte Persönlichkeit wie kein Anderer dazu geeignet — zum Heil und Segen für König und Vaterland die große, von der Vorsehung ihm zugewiesene Aufgabe seines Lebens auf sich nahm.

Es ist hier nicht der Ort, die von ihm gethane Arbeit in ihren Einzelheiten zu verfolgen, auch nicht, von den Erfolgen auf den Gebieten der Organisation und Ausbildung des Generalstabes und denen der Heeresleitung zu reden. Aber das muß gesagt sein: Niemals hat zwischen einem großen Fürsten und einem großen Unterthanen ein Einklang bestanden, der edler und reiner gewesen wäre, als der zwischen Kaiser Wilhelm und seinem Feldmarschall. Nie hat ein Diener treuer, fleißiger und selbstloser für seinen Königlichen Herrn gearbeitet, nie ist ein König in neidloser Anerkennung dieser Werke, in Dankbarkeit und Liebe bewundernswerther und größer gewesen als Kaiser Wilhelm. Das Verständniß zwischen Beiden ist derart, daß man in der Geschichte unseres Volkes vergeblich nach etwas ihm Aehnlichem sucht; es ist das einer hehren Freundschaft zwischen echten Männern und erscheint als die Vollendung des Ideals germanischer Mannentreue, eine höhere Vollendung fürwahr, als die Heldensagen unseres Volkes sie uns schildern, höher als die Wirklichkeit sie bis dahin zu reisen vermochte. Nicht mit einem

Schlage hat sich dies Zusammenleben herausgebildet, aber der Boden, auf dem es erwuchs und gedieh, war wohl vorbereitet: hier williges Königliches Vertrauen, dort schrankenlose that= kräftigste Hingebung. Erst die großen Werke, die eine weise Vorsehung dem Könige mit Moltkes Hülfe zu schaffen be= schieden hatte, und deren Ausführung Beide zu immer gewaltigerer Höhe, zur Bewunderung der Welt, zur Unsterblichkeit emporhob, brachte sie einander auch menschlich näher, eine merkwürdige Er= scheinung nicht nur in der Weltgeschichte, sondern auch für die Geschichte des menschlichen Herzens. Beiden großen Männern blieb die erhabene Schlichtheit, das sichere Gleichgewicht der Seele gewahrt, beide erklommen gelassen, auf Gott, ihr Recht und ihre Kraft vertrauend, die höchsten Stufen menschlichen Ruhms und Glücks, ohne daß es sie schwindelte, ohne daß der sie laut umtosende Dankesruf sie einen Augenblick berauschte. Nur um so fester schlossen sie sich aneinander, nur um so mehr achtete, ehrte und liebte einer den anderen, und so haben sie für einander gefühlt, bis der Tod sie trennte.

Die nachstehend mitgetheilten Kabinets-Ordres und Hand= schreiben geben davon Zeugniß, wie bei Kaiser Wilhelm mit den Ereignissen Werthschätzung, Dankbarkeit und Freundschaft wuchsen und bis zu seinem Lebensende sich mehr und mehr festigten und vertieften.

Kabinets-Ordre.

Ich nehme die Gelegenheit des Schlusses der gemein= schaftlichen Uebungen des 5. und 6. Armeekorps gern wahr, um Ihnen einen Beweis Meiner Zufriedenheit mit Ihrer Geschäftsführung zu geben und Sie hierdurch zum Chef des Generalstabes der Armee zu ernennen.

Liegnitz, den 18. September 1858.

Im Allerhöchsten Auftrage Sr. Majestät des Königs.

Prinz von Preußen.

Graf Waldersee.

Handschreiben.

Gastein, 14. 8. 64.

Als ich Sie zur Armée entsendete, konnte ich noch nicht mit Bestimmtheit voraussehen, daß Ihre Stellung bei derselben eine dauernde werden würde, und daß Sie damit die Gelegenheit finden würden, Ihre Talente zur Kriegführung auf so éclatante Art zu documentiren. Von dem Moment an, wo Ihnen Ihre jetzige Stellung dauernd zufiel, haben Sie meinem Vertrauen und meinen Erwartungen in einer Art entsprochen, die meinen vollen Dank und meine volle Anerkennung erheischt, welches Beides ich Ihnen hierdurch mit Freuden ausspreche. Alsen und ganz Jütland sind, während Sie die Operationen leiteten, in unsere Hände gefallen, und der 29. Juny reihet sich glorreich an den 18. April an. Die Armée hat sich überall ruhmvoll und ehrenvoll gezeigt und ein Resultat erreicht, das die Diplomatie dieses Mal nicht verdorben hat, sondern zu einem fast überraschenden Resultate machte.

Als ein Zeichen meiner Anerkennung Ihrer Verdienste in diesem Kriege, verleihe ich Ihnen den Kronenorden 1. Klasse mit den Schwertern, den Ihnen der Prinz Friedrich Karl übergeben wird, der eine hohe Auszeichnung für Sie erbat, weshalb ich ihm die Freude gönne, Ihnen dieselbe selbst zu überreichen.

Ihr treu ergebener

Wilhelm.

Kabinets-Ordre.

Ich entbinde Sie hierdurch von der Führung der Geschäfte als Chef des Stabes bei dem Oberkommando der Alliirten Armee, und spreche Ihnen gleichzeitig gern aus, daß

Sie auch in dieser wichtigen Stellung Mein besonderes Vertrauen auf Ihre Dienste vollständig gerechtfertigt haben.

Berlin, den 18. Dezember 1864.

Wilhelm.

An den Generallieutenant Frhrn. v. Moltke,
Chef des Generalstabes der Armee.

Kabinets-Ordre.

Ich will Ihnen an dem heutigen denkwürdigen Tage des Einzugs Meiner siegreichen Truppen in Berlin einen erneuten Beweis Meiner Anerkennung für Ihre hervortretenden Verdienste während des Feldzuges zu Theil werden lassen, indem Ich Sie hierdurch zum Chef des 2. Pommerschen Grenadier-Regiments (Colberg) Nr. 9 ernenne. Die Vergangenheit dieses berühmten Regiments und der Name Ihres Vorgängers in der Stelle als Chef desselben, wird Sie Meinen Wunsch, Ihnen eine besondere Auszeichnung zu gewähren, erkennen lassen.

Berlin, den 20. September 1866.

Wilhelm.

(Der Vorgänger in der Stelle als Chef war der General-Feldmarschall Graf Neidhardt von Gneisenau gewesen.)

Kabinets-Ordre.

Ich habe Ihrem Wunsche, den Tag, an welchem Sie eine fünfzigjährige rühmliche Dienstzeit vollendet haben, still zu verleben, gern Rechnung getragen, kann es Mir aber bei Ihrer Rückkehr nach Berlin nicht versagen, Ihnen nachträglich Meinen aufrichtigen Glückwunsch auszusprechen. Hierbei ist es Mir eine angenehme Pflicht, Mir Ihre ausgezeichneten und erfolgreichen Dienste, welche Sie Ihrem Könige und dem Vaterlande in langen Jahren und in ernsten Zeiten geleistet haben, in dankbarer Anerkennung zu vergegenwärtigen. Als ein Merkmal Meines besonderen Wohlwollens übersende Ich Ihnen beifolgend Mein Bildniß, indem Ich Mich der Hoffnung hingebe, daß die Armee noch lange den Vorzug haben wird, sich Ihrer ersprießlichen Wirksamkeit in Ihrer hohen Stellung zu erfreuen.

Berlin, den 12. März 1869.

Wilhelm.

Handschreiben.

Versailles den 28. Oktober 1870.

Wir stehen heute an einem neuen bedeutenden Abschnitte des blutigen Krieges, der uns mit unverzeihlichem Leichtsinn aufgenöthigt worden ist. Die unermeßlichen Erfolge, welche wir erkämpft haben, verdanke ich Ihrer von Neuem so glänzend sich erwiesen habenden weisen Führung der Opérationen.

Die Genugthuung, die Ihnen dafür Ihr eigenes Gewissen zollt, kann durch Nichts erhöhet werden. Aber vor der Welt Ihr großes Verdienst öffentlich anzuerkennen, ist meine Aufgabe, und ich wünsche sie dadurch zu lösen, daß ich Sie hiermit in den Grafenstand erhebe!

Mögen Sie lange noch dem Vaterlande, der Armée und mir Ihre Talente wie bisher mit gleich glücklichem Erfolge widmen.

Ihr dankbarer König

Wilhelm.

Handschreiben.

Berlin den 22. März 71.

Nachdem der glorreiche Friede hergestellt ist und Sie einen so überaus großen Antheil an der Herbeiführung desselben, durch die unübertreffliche Leitung der Kriegs Operationen, genommen haben, so glaube ich mich berechtigt, um Ihre hohen Verdienste nochmals öffentlich anzuerkennen, die Statuten des Eisernen Kreuzes dahin zu erweitern, daß ich die éminente Kriegsleitung den selbstständigen siegreichen Generalen in einer Schlacht oder dem Eroberer einer großen Festung gleichstelle, um Ihnen das Großkreuz des Eisernen Kreuzes verleihen zu können, was ich hiermit durch die Uebersendung der Insignien desselben thue.

Mit meinem unverstechbaren Dank für Alles, was Sie in drei Kriegen Ruhmreiches leisteten, verbleibe ich

Ihr

dankbarer König

Wilhelm.

An

den General der Infanterie

Graf Moltke.

Handschreiben.

Berlin, den 16. 6. 71.

Nachdem ich mir die Genugthuung und Freude gegeben habe, Sie heute zum General-Feld-Marschall zu ernennen, übersende ich Ihnen hierbei das Zeichen dieser Ihrer neuen Würde, den Feld-Marschalls-Staab. Derselbe wird bei den Parade Vorführungen von Truppen, wo sonst der Degen gezogen wird, in der rechten Hand geführt. Nur wenn ein Feldmarschall als Cheff sein Regiment en parade führt, ziehet er den Degen.

Bei dem heutigen Einmarsch der Truppen in Berlin werden Sie den Staab tragen, von dem Moment an, wo sich die Truppen in Marsch setzen u. werde ich es jedesmal bestimmen, wenn bei anderen feierlichen Gelegenheiten der Staab getragen werden soll.

Wilhelm.

An den General-Feldmarschall Graf Moltke.

Handschreiben.

Berlin den 24. Dzb. 1871.*)

Der Hand, die das wohlgeschliffene Schwert in 3 ruhmreichen u. glorreichen Jahren, leitete, u. Armée u. Volk zu einer kaum geahndeten Höhe erhob, — darf ich am Schlusse des Jahres, das uns einen Segensreichen Frieden brachte, nicht vergessen, um nochmals meine tiefgefühlte Dankbarkeit Ihnen zu beweisen. Ich benutze darum das Weihnachtsfest, um Ihnen die Züge dessen zu vergegenwärtigen, der nie aufhören wird, die Vorsehung zu preisen, daß er Sie in dieser Zeit mir zur Seite stellte, um so Großes und Ruhmreiches zu erkämpfen!

Ihr
dankbarer König
Wilhelm.

Kabinets-Ordre.

Nachdem Ich beschlossen habe, daß die im Bau befindlichen Forts bei Straßburg ihre Namen nach denjenigen Männern erhalten sollen, welche sich um die Erfolge des letzten

---

*) Vergl. das beigefügte Facsimile.

Krieges besonders verdient gemacht haben, erfülle Ich eine Pflicht des wärmsten Dankes und der lebhaftesten Anerkennung, indem Ich bestimme, daß das Fort Nr. 2 künftig den Namen „Fort Moltke" führen soll. Es gereicht Mir zum besonderen Vergnügen, Sie an dem heutigen Erinnerungstage der denkwürdigen Schlacht bei Sedan hiervon zu benachrichtigen.

Berlin, den 1. September 1873.

Wilhelm.

Kabinets-Ordre.

Ich spreche Ihnen aus bewegtem Herzen Meinen Glückwunsch zu den erhebenden Gefühlen aus, mit welchen Sie der Feier des heutigen Tages beiwohnen werden. Sie blicken heute auf drei Kriege zurück, in welchen unsere Fahnen von Sieg zu Sieg gingen, in denen sich Ihr Rath und Ihre Ansicht jederzeit bewährte und in denen Sie Ihrem Namen eine solche Ehrenstelle in der Geschichte und in der Erinnerung der ganzen Armee für immer gesichert haben. Mögen Sie eine äußere Bethätigung Meines tiefempfundenen Dankgefühls gegen Sie darin erkennen, daß Ich Ihnen heute hierdurch den Schwarzen Adler-Orden in Brillanten verleihe.

Berlin, den 2ten September 1873.

Wilhelm.

An den General-Feldmarschall Grafen v. Moltke.

Chef des Generalstabes der Armee.

Handschreiben.

Berlin, den 26. October 1875.

Es ist ein geschichtliches Ereigniß, daß heute Ihr 76. Geburtstag mit der Enthüllung eines Denkmals zu sammenfällt, zu dessen endlicher Vollendung Sie so erfolgreich beigetragen haben, seitdem Sie an die Spitze des Unternehmens traten. Ihr Name, so wie der des Staatsministers von Stein stehen auf immer in der Weltgeschichte verzeichnet! So wie Sie mir denkend und rathend in den letzten Kriegen zur Seite standen, so stand der Freiherr von Stein meinem in Gott ruhenden Könige und Vater zur Seite, als es galt, das niedergeworfene Preußen auf neuen, zeitgemäßen Grundfesten wieder aufzurichten. Was Sie Beide in Ihren Sphären erreichten, bedarf keiner Worte — die Thaten u. Erfolge sprechen für sich selbst; und so hat es der Vorsehung gefallen, Preußens Könige in entscheidenden Crisen stets mit Männern zu umgeben, die im Felde wie im inneren Staatsleben das Rechte zu finden wußten!

So wie heute dem Freiherrn von Stein öffentlich ein Dankes-Denkmal errichtet wird, so wünsche ich an diesem für Sie doppelten Feiertage, Ihnen meinen erneuerten Dank öffentlich darzubringen, indem ich Ihnen das Groß-Comthur-Kreuz des Hohenzollern-Ordens mit dem Stern und Schwertern verleihe, welche letzteren beweisen sollen, was ich Ihnen auf so vielen Schlachtfeldern verdanke!

Ihr

treuer und dankbar ergebener König

Wilhelm.

An den General-Feldmarschall Graf Moltke.

hier.

(Die Unterschrift nebenstehend facsimilirt.)

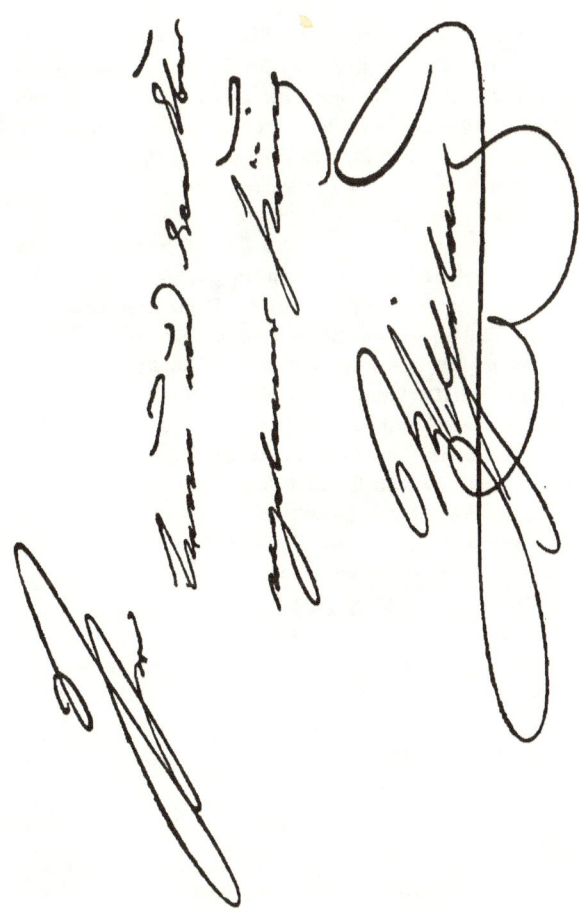

Kabinets-Ordre.

Mein lieber General-Feldmarschall!

Wenn Ich Ihnen bei der heutigen Feier Ihres 60jährigen Dienstjubiläums das anbeifolgende Kreuz mit Stern des Ordens pour le mérite verleihe, so wünsche Ich hierdurch zu bethätigen, daß es keine Anerkennung großer Thaten und militärischen Verdienstes geben kann, auf welche Sie nicht einen gerechten Anspruch erworben hätten. Sie werden den Stern mit dem Bilde Meines großen Vorfahren mit dem erhebenden Bewußtsein tragen, in Wahrheit für alle Zeiten zu denjenigen zu gehören, die das Erbe des großen Königs — den Kriegsruhm der Preußischen Armee — treu behütet haben und auf welche Sein Auge von oben sicherlich mit Wohlgefallen gesehen hat. Meine zugleich beifolgende Reiterstatuette möge Ihnen das Bild des Königs vergegenwärtigen, mit dem Sie die Schlachten von Königgrätz, Gravelotte und Sedan schlugen, der Ihnen schon oft aus tiefinnerstem Herzen gedankt hat und der es auch heute mit dem innigen Wunsche thut, daß Sie Ihm, der Armee und dem Vaterlande noch recht lange erhalten bleiben mögen.

Berlin den 8. März 1879.

Ihr
stets dankbarer König
Wilhelm.

An den General-Feldmarschall Grafen v. Moltke,
Chef des Generalstabes der Armee u. s. w.

Handschreiben.

Berlin 8. März 1879.

Mein lieber Feldmarschall!

Sie kennen meine Gesinnung für Sie, Sie werden daher dieser entsprechend, meinen Wunsch gerechtfertigt finden,

Ihnen am heutigen Ehrentage mit dem Ausdruck meiner innigen Glückwünsche, ein äußeres Zeichen derselben zu widmen.

Meine Glückwünsche gelten Ihnen zunächst, aber auch der Armee, welche stolz auf die Feier dieses Tages ist, und dem Kaiser, der in Ihnen einen Freund besitzt.
Augusta.

Handschreiben.
Berlin 14. 3. 79.

Hierbei übersende ich Ihnen die verliehene Décoration des Großkreuzes des Ordens pour le mérite und bin überzeugt, daß das Bild des Stifters, Ihnen die Anerkennung dieser Verleihung zuruft!

Stets
Ihr
dankbarer
Wilhelm.

Handschreiben.
Berlin 26. 10. 79.

Man sagt, daß Sie heute die Ziffer beschreiten, die ich bereits mit 2½ adire. Ich kann es daher nicht unterlassen, Ihnen zu diesem gewaltigen: Vorwärts, meine treusten Wünsche für Ihre ganze Zukunft darzubringen!

Möge sie so ruhmvoll sein wie die Vergangenheit, u. möge der, der dann Ihr König sein wird, eine so treue Stütze u. weisen Rathgeber in Ihnen finden, wie gefunden hat
Ihr stets dankbarer König
Wilhelm.

Kabinets-Ordre.

Ich habe die von Ihnen gewünschte Decorirung mehrerer Generalstabs-Offiziere aus Anlaß ihrer verdienstlichen Thätigkeit bei der Herstellung des Geschichtswerkes über den Feldzug 1870/71 nicht bewilligen können, ohne dessen eingedenk zu sein, daß vor Allem Ihre Thätigkeit und Ihre Leitung es gewesen ist, welche diese umfangreiche und schwierige Arbeit zu einer so wohl gelungenen und allgemein im höchsten Grade anerkannten gemacht hat. Ich habe mir nicht versagen können, Ihnen dies bei Uebersendung der jene Decorirung betreffenden Ordre auszusprechen und Ihnen aufrichtig Glück zu wünschen zu dem gewiß sehr seltenen Resultat, daß sich bei Ihnen mit dem hervorragendsten Verdienste um die erfolgreiche Durchführung des Krieges selbst auch das einer würdigen und wohlgelungenen geschichtlichen Darstellung desselben vereinigt.

Berlin, den 22. März 1881.

Wilhelm.

An den General-Feldmarschall Grafen v. Moltke,
Chef des Generalstabes der Armee.

Kabinets-Ordre.

Auf Ihren Antrag vom 12. November c., kann Ich Ihnen nur erwidern, daß Ihre Verdienste um die Armee viel zu groß sind, um jemals — so lange Sie leben — an Ihr Scheiden aus derselben denken zu können, und daß Mir Ihr Rath und Ihre Unterstützung viel zu werthvoll sind, um Mich in das Entbehren derselben finden zu können, so lange uns Gottes Wille beisammen läßt. Ich kann daher weder jetzt noch überhaupt jemals auf eine Gewährung des Abschiedes für Sie eingehen, aber Ich bin mit Freuden bereit, Sie in Ihren umfangreichen Dienstgeschäften nach aller Möglichkeit zu erleichtern, und habe daher auch gern Ihrem Wunsche um Zuweisung eines General-Quartiermeisters durch Meine anderweitige Ordre vom heutigen Tage entsprochen.

Berlin, den 27. Dezember 1881.

Wilhelm.

An den General-Feldmarschall Grafen v. Moltke,
    Chef des Generalstabes der Armee.

Kabinets-Ordre.

Nachdem das Amt des Kanzlers des hohen Ordens vom Schwarzen Adler durch das Ableben des Oberst-Kämmerers Grafen v. Redern zur Erledigung gelangt ist, will Ich Ihnen dasselbe übertragen. Indem Ich Sie hiermit zum Ordens-Kanzler ernenne.

Berlin, den 21. November 1883.

Wilhelm.

An den General-Feldmarschall und Chef des Generalstabes der Armee Dr. Grafen v. Moltke.

Kabinets-Ordre.

Mein lieber General-Feldmarschall!

Wenn Ich an dem heutigen Tage auf Meine verflossenen 90 Lebens- und 80 Dienst-Jahre in tiefstem Dank für die Gnade Gottes zurückblicke, so richtet sich auch gleichzeitig Meine dankbare Erinnerung darauf, daß Mir wahrlich von Vielen gut gedient und treu geholfen worden ist. Ich kann heute nicht zu Allen sprechen, denen Ich danken möchte, und es gehören auch Viele, denen Ich heute gern die Hand drücken würde, dieser Erde nicht mehr an. Aber Ich habe das Glück, daß Sie — dessen Ich heute ganz besonders gedenke — Mir noch in derselben Stellung zur Seite stehen, die Ihnen einen großen Namen in der ganzen Welt gemacht hat, und da ist es Mir ein tiefempfundenes Herzensbedürfniß, Ihnen auszusprechen, daß Ich wohl nicht 90 Jahre alt geworden wäre, wenn Sie nicht so manche Sorge in schwerer Zeit von Meinem Herzen genommen hätten und wenn mit Ihrem Rath und mit Ihrer Hülfe die Fahnen Meiner Armee nicht mit dem Ruhm und den Ehren geschmückt worden wären, die Meine Kraft erstarkt und Meine Lebensfreudigkeit erhalten haben. Mögen Sie aus der hierdurch erfolgenden Verleihung des Kreuzes und des Sternes der Groß-Comthure Meines Königlichen Hausordens von Hohenzollern mit Schwertern in Brillanten erkennen, daß es Mir an dem heutigen Tage eine besondere Freude ist, Meinem jederzeit lebendigen Dankgefühl für Sie Ausdruck zu geben und vor Allem — mögen Sie Mir und der Armee noch recht lange erhalten bleiben.

Berlin, den 22. März 1887.

An den General-Feldmarschall Grafen v. Moltke,
Chef des Generalstabes der Armee.

Als Kaiser und König **Wilhelm I.** am 9. März 1888 zur ewigen Ruhe eingegangen war, schwur Moltke seinem vierten preußischen Kriegsherrn den Fahneneid. Auch dieser war mit dem greisen Feldmarschall schon seit langen Jahren durch kräftige, unlösliche Bande verknüpft. **Kaiser Friedrich** hatte als junger Prinz, wie wir wissen, ihn in seiner nächsten Umgebung gehabt. Moltke war ihm damals nicht nur der beste militärische Berather gewesen, er hatte ihm auch in Zeiten nahegestanden, während deren dem Prinzen die schönsten Hoffnungen rein menschlichen Glücks herrlich in Erfüllung gingen, auf Brautfahrt und Hochzeit. Als Moltke dann zu seiner größten Lebensaufgabe berufen wurde, waren sie als Freunde geschieden, und eine von dem Prinzen zum Andenken der gemeinsam verlebten Jahre gewidmete Gabe rief nachstehende Aeußerung warmen Dankes hervor.*)

Durchlauchtigster Königlicher Prinz!
Gnädigster Prinz und Herr!

Ew. Königliche Hoheit haben mich gestern durch Ihr gnädiges Geschenk so sehr erfreut, daß ich nicht umhin kann, meine Dankbarkeit schon jetzt auszusprechen. Die schöne gelungne Büste bleibt mir eine dauernde Erinnerung der beiden Jahre, in welchen mir das Glück zu Theil wurde, Ew. Königliche Hoheit zu begleiten. Nicht blos das viele Interessante, welches zu sehn und zu erleben dies Commando mir vergönnte, sondern vorzugsweise auch das huldvolle Wohlwollen und die stets gleiche Freundlichkeit wird mir unvergeßlich bleiben, durch welche Ew. Königliche Hoheit meine Stellung zu einer so erfreulichen

---

*) Dieser und die übrigen Briefe des Feldmarschalls an Seine Majestät den **Kaiser Friedrich** sind mit allergnädigster Genehmigung Ihrer Majestät der **Kaiserin Friedrich** abgedruckt.

machten. Die Büste wird in meiner Familie bis in späte Zeiten in Ehren gehalten werden.

Daß der offne und wahrhafte Charakter, welcher sich auch in diesen Zügen in Erz ausspricht, einst durch eine segenreiche, lange Regierung belohnt werde, ist was ich von Gott erbitte, und zuversichtlich hoffe. Gestatten Ew. Königliche Hoheit meiner aufrichtigsten Erkenntlichkeit und treuesten Hingebung diese Worte zu verleihen.

Indem ich mir erlaube Ihrer Königlichen Hoheit der Princefs Royal meinen ehrfurchtsvollsten Glückwunsch zum Geburtstag zu Füßen zu legen, und mit den aufrichtigsten Wünschen verharre ich

Ew. Königlichen Hoheit ganz unterthänigster
Berlin, den 15. Nov. 1857.
v. Moltke
Gen.-Maj.

Noch einmal begleitete Moltke den Prinzen nach England, aber diesmal in einer traurigen Veranlassung, der Beisetzung des im kräftigsten Mannesalter hingeschiedenen Schwiegervaters des Thronerben, des Prinz-Gemahls Albert. Welchen Werth der Kronprinz darauf legte, Moltke in diesen ernsten Tagen um sich zu haben, geht aus seinem Schreiben hervor:

Handschreiben.
17/12. Abends 1861.

Mein lieber Moltke

Wie ich jetzt erfahre hat S. M. définitiv bestimmt daß Sie mich begleiten sollen auf der traurigen Reise nach England, die wir in früheren glücklichen Zeiten mehrmals gemeinschaftlich unternahmen.

Sie haben meinen heimgegangenen Schwiegervater gekannt und seinen hohen Werth, seine ganze Bedeutung zu schätzen gewußt, wie auch er Ihnen aufrichtig zugethan war.

Somit gehören Sie recht eigentlich in meine Nähe zu solcher traurigen Veranlassung!

Ich reise morgen, Mittwoch, den 18ten Abends 7¾ Uhr mit der Cöln'er Bahn ab, über Calais. Von Dover aus begebe ich mich nach Osborne wo ich meine arme Schwiegermutter und die Geschwister finde, bleibe dort wenigstens bis Sonnabend Abend, wohne Montag Vormittag dem Begräbniß bei, und gedenke Montag Abend (also am 23.) wieder die Rückreise ohne Aufenthalt anzutreten, so daß wir am 25ten früh wieder hier sein können.

Aller Vermuthung nach werden die Herren meiner Begleitung die Königinn gar nicht sehen können — was wohl begreiflich ist — mithin die Meisten direkt nach London gehen und mit mir nur in Windsor zusammentreffen.

Ihr treuergebener
Friedrich Wilhelm, K. P.

Nun kam die große Zeit von 1864 bis 1871, in der der Kronprinz und der Chef des Generalstabes der Armee wetteiferten, Preußens und Deutschlands Größe und Einigkeit durch unsterbliche Thaten zu begründen und zu befestigen. Der edle und hohe Sinn des Kronprinzen erkannte dankbar an, was Moltke seinem von ihm so geliebten und bewunderten Königlichen Vater, was er dem Vaterlande und der Armee galt. Der Feldmarschall sah, wie neben den menschlichen die kriegerischen Tugenden des Kronprinzen sich herrlich entfalteten, wie der Sieg dem hoffnungsreichen Heldensohn seines Königs und Kriegsherrn immer neue Lorbeeren um die Stirn wand.

Bei seinen hohen Jahren konnte Moltke nicht erwarten, dem Nachfolger Kaiser Wilhelms seine Dienste noch zu widmen, aber er sah in ihm hoffnungsfroh den würdigen Erben seines Kaisers. Der Kronprinz hielt in dankbarer Treue fest zu dem großen Diener seines großen Vaters. Das erhellt aus den Briefen, die nach dem Kriege zwischen Beiden gewechselt wurden:

Telegramm von London 9. 3. 79.

General-Feldmarschall Graf Moltke. Berlin.

Ich bitte Sie an dem heutigen denkwürdigen Tage für Sie angefertigtes, aber noch nicht vollendetes Bildniß als Zeichen meiner aufrichtigen Verehrung und Anhänglichkeit wie auch der unbegrenzten Bewunderung für Ihre Thaten und Leistungen anzunehmen. Gott erhalte Sie noch lang dem Heere und dem Vaterlande.

Friedrich Wilhelm, Kronprinz.

Durchlauchtigster Kaiserlicher Prinz!
Gnädigster Kronprinz des Deutschen Reichs!

Ew. Kaiserliche und Königliche Hoheit haben Sich auch in der Ferne meines Dienstjubiläums erinnert, und mir Worte der Anerkennung ausgesprochen, die tief in mein Herz eingegraben, mich zu unauslöschlicher Dankbarkeit verpflichten.

Ich habe Ew. Kaiserliche Hoheit schon im Jahre 1864 schwerwiegende Verantwortlichkeit auf Sich nehmen, 1866 eine Schlacht entscheiden gesehen, und Ihre Leistung als Heerführer während des letzten siegreichen Krieges erfüllt die Armee und das Vaterland mit sicherem Vertrauen auf die Zukunft.

Meinem Alter kann es nicht beschieden sein, noch lange zu nutzen, aber heiße Segenswünsche werden Ew. Kaiserliche Hoheit begleiten, so lange ich lebe. Möge Gottes reichste Gnade auf Ihrer Zukunft ruhen.

Das trefflich gelungne Bild Ew. Kaiserlichen Hoheit hat mir unaussprechlich große Freude gemacht, es wird in meiner Familie als ehrendes Denkmal vererben, und ich bitte für so

viel Gnade meine innige Erkenntlichkeit, und die tiefe Verehrung aussprechen zu dürfen, in welcher ich verharre,
  Ew. Kaiserlichen und Königlichen Hoheit
    ganz unterthänigster Diener
Berlin den 10. März 1879.
          Gr. Moltke,
          Feldmarschall.

Ew. Kaiserlichen und Königlichen Hoheit gnädiges Telegramm vom gestrigen Tage hat mich höchlich geehrt und lebhaft erfreut. Mein hohes Alter wird mir nicht gestatten, noch lange nützlich zu sein; aber es gereicht mir zu größter Befriedigung, wenn ich hoffen darf, Ew. Kaiserlichen Hoheit Wohlwollen erworben zu haben. Darf ich zugleich meinen ehrfurchtsvollen Dank Ihrer Kaiserlichen Hoheit der Frau Prinzeß u. Sr. Königlichen Hoheit dem Prinzen Heinrich aussprechen, der ich in verehrungsvoller Ergebenheit verharre
  Berlin, d. 27. Octob. 1880.
    Ew. Kaiserlichen und Königlichen Hoheit ganz
      unterthänigster Diener
          Feldmarschall Gr. Moltke.

Euer Kaiserlichen und Königlichen Hoheit huldreiches Telegramm vom heutigen Tage hat mich ebenso erfreut wie beschämt. Ich vergesse nicht, wie viel ich andern schulde, wenn ich mir einen Antheil an den Erfolgen der glorreichen Feldzüge Sr. Majestät beimessen darf. Wo die Armeen solche Führer haben wie 1870 und wo man nur mit Siegen zu rechnen hat, da ist der Strategie alles geboten, was sie bedarf.

Mit besondrer Genugthuung erfüllt es mich, daß Höchstdieselben und die Frau Kronprinzeß Sich gnädigst erinnern, wie mir vergönnt war, vor nun bald 25 Jahren zugegen zu sein, als der glückliche Bund geschlossen wurde, welcher Deutschlands künftigen Beherrscher mit dem Englischen Königshause vereinte.

Creisau, den 29. October 1882.

In tiefster Ehrfurcht verharre ich
Euer Kaiserlichen Hoheit ganz unterthänigster Diener
Gr. Moltke,
Feldmarschall.

Kaiser Friedrich bestieg, ein todwunder Held, den Thron seiner Väter. Aus der kurzen Zeit seiner Regierung liegt nur eine an den Feldmarschall gerichtete schriftliche Kundgebung vor. Sie sagt in wenigen Worten Alles, was das treue Herz des schwer Leidenden empfand; eine Erinnerung an den edlen Fürsten aus tieftrauriger Zeit, wie auch als Zeugniß seiner Güte und seines Vertrauens, gebe sein Blatt selbst hier die Worte wieder.

So war es dem Siebenundachtzigjährigen beschieden, dem fünften Könige von Preußen den Eid der Treue zu leisten.*) Aber seine Lebenstage, bis dahin strenger Arbeit geweiht, neigten sich dem Ende zu. Zwar war der Geist noch jung und frisch und großer Gedanken, hoher Entwürfe fähig, aber der müde Leib versagte den Dienst, der dem Kriegsmann unerläßlich ist. Darum trat Moltke an seinen Kriegsherrn mit der Bitte heran, ihn seines Amtes zu entheben. Wohl war es für Kaiser Wilhelm ein schwerer Entschluß, sich von seinem Chef des Generalstabes zu trennen, denn in Königlichem Sinne sah er ein heiliges Vermächtniß seiner erlauchten Vorgänger darin, den greisen Helden zu ehren und mit immer neuem Danke zu umgeben. Widerstrebend mochte er den weisen Berather zum Siege aus seiner Stelle scheiden sehen, aber die Gründe waren unwiderleglich, und nur durch Schonung und Ruhe konnte das dem Kaiser, dem Heere und Vater-

---
*) Vergl. IV, 318.

Behalten Sie mir auch ferner Ihr
wohlwollendes Andenken; zuverlässig soll
ein Freund, mein Hochverehrter,
der sich Ihnen Mühe geurtheilt, zu sein
Mehr in Ehren.

lande theure Leben erhalten bleiben. Mochte mit Moltkes Ausscheiden aus der Stellung als Chef des Generalstabes der Armee ein glorreicher Abschnitt in der Geschichte Preußens nun auch äußerlich abschließen: die Bitte erheischte Genehmigung. Wie der Kriegsherr seinen ältesten, ruhmreichsten Soldaten von seinem Amte entband und dennoch sich seinen Rath zu erhalten wußte, wie er ihn bis ans Ende ehrte, liebte und bewunderte, wie zart und edel der Königliche Dank, in dem der Dank des Vaterlandes sich verkörperte, die letzten Tage des greisen Helden verschönte und mit warmen Strahlen erleuchtete, zeigen die bei Gelegenheit des Abschiedsgesuchs gewechselten Schreiben, zeigen die ferneren Gnadenbeweise, die erst mit dem Tode des Feldmarschalls endeten.

Allerdurchlauchtigster, Großmächtigster Kaiser und König,
Allergnädigster Kaiser, König und Herr.

Euer K. K. Majestät bin ich anzuzeigen verpflichtet, daß ich bei meinem hohen Alter nicht mehr ein Pferd zu besteigen vermag.

Euer Majestät brauchen jüngere Kräfte, und ist mit einem nicht mehr felddienstfähigen Chef des Generalstabes nicht gedient.

Ich werde es als eine Gnade erkennen, wenn Euer Majestät mich dieser Stellung entheben und mir huldreich gestatten wollen, den kurzen Rest meiner Tage in ländlicher Zurückgezogenheit zu verleben.

Nur mit meinen innigsten Wünschen kann ich die Erfolge begleiten, welche Euer Majestät glorreichen Zukunft vorbehalten sind.

In treuester Ergebenheit und aufrichtiger Dankbarkeit für so viele mir zu Theil gewordenen Auszeichnungen und Wohlthaten verharre ich

Ew. Majestät allerunterthänigster Diener

Creisau, b. 3. Aug. 88.

Gr. Moltke,
Feldmarschall.

Handschreiben.*)

Potsdam, 9. VIII. 88.

Mein lieber Feldmarschall.

Obwohl ich mich den in Ihrem Briefe an mich aufgeführten Gründen nicht zu verschließen vermag, so hat mich doch derselbe mit Schmerz bewegt. Es ist ein Gedanke, an welchen ich mich so wenig wie die Armee, deren Sein so unendlich viel Ihrer Person verdankt, gewöhnen können, Sie nicht mehr an dem Posten sehn zu sollen, auf welchem Sie das Heer zu den wunderbarsten Siegen führten, die je die Kämpfe eines Heeres krönten. Doch will ich unter keinen Umständen, daß Sie Ihre uns theure Gesundheit überanstrengen; darum werde ich, wenn auch schweren Herzens, Ihrem Wunsch willfahren.

Dennoch weiß ich mich mit meinem Heere eins in dem Wunsch, Sie um das Wohl und Wehe des Vaterlandes und seiner Vertheidigung beschäftigt zu wissen. Seit dem Heimgang meines theuren Vaters ist das Amt des Präses des Landesvertheidigungskomitees unbesetzt geblieben. Ich kann gewissenhaft dasselbe in keine besseren und berufenern Hände legen als in die Ihrigen. Darum bitte ich Sie, dasselbe mir und dem Vaterlande sowie meiner Armee zu Liebe anzunehmen. Möge der Herr uns Ihre unschätzbare Kraft und Rathschläge auch in dieser Stelle noch lange zum Heile unserer Nation erhalten.

Eine diesbezügliche Ordre werde ich Ihnen noch zugehn lassen.

In treuester Dankbarkeit und Anhänglichkeit verbleibe ich

Ihr

wohlaffectionirter König

Wilhelm.

*) Gegenüberstehend das Facsimile des Kaiserlichen Handschreibens.

Potsdam 9/VIII 86

W

Mein lieber Feldmarschall

Obwohl ich mich den in Ihrem
Briefe an mich ausgeführten Gründen
nicht zu verschließen vermag, so
hat mich doch derselben mit Schmerz
durchzogen. Es ist ein Gedanken, an
welchen ich mich so wenig wie die
Armee Eurer Suite so unendlich
viel Ihrer Sachen verdankt, gewöhnen
können Sie nicht mehr an der
Spitze sehe zu sollen, auch welchen

In treuster Dankbarkeit und
Anhänglichkeit verbleibe ich
Ihr
wohlaffectionirter König

Wilhelm

Allerdurchlauchtigster, Großmächtigster Kaiser und König, Allergnädigster Kaiser, König und Herr.

Ew. Majestät huldvolles Handschreiben vom 9. d. M. hat mich mit innigster Dankbarkeit erfüllt. Es macht mich glücklich, auch ferner noch der Armee angehören und derselben in der ehrenvollen Stellung dienen zu dürfen, welche Ew. Majestät die Gnade haben wollen, mir zu übertragen.

In den anerkennenden Worten Ew. Majestät gnädigen Schreibens sehe ich den höchsten Lohn für Alles, was ich je habe leisten können, und verharre, der weiteren Befehle gewärtig, in ehrfurchtsvoller Ergebenheit und Dankbarkeit

Euer Majestät

Creisau, d. 10. 8. 88.

alleruntertänigster Diener

Gr. Moltke,
Feldmarschall.

Kabinets-Ordre.

Mein lieber General-Feldmarschall!

Sie legen Mir in Ihrem Schreiben vom 3. d. Mts. mit der Klarheit und Selbstlosigkeit, die leuchtend durch Ihr ganzes Leben geht, die Nothwendigkeit eines Entschlusses dar, dessen Begründung Ich ja leider nicht verkennen darf, dessen Bedeutung aber eine so schwer wiegende ist, daß Ich Ihrem Antrage doch nur theilweise entsprechen kann. In dem Alter, welches Gottes gnädige Fügung Sie zur höchsten Freude Meines theuren Großvaters, zum Segen und zum Heil des Vaterlandes bisher hat erreichen lassen, darf Ich die unvermeidlichen Anstrengungen des Dienstes Ihrer Stellung nicht mehr länger von Ihnen beanspruchen — aber Ich kann Ihren Rath nicht entbehren, so lange Sie leben, und Ich muß Sie der Armee erhalten, die mit dem unbegrenztesten Vertrauen auf Sie blicken wird, so lange Gottes Willen dies gestattet. — Wenn Ich Sie daher Ihrem Antrage entsprechend von der Stellung als Chef des Generalstabes der Armee hierdurch entbinde, so geschieht es unter dem Ausdruck des warmen Wunsches und in der Erwartung, daß Sie sich auch ferner mit den wichtigeren Angelegenheiten des Generalstabes in Verbindung halten und daß Sie Ihrem Nachfolger — den Ich hiernach angewiesen habe — gestatten werden, Ihren Rath in allen Fragen von Bedeutung zu erbitten. Bei Ihrer in so hohem Maße erhaltenen geistigen Frische wird es Ihnen auch möglich sein, hiermit die Stellung als Präses der Landes-Vertheidigungs-Kommission zu vereinigen, welche Ich Ihnen hierdurch übertrage. Seit der Erkrankung Meines in Gott ruhenden Vaters fehlt den Geschäften der Landes-Vertheidigungs-Kommission die Leitung ganz und eine solche wird immer mehr so sehr wichtig, daß es Mir ganz besondere Beruhigung gewährt, sie in Ihre Hände legen zu können. — In Betreff Ihrer künftigen Gehaltsverhältnisse habe Ich den Kriegsminister zur ferneren Zahlung Ihres bisherigen Gehalts und ebenso auch dahin angewiesen, daß Ihnen Ihre bisherige Dienstwohnung verbleibt. Ueber Ihre Wünsche bezüglich Zuweisung eines persönlichen Adjutanten sehe Ich Ihrer Aeußerung entgegen. — So denke Ich ein Dienstverhältniß für Sie festgestellt zu haben, in dem Sie hoffentlich noch längere Zeit segensreich zu wirken im Stande sein werden.

Bestehen bleibt ja immer der tiefe Kummer, Sie von der Stelle scheiden zu sehen, auf welcher Sie Ihren Namen obenan auf die Ruhmestafeln der Preußischen Armee geschrieben und ihn zu einem hochgefeierten in der ganzen Welt gemacht haben. Aber die Macht der Zeit ist stärker, wie die der Menschen, und ihr müssen auch Sie sich beugen, der Sie sonst überall den Sieg in Ihrer Hand gehabt haben. Einen

besonderen Dank für Alles, was Sie als Chef des Generalstabes der Armee gethan, in dieser Stunde in Worten auszudrücken — davon trete Ich zurück. Ich kann nur auf
die Geschichtsbücher der letzten fünfundzwanzig Jahre weisen
und kann mit vollster Ueberzeugung aussprechen, daß Sie
als Chef des Generalstabes der Armee in hochgeehrtestem
Andenken stehen werden, so lange es einen Preußischen
Soldaten — ein Preußisch schlagendes Herz — und Soldaten-Empfindung in der Welt giebt.
  Marmor-Palais den 10. August 1888.
    In hoher Werthschätzung und Dankbarkeit
      Ihr König
                              Wilhelm.
An den General-Feldmarschall Grafen v. Moltke,
  Chef des Generalstabes der Armee.

          Creisau, den 12. August 1888.
  Allerdurchlauchtigster, Großmächtigster Kaiser und König,
  Allergnädigster Kaiser, König und Herr!
  Euer Majestät haben mein alleruntertänigstes Gesuch in
so huldvoller Weise genehmigt, daß mir die Worte fehlen, um
meinen innigen Dank auszusprechen. Es macht mich glücklich,
Euer Majestät in einer neuen, ehrenvollen Stellung noch ferner
dienen zu dürfen, und bitte ich, mir in derselben meinen bisherigen Adjutanten, den Hauptmann v. Moltke vom Generalstab, belassen zu wollen.
  Die gnädige Kabinets-Ordre vom 10. d. M. wird in
meiner Familie als ein unschätzbares Andenken aufbewahrt werden,
und in unwandelbarer Treue und tiefster Ehrfurcht verharre ich
    Euer Kaiserlichen und Königlichen Majestät
      alleruntertänigster Diener
          Gr. Moltke, Feldmarschall.

Die Zeitungen haben uns den Wortlaut derjenigen Schriftstücke gebracht, mit welchem der die weitesten Kreise berührende Augenblick bezeichnet ist, der Sie aus der bisherigen Thätigkeit scheiden läßt. Ich kann es mir nicht versagen, Ihnen auszusprechen, wie sehr mich die von Ihnen gefaßte Entscheidung bewegt hat. Ich würde meine Empfindung als eine geradezu schmerzliche bezeichnen müssen, wenn nicht die Thatsache, Sie auch ferner dem Vaterlande in Ihrer segensvollen Thätigkeit erhalten zu sehen, dieses Gefühl zu einem nur wehmüthigen umgestaltete. Aber allerdings ist diese Wehmuth um so stärker ausgeprägt, als sich der Abschnitt, den Ihr Wunsch herbeigeführt, fest anreiht an die schmerzvollen Ereignisse dieses Jahres. Sie sind so unauflöslich mit dem Bilde unseres verklärten großen Kaisers Wilhelm verbunden, daß nach seinem Hinscheiden Ihr wachsames Auge und Ihre starke Hand mir um so unentbehrlicher schienen für Armee und Vaterland.

Möchten Sie nun Befriedigung finden in den aus den Händen meines heimgegangenen Bruders in die Ihrigen gelegten Aufgaben. Treue Wünsche begleiten Sie in der Hoffnung, daß Gott Sie uns lange erhalten wolle.

Vielleicht führt Sie einmal, nun Sie über mehr freie Zeit verfügen, Ihr Weg wieder hierher. Das mit Ihrem Bild geschmückte und Ihren Namen tragende Zimmer steht immer für Sie bereit.

Die Zeit geht über die Trauertage dieses Frühjahrs hinweg, die Erinnerung bleibt in ihrer schmerzlichen Tiefe unberührt; mit ihr die Dankbarkeit für Diejenigen, welche jene große Zeit der Vergangenheit in die Gegenwart übertrugen.

Schloß Mainau, 4. September 1888.

Luise,
Großherzogin von Baden,
Prinzessin von Preußen.

Belvedere bei Weimar, den 8. September 1888.
Mein lieber Feldmarschall!

Sie werden einer alten Freundin den Ausdruck des Antheils nicht versagen, den Ich an Ihrem Entschluß, von der Leitung des Generalstabes der Armee zurückzutreten, nehme. Bleibt auch Ihr Name mit demselben wie mit dem Königshause, dem Vaterlande und seiner Geschichte für immer ruhmvoll verbunden, so ist dieses doch ein Abschnitt von großer Bedeutung.

Was Ich Ihnen als Königin, als Frau und Mutter zu danken habe, bedarf keiner Worte. Wohl aber glaube Ich bei diesem Anlaß Ihnen im Namen desjenigen noch einmal die Hand reichen zu sollen, dessen Gesinnung für Sie Ich so lange theilen durfte und in dessen Andenken Sie Mir noch näher stehen als bisher.

Leben Sie wohl, lieber Feldmarschall, stets
Ihre
———
Augusta.

Kabinets-Ordre.
Mein lieber General-Feldmarschall!

Sie wollen heut den Tag in stiller Zurückgezogenheit begehen, an welchem Sie auf eine vollendete 70jährige Dienstlaufbahn zurückblicken. Wie Wenigen ward dies der Zeit nach vergönnt, und wessen Laufbahn gliche der Ihrigen!? Was Sie in den vergangenen 70 Jahren für die Größe Meines Hauses, für Preußen und Deutschland gethan und geleistet, darf Ich hier nicht wiederholen; die ganze Welt weiß davon und die Geschichte bewahrt es für alle Zeiten. Das aber lassen Sie Mich aussprechen, wie mit Mir ganz Deutschland es als eine besondere Gnade Gottes dankbar preist, daß Er Sie bis heut unter uns belassen hat; möge es dem Allmächtigen gefallen, Sie Mir und dem Vaterlande noch ferner in bisheriger Kraft und Frische zu erhalten. Gleich Meinen nun in Gott ruhenden Vätern trage Ich im tiefsten Herzen die Dankesschuld gegen Sie; wollen Sie es deshalb als den Ausdruck Meiner warmen innigen Empfindungen auffassen, wenn Ich Sie bitte, am heutigen Gedenk- und Ehrentage Meine Büste in Bronze freundlich entgegenzunehmen.

Berlin, den 8. März 1889.

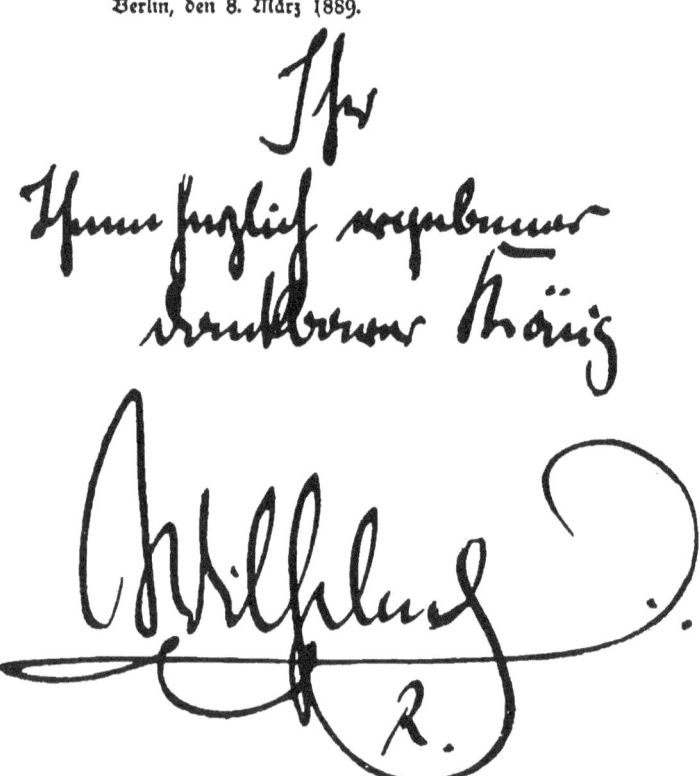

An den General-Feldmarschall Grafen v. Moltke,
Präses der Landes-Vertheidigungs-Kommission.

Kabinets-Ordre.

Mein lieber General-Feldmarschall!

Fünfzig Jahre sind verflossen seit dem Tage, an welchem Mein in Gott ruhender Urgroßvater Ihnen für Ihr rühmliches Verhalten in der Türkei den Orden pour le mérite verlieh. In wie gutem Andenken der Name des scharfblickenden und thätigen Generalstabsoffiziers von 1839 noch jetzt an dem Schauplatze seines ersten kriegerischen Wirkens steht, davon habe Ich Mich bei Meinem jüngsten Aufenthalte in dem fernen, an Interessen reichen Lande, zu Meiner Freude persönlich überzeugen können. Aber heute lassen Sie Mich vor Allem und immer aufs Neue der unsterblichen Verdienste gedenken, die es Ihnen seit jener Zeit um Ihr Vaterland zu erwerben vergönnt war. Den äußeren Ehren, mittelst derer Ihre Könige der Dankbarkeit für Ihre ruhmvollen Thaten Ausdruck gegeben haben, vermag Ich kaum eine neue Anerkennung hinzuzufügen. Und doch liegt es Mir am Herzen, den heutigen seltenen Gedenktag nicht ohne eine solche vorübergehen zu lassen. In diesem Sinne verleihe Ich Ihnen beifolgend die Krone zu dem vor 50 Jahren erworbenen Ehrenzeichen und zwar, als Beweis Meiner besonderen Zuneigung, in Brillanten. Mit Mir hofft die Armee und das Vaterland, daß Sie sich der neu erdienten Auszeichnung, so Gott will, noch lange in der bisherigen Frische und Rüstigkeit erfreuen mögen.

Pleß, den 29. November 1889.

Ihr
in tiefer Dankbarkeit
treu ergebener König
Wilhelm R.

An den General-Feldmarschall Grafen v. Moltke,
Präses der Landes-Vertheidigungs-Kommission.

Kabinets-Ordre.

Mein lieber General-Feldmarschall! Zur heutigen Feier Ihres 90. Geburtstages spreche Ich Ihnen Meine herzlichsten Glückwünsche aus. Mit freudiger Genugthuung wiederhole Ich Ihnen bei dieser Gelegenheit Meinen Königlichen Dank für Alles, was Sie für Mich, für Mein Haus und zur Förderung der Größe Unseres Vaterlandes gethan haben. Hohe Auszeichnungen und der Feldmarschallstab für Ihre ruhmvollen Thaten im Kriege wie im Frieden sind bereits die Zeugnisse dankender Anerkennung Ihrer Könige, denen Sie gedient. Dennoch ist es Mir ein Herzenswunsch, Ihnen zur Erinnerung an den heutigen Tag noch einen Feldmarschallstab mit Brillanten zu überreichen, welcher Ihnen ein Symbol Meiner unwandelbaren Achtung, Werthschätzung und Dankbarkeit sein soll.

Der allmächtige Gott erhalte Sie Mir und Unserer Nation noch viele, viele Jahre.

Ihr
wohlaffectionirter König
Wilhelm.

Berlin, den 26. October 1890.

An den General-Feldmarschall Grafen von Moltke.

Kabinets-Ordre.

Ich benachrichtige Sie, daß Ich an Stelle des Generals der Kavallerie Grafen von Waldersee, durch Ordre von heute den bisherigen Ober-Quartiermeister Generallieutenant Grafen v. Schlieffen II. zum Chef des Generalstabes der Armee ernannt habe. Wenn Ich Ihnen in Meiner Ordre vom

10. August 1888 aussprach, daß Ich, so lange Sie leben, Ihren Rath nicht entbehren könne, und hieran die Erwartung knüpfte, daß Sie sich auch ferner mit den wichtigeren Angelegenheiten des Generalstabes in Verbindung halten und Ihrem Nachfolger gestatten würden, Ihren Rath in allen Fragen von Bedeutung zu erbitten, so ist es Mein warmer Wunsch, auch dem neuernannten Chef des Generalstabes der Armee, welchen Ich hiernach angewiesen habe, Ihren stets hochbewährten Rath nicht zu versagen.

Berlin, den 7. Februar 1891.

Wilhelm. R.

An den General-Feldmarschall Grafen von Moltke, Präses der Landes-Vertheidigungs-Kommission.

Moltke gehört der Geschichte an. Aber sein Name ist unlöslich verknüpft mit denjenigen seiner fünf preußischen Kriegsherren. Die beiden ersten sahen und förderten sein Werden und Wachsen, den beiden folgenden war er durch klugen Rath und große That aufs Engste verbunden, der fünfte zog die Summe in Dank und treuem Gedenken. Der Erinnerung, die niemals schwinden wird, „so lange es einen Preußischen Soldaten, ein Preußisch schlagendes Herz und Soldaten-Empfindung in der Welt giebt," ist die Ordre geweiht, durch die Kaiser Wilhelm das Bildniß des Feldmarschalls dem Generalstab huldreich schenkte.

Kabinets-Ordre.

Ich lasse Ihnen hierdurch das lebensgroße Bildniß des General-Feldmarschalls Grafen v. Moltke mit der Bestimmung zugehen, dasselbe in den Diensträumen des Generalstabsgebäudes als ein dem gesammten Generalstab verliehenes Geschenk aufzubewahren. Ich wünsche, daß dieses Bild dazu beitragen möge, das Andenken an den verewigten Feldmarschall besonders an der Stelle lebendig zu erhalten, an

welcher derselbe in stiller Friedensarbeit die großen Erfolge
dreier Feldzüge vorbereitet hat, eine Schule des Generalstabes
begründend, an welcher die Lehren des großen Schlachten-
denkers allezeit unvergessen bleiben mögen.

    Berlin, den 5. Januar 1892.

Wilhelm R.

An den Chef des Generalstabes der Armee.

v. Leszczynski.

Der neunzigste Geburtstag.
26. Oktober 1890.

Zwanzig Jahre waren seit dem großen deutschen Kriege, der den Namen Moltke mit leuchtenden Lettern in die Bücher der Weltgeschichte eingetragen hatte, dahingegangen. Zwanzig Jahre noch war es dem Feldmarschall vergönnt gewesen, in stiller Friedensthätigkeit weiter zu bauen an dem stolzen Bau deutscher Wehrhaftigkeit. Zum neunzigsten Mal nahte sich die Wiederkehr des Tages, an dem er einst um die Wende des Jahrhunderts in dem kleinen norddeutschen Landstädtchen das Licht der Welt erblickt hatte. Gleich als hätte es ganz Deutschland geahnt, daß es dem greisen Helden die letzte Feier dieses Tages hienieden werden sollte, so regte sich auf die erste Nachricht, daß der Feldmarschall sich an diesem Tage in Berlin befinden werde, allerorten das Verlangen, ihm die Fülle der Verehrung, die in allen deutschen Herzen für ihn wohnte, an diesem Tage noch einmal zum Ausdruck zu bringen. Kein Stand, keine Partei, kein Alter wollte zurückbleiben. Die schönste Weihe aber sollte diesem Tage durch den hochherzigen Entschluß Seiner Majestät des Kaisers und Königs werden. Er hatte seinem treuen Diener Ehren zugedacht, wie sie vordem noch keinem preußischen Soldaten geworden waren. Der Nachfolger des Feldmarschalls im Amte, der Chef des Generalstabes Graf von Waldersee, hatte selbst im Allerhöchsten Auftrage die Vorbereitungen, wie sie zur Feier des Tages in Aussicht genommen waren, geleitet, wobei ihm der Oberst von Goßler und Major Zahn zur Seite standen.

Am 24. Oktober war der Feldmarschall von seinem Landsitze Creisau in Berlin eingetroffen und hatte wieder zum Winteraufenthalt seine Wohnung im Generalstabsgebäude bezogen. Da der 26. Oktober auf einen Sonntag fiel, so fand schon am Sonnabend in allen preußischen Schulen auf Befehl des Kaisers eine Feier statt, in der den jugendlichen Hörern ein Lebensbild des Jubilars entrollt wurde, auf daß sie einst, gleich wie er in seinem langen Leben, treu zu Kaiser und Reich stünden.

Schon an dem Nachmittage empfing der Feldmarschall in seiner Wohnung die ersten Glückwünsche. Um 3½ Uhr erschien Ihre Majestät die Kaiserin Friedrich, begleitet von den Prinzessinnen Töchtern Victoria und Margarethe. Der von der Ankunft benachrichtigte Feldmarschall eilte ihnen unbedeckten Hauptes an den Wagen entgegen und geleitete die hohe Frau an seinem Arm in die Wohnung. Mit den Glückwünschen zugleich wurde ihm das in getriebenem Metall gearbeitete große Reliefbild des Kaisers Friedrich überreicht. Kurz darauf traf ein zweites, nicht minder werthvolles Geschenk von Ihrer Königlichen Hoheit der Frau Großherzogin von Baden ein, das zugleich ein theures Andenken an den heimgegangenen Kaiser Wilhelm bildete, dessen Arbeitszimmer es entstammte. Es war die Schreibmappe, die einst, am 22. März 1867, Kaiserin Augusta ihrem hohen Gemahl geschenkt hatte, und die auf ihrer Vorderseite ein Bild des Königlichen Schlosses zu Berlin zeigt, so wie es zum Siegeseinzuge 1866 geschmückt gewesen war.

Inzwischen waren im Generalstabsgebäude zahlreiche Hände geschäftig gewesen, um ihm ein festliches Gewand zu verleihen. Das Treppenhaus hatte durch einen Wald hochstämmiger Topfgewächse einen prächtigen Schmuck erhalten. Die Halle vor der

Der Vorabend des Festes.   299

Auffahrt am Königsplatz war zu einem Zelt umgewandelt, um dem Feldmarschall während des beabsichtigten Fackelzuges den Aufenthalt im Freien zu ermöglichen. Purpurne Vorhänge, von goldenen Schnüren gehalten, bildeten den Hintergrund, während zu den Seiten grüne Pflanzen die Wände zierten. Vor Allem aber gewährte der große Saal in der Wohnung des Feldmarschalls einen überaus festlichen Anblick. An dem Kamin mit seinem schönen Kriegerrelief waren hinter den Büsten der Kaiser Wilhelms I., Friedrichs III. und Wilhelms II. goldene Palmen sichtbar. Zwischen den Säulen zogen sich goldene Gehänge hin, und die Säulen selbst hatten eine reiche Zierde durch Schilde und Adler, von preußischen und deutschen Fahnen umgeben, erhalten, während prächtiges Grün die Wände des Saales schmückte.

In diesem Saal eröffnete um 6½ Uhr abends ein Ständchen des Gesangvereins „Berliner Liedertafel" die Feier. Auf einem Lehnstuhl sitzend, im einfachen Ueberrock, hörte der Feldmarschall, von seinen nächsten Angehörigen umgeben, mit sichtlichem Wohlgefallen die ihm dargebrachten Vorträge an. Auf ein ihm am Schluß der Gesänge ausgebrachtes Hoch sprach er die Worte:

„Meine Herren, ich danke Ihnen für den schönen Genuß, den Sie mir durch Ihren Vortrag bereitet haben! Auch mir wird diese Stunde stets in Erinnerung bleiben! Nehmen Sie meinen herzlichsten Dank an!"

Kaum war das Ständchen vorüber, als dem Grafen die Mittheilung gemacht wurde, daß der von der gesammten Berliner Bürgerschaft ihm veranstaltete Fackelzug sich nahe. In einem mit Pelz besetzten Ueberzieher, das Haupt vom Helm bedeckt, begab er sich in das vor dem Haupteingange errichtete Zelt. Auf einem dort ausgebreiteten Bärenfell sich aufstellend, erwartete er die Ankunft des Zuges und war nicht zu bewegen, sich des bereit gehaltenen Lehnsessels zu bedienen. Um ihn standen die zur Zeit in Berlin anwesenden Mitglieder seiner Familie, sowie einige ihm nahestehende Persönlichkeiten. Gegenüber seinem

Standpunkt hatte die mit den Fahnen des Regiments aus Stargard in Pommern eingetroffene Abordnung seines Colbergschen Grenadier-Regiments Graf Gneisenau Aufstellung genommen. Schon erstrahlte von der Höhe der Siegessäule her die Victoria in elektrischem Lichte, sich hellleuchtend von dem dunkelen Nachthimmel abhebend, gleich als dürfe sie ihn, den sie auf seiner Siegeslaufbahn stets geleitet, auch an diesem Ehrentage nicht verlassen. Hinter dem mit Paukenschlägern und Fanfarenbläsern in reichen Trachten den Zug eröffnenden Herold folgte der Vorsitzende des Ausschusses, Kaufmann Rappo, der nach seinem Vorüberreiten mit einer Abordnung des Ausschusses in der Nähe des Festzeltes Aufstellung nahm. Den Hohenfriedberger Marsch blasend, wurde jetzt das Trompeterkorps des Garde-Kürassier-Regiments, das sich ebenso, wie alle übrigen am Zuge theilnehmenden Musikkorps der Berliner Garde-Regimenter, in Uniform befand, sichtbar. Zu Wagen und Pferde zogen die Studirenden der Berliner Hochschulen in vollem Wichs mit blanken Schlägern und wehenden Bannern vorbei, in unendlichen Hochrufen dem Feldmarschall ihren Festgruß darbringend. Inzwischen hatte bereits der Märkische Central-Sängerbund gegenüber der Auffahrt Stellung genommen und stimmte, noch während des Vorüberziehens der Studirenden, das Lied: „Das ist der Tag des Herrn" an, was den Feldmarschall veranlaßte, sich zu seiner Umgebung umzuwenden mit der Aeußerung: „Das ist wirklich wunderhübsch!" Als der größere Theil der Studirenden vorbei war, trat der Vorsitzende des Festzuges in Begleitung des Ausschusses mit einer kurzen Ansprache vor den Gefeierten. Während der brausend erklingenden Hochrufe, in denen diese endete, stiegen auf dem Königsplatz Raketen und Schwärmer prasselnd in die Lüfte. Der Feldmarschall schritt die Stufen des Auftrittes hinab, reichte dem Vorsitzenden die Hand und sprach:

„Diese Gesinnung der Bürgerschaft, welcher Sie so beredte Worte geliehen, macht mich stolz und froh! Der gewaltige Aufschwung, den Berlin genommen hat, datirt von der Wiederaufrichtung des Deutschen Reiches — das große Werk unseres großen Kaisers Wilhelm! Wenn Sie so freundlich sind, mir einen Antheil an diesen Erfolgen zuzuschreiben, welche dahin geführt haben, so vergesse ich nicht, daß ich treue, kluge und tapfere Gehülfen zur Seite gehabt habe, vor Allem vergesse ich nicht der Braven, die ihre Treue für das Vaterland mit dem Tode besiegelt haben. Ich möchte allen meinen Mitbürgern meinen herzlichen Dank aussprechen für diese glänzende Kundgebung ihres Wohlwollens und bitte Sie, ihnen dies kund zu thun!"

Zugleich mit der Ansprache des Vorsitzenden hatte die Ueberreichung des von den Bürgern Berlins gewidmeten silbernen Lorbeerkranzes stattgefunden. Dieser trug die Widmung: „Fackelzug dankbarer Berliner Bürger", sowie die Bezeichnungen: „26. Oktober", „1800" und „1890" und ruhte auf einem schwarz-sammetnen mit dem Moltke'schen Wappen bestickten Kissen.

Dem mit den Klängen der Wacht am Rhein heranmarschirenden Musikkorps des 2. Garde-Regiments folgten die Schützen, hinter denen sich der Märkische Sängerbund eingereiht hatte. Dieser durfte noch einmal nach dem Vorbeimarsch unmittelbar vor den Gefeierten treten und ihm das schöne Lied: „Gott grüße Dich" vortragen. Der Feldmarschall erkundigte sich, dicht an die Sänger herantretend, ob nur Berliner oder auch Auswärtige dem Bunde angehörten, reichte, nach erhaltener Auskunft, dem Leitenden die Hand und sagte:

„Ich danke Ihnen für den großen Genuß, den Sie mir bereitet haben, besonders auch noch den Herren, die weiter hergekommen sind, es war wirklich wunderhübsch."

Mit wiederholtem freundlichen „Guten Abend" trat er unter

das Festzelt zurück, jetzt seine Aufmerksamkeit wieder den mit zahlreichen Musikkorps untermischten Bürgern der verschiedenen Reichstagswahlkreise der Hauptstadt zuwendend. Hier waren es die festlich geschmückten Wagen der Brauereien mit den kräftigen Gestalten der Bierfahrer, umgeben von Landsknechten und Bäuerinnen in malerischen Anzügen, die das Interesse in Anspruch nahmen. Der Verein „Vorwärts" des fünften Wahlkreises hatte auf einem reichgeschmückten Wagen die verschiedenen Lebensstufen des Gefeierten, vom dänischen Kadetten bis zum preußischen Feldmarschall, dargestellt, und es belustigte den Grafen sichtlich, als er sein ihn begrüßendes Ebenbild gewahr wurde. Auch über die derben Gestalten der „Pankgrafschaft von 1381" mit ihrem Riesenschwert lachte er herzlich. Mit dem Gesange der „Wacht am Rhein" waren die Arbeiter von Siemens und Halske und der Pulsschen Fabrik vorübergezogen. Die vor dem Hause Aufstellung nehmende uniformirte Hauskapelle der Volleschen Meierei begleitete den Zug ihrer Angehörigen sowie der Jünglingsvereine mit den Klängen des „Ein' feste Burg". Auch nach dem Zweck dieser Kapelle erkundigte sich der Feldmarschall eingehend.

Nachdem der Gärtnerverein „Deutsche Eiche" vorübergezogen und das markige „All Heil!" der Radfahrer und das „Hip, Hip, Hurrah!" der Ruderer verklungen war, beendete die freiwillige Sanitätskolonne Berlins unter dem Gesange: „Gott erhalte unsern Moltke" diesen Theil des Zuges, und ein neues Musikkorps kündete den farbenreichsten, von den Künstlern gebildeten Theil des Gesammtbildes an. Ein Bannerträger mit dem 1878 von Doepler dem Jüngeren entworfenen Banner der Akademie, im reichen Wappenrock, von zwei Herolden begleitet, ritt dem Siegeswagen voraus, auf dem die Siegesgöttin mit der goldenen Palme thronte. Germanische Krieger, in Bärenfelle gehüllt, folgten und kündeten das Nahen des prächtigen, von sechs Rappen gezogenen Huldigungswagens. Auf seinem Vordertheil ruhte die mächtige Gestalt der „Kriegswissenschaft", auf einen Löwen sich stützend, in ihrer Rechten ein Schwert, in ihrer Linken ein Buch haltend. Inmitten des Wagens aber saß die stolze, von Fräulein Wegener dargestellte „Germania", in goldenem Schuppenpanzer, unter einem Baldachin von Goldbrokat, während zu ihren Füßen die an Moltkes Büste meißelnde „Kunst", der „Handel", die „Industrie" und der „Ackerbau" knieten. Krieger aller Jahrhunderte umgaben in malerischem Durcheinander den von Fackeln hellbeleuchteten Prachtwagen. Als dieser vor dem Festzelte hielt, trat der Feldmarschall vor dasselbe. Die Germania erhob sich von ihrem Sitze und, an den Rand des Wagens vortretend, sprach sie mit klangvoller, weithin schallender Stimme Ernst von Wildenbruchs schöne Verse:

„Denker Du in Wort und Rath,
Lenker der erwog'nen That,
Du im Frieden und im Feld
Vaterlandes Sohn und Held!
  Sieh, es drängt sich Dir zu Füßen
  Alt' und junger Krieger Schaar,
  Denn ganz Deutschland will Dich grüßen,
  Das da ist und das da war.
Daß ein Bild Dir sei gegeben
Greifbar, wie's die Kunst verleiht,
Es gehört Dein großes Leben
Aller Zeit, nicht einer Zeit."

Sich zu dem Gefeierten neigend, überreichte sie ihm einen grünen Lorbeerkranz, den er mit den Worten annahm:

„Die Germania, die Sie so schön dargestellt haben, kann stolz sein auf ihre Reichshauptstadt, wo ein patriotischer Gedanke hinreicht, alle Bürger der Stadt zu versammeln. Ich nehme die Huldigung an für Germania und für das deutsche Volk!"

Brausend erscholl hierauf die Wacht am Rhein.

Den Schluß bildeten in endlosem Zuge die zahlreichen Innungen mit ihren Fahnen und Abzeichen, in immer neuen Hochrufen vorüberziehend. Es war zehn Minuten nach 9 Uhr,

XII. Der neunzigste Geburtstag.

als die letzten Fackelträger vorbeimarschirten. Noch einmal trat der Vorsitzende mit dem Ausschuß an den Grafen heran, und nun war auch die umstehende Menge nicht mehr zu halten. Dicht herandrängend brach sie aufs Neue in nicht endenwollende Hochrufe aus. Tiefbewegt schritt der Feldmarschall zu seiner Wohnung hinauf, während vom Königsplatz her die von Tausenden gesungene Wacht am Rhein erscholl.

Der Morgen des Festtages wurde durch Gesänge der Berliner Knaben-Kurrende eingeleitet, die den Feldmarschall ebenso wie in früheren Jahren zuerst begrüßen durfte. Ihnen schlossen sich um 9 Uhr Vorträge des Sängerbundes des Berliner Lehrervereins an, der im kleinen Konzertsaal Aufstellung genommen hatte, und dem der Graf in seinen Dankesworten noch besonders seine Freude darüber aussprach, gerade die Lehrer zunächst zu begrüßen, denen er sich durch seine Stellung immer verwandt gefühlt habe. Man dürfe nie vergessen, daß auch der Gesang ein wichtiges Erziehungsmittel für die Jugend bilde. Bei den nunmehr ihm dargebrachten Glückwünschen seiner Familie richtete der Major Graf von Moltke vom großen Generalstabe als Aeltester der Anwesenden Worte der Verehrung und Liebe an das gefeierte Familienoberhaupt, das Gelöbniß damit verbindend, daß alle Moltkes zu jeglicher Zeit mit gleicher Treue und Hingebung zu Kaiser und Reich stehen würden, wie der Feldmarschall es in seinem langen neunzigjährigen Leben gethan habe.

Es folgten um 9½ Uhr die Glückwünsche der weiteren Hausgenossen des Jubilars, der Offiziere und Beamten des Generalstabes und der Landesaufnahme. Geführt vom Chef des Generalstabes der Armee, Generaladjutanten und General der Kavallerie Grafen von Walderſee, der in der Uniform des Generalstabes erschienen war, betraten die Genannten den großen Saal, einzeln den Gefeierten durch ehrfurchtsvolle Verbeugung begrüßend. Eine Abordnung der Kriegsakademie hatte sich unter dem Direktor,

Der Festmorgen. 305

General von Brauchitsch, angeschlossen. Nachdem Alle im Saale versammelt waren, dankte der Feldmarschall für die ihm dargebrachten Wünsche mit den Worten:

"Es ist mir eine große Freude, Sie zu sehen. Der Generalstab hat einen guten Klang in der Armee. Ich danke Ihnen dafür, daß Sie das aufrecht erhalten haben. Ich danke Ihnen herzlichst."

Inzwischen hatte sich die Kapelle des Eisenbahn-Regiments auf dem Treppenraum aufgestellt, und während der Pausen in den Musikstücken erschien der Gefeierte mehrfach auf dem Vorplatz, sich mit dem Leitenden unterhaltend. Nach kurzer Pause begrüßte er um 11 Uhr die vor dem Gebäude auf Befehl Seiner Majestät des Kaisers und Königs aufgestellten Zöglinge der Haupt-Kadettenanstalt. In Paradeuniform schritt er, begleitet vom General-Inspekteur des Militärerziehungs- und Bildungswesens, General der Infanterie von Keßler, sowie dem Kommandeur des Kadettenkorps, Generalmajor von Studrab, die Front ab, von jeder Kompagnie mit Hurrah begrüßt und eine große Anzahl von Kadetten durch eine Ansprache auszeichnend. Als er auf dem linken Flügel der Aufstellung sich der Herwarth-Straße näherte, ward er von der zahlreich versammelten Menge mit brausenden Hochrufen begrüßt.

Bald darauf versammelten sich in dem großen Festsaal der Wohnung die General-Inspekteure der Armee-Inspektionen, Generalfeldmarschälle Graf von Blumenthal, Prinz Georg zu Sachsen und Prinz Albrecht von Preußen, der General-Oberst der Kavallerie Großherzog von Baden, der General-Oberst der Infanterie von Pape, der General der Infanterie Großherzog von Hessen und bei Rhein, der Reichskanzler General der Infanterie von Caprivi, der Kriegsminister Generallieutenant von Kaltenborn-Stachau, sowie sämmtliche kommandirenden Generale der Deutschen Armee. Zuletzt erschien noch Seine Majestät der König von Sachsen in Begleitung

Graf von Moltke, Zur Lebensgeschichte. 20

des Kriegsministers Grafen von Fabrice und Seine Königliche Hoheit der Großherzog von Sachsen und brachten sogleich dem Feldmarschall ihre Glückwünsche dar. Um 11³/₄ Uhr fuhr Seine Majestät der Kaiser und König im offenen Wagen vor dem Generalstabsgebäude vor, schritt die Front der Kadetten ab und nahm, umgeben von den dort bereits versammelten Offizieren des Hauptquartiers, unter dem Vorbau des Haupteinganges Stellung. In Gegenwart des Allerhöchsten Kriegsherrn wurden die Fahnen und Standarten des Gardekorps sowie des Colbergschen Grenadier-Regiments, unter den Klängen des Pariser Einzugsmarsches, in das Generalstabsgebäude gebracht und zunächst auf der großen Treppe aufgestellt. Der Feldmarschall hatte diesem Schauspiel entblößten Hauptes auf dem Balkon beigewohnt.

Nachdem Seine Majestät Sich in den Festsaal begeben und die Fürsten und Generale begrüßt hatte, betraten auch die Fahnen und Standarten diesen Raum und nahmen gegenüber den hohen Anwesenden Stellung. In gleicher Weise that dies die Abordnung des Colbergschen Grenadier-Regiments. Nunmehr begaben sich die Generaladjutanten, General der Kavallerie Graf von Waldersee und Generallieutenant von Wittich, nach den Gemächern des Feldmarschalls und geleiteten ihn als Ehrendienst in den Saal.

Seine Majestät trat auf den ehrfurchtsvoll sich Verneigenden zu und begrüßte ihn mit folgender Ansprache:

„Mein lieber Feldmarschall!

„Ich bin am heutigen Tage mit erlauchten Herren und den Führern Meines Heeres gekommen, um Ihnen unsere herzlichsten und tiefgefühltesten Glückwünsche auszusprechen. Der heutige Tag ist für Uns ein Tag des Zurückblickens und vor allen Dingen ein Tag des Dankes. Zunächst spreche Ich Meinen Dank aus im Namen Derjenigen, die mit Ihnen zusammen geschaffen und gefochten haben und die dahingegangen sind, deren treuester und ergebenster Diener Sie aber gewesen. Ich danke Ihnen für Alles, was Sie für Mein Haus und damit zur Förderung der Größe unseres Vaterlandes gethan. Wir begrüßen in Ihnen nicht nur den preußischen Führer, der unserer Armee den Ruhm der Unüberwindlichkeit geschaffen hat, sondern den Mitbegründer und Mitschmieder unseres Deutschen Reiches. Sie sehen hier hohe und erlauchte Fürsten aus allen Gauen Deutschlands, vor Allen des Königs von Sachsen Majestät, der, ein treuer Bundesgenosse Meines Großvaters, es sich nicht hat nehmen lassen, Ihnen persönlich seine Anhänglichkeit zu bezeigen. Alles erinnert an die Zeit, wo er mit Ihnen für Deutschlands Größe hat fechten dürfen.

„Die hohen Auszeichnungen, die Mein verblichener Großvater Ihnen schon hat zu Theil werden lassen, haben Mir Nichts mehr übrig gelassen, um Meinen Dank Ihnen persönlich noch besonders bezeugen zu können; also bitte Ich Sie, eine Huldigung von Mir annehmen zu wollen, die einzige, die Ich in Meinen jungen Jahren Ihnen darbringen kann.

„Das Vorrecht des Monarchen ist es, seine Fahnen, die Symbole, zu denen sein Heer schwört, die seinem Heere voranfliegen, und die seines Heeres Ehre und seines Heeres Tapferkeit in sich verkörpern, bei sich im Vorzimmer stehen zu haben. Dieses Rechtes begebe ich Ich Mich mit besonderem Stolze für den heutigen Tag und bitte Sie, den Fahnen Meiner Garden, die so oft unter Ihnen in manchem heißen Strauß geweht haben, bei sich Aufnahme gestatten zu wollen. Es liegt eine hohe Geschichte in den Bändern und zerschossenen Fetzen, die hier vor Ihnen stehen, eine Geschichte, die zum größten Theil von Ihnen geschrieben worden ist.

„Als ein persönliches Andenken von Mir bitte Ich Sie,

dies Zeichen der Würde,*) mit äußerem Schmucke versehen, als Erinnerung an den heutigen Tag annehmen zu wollen. Der eigentliche Feldmarschallstab, den Sie sich vor dem Feinde bereits im Feuer erworben, ruht lange schon in Ihrer Hand. Dieser ist nur ein Symbol, eine Zusammenfassung alles Dessen, was Ich persönlich Ihnen an Achtung, Ehrerbietung und Dankbarkeit darzubringen habe.

„Meine Herren, Ich bitte Sie Alle, mit Mir einzustimmen in den Ruf: Gott segne, erhalte und schütze unseren greisen Feldmarschall noch lange zum Wohle des Heeres und des Vaterlandes! Dem Gefühl der Dankbarkeit dafür, daß er in seiner Größe es verstanden hat, nicht allein dazustehen, sondern eine Schule zu bilden für die Führer des Heeres in Zukunft und alle Ewigkeit, die, in seinem Geiste erzogen, die Größe, Stärke und Kraft unseres Heeres ausmachen werden, geben wir Ausdruck durch den Ruf: Seine Excellenz der Feldmarschall Graf Moltke, Hurrah! Hurrah! Hurrah!"

Der von Seiner Majestät dem Jubilar überreichte Feldmarschallstab war in Silber ausgeführt und mit blauem Sammet überzogen, worauf sich abwechselnd die goldene Kaiserkrone und der Reichsadler befinden. An dem einen Ende des Stabes ist auf weißem Email der reich mit Brillanten besetzte Kaiserliche Namenszug, am anderen Ende in gleicher Ausführung der Reichsadler angebracht. Die Widmung lautet: „König Wilhelm dem Feldmarschall Graf Moltke", sowie „Für seine Verdienste um das Vaterland am 90. Geburtstag. 26. Oktober 1890".

Am Schluß der Rede umarmte und küßte Seine Majestät den Feldmarschall. Tiefbewegt küßte dieser die Hand seines Allerhöchsten Kriegsherrn, seinen Dank in die Worte fassend:

„Eure Majestät haben mich durch die Auszeichnung, die Eure Majestät Selbst mir zu wählen geruht haben, hochbeglückt.

---

*) Hierbei überreichten Seine Majestät dem Feldmarschall einen Feldmarschallstab.

„Eure Majestät Selbst, Seine Majestät den König von Sachsen und so viele erlauchte Fürsten, die Spitzen der Armee und diese glorreichen Siegeszeichen hier zu sehen, ist eine Ehre, die meine Verdienste weit übersteigt, für die ich aber in tiefster Seele dankbar bin!"

Seine Majestät verabschiedete Sich von den Anwesenden und verließ hierauf das Generalstabsgebäude, wobei ihm der Feldmarschall entblößten Hauptes bis an den Wagen das Geleite gab. In den Saal zurückgekehrt, nahm er noch einzeln die Glückwünsche der versammelten Fürsten und Generale entgegen.

Nachdem sich diese verabschiedet hatten, und inzwischen sämmtliche Fahnen und Standarten an den beiden kurzen Wänden des Festsaales aufgestellt worden, betrat die aus vier Offizieren bestehende, aus Trencsin in Ungarn eingetroffene Abordnung des Kaiserlich und Königlich Oesterreichisch-Ungarischen Infanterie-Regiments Nr. 71 Graf Moltke den Saal. Schon Tags zuvor hatte der Kommandeur sich beim Feldmarschall gemeldet. Jetzt überreichte er im Allerhöchsten Auftrage Seiner Majestät des Kaisers von Oesterreich, Königs von Ungarn, ein huldvolles Handschreiben, worin dem Feldmarschall die Glückwünsche des hohen Monarchen ausgesprochen wurden. Mit jedem der Herren unterhielt sich der Feldmarschall längere Zeit.

Hieran schloß sich die Abordnung des preußischen Regiments, dessen Chef der Feldmarschall war, des Colbergschen Grenadier-Regiments Graf Gneisenau (2. Pommerschen) Nr. 9, in der Stärke von zehn Offizieren, vier Unteroffizieren, einem Gefreiten und einem Gemeinen. Der hohe Chef erkundigte sich nach dem Ergehen des Regiments und nach einzelnen Verhältnissen des Garnisonortes Stargard, sprach auch mit den einzelnen Mitgliedern noch über persönliche und dienstliche Angelegenheiten und ließ sich zum Schluß von jedem der Unteroffiziere und Mannschaften Namen und Kompagnie nennen.

Jetzt erschienen die Vertreter des Reichstages und des

Herrenhauses zur Beglückwünschung. In diesem Augenblicke wurde auch dem Grafen die Ankunft Ihrer Königlichen Hoheit der Frau Prinzessin Friedrich Karl gemeldet. Nur noch bis zur Thür des Saales konnte er der hohen Frau entgegeneilen, als sie bereits eintrat, mit dem Glückwunsch einen prächtigen Orchideenstrauß überreichend. Mehrere Minuten verweilte die Prinzessin im Saale, sich eingehend nach dem Befinden des Grafen erkundigend, um dann noch seine Familie zu begrüßen.

Nachdem zahlreiche Herren des Hofstaates ihre Glückwünsche ausgesprochen hatten, geschah dies auch durch Abordnungen sämmtlicher Berliner Regimenter und des Leib-Grenadier-Regiments König Friedrich Wilhelm III. (1. Brandenburgischen) Nr. 8, in dem der Gefeierte seine ruhmreiche Laufbahn in preußischen Diensten begonnen hatte.

Es folgten bald nach 1 Uhr die zahlreichen Abordnungen deutscher Städte, mit dem Oberbürgermeister von Berlin, Dr. von Forckenbeck, an ihrer Spitze. Nach einigen einleitenden Worten verlas dieser die dem Jubilar gewidmete, prächtig ausgestattete Adresse:

"Euer Excellenz nahen sich die Vertreter der Städte des Vaterlandes, um Ihnen, ohne Unterschied der Staaten und der Stämme, den Dank der deutschen Bürgerschaften insgemein an Ihrem 90. Geburtstag auszusprechen.

"Nächst dem großen Herrscher, der Sie zu finden und Ihnen die rechte Stelle anzuweisen gewußt hat, und dessen Sie, wie wir Alle, heute in dankbarer Erinnerung gedenken, sind Sie es gewesen, der den lieben Frieden unseres Herdes, das thätige Schaffen der fleißigen Arbeit, das stille Glück der Bürgerhäuser geschirmt und gefestet hat. Geschirmt, indem Sie das gewaltigste Werkzeug der Nation stählten, richteten und lenkten. Gefestet, indem Sie diesem Werkzeug einen Geist einhauchten, der den Schöpfer überdauern wird. Deutschlands Bürger sind auch Deutschlands Soldaten. Wir kommen, Ihnen zu danken, wir Alle, die wir unter Ihrer Führung zum Kriege ausgezogen und zur Siegesfeier heimgekehrt sind, und für die, welche nicht heimgekehrt sind, danken Ihnen die Väter und die Brüder. Friedensglück und Mannesehre ist jeden Opfers werth. Auf den Wegen, die Sie uns führten, sind unsere Todten nicht umsonst gestorben, und ihr Name bleibt im freudigen Gedächtniß der Lebenden und wird bleiben in dem ihrer Kinder und Kindeskinder.

„Wir segnen den Tag, der dem deutschen Volke seinen Moltke gab, und nicht minder den Tag, an dem nach 90 Jahren es diesem Volke vergönnt ist, seinem Feldherrn den Dank zu sagen."

Nachdem der Feldmarschall gedankt hatte, sprach der Oberbürgermeister nunmehr noch im Namen der Stadt Berlin die Bitte aus, als Zweig der Kaiser Wilhelm= und Augusta=Stiftung eine Summe von 50000 Mark unter der Bezeichnung „Moltke= Stiftung" annehmen zu wollen, um aus deren Zinsen fünf würdigen alten Personen, um deren Auswahl der Feldmarschall gebeten werde, einen sorgenfreien Lebensabend zu gewähren. Der Graf dankte für dieses „schönste Geschenk", welches ihm hätte gemacht werden können, fügte aber lächelnd hinzu, nun werde er wohl viele Briefe bekommen, worauf Herr von Forckenbeck den Zusammentritt einer Kommission für Prüfung des Materials versprach, so daß dem Jubilar nur die Entscheidung vorbehalten sein solle. Gleichzeitig kam der Feldmarschall noch einmal auf den Fackelzug zurück, gab abermals seiner Freude darüber Ausdruck und fragte scherzend, ob sich auch die Germania bei dem kühlen Wetter nicht erkältet habe.

Abordnungen aus München, Breslau, Chemnitz und Memel überreichten den Ehrenbürgerbrief ihrer Städte. Andere Städte, deren Ehrenbürger der Feldmarschall schon war, statteten ihren Glückwunsch ab. Die Stadt Cöln sandte ihm ein kostbares

Erzeugniß ihrer gewerblichen Thätigkeit, einen kunstvoll ge‑
arbeiteten Marschallstab. Die Geburtsstadt Parchim ließ die
Kaufurkunde des Geburtshauses für eine Stiftung überreichen,
wobei sich der Graf lächelnd erkundigte, ob denn der „alte
Kasten wirklich noch halte". Bei der Abordnung des Vereines
„Berliner Presse" fügte er seinem Dank noch die Worte hinzu:
„Sie haben eine gewaltige Macht in Händen, und wenn
Sie sie recht gebrauchen, dann ist es sehr schön!" Auf die
Adresse der Akademie der Wissenschaften blickend, äußerte er:
„Ich sehe hier lauter berühmte Namen. — Es ist mir eine
Ehre, Ihr Mitglied zu sein, aber ich bin doch das Mitglied,
das am wenigsten fleißig ist." Auch aus dem fernen Auslande,
aus dem Herzen des russischen Reiches, war ein Abgeordneter
des Vereins deutscher Reichsangehöriger in Moskau mit Glück‑
wunsch und Festgabe, einer Mappe mit Bildern aus Moskau,
erschienen, was dem Feldmarschall Gelegenheit gab, auf seinen
Aufenthalt dort im Jahre 1856 zurückzukommen. Auf den
Glückwunsch des Vorstandes des Oberlin-Vereins, dem der Feld‑
marschall seit 16 Jahren angehörte, und der eine von den
Schwestern der Anstalt aus kleinen Sammet- und Seidenstücken
gearbeitete Schlummerdecke überreichte, meinte er lächelnd: „Sie
haben dort wohl nur Sammet und Seide zu verarbeiten?" So
hatte der Feldmarschall auf die in unablässiger Reihe ihm dar‑
gebrachten Glückwünsche und Adressen stets in der ihm eigenen
freundlichen und mit feinem Humor verbundenen Art gedankt;
ohne irgend eine Ermüdung zu zeigen, nahm er noch — es
war 2 Uhr geworden — die Glückwünsche zahlreicher studentischer
Verbindungen entgegen, ehe er sich zu kurzer Ruhe zurückzog.
Bereits um 6 Uhr trat er, der Einladung seines Kaiserlichen
Herrn folgend, die Fahrt nach Potsdam zu dem ihm zu Ehren
stattfindenden Festessen an. Noch vor Beginn der Tafel sprach
Ihre Majestät die Kaiserin dem Feldmarschall ihre Glück‑
wünsche aus und überreichte ihm dabei eine mit Ihrem Namens-

zuge in Brillanten und auserlesenen Steinen geschmückte goldene Dose; auf der inneren Seite des Deckels befindet sich ein Bild des Schlosses Gravenstein in Schleswig, das eine Zeit lang in dem Besitze des dänischen Zweiges der Familie Moltke war.

Um 7 Uhr begann im Muschelsaal des Neuen Palais die Festtafel. Zur Linken Ihrer Majestät saß der Feldmarschall, zur Rechten der König von Sachsen, gegenüber hatte Seine Majestät der Kaiser Platz genommen, während zur Rechten Seiner Majestät der Großherzog von Baden, zur Linken der Großherzog von Hessen ihre Plätze hatten. Es nahmen ferner Theil der Großherzog von Sachsen, Prinz Georg von Sachsen, die Prinzen Leopold von Bayern, Heinrich, Friedrich Leopold und Albrecht von Preußen, der Erbprinz von Sachsen-Meiningen mit Gemahlin, sowie eine große Anzahl höherer Offiziere und Würdenträger.

Während der Tafel erhob Seine Majestät das Glas mit den Worten:

„Ich trinke auf das Wohl des General-Feldmarschalls Grafen Moltke",

hierbei mit dem Jubilar anstoßend.

Auch bei der um 9¼ Uhr nach Berlin erfolgenden Rückfahrt wurden dem Feldmarschall, ebenso wie bei der Hinfahrt, begeisterte Kundgebungen von der zahlreich versammelten Menge dargebracht.

Zu derselben Zeit, wo der Gefeierte an der Kaiserlichen Tafel zu Gaste war, hatten sich auch die Mitglieder seiner Familie in den Räumen des Uhl'schen Restaurants, Unter den Linden, versammelt, um auch im engeren Kreise diesen Festtag ihres Oberhauptes feierlich zu begehen.

Aber nicht nur die Familie, auch weite Kreise des Heeres und Volkes hatten sich an diesem Tage zu festlicher Begehung zusammengefunden.

Die Offiziere des Generalstabes hatten ihr Festmahl im

Central-Hotel, und hier war es der ehemalige langjährige Adjutant des Jubilars, der Generallieutenant z. D. von Claer, der als Aeltester der Anwesenden in schwungvollen Worten den Kaisertoast ausbrachte, während der Chef der Landesaufnahme, Generalmajor Schreiber, den Jubilar feierte.

Bei allen Offizierkorps fanden Festtafeln statt, und für die Garnison Berlin war an diesem Tage die Parole „Parchim 1800" ausgegeben.

Am Morgen des nächsten Tages um 10 Uhr durfte dann die Kapelle des Garde-Füsilier-Regiments dem Feldmarschall noch eine Morgenmusik darbringen, und am Nachmittag vereinigte der Graf die Abordnungen seines Oesterreichisch-Ungarischen Regiments Nr. 71 und seines Colbergschen Grenadier-Regiments Graf Gneisenau, nebst den bei den Anordnungen der Feier des vergangenen Tages besonders betheiligten Offizieren und seinen nächsten Familienmitgliedern zu einer Mittagstafel. Er erschien hierbei in der kleinen Generalsuniform, mit seinen höchsten preußischen und österreichischen Orden. Während des Essens erhob er das Glas mit den Worten:

„Meine Herren, ich bitte Sie, auf das Wohl der beiden hohen Monarchen, Seiner Majestät des Deutschen Kaisers und Seiner Majestät des Kaisers von Oesterreich und Königs von Ungarn, anzustoßen. Eng verbündet, wie sie beide sind, dürfen wir auf ihr Wohl gemeinsam trinken. Sie leben hoch und nochmals hoch und lange hoch!"

Dem ihm gegenübersitzenden Kommandeur seines ungarischen Regiments trank er später noch besonders zu. Auch nach Aufhebung der Tafel bewegte sich der Graf noch längere Zeit im Kreise seiner Gäste, insbesondere die österreichischen Offiziere durch eingehendere Unterhaltungen auszeichnend.

Hiermit erreichten die Festlichkeiten dieser Tage, soweit der Jubilar persönlich ihren Mittelpunkt bildete, ihr Ende. Ihr Bild würde aber nicht vollständig sein, wenn wir nicht noch

Huldigung der Presse. 315

erwähnen wollten, daß sich in diesen Tagen zahlreiche festliche Versammlungen in patriotischem Empfinden zusammengefunden hatten, um den Jubilar zu ehren. Neben der Reichshauptstadt hatten darin auch fast alle größeren und kleineren Städte Deutschlands gewetteifert.

Aber auch jenseits der schwarz-weiß-rothen Grenzpfähle fand das Fest überall da einen Widerhall, wo Deutsche in größerer Anzahl bei einander wohnten, und die deutschen Kolonien, die deutschen Vereine im Auslande begingen den Tag in derselben festlichen Weise, wie dies von ihren Stammesgenossen in der Heimath geschah.

Daß auch die gesammte Presse Deutschlands, die Tagespresse wie die illustrirten Zeitschriften, den lebhaftesten Antheil am Feste nahm, bedarf nur der Erwähnung. Es brachten nicht nur alle bedeutenderen Zeitungen größere oder kleinere Erzeugnisse in gebundener oder ungebundener Rede, nein, es dürfte auch kein noch so kleines Blatt geben, das nicht versucht hätte, seinen Lesern die weltgeschichtliche Bedeutung des Jubilars vor Augen zu führen und den Gefühlen des Dankes, der Verehrung und der Bewunderung Ausdruck zu geben. Und das war das Erhebende dieser „Feier in der Presse", daß sich die Blätter aller Parteien daran betheiligten. Allein 498 deutsche Zeitungen, Zeitschriften und Einzelblätter wurden vom Dr. Toeche-Mittler gesammelt und dem Jubilar als Festgrüße des deutschen Volkes überreicht. Auch die Presse des Auslandes gedachte fast überall dieses Tages, und unter ihren Stimmen waren es besonders diejenigen Oesterreich-Ungarns, Italiens und Englands, die in warmen sympathischen Worten der Größe des Feldherrn und der Bedeutung des Tages gerecht wurden.

Endlich darf nicht unerwähnt bleiben, wie die Anzahl der dem Feldmarschall an diesem Tage zugegangenen Glückwünsche geradezu zahllos erscheint. Die Aktenstücke, worin diese gesammelt wurden, enthalten nicht weniger als 5048 Blätter. Unter

XII. Der neunzigste Geburtstag.

diesen Glückwünschen nahm die erste Stelle die von Seiner Majestät erlassene Kabinets-Ordre*) ein. Ihr schlossen sich diejenigen sämmtlicher Mitglieder des preußischen Königshauses, sowie fast aller regierenden Fürsten Europas an. Waren doch viele durch Bande persönlicher Werthschätzung seit lange dem großen Manne verbunden.

Oesterreichs Kaiser bringt „Seinen und Seiner gesammten bewaffneten Macht" Glückwunsch dar. König Karl von Rumänien erinnert sich der „unvergeßlichen Stunden, die er im Laufe von 33 Jahren, von 1857 gelegentlich der Festungsübungen in Schweidnitz beginnend, wiederholt mit dem Feldmarschall verbracht und zu den lehrreichsten seines Lebens zählt". Der Sultan Abdul Hamid gedenkt „mit Anerkennung der Dienste, die der Feldmarschall der ottomanischen Armee unter der Regierung des Sultans Mahmud geleistet".

Auch von hohen Militärs und Würdenträgern des In- und Auslandes waren zahllose Glückwünsche eingegangen. Nur einer sei darunter erwähnt, der eines Jugendfreundes des Feldmarschalls, welchem er später auf dem Felde der Waffen gegenüber gestanden hatte, ohne daß dies die Gefühle der Freundschaft Beider für einander geändert hätte. Es war dies der dänische Generallieutenant von Hegermann-Lindencrone. Einst, vor fast drei Menschenaltern, hatte der Feldmarschall in seiner Eltern Hause eine gastliche Stätte gefunden, deren er sich bis in sein höchstes Alter dankbar erinnerte. Dann waren beide durch die Schicksale des Lebens getrennt. Moltke hatte als Chef des preußischen Generalstabes die Operationen der verbündeten preußischen und österreichischen Armee im Kriege gegen Dänemark 1864 geleitet, während Hegermann ihm gegenüber eine dänische Division befehligte. Niemals hatten sie sich aus den Augen verloren, und den warmen Glückwunsch seines Jugendfreundes

---

*) Dieselbe ist an anderer Stelle dieses Bandes, auf S. 294, abgedruckt.

beantwortete der Feldmarschall am Tage nach seinem Geburts=
tag eigenhändig mit folgendem Schreiben:

Euerer Excellenz
danke ich herzlich für Ihr gütiges Schreiben und den freund=
lichen Glückwunsch zu meinem gestrigen Geburtstage.

Ich habe Ihre kleine Photographie vor mir und denke —
wunderbar! wir haben uns im Leben so selten gesehen, nur in
früher Kindheit, dann standen wir uns gewaffnet als Feinde
gegenüber, und doch haben wir treue Freundschaft bis ins höchste
Alter bewahrt. Es sind die unauslöschlichen Jugendeindrücke,
und, wie ich glaube, dieselben loyalen und konservativen Grund=
sätze, welche uns verbinden, jeden von seinem nationalen Stand=
punkt aus. Das war es auch, was unsere zwei älteren Brüder,
die beiden trefflichen Fritz, so innig verband.

Daß Sie mit der Geschichte des Feldzuges 1864 zufrieden
sind, freut mich sehr; es ist mir ein Beweis, daß sie unparteiisch
und gerecht aufgefaßt wurde. Hoffentlich narben die Wunden,
welche den Ueberlebenden geschlagen sind.

Sehr erfreut hat mich und die Meinigen der Besuch Ihres
Herrn Sohnes; er hat uns den besten Eindruck hinterlassen.

Indem ich mich Ihnen und den Ihrigen angelegentlich zu
gütigem Andenken empfehle, in Verehrung und unwandelbarer
Freundschaft
ergebenst
Graf Moltke,
Feldmarschall.

Aber wie nicht nur auf den Höhen der Menschheit dieses
Tages gedacht wurde, sondern wie alle Stände, hoch und niedrig,
wetteiferten, dem seltenen Manne den Zoll ihres Dankes zu
bringen, und wie neben dem Glückwunsch des Generals auch der
des einfachen Musketiers seinen Platz fand, so verschmähte der
große Feldherr es auch nicht, seinem geringsten Waffengenossen
seinen Dank zu sagen.

Musketier Sasse vom Infanterie-Regiment Nr. 48 hatte aus Küstrin ein längeres Glückwunschgebicht übersandt, das mit dem Verse schloß:

> Ein Musketier hat schnell dies Ding erdacht,
> Dem 48 auf der Schulter lacht,
> Der gern Soldat, und dessen Vater auch
> Für Deutschlands Einheit ließ den letzten Hauch.
> Verzeih' ihm, Feldherr, daß er dies gesandt,
> Und sans façon mit Du so angerannt,
> Doch kann er's eben besser nicht,
> Hat auch nicht Zeit — ihn ruft die Pflicht.
> Es jubelt aus der Kameraden Kreis:
> Dir, unserm Feldherrn, allzeit Lob und Preis!

Ihm dankte der Feldmarschall mit folgenden Worten:

Wenn der Musketier so hübsche Verse zu schreiben versteht, so zeigt sich, daß in unserer Armee Alles geleistet werden kann.

Ich danke Ihnen für Ihren freundlichen Gruß.

Graf Moltke,
Feldmarschall.

So möge mit diesen freundlichen Worten des großen Mannes die Schilderung dieses Tages ihr Ende finden.

Wie die scheidende Abendsonne zuletzt mit ihren Strahlen die ragenden Gipfel der Welt in rosigem Schimmer erglänzen läßt, so warf die Feier dieses Tages ihr verklärendes Licht auf die letzten Tage dieses großen Heldenlebens. Wenige Monde schwanden, da ward die Natur Meisterin auch dieses nie Besiegten. An seiner Bahre stand das deutsche Volk und betrauerte seinen großen Todten. Das aber, was er seinem Volke gethan hat, wird nie vergessen werden, und sein Name und sein Gedächtniß werden leben, so lange es Deutsche giebt.

v. Bremen.

Gedenktage
der militärischen Laufbahn.

Dänische Dienstzeit:

1811 bis 1817 in der Königlich dänischen Land-Kadetten-Akademie zu Kopenhagen.

22. Januar 1818 bis 1. Januar 1819 Page bei Seiner Majestät dem König von Dänemark mit Offizier-Anciennetät.

1. Januar 1819 bis 5. Januar 1822 Sekondlieutenant im Kgl. dänischen Infanterie-Regiment Oldenburg.

Preußische Dienstzeit:

8. (Leib-) Infanterie-Regiment:

12. März 1822 in der preußischen Armee und zwar als Sekondlieutenant angestellt.

1823 bis 1826 zur Allgemeinen Kriegsschule kommandirt.
1827 bis 1828 Lehrer an der Schule der 5. Division.
1828 bis 1831 zur Dienstleistung bei der topographischen Abtheilung des Großen Generalstabes kommandirt.
30. März 1832 bis 30. März 1833 kommandirt zum Großen Generalstabe.

Großer Generalstab:
30. März 1833 unter Beförderung zum Premierlieutenant in den Großen Generalstab versetzt.
30. März 1835 zum Hauptmann befördert.
23. Septbr. 1835 auf sechs Monate nach Wien, Konstantinopel, Athen und Neapel beurlaubt.
 8. Juni 1836 nach der Türkei zur Instruktion und Organisation der dortigen Truppen kommandirt.
 1. August 1839 zum Großen Generalstabe zurück.

Generalstab IV. Armee-Korps:
18. April 1840 zum Generalstabe des IV. Armee-Korps versetzt.
22. April 1841 gestattet, die in dem ottomanischen Heere mitgemachten Feldzüge 1838/39 als Kriegsjahre doppelt zu zählen.
12. April 1842 zum Major befördert.
21. Oktober 1843 gestattet, das Freiherrn-Prädikat fortzuführen.

Aggregirt dem Generalstabe der Armee:
18. Oktober 1845 zum persönlichen Adjutanten des Prinzen Heinrich von Preußen K. H. in Rom ernannt und dem Generalstabe der Armee aggregirt.
24. Dezbr. 1846 von dem Adjutanten-Verhältniß entbunden und dem Generalstabe des VIII. Armee-Korps, als aggregirt dem Großen Generalstabe, zugetheilt.

Großer Generalstab:
16. Mai 1848 als aggregirt dem Großen Generalstabe zur Uebernahme einer Abtheilungs-Vorsteherstelle zum Großen Generalstabe zurück.

22. Juli 1848 als Abtheilungsvorsteher einrangirt.
22. August 1848 als Chef des Generalstabes zum Generalstabe des IV. Armee-Korps versetzt.
26. Septbr. 1850 zum Oberstlieutenant befördert (Patent V).
2. Dezbr. 1851 zum Obersten befördert (Patent G).

Aggregirt dem Generalstabe der Armee:

1. Septbr. 1855 dem Generalstabe der Armee aggregirt und zum ersten persönlichen Adjutanten Sr. K. H. des Prinzen Friedrich Wilhelm von Preußen ernannt.
9. August 1856 zum Generalmajor (vorläufig ohne Patent) befördert.
15. Oktober 1856 ein Patent seiner Charge verliehen (Patent B).

Generalstab der Armee:

29. Oktober 1857 von vorstehendem Adjutanten-Verhältniß entbunden und mit Führung der Geschäfte des Chefs des Generalstabes der Armee beauftragt.
18. Septbr. 1858 zum Chef des Generalstabes der Armee ernannt.
31. Mai 1859 zum Generallieutenant befördert (Patent F).
4. August 1860 soll den Belagerungs-Uebungen bei Jülich beiwohnen.
30. Juli 1861 soll für die Dauer der Feldmanöver des VII. und VIII. Armee-Korps in unmittelbarer Nähe Sr. Majestät sich befinden.
5. April 1862 wird Mitglied einer Kommission, die darüber berathen soll, ob in dem Militär-Etat ohne Gefährdung der Schlagfertigkeit der Armee vorübergehende Ersparnisse gemacht werden können.
11. April 1862 wird zum preußischen Kommissar für die in Hamburg am 12. d. M. zusammentretende Küstenvertheidigungs-Kommission ernannt.

XIII. Militärische Gedenktage.

21. August 1863 soll während der Feldmanöver des Gardekorps und III. Armee-Korps als Schiedsrichter fungiren.

17. Novbr. 1863 wird zum Mitgliede der in Frankfurt a. M. zusammentretenden Militär-Konferenz ernannt, welche vom militärischen Standpunkte aus die erforderlichen Maßregeln zur Vollziehung der Bundesexekution in Holstein berathen soll.

11. Febr. 1864 soll sich zu der alliirten Armee zum General-Feldmarschall Frhrn. von Wrangel begeben.

30. April 1864 soll die Geschäfte des Stabes des Oberkommandos der alliirten Armee für die Dauer der Abkommandirung des Generallieutenants Vogel von Falckenstein übernehmen.

18. Mai 1864 soll einstweilen noch in dieser Funktion verbleiben.

18. Dezbr. 1864 von diesem Verhältniß entbunden.

3. Januar 1865 soll den Prinzen Friedrich Karl von Preußen K. H. auf seiner Reise nach Wien begleiten.

22. August 1865 soll den diesjährigen Feldmanövern des IV. Armee-Korps beiwohnen und für die Dauer derselben in der Begleitung Sr. Majestät des Königs sich befinden.

8. Juni 1866 zum General der Infanterie befördert (Patent A).

20. Septbr. 1866 zum Chef des Colbergschen Grenadier-Regiments (2. Pommerschen) Nr. 9 ernannt.

20. Mai 1867 soll auf der Reise Sr. Majestät des Königs nach Paris sich im Allerhöchsten militärischen Gefolge befinden.

4. Juni 1868 tritt als Mitglied zu einer Kommission, welche die Emplacements für die Küstenbefestigung einer Prüfung zu unterwerfen und festzustellen hat.

30. Juli	1868	soll den Prinzen Albrecht von Preußen K. H. (Bruder Sr. Majestät) auf der Reise zur Besichtigung der Gefechtsfelder der Main-Armee von 1866 in der Zeit vom 1. bis 16. August d. J. begleiten.
8. März	1869	50jähriges Dienstjubiläum.
12. März	1869	erhält nachträglich zu dem Tage, an welchem er eine rühmliche Dienstzeit von 50 Jahren zurückgelegt, in dankbarer Anerkennung seiner ausgezeichneten Dienste das Bildniß Sr. Majestät des Königs.
5. August	1869	soll bei den diesjährigen Herbstübungen des I. und II. Armee-Korps den Feldmanövern der Divisionen gegeneinander beiwohnen und sich für die Dauer derselben in der Begleitung Sr. Majestät befinden.
20. Juli	1870	(bis 2. Mai 1871) Chef des Generalstabes der Armee im großen Hauptquartier Sr. Majestät des Königs während der Dauer des Krieges.
28. Oktober	1870	in den Grafenstand erhoben.
16. Juni	1871	zum General-Feldmarschall befördert (Patent A).
5. April	1873	soll sich auf der Reise Sr. Majestät des Kaisers und Königs nach St. Petersburg im Allerhöchsten Gefolge befinden.
1. Septbr.	1873	zur Feier des vor drei Jahren bei Sedan erfochtenen großen Sieges die besondere Auszeichnung verliehen, daß das Fort Nr. 2 von Straßburg den Namen „Fort Moltke" erhält.
22. August	1874	hat den diesjährigen großen Herbstübungen des X. Armee-Korps beizuwohnen und sich für die Dauer derselben in der Begleitung Sr. Majestät zu befinden.

5. August 1875 hat den diesjährigen großen Herbstübungen des V. und VI. Armee-Korps sowie des IX. Armee-Korps beizuwohnen und sich für die Dauer derselben in der Begleitung Sr. Majestät zu befinden.

27. Septbr. 1875 hat sich im Gefolge Sr. Majestät des Kaisers und Königs auf der Reise nach Italien zu befinden.

22. August 1876 hat den großen Herbstübungen des Gardekorps und III. Armee-Korps, sowie des IV. und XII. Armee-Korps beizuwohnen und für die Dauer derselben sich in der Allerhöchsten Begleitung zu befinden.

14. April 1877 soll Se. Majestät auf der Reise durchs Reichsland begleiten.

26. Juli 1877 hat den großen Herbstübungen des VII. und VIII., sowie des XIV. Armee-Korps beizuwohnen und sich für die Dauer derselben in der Begleitung Sr. Majestät zu befinden.

14. August 1877 soll Se. Majestät auch bei den am 24. und 25. September bei Darmstadt stattfindenden Kavallerie-Divisions-Uebungen begleiten.

3. Septbr. 1878 hat den diesjährigen großen Herbstübungen des XI. Armee-Korps beizuwohnen und sich in der Allerhöchsten Begleitung für die Dauer der Uebungen zu befinden.

8. März 1879 erhält zu seinem 60jährigen Dienstjubiläum Glückwunsch und Dank, Kreuz und Stern des Ordens pour le mérite, sowie eine Reiterstatuette Sr. Majestät des Kaisers und Königs.

31. Juli 1879 hat den großen Herbstübungen des I., II. und XV. Armee-Korps beizuwohnen und sich in der Allerhöchsten Begleitung zu befinden.
19. Septbr. 1879 soll bei der Parade der 16. Division, sowie bei der Besichtigung der Schlachtfelder bei Metz in der Begleitung Sr. Majestät sich befinden.
22. Juli 1880 hat den großen Herbstübungen des Gardekorps und III. Armee-Korps beizuwohnen und sich für die Dauer derselben in der Begleitung Sr. Majestät zu befinden.
27. Juli 1880 wird in Berücksichtigung seiner Bitte für dieses Mal von der persönlichen Leitung der diesjährigen Uebungen des Großen Generalstabes entbunden.
26. Juli 1881 hat den Herbstübungen des X. und IX. Armee-Korps beizuwohnen und sich für die Dauer derselben in der Begleitung Sr. Majestät zu befinden.
27. Dezbr. 1881 ausgesprochen, daß seine Verdienste um die Armee viel zu groß sind, um jemals — so lange er lebt — an sein Scheiden aus derselben denken zu können. Auf sein Abschiedsgesuch kann daher weder jetzt noch überhaupt jemals eingegangen werden.
27. Juli 1882 hat den Herbstübungen des V. und VI. Armee-Korps beizuwohnen und sich in der Begleitung Sr. Majestät zu befinden.
19. Juli 1883 hat der am 28. September stattfindenden Feier der Einweihung des National-Denkmals auf dem Niederwald beizuwohnen.
26. Juli 1883 hat den großen Herbstübungen des IV. und XI. Armee-Korps beizuwohnen und sich für die Dauer derselben in der Begleitung Sr. Majestät zu befinden.

XIII. Militärische Gedenktage.

23. Mai 1884 soll der Feier der Grundsteinlegung des Reichstagsgebäudes beiwohnen.

14. August 1884 hat den großen Herbstübungen des VII. und VIII. Armee=Korps beizuwohnen und für die Dauer derselben sich in der Begleitung Sr. Majestät zu befinden.

11. April 1885 ist in der Eigenschaft als Mitglied der Landes=Vertheidigungs=Kommission in Behinderungsfällen durch den General=Quartiermeister zu vertreten.

15. August 1885 soll den diesjährigen großen Herbstübungen des XIV. Armee=Korps beiwohnen.

8. Septbr. 1885 soll Se. Majestät auf der Reise nach Karlsruhe und Stuttgart zu den großen Herbstübungen des XIII. Armee=Korps begleiten.

3. August 1886 hat den Herbstübungen des XV. Armee=Korps beizuwohnen und für die Dauer derselben in der Begleitung Sr. Majestät sich zu befinden.

28. April 1887 Sommeraufenthalt in Creisau und eine daran sich anschließende Erholungsreise genehmigt.

2. August 1887 hat den großen Herbstübungen des I. und II. Armee=Korps beizuwohnen und für die Dauer derselben in der Begleitung Sr. Majestät sich zu befinden.

4. Septbr. 1887 Theilnahme an der Revue des I. Armee=Korps freigestellt.

Landes-Vertheidigungs-Kommission:

10. August 1888 zum Präses der Landes=Vertheidigungs=Kommission ernannt unter Entbindung von der Stellung als Chef des Generalstabes.

Abschiedsschreiben an den Generalstab.

Wir schalten hier das Schreiben ein, mit welchem der Feldmarschall sich von seinen Untergebenen verabschiedete:

An den Generalstab.

Nachdem auf mein Ansuchen Seine Majestät mich von den Geschäften des Generalstabs entbunden, drängt es mich, den Herren Chefs und den sämmtlichen Offizieren und Beamten des Korps meinen aufrichtigen und herzlichen Dank zu sagen für die treffliche Unterstützung, welche sie mir jeder Zeit gewährt haben.

Ich darf sagen, daß glänzende Leistungen in Krieg wie Frieden und verständnißvolles Zusammenwirken Aller zu demselben Ziel in der Armee ein volles Vertrauen zum Generalstab gegründet haben, und bin gewiß, daß dieses Vertrauen unter der bereits bewährten Leitung meines Herrn Nachfolgers im Amt ein dauerndes bleiben wird.

Durch die gnädige Bestimmung Seiner Majestät werde ich auch ferner noch der Armee angehören und in einer neuen Stellung vielfach in geschäftliche Verbindung mit dem Generalstab treten. Stets werde ich innigen Antheil an dem persönlichen Ergehen der Offiziere eines Korps nehmen, welchem ich länger als ein halbes Jahrhundert angehört habe, und bitte Alle, mich in freundlichem Andenken zu bewahren.

Creisau, den 16. August 1888.
Graf von Moltke,
General-Feldmarschall.

8. März 1889 70jähriges Dienstjubiläum.
2. April 1891 à la suite des 1. See-Bataillons gestellt.

XIII. Militärische Gedenktage.

Das ihm von Seiten der Städte verliehene Ehrenbürgerrecht wurde ihm durch Allerhöchste Kabinets-Ordre anzunehmen gestattet:

- am 3. Novbr. 1866 von der Stadt Colberg,
- = 14. Novbr. 1867 von der Stadt Parchim,
- = 29. Oktbr. 1870 von der Stadt Magdeburg,
- = 23. Dezbr. 1870 von der Stadt Worms,
- = 6. Febr. 1871 von der Stadt Leipzig,
- = 9. Febr. 1871 von der Freien und Hansestadt Hamburg,
- = 4. April 1871 von der Haupt- und Residenzstadt Berlin,
- = 4. April 1871 von der Stadt Görlitz,
- = 11. Mai 1871 von der Stadt Schweidnitz,
- = 15. Juni 1871 von den Freien und Hansestädten Lübeck und Bremen,
- = 11. Septbr. 1880 von der Stadt Köln a. Rh.,
- = 29. Januar 1885 von der Stadt Stargard i. P.,
- = 26. Oktbr. 1890 von der Haupt- und Residenzstadt München,
- = 26. Oktbr. 1890 von der Haupt- und Residenzstadt Breslau,
- = 26. Oktbr. 1890 von der Stadt Chemnitz,
- = 26. Oktbr. 1890 von der Stadt Memel.

Der letzte Lebenstag.

Die nachfolgenden Aufzeichnungen schrieb ich in der Nacht vom 24. auf den 25. April 1891, einige Stunden nach dem so plötzlich und überraschend erfolgten Tode des General-Feldmarschalls Grafen von Moltke, unter dem frischen Eindruck des Geschehenen nieder. Sie waren bestimmt, mir selbst die Erinnerung festzuhalten und zur Mittheilung an die Mitglieder der Familie.

Am Freitag den 24. April war Onkel Helmuth schon um 7½ Uhr aufgestanden, etwas früher als er in der letzten Zeit aufzustehen pflegte, um meiner Schwägerin Olga Lebewohl zu sagen, die, nachdem sie längere Zeit bei uns zum Besuch gewesen war, mit dem Zuge um 8 Uhr 25 Minuten nach Kopenhagen abreiste. Er war frisch und heiter und verabschiedete sich in liebenswürdigster Weise von Olga, nachdem er mit uns Allen gemeinsam gefrühstückt hatte. Um 9 Uhr von der Bahn zurückgekehrt, ging ich zu ihm in sein Arbeitszimmer, um wie gewöhnlich die Postsachen und seine kurzen Anweisungen über Beantwortung der Briefe in Empfang zu nehmen. Er war wie überhaupt in der letzten Zeit geistig sehr rege und voller Interesse für alle Kleinigkeiten unseres täglichen Lebens, sah frisch und gesund aus und sagte mir, daß er heute wegen der Abstimmung über die Gewerbeordnung in das Herrenhaus müsse. Um 12 Uhr fuhr er allein dorthin. Er hatte Liza*) durch

---

*) Gemahlin des Majors von Moltke.

den Diener fragen lassen, ob sie mitfahren wolle, hatte dann aber ihr Herunterkommen nicht abgewartet, sondern war fortgefahren, bevor sie Zeit gehabt hatte, sich zur Ausfahrt anzukleiden. Er schickte darauf den Wagen zurück, nachdem er den Kutscher beauftragt hatte, Liza fragen zu lassen, ob sie spazieren fahren wolle. Ich ritt um 2 Uhr aus und kam so spät zurück, daß ich Onkel Helmuth erst um 5 Uhr bei Tisch wiedersah. Er war um 3 Uhr aus dem Herrenhause zu Fuß zurückgekehrt. Während des Mittagessens hat Keiner von uns etwas Auffälliges an ihm bemerkt. Er aß mit recht gutem Appetit und scherzte wie immer freundlich mit den Kindern, die sich an ihn drängten, um ihm erst guten Tag zu sagen und nach Tisch gesegnete Mahlzeit zu wünschen. Nachdem der Kaffee genommen war, ging Onkel Helmuth, wie er es immer zu thun pflegte, in sein Zimmer, um die Zeitungen zu lesen. Um 8 Uhr, zu unserer gewöhnlichen Theestunde, kam er frisch und heiter wieder zu uns herüber. Der Thee war in dem sogenannten Silberzimmer servirt, wo auch der Whisttisch bereits fertig stand.

Zugegen waren Liza, Herr und Frau Marcher aus Schweden, die seit etwa 14 Tagen bei uns zum Besuch waren, und ich. Eine Stunde vor dem Thee war noch Herr Dreßler gekommen, mit dem ich von 7 bis 8 Uhr in dem großen Musiksaal musizirt hatte. Er blieb zum Thee, um nach beendetem Whist dem Feldmarschall noch etwas vorzuspielen, falls dieser, wie es gewöhnlich der Fall war, vor dem Schlafengehen noch Musik zu hören wünschte. Onkel Helmuth trank seinen Thee und das Glas Moselwein, das er immer Abends zu genießen pflegte, er aß, mit mehr Appetit als sonst oft, zwei Butterbrötchen und ein Stück Kuchen, war sehr guter Laune, sagte scherzender Weise zu Herrn Dreßler, er habe uns vorhin heimlich belauscht und wir hätten eine gräuliche Musik vollführt. Unter Anderem erzählte er auch, daß er aus der Zeitung ersehen, wie Seine Majestät der Kaiser heute morgen bei 3 Grad Kälte auf den Auerhahn gepürscht habe. Nachdem er seinen Thee getrunken hatte, bot ich ihm eine Cigarre an, die er anzündete, und wir setzten uns bald darauf zur Partie.

Onkel Helmuth spielte mit Herrn Marcher. Er saß mit dem Rücken nach dem großen Spiegel, das Gesicht der Korridorthür zugewendet. Ich, mit Liza spielend, saß zu seiner Rechten, Liza links von ihm. Das Spiel ging hin und her. Wir fingen, da es schon etwas spät geworden war, mit Cayenne an und gewannen und verloren abwechselnd die Robber, indem wir die Touren der Reihe nach durchspielten. Als wir zum letzten Robber, der schwarzen Dame, gekommen waren, die wie gewöhnlich dreimal gespielt wurde, hielt Onkel Helmuth, der eben begonnen hatte, Karten zu geben, plötzlich inne. Er legte die Karten vor sich auf den Tisch, lehnte sich in seinen Stuhl zurück und schien Schwierigkeiten beim Athmen zu haben. Liza frug ihn: „Hast Du Asthma, Onkel Helmuth?" worauf er erwiederte: „Ja, ich habe ein bischen Asthma." Ich sagte nun zu ihm: „Bitte, Onkel Helmuth, laß mich für Dich geben", und er schob mir die Karten hin, die ich nun ausgab. Währenddem hatte er sich wieder erholt und nahm seine Karten auf. Wir spielten dann das Spiel und Liza und ich wurden groß Schlemm; so gewann er den letzten Robber seines Lebens noch in glänzender Weise. Er trommelte, wie er bei solchen Gelegenheiten zu thun pflegte, mit den Fingern auf die Tischplatte und sagte mit Bezug darauf, daß er die vorhergehenden Spiele verloren hatte, in heiterster Weise zu Herrn Marcher: „Wat seggt hei nu tau sine Süpers!" ein Wort, das er gern anführte und das nach seiner Erzählung ein Dragoner-Regiment dem großen König zugerufen haben sollte, als es mit einer Menge eroberter Standarten nach der Schlacht bei Roßbach bei ihm vorüberzog. Der König habe sich nämlich vorher aus irgend einer Veranlassung sehr ungnädig über das Regiment geäußert und gesagt, das Regiment tauge nichts, die Kerle seien alle Säufer.

Liza fragte ihn nun, ob er sich wieder wohl fühle, was er leichthin verneinte. Wir kannten ja diese Anfälle von Asthma, unter denen er seit den letzten zehn Jahren zeitweilig zu leiden hatte, so gut. Hundertemal waren wir Zeugen davon gewesen, und immer waren sie vorübergegangen, nachdem er einige Minuten ganz still gesessen hatte. Dennoch wurde Liza seines blassen Aussehens wegen besorgt und sagte zu ihm: „Onkel Helmuth, wollen wir nicht lieber aufhören? Herr Dreßler kann Dir ja noch etwas vorspielen." Onkel Helmuth ging sofort auf diesen Vorschlag ein. Ich machte die Abrechnung, wir hatten 2 Pfennige gewonnen, und Onkel Helmuth erklärte, die könnten nicht ausbezahlt werden. Während er nun, entgegen seiner sonstigen Gewohnheit, nach beendetem Spiel ruhig auf seinem Stuhl sitzen blieb, ging ich hinaus, um meinem Diener zu sagen, er solle die Lampen auf den Flügel stellen. Herr Dreßler folgte mir in den Musiksaal, Herr und Frau Marcher gingen in Lizas neben dem Theezimmer liegenden Salon. Liza blieb bei Onkel Helmuth im Spielzimmer zurück. Da es ihr schien, als ob er matt aussehe, fühlte sie ihm den Puls, der schwach aber regelmäßig ging. Sie bat ihn, ein Glas Wein zu trinken, was er aber ablehnte, indem er sagte, er habe schon zum Thee zu viel gegossen. Dann bat Liza ihn, er möge doch ruhig sitzen bleiben, man könne ja bei offenstehender Thür die Musik sehr gut von hier aus hören. Onkel Helmuth aber erwiederte: „Nein, das geht nicht; wenn er für mich spielen will, muß ich auch hineingehen." Er stand nun auf und kam in den Musiksaal, wo inzwischen die Lampen angezündet waren, und Herr Dreßler sich präludirend an den Flügel gesetzt hatte. Hier setzte sich Onkel Helmuth auf einen Stuhl gleich rechts neben der nach dem Konferenzzimmer führenden Thür und faltete die Hände, zwischen denen er sein rothseidenes Schnupftuch hielt, im Schoß. Er hatte einen aufgeknöpften Militärüberrock an und darunter eine weiße Piquéweste, dazu trug er alte graue Civilbeinkleider und ein Paar leichte Lederschuhe; um den Hals hatte er ein grauseidenes Tuch geschlungen. Er hatte sich mithin die einzige Bequemlichkeit in seinem Anzuge gestattet, die er sich, und auch dies nur im engsten Familienkreise, zu erlauben pflegte.

Ich fragte nun Herrn Dreßler, welche Noten ich ihm hinlegen solle, worauf er sagte: „Ich werde ohne Noten spielen." Er begann hierauf eine eigene Komposition vorzutragen, deren schwermüthiger Rhythmus mich betroffen machte. Ich wußte, daß Onkel Helmuth, wenn er sich nicht ganz wohl fühlte, es liebte, durch heitere Melodien abgelenkt zu werden, und war im Begriff, Herrn Dreßler zu unterbrechen und ihn zu bitten, ein anderes Musikstück zu wählen, als Onkel Helmuth plötzlich aufstand und mit leisen Schritten, um den Spieler nicht zu stören, in das Nebenzimmer ging. Ich weiß nicht, woher es kam, aber ich war um ihn besorgt geworden, als ich sah, wie er mit gefalteten Händen und mit leicht vornüber geneigtem Kopf dasaß, in einer Haltung, die ich nur an ihm bemerkt hatte, als er vor etwa fünf Jahren einmal ernstlich am Lungenkatarrh erkrankt war und sein Ende herannahen glaubte. Sobald Herr Dreßler daher die kurze Melodie zu Ende gespielt hatte, ging ich, von innerer Unruhe getrieben, Onkel Helmuth nach. Er hatte die Thür zum Nebenzimmer halb offen stehen lassen, in dem Zimmer selbst war es dunkel. Ich stand einen Augenblick an der Thür still und lauschte. Ich wußte, daß Onkel Helmuth es nicht liebte, wenn man aus seinen asthmatischen Anfällen viel machte und ihn mit übereifriger Sorgfalt belästigte. Deshalb zögerte ich noch, hineinzugehen, als es mir schien, als ob ich ein leichtes Stöhnen hörte, doch war ich meiner Sache nicht sicher. Indem kam Liza dazu, die ebenfalls von einer instinktiven Besorgniß um den Onkel erfaßt war und sich nach ihm umsehen wollte. Wir standen nun vielleicht eine halbe Minute nebeneinander vor der Thür, hörten aber nichts. Ich sagte Liza, daß es mir so vorgekommen wäre, als ob ich ein leises Stöhnen vernommen hätte, und sie erwiederte: „Geh' doch hinein und sieh zu, ob Onkel Helmuth etwas fehlt." In demselben Augenblick hörten wir einen tiefen Seufzer, und ich ging nun rasch in das Zimmer. In der undeutlichen Beleuchtung konnte ich nur erkennen, daß Onkel Helmuth auf einem Stuhl saß, er hatte die Ellenbogen auf die Kniee gelegt und der Oberkörper war tief vornüber gebeugt. Ich trat rasch auf ihn zu und sagte: „Onkel Helmuth, fehlt Dir etwas?" worauf er den Kopf hob und mit unendlich weicher Stimme, deren Klang ich nie vergessen werde, sagte: „Wie?" Ich bekam einen Todesschreck, faßte an seine Stirn, sie war kalt, ebenso seine Hände; ich rief noch einmal, „Onkel Helmuth, bist Du krank?" worauf er nicht mehr antwortete. Ich rief nach Liza, sie möge Licht bringen, und nahm Onkel Helmuths sich wieder vornüber neigende Stirn in meine Hand. Sie sank schwer in dieselbe hinein, und gleichzeitig schien es mir, als ob der ganze Körper plötzlich seine Spannkraft verlöre und in sich zusammensänke. Inzwischen hatte mein Diener, von Liza gerufen, Licht gebracht; ich kniete vor Onkel Helmuth nieder und fing seinen Körper in meinen Armen auf. Liza stand neben mir, und Beide unterstützten wir den Sterbenden, der augenscheinlich schon die Besinnung verloren hatte. Ich rief nach Marcher, der aus dem Salon herbeistürzte, wir hoben Onkel Helmuth in die Höhe und trugen ihn in unseren Armen nach seinem Schlafzimmer, wo wir ihn auf sein Bett niederlegten. Meinen Diener hatte ich in aller Eile nach dem Arzt geschickt. Marcher und ich entkleideten Onkel Helmuth rasch und legten die Decken über ihn. Von dem Augenblick an, wo ich zu ihm hineinkam, war es mir unzweifelhaft, was uns bevorstände; ich glaube bestimmt, daß er mich noch erkannte und das Bewußtsein davon hatte, daß ich ihm zu Hülfe eile, denn wie ich ihn umfaßte, um ihn zu stützen, ließ auf einmal die Anspannung nach, durch die er sich bis dahin gehalten hatte; mir kam das Gefühl, als ob er die Empfindung habe: so, jetzt kann ich nachlassen, jetzt sind Andere da, die mich halten können. Er lag still auf seinem Bett, nur ab und zu hoben, seltener werdend, tiefe Athemzüge seine Brust, die Hände waren leicht übereinander gelegt, der Körper in natürlicher Haltung gestreckt.

Einmal schien es noch, als ob das Bewußtsein ihm zurückkehren wolle. Er machte eine Bewegung, als wollte er den Kopf heben, dann wandte er denselben mit leichter Beugung nach links, wo an der Wand des Schlafzimmers, von Palmenzweigen umgeben, das Bild seiner verstorbenen Frau hing, und während seine Augen, schon von den Schatten des Todes umdunkelt, die Züge der treuen Gefährtin seiner früheren Tage zu suchen schienen, ging still und friedlich seine Seele hinüber, um auszuruhen von der Arbeit eines einundneunzigjährigen Lebens.

Er hat, soweit es Menschen beurtheilen können, keinen schweren letzten Kampf gekämpft, kein Zug veränderte sich in dem feinen, wie aus Marmor gemeißelten Antlitz, kein Todesseufzer entfloh den ruhig geschlossenen Lippen. Immer auf den Tod vorbereitet, den er nicht fürchtete, sondern oft als einen Uebergang zu einem neuen Leben reineren Schauens und Erkennens erhofft hatte, folgte er still und willig, als der Herr ihn rief. Auf seinem Antlitz lag tiefer Friede und der Abglanz eines inneren, fast heiteren Glücks.

Seit wir vom Whisttisch aufgestanden waren, mochten vielleicht 10 Minuten vergangen sein. Um 9 Uhr 45 Minuten hatte das Herz aufgehört zu schlagen. Leise drückte ich ihm die Augen zu, während Liza, über ihn gebeugt, bittere Thränen vergoß.

Als Doktor Beuster kam, war längst Alles vorüber, und er konnte nur den Tod bestätigen.

Helmuth v. Moltke,
Major.

Seine Lieblingssprüche aus der heiligen Schrift.

Der Feldmarschall benutzte seit dem Tode seiner Gemahlin ihr Exemplar der heiligen Schrift, das „Neue Testament, mit Erläuterungen herausgegeben von Lisco, Berlin, Enslinsche Buchhandlung 1840." Das Buch lag stets entweder auf seinem Arbeitstische oder auf seinem Nachttische. Zwischen die Blätter hatte er eine kleine Photographie der Verewigten gelegt. Auf dem vorgehefteten weißen Blatte hatte er folgende Stellen der heiligen Schrift eingeschrieben:

Meine Kraft ist in den Schwachen mächtig.
Paulus an die Korinther II., Kap. 12, V. 9.

Und Ich, wenn ich erhöhet werde von der Erde, so will ich sie alle zu mir ziehen. Ev. Johannis, Kap. 12, V. 32.

Nun erfahre ich mit der Wahrheit, daß Gott die Person nicht ansiehet, sondern in allerlei Volk, wer ihn fürchtet und recht thut, der ist ihm angenehm. Apostelgesch. Kap. 10, V. 34, 35.

Es werden nicht alle, die zu mir sagen: Herr, Herr! in das Himmelreich kommen, sondern die den Willen thun meines Vaters im Himmel. Ev. Matthäi, Kap. 7, V. 21.

Die Kraft des Herrn ist in dem Schwachen mächtig.

Trostgedanken über das irdische und Zuversicht auf das ewige Leben.

Vorbemerkung.

Des greisen Feldmarschalls letzte Niederschrift von Bedeutung ist Betrachtungen, Gedankenfolgerungen gewidmet, zu denen er die Eindrücke und Erfahrungen seines ernsten und bewegten Lebens verwerthete, um aus ihnen einen trostreichen Abschluß des Lebens, einen Grund zu finden, von welchem aus er den Blick in das Jenseits richten und die Zuversicht eines ewigen Lebens folgern konnte.

Ist schon diese Absicht des Feldmarschalls, zur Klarheit über sein Erdenloos, zum Einklang der in seiner Seele wirkenden und der die Welt beherrschenden Mächte, zu einer Versöhnung zwischen Wissen und Glauben zu gelangen, zu einer Einsicht, daß das irdische Leben als Vorstufe des ewigen angeschaut werden darf und demgemäß gelenkt werden soll — ist schon dieser Zielpunkt so erhaben, daß Jeder von uns diese Bekenntnisse mit Rührung und Ehrfurcht entgegennehmen wird, so steigern sich diese Empfindungen und der Werth des Dargebotenen, wenn wir gewahren, mit welchem Ernst, aus wie tiefem Drange seiner Seele der Feldmarschall diese Gedanken in sich bewegt und gereift hat. — Und mehr als das. Diesen seinen Lebenstrost wünschte er seiner Familie als ein Vermächtniß zu hinterlassen; als ein offenherziges Bekenntniß seiner ihm eigenen Ueberzeugung. Dafür sollte diese Handschrift, die mit wunderbar festen Schriftzügen, wie sie gleichsam den Werth des Inhalts andeuten, in seinem letzten Lebensjahre von ihm abgeschlossen wurde, unter den Nachkommen gelten.

Er schrieb diese Gedanken in Creisau und beließ die Niederschrift dort in seinem Schreibtische; kam er auf seinen Landsitz zurück, so prüfte er das Geschriebene und arbeitete es um. Nicht weniger als vier Entwürfe zur Einleitung dieses Schriftstückes haben sich erhalten.

Der Gang seiner Gedanken blieb in allen diesen Bearbeitungen der nämliche; aber einerseits prägte er ihren Ausdruck schärfer aus durch immer erneute, vertiefte Betrachtung, und andererseits entwickelte er sie auch weiter, um sie erschöpfender und überzeugender darzustellen. —

Der Inhalt dieser Blätter enthält den edlen Abschluß eines edlen Lebens. Versöhnt mit den Gegensätzen, den Widersprüchen des Lebens und über sie erhaben, wie wir Alle ihn gekannt und als Vorbild

Der Mensch fühlt sich als geschlossenes Ganze, gesondert von der übrigen Welt, und gegen sie äußerlich begrenzt durch die körperliche Hülle, welche hier auf Erden der Seele zur Wohnung dient.

Dennoch möchte ich in diesem Ganzen Funktionen erkennen, die, innig verbunden und von der Seele beherrscht, doch eine selbstständige Existenz haben.

verehrt haben, erscheint er in ihnen; durchgeistigt von Selbstverleugnungen, friedevollen Grundsätzen. Hier erfahren wir das Wesen dieser seiner Erhabenheit über die Welt, dieser gleichmüthigen Zufriedenheit seiner Seele.

Die Ehrfurcht gebietet, daß auch die früheren Niederschriften, soweit sie in Bruchstücken sich noch vorfanden, verwerthet wurden; die letzte Ausarbeitung (D) giebt daher die linke Druckseite, die rechte den früheren Wortlaut. Und zwar sind von letzterem drei Niederschriften zu unterscheiden, von denen A und B in Quarto, C in Folio, gleich der letzten, D, geschrieben waren.

Dr. Toeche-Mittler.

✣✣✣✣✣✣✣✣✣✣✣✣✣✣✣✣✣✣✣✣✣✣✣✣✣✣✣✣✣✣✣✣

A.

Der Mensch fühlt sich als ein von allen[1]) übrigen Wesen[2]) gesondertes Ganze, äußerlich umgrenzt, und in dieser Welt untrennbar verbunden mit der körperlichen Hülle, welche der Seele, dem eigentlichen „Ich", zur Wohnung dient.[3])

Aber trotz der innigen Verbindung beider zu einem Ganzen, ist ein gewisser Dualismus unverkennbar.

(Die) S(eele) beherrscht den Kö(rper)
........Willens............
.....unabh(ängig).

B.

Der Mensch fühlt sich als [4]) geschlossenes Ganze, abgesondert von der übrigen Welt und gegen diese äußerlich abgegrenzt[5]) durch die körperliche Hülle, welche hier auf Erden der Seele zur Wohnung dient.

Dennoch mögte ich in diesem Ganzen drei Functionen erkennen, die innig verbunden, doch ein u. d. b. Seele beherrschte selbständige Existenz haben.

Der Körper dient im normalen Zustand dem Willen der Seele, wie

C.

(Anfang.)

Mir will es scheinen, daß in jedem Menschen drei verschiedene Functionen — einheitlich aber selbstständig, ja zum Theil unabhängig — zusammenwirken.

Zwei derselben erkennen die Oberherrschaft

---

1) Gestrichen: der. 2) Gestrichen: Welt.
3) Lücken werden durch .... angedeutet; schließt ein Absatz ohne ..., so folgt ihm also in der Handschrift der nächste im ununterbrochenen Zusammenhange der Zeilen.
4) Gestrichen: in sich. 5) Gestrichen: abgeschlossen.

Aus dem Dunkel unserer Entstehung entwickelt sich der Körper zuerst. Rastlos arbeitet seine Natur an dem Wachsthum des Kindes und bereitet schon in ihm die Wohnung für höhere Organe vor. Die Akme der Vollkommenheit erreicht der Körper schon vor der Hälfte seiner Dauer, und aus dem Ueberschuß seiner Kraft erweckt er neues Leben. Von da an Abnahme und nur noch das mühsame Streben nach Erhaltung des eigenen Bestehens.

Während vielleicht eines Dritttheils unseres Daseins während des Schlafes, empfängt der Leib keine Befehle seiner Beherrscherin, und doch pulsirt der Herzschlag ununterbrochen,*) die Stoffe wechseln und der Athmungsprozeß vollzieht sich, alles ohne unser Wollen.

Und selbst gegen diese kann die Thätigkeit des Dieners sich auflehnen, wenn zum Beispiel der Krampf unsere Muskeln qualvoll zusammenzieht. Aber der Schmerz ist der Ruf nach Hülfe und Beistand, wenn die lebendige Körperfunktion die Herrschaft über die todte Materie verloren hat, was wir als Krankheit unseres Vasallen empfinden.

Nach Allem müssen wir den Körper zwar als einen Theil unseres Seins anerkennen, aber doch als etwas uns selbst Fremdes.

Leibliches Leben.

B.
er ihm durch den Tele=
graphen des Nerven=
geflechts kund gegeben
wird. Mit dem bloßen
Gedanken, in kaum meß=
bar kurzer Zeit, hebt sich
der Ar(m) .... sich.

C.
des dritten an, ich will diese
die Gemüths und Willens⁶)
Seele nennen, die beiden
andern die Vernunft= und
die Körper Seele, alle
drei erst bilden das Ich.
.... Seele bient;
im nor(malen) ....
den andern ....

C.
....
Aus dem Dunkel unsrer Entstehung ent=
wickelt sich die Körper Seele zuerst. Rastlos
wirkt sie an dem Wachsthum des Kinds. Zu=
nächst Alles ihren ungestümen Fordrungen
unterwerfend, erreicht sie die Akme ihrer Voll=
kommenheit schon um die Hälfte ihrer Lebens=
dauer. Aus dem Ueberschuß ihrer Kraft, erweckt
sie neue Lebenskeime. Von da an Abnahme,
und endlich beschränkt sie sich auf mühsame
Erhaltung des eignen Daseins.
Ganz anders die Vernunft Seele.
In ....

---

*) Bleistiftnotiz auf einem Zettel:

$$\begin{array}{r}90\,000\\360\\\hline 32\,400\,000\\9\\\hline 2\,916\,000\,000\end{array}$$ 3 Milliarden Pulsschläge.

ständig .....
wohl gar gegen (den Willen des Ge=)
samt ichs. Nicht den körperlichen Schmerz
meine ich, denn dieser ist nur der Hülfe=
ruf um Abwehr oder Beistand, aber wie
ist es wenn der⁷) Krampf meine Muskeln
qualvoll zusammenzieht? Die blos mechanische
Wirkung der todten Materie kann es nicht
sein; die Körper Seele lehnt sich auf gegen

---

6) Zwischengeschrieben: und Willens.   7) Gestrichen: ein.

XVI. Trostgedanken.

Ist nun wenigstens die Seele, das eigentliche Ich, ein einziges untrennbares Ganze?

In langsamer Entfaltung steigt die Vernunft zu immer größerer Vervollkommnung bis ins Alter empor, so lange der Körper sie nicht im Stich läßt. Das Urtheilsvermögen wächst mit der Fülle der Lebenserfahrungen, aber freilich das Gedächtniß, dieser Handlanger des Denkens, schwindet schon früher, oder verliert vielmehr die Fähigkeit, Neues aufzunehmen. Wunderbar genug diese Fähigkeit, alles Angeeignete aus frühester Jugend, Erlerntes und Erfahrenes, in tausend Schubfächern aufzubewahren, die sich dem Geiste zur augenblicklichen Verfügung öffnen.

Es ist ja nicht in Abrede zu stellen, daß das Alter oft stumpfsinnig erscheinen läßt, aber an eine wirkliche Verdunkelung der Vernunft kann ich nicht glauben, denn sie ist ein lichter Funke des Göttlichen, und selbst beim Irrsinn tritt er*) wohl nur äußerlich hervor. Kann doch der Taube, der auf einem völlig verstimmten Instrument ganz richtige Noten anschlägt, sich seines korrekten Spiels bewußt sein, während Alle außer ihm nur wirre Mißklänge hören.

Die Vernunft ist durchaus souverän, sie erkennt keine Autorität über sich, keine Gewalt, wir selbst nicht, kann sie zwingen, für unrichtig anzunehmen, was sie wahr erkannt hat.

E pur si muove!

Der denkende Geist schweift durch die endlosen Fernen der leuchtenden Sterne, er wirft das Senkblei aus in die unergründliche Tiefe des kleinsten Lebens, nirgends findet er Grenzen, aber überall die Regel, den unmittelbaren Ausdruck des göttlichen Gedankens.

Der Stein fällt auf dem Sirius nach demselben Gesetz der Schwere wie auf der Erde; dem Abstande der Planeten, der chemischen Mischung der Elemente liegen arithmetische Verhältnisse

---

*) Gemeint ist wohl: der Gegensatz zur Vernunft, oder: sie, die Verdunkelung. H.

C.

mein eignes Wollen, sie wird ungehorsam, weil sie die Herrschaft über die Materie verloren, d. h. krank ist.
....

(Dieser Absatz steht in der C=Handschrift jedoch vor dem vorangehenden, so daß letzterer sich mit: "Aus dem Dunkel" u. s. w. sofort an denselben anschließt.)

.... stands sei (der kann ich nicht) glauben, sondern nur an eine Beschränkung seines Wirkens nach außen, selbst beim Irrsinn nicht. Der Taube z. B., welcher die richtigen Noten auf einem verstimmten Instrument anschlägt,[8] kann sich seines correcten Spiels bewußt sein, während alle, außer ihm selbst, nur wirre Mistöne hören.

Die Vernunft ist ein Lichtfunke unmittelbar der Gottheit, u. nur mit dieser könnte sie erlöschen. Der denkende Geist wirft das Senkblei aus, in die unergründlichen Tiefen des Himmels und erforscht eine unendliche Welt im engsten Raum denn nicht größer sind die Fernen in welchen er den Lauf leuchtender Sterne verfolgt, als der Abgrund der ihm das kleinste Leben | [9] erschließt. Nirgends erreichen wir Grenzen, nirgends gelingt es, auch nur die sinnlichen Erscheinungen in ihrem Ursprung zu begreifen, | [10]

---

8) Gestrichen: spielt. 9) Gestrichen: der Infusorien. 10) Gestrichen: und.

zu Grunde, und überall ergeben dieselben Ursachen dieselbe Wirkung. Nirgends Willkür in der Natur, überall Gesetz.

Zwar den Ursprung der Dinge vermag die Vernunft nicht zu erfassen, aber nirgends steht sie im Widerspruch mit der Regel, welche Alle leitet. Vernunft und Weltordnung sind konform, sie müssen gleichen Ursprungs sein.

Auch wenn die Unvollkommenheit alles Erschaffenen die Vernunft auf Wege führt, die von der Wahrheit ablenken, ist Wahrheit dennoch ihr einziges Ziel.

So tritt denn freilich die Vernunft in Widerspruch mit manchen ehrwürdigen Ueberlieferungen. Sie sträubt sich gegen das Wunder „des Glaubens liebstes Kind", sie kann sich nicht überzeugen, daß die Allmacht nöthig haben sollte, um ihre Zwecke zu erreichen, in Einzelfällen die Gesetze der Natur aufzuheben, welche diese in Ewigkeit regieren. Doch richten sich die Zweifel nicht gegen die Religion, sondern nur gegen die Form, in welcher sie uns dargebracht ist.

Das Christenthum hat die Welt aus der Barbarei zur Gesittung emporgehoben. Es hat in hundertjährigem Wirken die Sklaverei beseitigt, die Arbeit geadelt, die Frau emanzipirt

C.

vergeblich forschen wir nach dem Ursprung der Dinge, aber nirgends auch steht die Vernunft in Widerspruch mit der Regel, welche sie im Weltall (erfaßt). Vernunft und Weltordnung........gleichen Ur(sprungs).
....

.... stets (bringt ...... dieselben Wir)kungen herv(or) .... (Ver)nunft erfaßlicher .... Dinge und gestattet nie und nirgends eine Abweichung von der einmal gegebnen Richtung.

Die Vernunft ist im menschlichen Wesen völlig unabhängig, sie ist im Gebiet des Denkens souverain. Sie bietet ihren Dienst an, aber sie läßt sich nicht zwingen. Keine Gewalt kann sie nöthigen als richtig zu erkennen, was sie für unrichtig hält. Ihr ganzes Streben ist Erkenntniß und auch dann, wenn sie irrt ist ihr Ziel — die Wahrheit. Sie erkennt keinen Richter über sich als sich selbst und unterwirft alles der eignen Prüfung. Sie beleuchtet die Pfade des Handelns aber das Handeln selbst hängt nicht von ihr ab.

Die Vernunft fühlt sich in vollkommenem Einklang mit der Moral, aber zweifelnd richtet sie den Blick auf das Dogma. Sie muß das Wunder, „des Glaubens liebstes Kind," verwerfen, als die örtliche oder zeitweilige Aufhebung eines überall und ewig geltenden Gesetzes .... sie bek ......

B.

Das Christenthum hat die Welt aus (der) Barbarei zur Gesittung erhoben. (Es hat) in hundertjährigem Wirken die S(claven) befreit, die Arbeit geadelt, die (Frau) emanzipirt und den Blick in die Ew(igkeit) geöffnet. Das alles durch die Lehre des [11]) (He)ilands, durch die

---

11) Gestrichen: Lehre des.

und den Blick in die Ewigkeit geöffnet. Aber war es die Glaubenslehre, das Dogma, welches diesen Segen schuf? Man kann sich über Alles verständigen, nur nicht über Dinge, an welche das menschliche Begriffsvermögen nicht hinanreicht, und gerade über solche Begriffe hat man achtzehn Jahrhunderte hindurch gestritten, hat die Welt verheert, von der Vertilgung der Arianer an durch dreißigjährige Kriege bis zu den Scheiterhaufen der Inquisition, und was ist das Ende aller dieser Kämpfe — derselbe Zwiespalt der Meinungen wie zuvor!

Wir können die Glaubenssätze hinnehmen, wie man die Versicherung eines treuen Freundes hinnimmt, ohne sie zu prüfen,*) aber der Kern aller Religionen ist die Moral, welche sie lehren, am reinsten und erschöpfendsten die christliche.

Und doch spricht man achselzuckend von einer trockenen Moral, und macht die Form, in welcher sie gegeben, zur Hauptsache. Ich fürchte, daß der Eiferer auf der Kanzel, welcher überreden will, wo er nicht überzeugen kann, die Christen aus der Kirche hinauspredigt.

Ueberhaupt sollte nicht jedes fromme Gebet, möge es nun an Buddha, an Allah oder Jehova gerichtet sein, an denselben Gott gelangen, außer dem es ja keinen giebt? Hört doch die Mutter die Bitte des Kindes, in welcher Sprache auch es ihren Namen lallt.

Die Vernunft steht nirgends im Widerspruch mit der Moral, das Gute ist schließlich auch das Vernünftige, aber danach zu handeln, hängt nicht von ihr ab. Hier entscheidet die herrschende Seele, die Seele des Empfindens, das Wollen und Handeln. Ihr allein, nicht den beiden Vasallen, hat Gott das zweischneidige Schwert des freien Willens geschenkt, diese Gabe, welche nach der Schrift zur Seligkeit oder zur Verdammniß führt.

Aber auch ein sicherer Rathgeber ist uns beigeordnet. Von uns selbst unabhängig hat er seine Vollmacht von Gott selbst.

B.

Moral die er[12] predigt;[13] nicht durch[14] das Dogma...
(sei)ner Apostel,[15].... starre, in ihren kindlichen Begriffen[16]
durch den Fortschritt der menschlichen Erkenntniß[17]
unhaltbare[18] Form.[19] Der Streit um Dinge, die „in
des Menschen Hirn nicht passen," hat die Welt verheert
von der Vertilgung der Arianer an, in dreißigjährigen
Kriegen |[20] bis zu den Scheiterhaufen der Inquisition.

*) Diesen Gedanken bringt C erst bei S. 351.

Der Eiferer auf der Kanzel (will über) reden, weil er
nicht überzeu(gen kann, und) die Dogmatiker predigen
die (Christen aus der Kirche hi)naus.

---

12) Gestrichen: durch die Moral die er.
13) Zwischengeschrieben: die er predigt (im Anschluß an: Heilands).
14) Zwischengeschrieben: durch.
15) Zwischengeschrieben: ner Apostel.
16) Zwischengeschrieben: in ihren kindlichen Begriffen.
17) Gestrichen: des menschlichen Geistes.
18) Zwischengeschrieben: geworden.
19) Gestrichen: dieser (zwischengeschrieben: seiner) Lehre.
20) Gestrichen: und.

Das Gewissen ist der unbestechliche und unfehlbare Richter, welcher sein Urtheil in jedem Augenblick spricht, wo wir ihn hören wollen, und dessen Stimme endlich auch den erreicht, der sich ihr verschließt, wie sehr er sich dagegen sträubt.

Die Gesetze, welche die menschliche Gesellschaft sich gegeben hat, ziehen nur das Handeln vor ihren Richterstuhl, nicht auch das Denken und Empfinden. Selbst die verschiedenen Religionen fordern Anderes bei anderen Völkern. Sie verlangen die Heiligung hier des Sonntags, dort des Sonnabends oder Freitags. Die eine erlaubt Genüsse, welche die andere verbietet. Ohnehin bleibt zwischen Erlaubtem und Verbotenem noch ein weiter Spielraum, und eben hier erhebt mit feinerem Gefühl das Gewissen seine Stimme. Es sagt uns, daß jeder Tag dem Herrn geweiht sein sollte, daß selbst der erlaubte Zins, vom Bedrängten erhoben, unrecht sei, mit einem Wort, es predigt die Moral in der Brust von Christen und Juden, von Heiden und Wilden. Denn selbst bei den ungebildetsten Völkern, denen das Christenthum nicht leuchtet, stimmen die Grundbegriffe über Gutes und Böses überein. Auch sie erkennen Treubruch und Lüge, Verrath und Undank für schlecht, auch ihnen ist das Band zwischen Eltern, Kindern und Verwandten heilig. Es ist schwer, an die allgemeine Verderbtheit des Menschengeschlechts zu glauben, denn wie sehr auch von Rohheit und Wahnvorstellungen verdunkelt, liegt doch in jeder Menschenbrust der Keim zum Guten, der Sinn für Edles und Schönes, wohnt in ihr das Gewissen, welches den rechten Weg zeigt. — Giebt es einen überzeugenderen Beweis für das Dasein Gottes, als dies Allen gemeinsame Gefühl für Recht und Unrecht, als die Uebereinstimmung eines Gesetzes, wie in der physischen, so in der moralischen Welt; nur daß die Natur diesem Gesetze unbedingt folgt, dem Menschen aber, weil frei, die Möglichkeit gegeben ist, es zu verletzen.

C.

..... ihn hören .... (St)imme auch den erreicht, welcher sich ihr[21]) verschließt.

Die Gesetze aller Länder sind verschieden, wenn auch in dem Begriff von Recht und Unrecht wesentlich übereinstimmend, aber sie ziehen nur das Handeln der Menschen vor den Richtstuhl, nicht ihr Denken und Empfinden, ohnehin lassen sie[22]) zwischen dem Erlaubten und Verbotnen einen weiten Spielraum unausgefüllt. In diesem Gebiet des Geduldeten und selbst des Erlaubten,

erhebt mit feinerem Gefühl das Gewissen seine Stimme. Es fordert,[23]) daß das subjektiv von uns als recht erkannte, Richtschnur für unser Handeln sein soll. Es bezeichnet als Unrecht Haß und Feindschaft, auch wo sie nicht zur That werden, als Wucher selbst den gesetzlichen Zins, wo er von der Armut erhoben wird, es predigt mit einem Wort die Moral des Christenthums auch bei denen, die das Christenthum nicht haben. Denn selbst der finsterste Aberglaube wird nicht den Verrath am Freund, den Undank gegen den Wohlthäter lehren, nicht die Liebe von Eltern und Kindern verwerf(en).

(Es ist schwer a)u die allgemeine (Verderbtheit des M)ensch(enge)schlechts zu ....
....

---

21) Radirt aus: ihn. 22) Gestrichen: bleibt. 23) Gestrichen: von uns.

Körper und Vernunft dienen der herrschenden Seele, aber sie stellen auch ihre selbstständigen Forderungen, sie sind mitbestimmend, und so wird das Leben des Menschen ein steter Kampf mit sich selbst. Wenn dabei nicht immer die Stimme des Gewissens die Entschließung der so vielfach von äußerem und innerem Widerstreit bedrängten Seele entscheidet, so müssen wir hoffen, daß der Herr, welcher uns unvollkommen schuf, nicht das Vollkommene von uns fordern wird.

Denn wie Vieles stürmt nicht bei seinem Handeln auf den Menschen ein, wie verschieden sind schon seine ursprünglichen Naturanlagen, wie ungleich Erziehung und Lebenslage. Leicht wird es dem vom Glück Bevorzugten, den rechten Weg einzuhalten, kaum daß die Versuchung, wenigstens zum Verbrechen, an ihn herantritt; schwer dagegen beim hungernden, ungebildeten, von Leidenschaften bestürmten Menschen. Dies Alles muß bei Abwägung von Schuld und Unschuld vor dem Weltgericht schwer in die Wagschale fallen, und hier wird Gnade zur Gerechtigkeit; zwei Begriffe, die sich sonst ausschließen.

Es ist schwerer, das Nichts als das Etwas zu denken, zumal dies Etwas doch einmal da ist, schwerer das Aufhören als die Fortdauer. Unmöglich kann dies Erdenleben ein letzter Zweck sein. Wir haben ja nicht um dasselbe gebeten, es ward uns gegeben, auferlegt. Eine höhere Bestimmung müssen wir haben, als etwa den Kreislauf dieses traurigen Daseins immer wieder zu erneuern. Sollen die uns rings umgebenden Räthsel sich niemals klären, an deren Lösung die Besten der Menschheit ihr Leben hindurch geforscht? Wozu die tausend Fäden von Liebe und Freundschaft, die uns mit Gegenwart und Vergangenheit verbinden, wenn es keine Zukunft giebt, wenn Alles mit dem Tode aus ist.

Was aber kann in diese Zukunft hinübergenommen werden?

Die Funktionen unseres irdischen Kleides, des Körpers, haben aufgehört, die Stoffe, welche ja schon bei Lebzeiten be-

C.

oft widerstr............ sten untergeor(bnet)........ dienend, sondern mit bes(timmend)........ sie fordern, selbst ungestüm, auch gehört zu werden. So wird das Leben ein fortgesetzter Kampf mit uns selbst, und wenn wir dabei | [24]) vielfältig auf Abwege gerathen, so müssen wir hoffen, daß die Vorsehung, die uns in einen Thierleib gebannt, uns unvollkommen schuf, nicht das Vollkommne von uns fordern, sondern Gnade üben wird.

Zu dem Rathgeber Gewissen gab sie uns das Gebot der Religion, welche nicht nur die Moral sondern auch den Glauben ertheischt. Trotz aller Zweifel der Vernunft sollen wir ihn aufnehmen wie wir der Versicherung eines Freundes trauen, ohne sie zu prüfen.[25])

Es ist gewiß viel schwerer das Nichts zu begreifen als das Etwas, zumal dies Etwas doch nun einmal da ist, schwerer das Aufhören der Seele zu denken als ihre Fortdauer. Wir müssen eine höhere Bestimmung haben, als den traurigen Cyclus dieses Lebens immer aufs neue zu durchlaufen. Aber was wird nun von uns fortdauern nach dem ....

---

24) Gestrichen: so. 25) Vgl. Anm. *) zu S. 347.

ständig wechseln, treten in neue chemische Verbindungen, und die Erde hält Alles fest, was ihr gehört. Nicht das Kleinste geht verloren. Die Schrift verspricht uns die Auferstehung eines verklärten Leibes, und freilich läßt sich ein Sonderdasein ohne Begrenzung nicht denken; dennoch ist unter dieser Verheißung wohl nur die Fortdauer der Individualität zu verstehen, im Gegensatz zum Pantheismus.

Daß die Vernunft und mit ihr Alles, was wir an Kenntniß und Wissen mühsam erworben, uns in die Ewigkeit begleiten wird, dürfen wir hoffen, vielleicht auch die Erinnerung an unser irdisches Dasein. Ob wir das zu wünschen haben, ist eine andere Frage. — Wie wenn einst unser ganzes Leben, unser Denken und Handeln vor uns ausgebreitet da läge und wir nun selbst unsere eigenen Richter würden, unbestechlich, erbarmungslos.

Aber vor Allem das Gemüth muß der Seele verbleiben, wenn sie unsterblich ist. Die Freundschaft zwar beruht auf Gegenseitigkeit, bei ihr spricht noch die Vernunft mit, aber die Liebe kann bestehen ohne Gegenliebe. Sie ist die reinste, die göttliche Flamme unseres Wesens.

Nun sagt uns die Schrift, wir sollen vor Allem Gott lieben, ein unsichtbares, uns völlig unfaßbares Wesen, welches uns Freude und Glück, aber auch Entbehrung und Schmerz bereitet. Wie können wir es anders, als indem wir seine Gebote befolgen und unsere Mitmenschen lieben, die wir sehen und verstehen.

Wenn, wie der Apostel Paulus schreibt, einst der Glaube in die Erkenntniß, die Hoffnung in die Erfüllung aufgeht, und nur die Liebe besteht, so dürfen wir hoffen, auch der Liebe eines milden Richters zu begegnen.

Creisau, im Oktober 1890.

Gr. M.

C.

... bleibt. S .... Eltern auf Kind .... Geschlechter an die vergangnen knüpft.

Gr. M.

Gedruckt in der Königlichen Hofbuchdruckerei von E. S. Mittler & Sohn,
Berlin, Kochstraße 68—70.

Moltkes Militärische Werke.

Herausgegeben vom

Königlichen Großen Generalstabe, Abtheilung für Kriegsgeschichte.

In dankbarer Verehrung für seinen unvergeßlichen Leiter und Lehrer beginnt der Große Generalstab, Abtheilung für Kriegsgeschichte, soeben die Herausgabe von

Moltkes Militärischen Werken.

Das Gesammtwerk gliedert sich in folgende Gruppen:

I. Die militärische Korrespondenz während der Kriege von 1864, 1866 und 1870/71.
II. Die Thätigkeit als Chef des Generalstabes der Armee im Frieden.
III. Kriegsgeschichtliche Arbeiten.
IV. Aufsätze und Aufzeichnungen über verschiedene militärische Gegenstände.

Aus Gruppe I ist der erste Theil:

Moltkes Militärische Korrespondenz,
Krieg 1864.

Geheftet Mk. 5,—, in Original-Halblederband (ponceauroth mit Silberschmuck) Mk. 6,60.

soeben zur Ausgabe gelangt. Dieses Werk ist auch für weitere Kreise, für alle Freunde der vaterländischen Geschichte, von hohem Werthe, weil es uns in die Leitung und Entwickelung der kriegerischen Ereignisse einen so tiefen und vollständigen Einblick verschafft, wie ihn die Litteratur noch niemals über eine erst kürzlich abgeschlossene Periode der vaterländischen Geschichte dargeboten hat, insbesondere aber deshalb, weil wir die zielbewußte und unermüdliche, weitumfassende Thätigkeit des Chefs des Generalstabes kennen lernen, der, bereits vom Jahre 1862 ab, den Angriffsplan gegen Dänemark vor König Wilhelm entwickelte und in der mehrfach gehemmten und wechselnden Kriegslage stets das Rechte und Ganze im Auge behalten und gefördert hat. Es werden 146 Schriftstücke und 2 Skizzen (Handzeichnungen) des Generals v. Moltke abgedruckt. Ihre Durchsicht entrollt uns das Bild jenes ersten ruhmvollen Krieges König Wilhelms I., versetzt uns so unmittelbar, wie es eine Geschichtsdarstellung nicht vermag, in das Zeitalter der deutschen Erhebung, in dasjenige ihrer ersten unaufhaltsamen Regungen, zugleich aber auch in die Epoche der ersten Bethätigung von Moltkes grossem Feldherrngenie. In beiderlei Sinne werden das Deutsche Volk und Heer dieses Werk würdigen.

Demnächst gelangen zur Ausgabe aus Gruppe II die „Taktischen Aufgaben" und aus Gruppe III der erste Theil einer Geschichte des Krieges gegen Dänemark 1848/49.

Zu Ihren Bestellungen wollen Sie sich des untenstehenden Bestellzettels bedienen.

Hochachtungsvoll

E. S. Mittler & Sohn
Königliche Hofbuchhandlung.

Bei der Buchhandlung
bestelle:

Moltkes Militärische Werke.
Die Militärische Korrespondenz,
Krieg 1864.
Verlag von E. S. Mittler & Sohn in Berlin.

Exemplare geheftet à Mk. 5,—.
„ gebunden à „ 6,60.

Betrag in Rechnung zu stellen — ist nachzunehmen — folgt anbei.
(Nichtgewünschtes gefl. zu durchstreichen.)

Name: ....

Ort und Datum:

www.ingramcontent.com/pod-product-compliance
Lightning Source LLC
Chambersburg PA
CBHW022114290426

44112CB00008B/669